航海图自动制图综合理论与方法

Theory and Methods of Automatic Cartographic Generalizing for Nautical Chart

张立华　贾帅东
唐露露　董　箭　著

科 学 出 版 社

北　京

内 容 简 介

本书围绕航海图生产需求，系统阐述了航海图自动制图综合的基本理论与方法，主要包括航海图自动制图综合的基本概念和内容、航海图自动制图综合的数据基础和基本方法、水深注记的自动选取、等深线的自动化简、海岸线的自动化简、岛屿的自动选取和航标的自动选取等内容。本书展示了航海图自动制图综合方面的最新技术成果及其发展前景。

本书可供海洋测绘、海洋地理信息系统、航海和海洋技术等领域的科技人员及高等院校有关专业的师生阅读参考。

图书在版编目(CIP)数据

航海图自动制图综合理论与方法/张立华等著.—北京：科学出版社，2022.6

ISBN 978-7-03-072302-4

Ⅰ.①航… Ⅱ.①张… Ⅲ.①航海图-自动制图-研究 Ⅳ.①U675.81

中国版本图书馆 CIP 数据核字（2022）第 085343 号

责任编辑：韩 鹏 崔 妍／责任校对：何艳萍
责任印制：吴兆东／封面设计：图阅盛世

科学出版社 出版
北京东黄城根北街 16 号
邮政编码：100717
http://www.sciencep.com

北京中石油彩色印刷有限责任公司 印刷
科学出版社发行 各地新华书店经销

*

2022 年 6 月第 一 版 开本：787×1092 1/16
2022 年 6 月第一次印刷 印张：14 3/4
字数：350 000

定价：149.00 元

（如有印装质量问题，我社负责调换）

前　言

航海图是直接用于航海定位、保证航行安全的海图，是舰船航海的重要工具之一。它是最先发展起来的，也是出版数量最多的一类海图。航海图，特别是中、大比例尺的航海图，其首要作用是要保证航海的安全性，此外还有提高航行资源利用率等要求，因此航海图的制图综合与陆地地图制图综合的原则有较大的不同。

在长期的实践中，航海图制图综合主要是依靠人脑分析、手工作业来完成的，具有工作量大、耗时长、综合质量受制于作业员的业务水平和工作态度等不足，实现航海图的自动制图综合一直是海图研究者和生产者的梦想。尽管近年来，陆地地图自动制图综合取得了不少突破，但由于航海图的特殊性，特别是海部要素综合的独特需求，致使陆地地图自动制图综合的成果很难被直接转化、应用于航海图，因此航海图的自动制图综合目前仍是航海图数字化成图、高效化作业的瓶颈问题。因此，实现航海图的自动制图综合一直是国内外众多海洋测绘学者和海图生产作业人员共同为之奋斗的目标。

本书包含了作者及研究团队近些年来在航海图自动制图综合方面的主要研究成果，以航海图上最重要的水深、等深线、岸线、岛礁、助航标志等海部核心、关键要素为切入点，较为系统地研究了航海图自动制图综合的基本理论与方法。另外，为了兼顾知识的系统性，本书也适当引入了国内外同行的一些相关研究成果。全书共分为七章，第 1 章主要介绍了海图自动制图综合的概念、基本原则、主要问题和发展历程。第 2 章简述了海图自动制图综合的数据基础和基本方法。第 3 章以水深模型面为基础，由简单到复杂地介绍了水深注记的自动制图综合系列方法。第 4 章提出了航海图等深线化简的定量评估指标，研究了基于双向缓冲区和蛇模型的等深线化简方法。第 5 章探讨了基于骨架线“桥接”双向缓冲区模型的海岸线化简方法和基于层次化三角网分区的多条海岸线协同化简方法。第 6 章探索了基于影响域竞争的岛屿自动选取方法和基于缓冲区生长模型的岛屿自动选取方法。第 7 章研究了航标空间影响域模型的构建，探索了基于 Voronoi 图的航标选取和基于空间影响域覆盖的航标自动选取。

本书内容的研究直接得到了国家自然科学基金项目（41871369，41901320，42071439）等项目的资助，非常感谢对作者的信任及对本书研究内容的支持。

本书的大部分内容是作者及研究团队近年在海军大连舰艇学院军事海洋与测绘系及海洋测绘工程军队重点实验室从事教学、科研工作期间完成的。在本书的写作和有关科研项目的研究过程中，得到了中国科学院地理科学与资源研究所周成虎院士、苏奋振研究员，中国人民解放军信息工程大学王家耀院士、武芳教授，西南交通大学朱庆教授，武汉大学艾廷华教授、赵建虎教授、暴景阳教授，哈尔滨工程大学赵玉新教授，天津大学张安民研究员，自然资源部第一海洋研究所周兴华研究员、第二海洋研究所吴自银研究员，中国航天科技集团钱学森空间技术实验室郑伟研究员，中国人民解放军海军参谋部海图信息中心谭冀川主任、崔洪生高级工程师、郑虹高级工程师、丁金挺高级工程师，海军工程大学边少锋教授，海军研究院海洋环境研究所申家双高级工程师、陆毅高级工程师，海军大连舰艇学院彭认灿教授、李树军教授、黄文骞教授等同事的指导和帮助。感谢李思鹏、温连发为本书第4、7章提供了基本素材并参与了其中的编写。

本书的研究虽然只是一个开始，但作者相信其可为今后的研究奠定一个较好的基础。同时作者也希望本书的出版能抛砖引玉，使更多的专家、同行和学者关注该领域，进一步推动海图自动制图综合的研究。由于航海图自动制图综合的理论与方法研究难度很大，专业性、实践性很强，加之作者的精力和水平有限，本书主要还是对该领域前期研究成果的一个整理，在内容体系上还不够完整。书中也一定存在不少错误和不足之处，敬请广大读者批评指正。

作　者

2022年2月于大连

目录

第1章　绪　　论

“综合”一词起源于法文 generalisation，表示概括。它又是拉丁文 generalis（共同的，主要的）一词的派生词。这是从语言来源上考究的，它表达了“综合”一词的基本含义。综合，作为一种方法，在自然科学和社会科学研究中都有着广泛的应用。它是指研究任何事物都要抓住主要的、本质的东西（王厚祥和李进杰，1999；张立华等，2017）。

§1.1　海图自动制图综合的概念

1.1.1　制图综合

在手工制图作业方式下，制图综合已形成自身的一套理论和方法。在我们研究自动制图综合的时候，不能不提及制图综合定义。目前，关于制图综合定义的论述较多，一般都认为“制图综合是在地图用途、比例尺和制图区域地理特点的条件下，通过地图内容的选取、化简、概括和位移，建立新的地面要素组成及其地理分布和相互联系的地图表象的一种制图方法”。这一定义指出了“制图综合”概念所反映的对象的本质属性，包括了制图综合的条件、方法、结果，所以从本质上来说，它对模拟地图制图和数字地图制图都是适用的。但是，由于数字地图有着与模拟地图不同的特征，因此，对于数字地图环境下的制图综合这一概念应该作出具体的解释（王家耀和武芳，1998）。

数字地图是在一定的坐标系统内，具有确定的坐标和属性标志的地面要素和现象的离散数据在计算机可识别的存储介质上概括的、有序的集合。同模拟地图相比，数字地图具有计算机可读、可利用各种现代通信设备进行传输、可与现代设备搭配使用等特征。当然，在一定的硬件和软件环境下，数字地图与模拟地图之间是可以互相转换的。

自动制图综合是在数字地图环境下根据地图用途、地图比例尺和制图区域地理特点的要求，由计算机通过编程的模型、算法和规则等对数字化了的制图要素与现象进行选取、化简和位移等操作的数据处理方法（王家耀和武芳，1998）。自动制图综合具有以下特点。

（1）自动制图综合在操作对象、主体、方式和结果等方面，与手工制图综合不同。前者的操作对象是数字地图，操作主体（操作者）是彼此交互的制图员与计算机，操作方式是在计算机可读情况下通过编程实现，操作结果是数字地图（经过综合的）；而后者的操作对象却是模拟地图，操作主体是制图员，操作方式是利用绘（刻）图工具在目视可读情况下直接处理图形资料，其结果是模拟地图。

（2）由于模拟地图具有目视可读的特点，所以手工制图综合过程中的选取、化简、概括和位移等操作是一次（同时）完成的。而在数字地图环境下，只有计算机可读，选取、化简和位移等操作是分别独立进行的，其操作步骤具有很强的可分解性。从这个意义上说，制图综合过程中的操作步骤分解得越细（当然要合理），自动制图综合的实现就相对越容易。

（3）模拟地图的制图综合结果仍然是模拟地图，在目视可读的情况下，制图综合的质量是可以目视检查的，当然也是可以目视修改的。数字地图制图综合的结果仍然是数字地图，计算机可读，但目前计算机还无法判别综合结果是否符合要求（地图用途、比例尺和制图区域地理特点），因此，还必须在图形交互编辑条件下，将制图综合结果显示在屏幕上，由制图员进行检核并利用修改功能予以修改，或者通过系统绘图软件在绘图仪上输出制图综合结果，供制图员检核并反馈修改。

（4）制图综合是一个复杂的创造性思维过程和繁重的劳动过程，在模拟地图制图综合的情况下，这种复杂的创造性思维过程和繁重的劳动过程都是由制图员（人工）完成的，综合质量取决于制图人员对制图对象规律的认识和对这些规律的表达能力；在数字地图制图综合条件下，复杂的创造性思维过程由制图员完成。而繁重的劳动过程却是计算机编程实现的，即使是引用专家系统技术，计算机也只是模仿该领域专家在制图综合过程中处理问题的思维方式，解决由制图专家才能处理好的问题，综合质量取决于模型、算法、规则的合理性和完备性以及智能化程度；制图综合的决策是由制图员作出的，而决策的实现是由计算机执行的。

1.1.2　海图自动制图综合

海图亦称海洋地图，描绘对象为海洋及其毗邻的陆地。航海图是直接用于航海定位、保证航行安全的海图，是最先发展起来且出版数量最多的一类海图。在相当长的一段时间内，海图与航海图是同一概念（郑义东等，2009）。随着海图种类不断增加，航海图以外的其他海图逐渐出现，但由于数量较少，且当前在探讨、研究海图制图综合时，主要是围绕航海图展开的，故后文相关的阐述中不再严格区分海图与航海图的概念，仅依据概念的特定背景差异和使用习惯的不同采用了不同的术语。

海图制图综合，就是在海图主题和用途的要求下，在海图比例尺的限制下，通过选取、概括和化简等手段，将制图要素表示在海图上，以反映客观实际的某一局部（或某一方面）的基本规律和典型特征（王厚祥和李进杰，1999；张立华等，2017）。

自从电子计算机介入海图生产体系以来，用数字制图技术生产海图和海图集已不再是梦想，使得海图生产从过去低效率、分散式的手工作业逐步过渡到半自动化、高效率的生产方式，海图编绘、数字海图生产和纸质海图生产逐步融为一体，使用小笔尖、曲线笔刻绘等工艺已成为历史，取而代之的是数字化仪、扫描跟踪和扫描识别、激光绘图等设备、技术以及海图制图软件广泛应用，这标志着海图生产已由传统模拟方式开始向数字化方式转变。随着海图产品的数字化和各种地理信息系统的建立，各种各样的数字海图产品和地理信息数据成为新编图的重要资料来源，对这些数据资料的加工和处理，在数字海图生产中显得越来越重要。这些问题能否得到有效解决与海图自动制图综合密切相关。在新的技术条件下海图自动制图综合问题引起了国内外的重视，成为当今地图制图学和地理信息工程领域的重要研究课题之一。

海图自动制图综合，是在数字制图环境下，根据海图用途、海图比例尺和制图区域地理特点的要求，由计算机通过编程的模型、算法和规则等，对数字化了的海图要素与现象进行选取、化简和位移等操作的数据处理方法。

§1.2　海图自动制图综合的内容

1.2.1　海图自动制图综合的基本原则

考虑到制图综合的复杂性和海图制图及数字海图自身的特点，数字海图自动综合必须遵循以下原则。

（1）自动制图综合的一切方法、规则和指标，都应以满足海图主题和用途要求为出发点。

（2）必须坚持地理位置精确性和地理适应性相统一以及内容完备性和清晰易读性相统一的原则。

（3）必须保持合理区域景观特征，如要素的分布特征和不同地区的分布密度、海岸的形态特征等。

（4）要充分考虑海图自身所具有的特点。如以海部要素的综合为重点，对海洋要素表示的详细程度要远胜于陆部；海岸线的综合在遵循线状要素一般综合原则的同时，必须遵循“扩大陆地，缩小海域”原则；与地形图相比，海图的内容载负量较小等。

（5）必须考虑到计算机难以实现的问题。如主观方面的个人制图综合作业的经验和感受，客观方面的要素本身的特征、要素所处地理环境等方面，都不利于计算机进行自动海图制图综合（陈高兴等，2004）。在目前的条件下，宜采用人工交互方式解决此类问题。

（6）采用面向地理特征方法的原则，充分利用数字海图数据分层的特点，针对目前主要的自动制图综合方法的优势与不足，对不同地理要素选用不同且适合其地理特征的自动综合方法。如数理统计、模糊数学等方法侧重于地理要素的内容选取，分形方法、数学形态学和要素平面坐标解析方法侧重于地理要素的图形概括。

1.2.2　海图自动制图综合的主要问题

海图制图综合是地图制图综合的应用分支，遵循地图综合的基本原理和方法，同时也有其特殊的要求和方法。因此，海图自动制图综合研究由两部分组成：传统的地图（通用要素）自动制图综合和海部要素的制图综合。

一般认为，地图自动制图综合主要涉及7方面的问题（王昭和张辉，2017）。

一是对地图制图综合的认识问题：地图综合作为科学的制图方法，应该遵循哪些规律。

二是综合指标模型：地图综合的主要指标如何“计量化”。

三是地图制图综合的算子和算法：算子是地图综合所需的操作，算法是控制计算机如何去实现这些操作。

四是地图制图综合的知识和规则：有一些综合的要求很难用算法实现，因此需要将制图专家手工完成地图综合时所用到的各种知识（包括地图规范、制图经验、书本知识等）分类形成知识库和规则库，用于指导综合。

五是地图制图综合的过程控制：从全局把握整个自动综合过程，主要控制综合环境、综合算法和工作流程。

六是地图制图综合的质量控制：建立地图综合的约束条件和结果评价模型。

七是地图制图综合的系统化和工程化：如何实现全要素、全过程、可控制的整体的，并形成生产可用的软件。目前，海图自动制图综合研究的主要关注点是作为专用要素的海图对象综合的具体模型、算法和规则。

海图制图综合理论与方法一直是伴随着地图制图综合理论与方法的发展而不断发展的。但就目前来看，在数字地图环境下，模型、算法和规则仍是自动制图综合实施的基础。因为只有易于程序化（计算程序和人工智能程序），计算机才能执行制图综合的各项操作，而模型、算法和规则是易于编程的（王家耀和武芳，1998）。海图也不例外，研究制图综合的模型、算法和规则，是研究海图自动制图综合的一项基础性工作。

1. 基于模型的制图综合

制图综合模型指描述制图综合中的某些关系的数学表达式。例如：制图物体的选取数量同地图比例尺、制图物体的实地密度（或资料图上）之间的关系，可以用著名的开方根规律公式和回归模型来描述；制图物体的重要性程度同其本身的各种属性特征之间的关系，可以用普通综合评判和模糊综合评判模型来描述等。

制图综合的模型方法，是实现制图综合指标量化的重要手段，反映了制图技术现代化的趋势，对提高手工制图综合的科学性和促进自动制图综合的发展都是必要的。所以，对制图综合模型化的研究应当予以肯定。

从目前的研究结果来看，制图综合模型主要包括定额选取模型、结构选取模型和定额—结构选取模型。定额选取模型解决选取多少的问题，从宏观上控制选取数量，并在不同制图区域之间起数量上的平衡的作用；结构选取模型解决选取哪些制图物体的问题，保证重要物体入选，平衡制图物体的分布特征；定额—结构选取模型则同时控制选取数量和具体选取对象。

应该指出的是，制图综合模型虽是描述制图综合中某些关系的数学表达式，但并不是用一般的函数关系来确定的。制图综合中的某些关系一般都是非确定性的依赖关系，是某种统计规律的数学描述。因此，用这些公式计算制图综合指标的可靠性程度时会受到许多因素的制约。例如：用回归模型计算制图物体（居民地、岛屿）定额选取指标的可靠性，受统计样本数量及其分布的合理性、统计资料（地图）的现势性等因素的制约；用开方根规律公式计算定额选取指标的可靠性，受公式参数 X（选取级）的合理性的制约；用模糊综合评判模型计算制图物体（居民地、航标）重要性程度的可靠性，受评判因素的完备性等条件的制约。这就告诉我们，在机助制图综合过程中，对于基于模型选取的结果，还须利用图形交互编辑手段来协调和平衡。

2. 基于算法的制图综合

所谓制图综合算法，指对某一类制图综合问题进行有穷地、机械地判定（计算）的过程，它只用有穷多条指令描述，计算机便按指令执行有穷步的计算过程，从而得出制图综合结果。

制图综合算法可以概括为两类：一类是面向目标（物体）的算法，如化简曲线的算法、航标选取的算法、处理各要素相互关系的位移算法等；另一类是面向过程（制图综合）的算法，以居民地的选取过程为例，首先利用定额选取模型计算定额选取指标（选取数目），利用结构选取模型计算居民地的重要性程度等级值，然后依等级值高低逐次选取，直到与计算的选取数目相符。上述对居民地的选取过程，可以用一种特定算法来描述。

制图综合问题的算法化，是实现自动制图综合的一项重要研究任务。凡是能算法化的制图综合问题，都应该去研究它的算法，并逐步予以优化。

3. 基于规则的制图综合

所谓制图综合规则，是指对制图综合中处理某些问题的规范化的表述，通常呈现“条件（如果)—结论（则)”的表达形式。

根据所要解决问题的不同，制图综合规则可以概括为以下几种类型。

第一类是典型的“条件—结论”式规则。这类制图综合规则主要适用于解决制图综合中的一些特殊情况的处理问题，即选取标准以下的制图物体。

（1）在各种比例尺海图上，孤立的干出滩（条件），均应选取（结论）；

（2）标志着我国的领土主权范围的岛屿（条件），在任何比例尺的图上都必须表示出来（结论）；

（3）深水区中表示浅地的等深线（条件），必须选取（结论）。

第二类是“等级层次”和“分界尺度”式规则。这类制图综合规则主要适用于制图综合中对批量问题的处理，即凡是某个等级以上或大于某种分界尺度的制图物体全部选取。地图上的制图物体本来是有等级层次的。例如：居民地可以依次按其类型、行政意义、人口数和位置特征等标志划分等级层次；航标可以按类型、射程等划分等级层次。制图物体的等级层次可以构成相应的有向图（树），借助于它就可以在地图数据库中实现信息检索，以实现制图物体选取的批量处理。显然，划分制图物体等级层次的标志应与地图数据库所存储的信息标志相匹配，而且等级层次越详细，基于等级层次的批量处理的效果就越好。

对于有些制图物体，不便按其等级进行选取，例如河流、岛屿等线状和面状地物。对于这类地物，可以按地物的线性地图尺度、面积地图尺度和实地地图尺度等几种形式进行选取。线性地图分界尺度以线状要素在图上的长度、宽度、高度、深度或相邻要素间的距离作为尺度标志。例如，选取河流时，适用的选取指标可以是线性地图分界尺度（长度）；选取水深注记或底质注记时适用的选取指标是间隔地图尺度。面积地图分界尺度以面状要素（如湖泊、岛屿、干出滩等）在图上的面积作为尺度标志。例如通常规定图上表示面积大于 5mm^2 的湖泊、面积大于 $5\text{mm}\times 2\text{mm}$ 的沿岸干出滩和直径大于 2mm（面积大于

3.2mm²）的孤立干出滩等为选取指标，都是按面积地图尺度选取的。实地分界尺度指对于点状要素和不能确定地图尺度的各种要素，以及利用地图尺度不足以表达其真实意义的要素，则需要采用其他形式的尺度指标［特普费尔称之为实地尺度，按 A. 罗宾逊（Robinsin）等人的观点，又可称为体积分界尺度］（王厚祥和李进杰，1999）。例如，以人口数量作为居民地选取的分界尺度，以射程作为发光航标选取的分界尺度，以实地比高作为陡岸选取的分界尺度等。

第三类是“阈值”式规则。这类制图综合规则主要用于轮廓形状化简和图形合并等问题的处理，凡是小于给定阈值的，轮廓形状的微小弯曲可以删除，相邻的图形（同类）可以合并。

（1）位于主要山脊上一根等高线表示的小山头彼此间隔小于0.5mm时（条件），可以合并（结论）；

（2）岛屿半径小于0.4mm（或面积小于0.5mm²）时（条件），可以舍去（结论）；

采用“阈值”式规则进行化简和合并，关键是规定合适的阈值，应顾及不同要素和不同地区的特点。

第四类是“优先顺序”式规则。这类制图综合规则主要用于处理制图综合中移位的问题。移位时按地物的重要性程度确定其优先度，优先度高者不移位，优先度低者移位。根据地图编绘规范，其优先度的顺序为：控制点、海岸线、江河、铁路、公路、居民地、其他道路、管线垣栅、植被界线等。

（1）道路依岸（海、湖、河）平行延伸时（条件），应保持岸线位置不动，平移道路符号，并保持0.2mm的间隔（结论）；

（2）海底地貌特征点线处的底质注记（条件），优先选取（结论）。

基于规则的制图综合，在自动制图综合中是一个很值得研究的问题。我们应该将专家们的研究成果加以总结，形成规则；同时还要研究判别方法，因为条件是要通过地图数据库所提供的信息加以判别的。

§1.3 海图自动制图综合的发展与展望

1.3.1 海图自动制图综合的发展

从20世纪60年代以来，经过大批地图界学者的努力，已产生了多种自动制图综合算法和自动制图综合知识库或规则库，自动制图综合所使用的方法和手段也越来越丰富，并出现了一些商业化的自动综合模块。但是，对自动制图综合问题的解决程度还没有达到人们的期望，具有实用功能的自动化综合系统还没有出现，针对具有特殊意义的地图如航海图的自动制图综合的研究则更少（王昭和张辉，2017）。陈高兴等（2004）分析了数字化环境下海图综合的原则，以矢量化海图数据为信息源，结合数字海图的分层体系，模拟制图员的工作模式，主要从流程方面提出了面向地理特征的数字海图分层自动综合的流程。朱颖等（2011）提出要保持综合过程的真实性，应考虑数据的特性，自动综合应建立在对二维平面图形知识（位置、形态、分布、拓扑关系）分析的基础上。同时提出了不同要素类型的图形知识：点群——分布范围、分布密度、分布中心；线状要素——长度、分数维数、曲率与弯曲度；面状要素——面积/周长与形状、面的方向性、面的骨架线和凸壳。这些思想是在具体海部要素综合算法研究的基础上加以总结、提炼的，有一定指导意义。周庆冲从航海图的使用角度提出海图的制图综合要以船舶的安全航行和方便航行为指导原则，认为航海图综合应遵从内容完备性和清晰易读性统一、几何精确性与地理适应性统一、保持景观特征以及协调一致等原则，并对海岸线、航行障碍物、海底地貌与水深注记、助航标志等综合原则提出了一系列知识性的总结（周庆冲，2011；王昭和张辉，2017）。

尽管目前国内外对于海图自动制图综合鲜有成体系的研究，但围绕航海图海部核心、关键要素所开展的海图自动制图综合，还是引起了不少学者关注的，主要集中在以下几个方面。

1. 水深的自动综合

Zoraster（1992）将水深分为首选水深、背景水深和限定水深，并在进行海底地形分区的基础上，研究了依照重要性顺序进行的选取优化。Loomis研究了在建立不规则三角网（Triangulated Irregular Net，TIN）的基础上，使用预定的选取标准实现水深综合（陆毅，2001）。汤勤（1987）通过布置菱形网、划分子区、运用开方根规律决定应选水深数目等策略，对航海图海底地形自动综合进行了探讨。许海涛（1997）通过对Delaunay三角网的利用和对TIN的化简方法实现了对海图中特征水深注记的选取，并在此基础上建立了具有水深注记分区选取、水深注记人机交互选取、菱型网设置、三角网检测等多项功能的海图水深注记自动综合子系统。王家耀和田震（1999）提出将水深综合分为两级，水深网中的“水深块”的选取问题和“水深块”内具体水深点的选取问题，通过设置两级输入参数（即选择水深块/点时需考虑的影响因素），建立了一种双功能层并联前向神经元网络，进行水深的综合。陆毅等（2000）首先提出水深综合必须建立在对海底地形识别的基础上，难点在于菱形布设的方向和形状。给出的解决方案是采用水深建立Delaunay网，内插等深线将水深点群分割为不同深度层，对不同深度层的水深通过建立水深树进行结构识别，从而标记出凹地、凸地、航道等重要水深区域；同时建立一种基于地形线的求坡度系数的模型来确定菱形形状。刘颖等（2005）对基于Delaunay网和等深树结构的海底地形表达、识别、综合思想做了扩展，在实施水深综合时，加入了知识库与推理机制，同时，在背景水深选取中，将水深菱形按照几何关系转化为矩形搜索，简化搜索过程。朱颖等（2008）着重分析了离散水深点与等深线配合问题，通过在相邻等深线之间建立Delaunay网，利用平三角形（顶点深度相同的三角形）识别出地性线区域（等深线的重要拐点处），这一改进可以在特征水深选取中加强对等深线重要拐点处的水深控制。董箭等（2012）对二维滚动圆变换算法进行维数扩展，提出DDM多尺度表达的滚动球变换算法，即利用不同大小的三维空间球体沿给定DDM的上侧表面滚动，保留正向地貌，缩小或填平小于一定尺度的海底负向地貌，得到综合后的DDM。该算法具有“保凸减凹”的特性，与水深综合的基本原则一致。从保障舰船海上航行安全的角度，这种综合方式可以实现

DDM 的多尺度表达。王沫和田震（2014）提出一种基于数据层次性分析的水深综合模型，按照重要性依次划分为特殊浅点、特殊深点、水深控制点和背景水深 4 个层次并建立相应水深数据集，综合时考虑由背景水深形成菱形分布，再按重要性依次从小到大插入其他 3 个数据集，对新加入水深通过搜索缓冲区来捕捉“需被替换的水深”。张立华等突破已有海图水深自动综合的技术瓶颈，提出从关注水深注记“点”上升到水深模型“面”的思路，构造了利用已选水深所构建的水深模型面评估、控制、优化后续拟选水深点的面控水深选取系列算法，实现了典型海区的海图水深自动制图综合，确保了水深选取不漏浅点，使水深综合结果能够满足《中国航海图编绘规范》（GB 12320—1998，下文简称《规范》）要求，在生产作业单位实现了应用（贾帅东等，2019；张立华等，2019）。

2. 等深线的自动综合

汤勤（1987）提出了按照“正负区”法确定的弯曲特征进行等深线形状自动概括的思路。Li 和 Openshaw（1991）提出基于客观自然规律的线要素自动化简方法，虽然能够真实地体现出原始线划的形态特征，但输出的数据量较大，并伴随有数据冗余和重叠现象。翟京生和陆毅（2000）重点模拟了人的线性特征的识别方式，并引入 Douglas 二叉树方法，给出了线性特征的识别与量测函数，实现了数字海图线性特征的自动综合。Smith（2003）定义了双向缓冲区算法，并简单介绍了双向缓冲区算法在海岸线和等深线化简中的应用。国内研究者高王军（2009）紧跟这一国际前沿技术，也研究论证了缓冲区半径为分界尺度的双向缓冲区算法在等深线化简上具备“扩浅缩深”潜能。与此同时，Guilbert 等成功地将蛇模型应用于等深线的化简，分别用伸缩能量与弯曲能量所占总能量的比重来控制等深线化简尺度，采用模型点的单侧移动来解决航海安全性的“扩浅缩深”问题（Guilbert and Lin，2005；Guilbert and Lin，2007；Guilbert and Saux，2008；Zhang and Guilbert，2011；Guilbert，2015；Yan et al.，2016）。2012 年，Peters 在其硕士论文中，比对分析了双向缓冲区和 B 样条蛇模型算法对于航海图等深线自动综合的效果（Peters，2012）。Miao 基于 B 样条蛇模型方法，探索了航海图等深线的渐进式综合（Miao，2014；Miao and Calder，2013）。Yan 利用本体论方法定义了本体对于海底地貌特征及其综合方法，实现了基于本体的等深线综合方法（Yan et al.，2013；Yan et al.，2014；Yan et al.，2016）。李靖涵首先对等深线构建约束 Delaunay 三角网，实现了等深线弯曲结构的二叉树表达，其次基于约束 Delaunay 三角网结构，改善了等深线上需要化简弯曲的识别方法，最后设计了多种化简手段，建立了新的等深线化简模型，实现了对等深线形状的彻底化简（李靖涵等，2019；Li，2018）。

3. 岸线的自动综合

翟京生和陆毅（2000）提出利用 Dauglas 二叉树结构对原始弯曲进行组织，定义弯曲度 S 来量测弯曲空间特征（也是综合的参数），通过数学方法识别弯曲形状和相似性量测，进行拓扑特征的识别，并基于这一原则提出了海图曲线的综合原则。这种方法通过对图形的表达与形态识别，将制图人员的知识经验量化表示，形成计算机易于接受的知识形式；同时利用二叉树结构从总体上把握海岸线的层次结构，方便了“扩陆缩海”原则实现，也能较为方便地保持综合前后图形拓扑关系的一致性。刘颖于2005年提出了基于空间图形表达和识别的线要素综合模型，试图通过对图形的表达与形态识别，将制图人员的知识和经验量化表示，形成易于计算机接受的知识形式，该方法利用二叉树结构控制海岸线的相似性，能从总体上把握海岸线的层次结构，并顾及了海岸线综合的原则（“扩陆缩海”），综合后海岸线能避免自交叉，也能保持综合前后图形拓扑关系的一致性（刘颖和翟京生，2005；刘颖等，2005）。陈惠荣等（2011）提出了一种基于单调性划分基本弯曲的方法，通过一定阈值控制，将基本弯曲形成更加符合人的视觉认知的大弯曲（扩展弯曲）。对扩展弯曲的描述也突破传统的描述弯曲深度和弯曲高度的简单参数，而是通过提取骨架线作为化简指标。这种方法可以对结构简单的扩展弯曲进行单侧删除，而保留海岸线中形态结构复杂的弯曲，更好地保持海岸线的形态特征。刘欢等（2010）提出在使用Douglas-Peucker算法化简曲线时，可对海岸线做海部和陆部扩展区（缓冲区），判断特征点的海（陆）部对应点和特征点与前后两点组成三角形的关系，从而实现“扩陆缩海”的要求。此外，通过分形几何中的自相似性原理，保持综合前后的分维值相同，即保持了原曲线不同区域弯曲密度对比。何桂敏等（2014）用数学方法定义了曲线的拐点和弯曲顶点，通过逐点曲率计算确定出等深线的弯曲，按照弯曲进行统计，计算选取数量指标和最小尺度，利用Douglas-Pecker算法进行“扩浅缩深”原则下的等深线综合。AI等基于约束Delaunay三角网构建层次树模型，通过剪枝操作实现溺谷海岸线化简，保持了良好的一致性（AI et al.，2014；黄亚锋，2011；黄亚锋等，2013）。王亮等（2015）改进了双向缓冲区方法，利用大地线黏连变换（即对海岸线进行外缓冲区加壳和内缓冲区蜕皮），先向海一侧加壳变换，再向陆地一侧蜕皮变换，获得“扩大陆域，缩小海域”的综合效果，并讨论和解决了缓冲区变化后位置不精确和曲线连接等问题，形成了较为可行的海岸线综合方法。杜佳威等（2018a，b）提出了面向化简的海岸线弯曲识别与结构化表达方法并在河口湾海岸线渐进化简中得以应用。张立华等（2019）提出了一种用于多条海岸线协同化简的层次化三角网分区法。首先利用约束Delaunay三角网对能否化简的区域进行划分和标识，然后利用二叉树构建层次关系模型，对各区域实体进行有序组织，最后有序地对可化简的标识区域进行渐进式化简，并对局部狭窄区域进行自适应夸大，从而实现多海岸线的协同化简。

4. 岛屿的自动综合

岛屿综合同时关注了面状岛屿综合和岛屿群综合两种形态。陆毅等（2001）以点群综合的思想对可视为点群的群岛进行综合：通过建立Delaunay三角网实现离散点的分布范围确定、分布中心识别和分布轴线提取，综合中优先删除密度最大处的点，然后进行图形更新，将被删除点的Voronoi空间分给相邻的点，为了避免相邻点的连续删除，每删除一个点后，都要对其相邻点进行标注固定，防止连续在一个小区域内删除。陈子澎和郑义东（2005）给出了岛屿自动选取模型，先进行系统聚类，将岛屿群分为不同系统，对单一系统建立Vironoi图，按照面积进行选取，这种方法在整体选取的基础上实施局部控制，使得岛屿选取更加趋向客观实际。朱建良和陆毅（2014）认为岛屿形态特征的综合相当于封闭曲线凸外壳特征点序列的建立，在建立凸外壳过程中考虑了显著凹部的识别和方向趋势及骨架线的影响。黄亚锋等（2010，2011）以Delaunay三角网为分析工具，利用MST图以及 Gestalt 原则对岛屿模式进行识别的基础上对岛屿群进行探索性的综合研究。唐露露等提出了一种基于影响域的岛屿自动选取方法，首先分析了群岛选取的一般原则、方法、步骤，然后引入影响域这一概念，通过定义岛屿影响域，创建了岛屿影响域模型，最后设计了影响域覆盖范围最大的选取规则，实现了岛屿的自动选取（唐露露等，2019b；Tang et al.，2020）。唐露露等（2019b）还提出了一种利用缓冲区动态生长模型进行岛屿选取的自动选取方法，首先设计了能克服 Voronoi 图表达空间数据密集程度的缺陷的缓冲区生长模型，然后定义了距离矩阵、岛屿缓冲区标识和增长因子，构建了缓冲区生长模型，最后通过对模型的动态构建和更新实现了岛屿的自动选取，并选取多组不同海域、不同分布特征的岛屿资料图进行了实验验证。

5. 航标的自动综合

对于航标的自动选取研究，相对较少。王厚祥（1987）提出了确定航标评判因素重要性等级和各因素权重后进行模糊综合评判的方法。郑义东等（2011）认为助航设备的自动综合包括三个方面内容：航标的选取，航标说明注记的概括和航标的组合符号表示，提出航标选取分为助航设备分级分层、选取数量指标的确定和重要性程度综合评判三个步骤，并建立了同一级别助航设备的重要性程度综合评判模型。李思鹏等（2015a）利用航标高度、发光强度等空间属性，定义了航标的空间影响域，综合过程依次按照有效影响域（待选航标影响域减去与已选取航标重叠的影响域）选取，有效影响域为零时，清空已选影响域并重复进行。此外，Voronoi 图点群选取方法已被用于航标选取，李思鹏等（2015b）分析了常规 Voronoi 图点群选取中为防止某部分被过分综合而采用点固定模式，从而导致低重要性点被固定，以及迭代删除点与选取指标不匹配等问题，提出提高点重要程度系数和逐步判断选取指标是否结束的改进算法，并使用改进后的算法进行了航标选取的实验，改进算法与人工选取结果基本一致。

1.3.2　海图自动制图综合的展望

1. 海图制图综合尺度的标准化

在长期的海图生产实践中，手工作业的海图制图综合形成了相对较为稳定、规范、成熟的模式，通常会通过人脑分析和经验判断来使海图制图综合作业符合《规范》要求。即使在计算机海图自动制图综合出现后，对于综合尺度的把握仍多沿袭、套用手工作业时代的一些做法。在这种经验模式下，对于水深、等深线等海图要素的综合尺度、标准的把握多为一种定性的要求，就算制图中对综合尺度有一些明确的定量指标，但这些定量指标也是从经验中来，缺少科学的分析和严谨的论证，很难顾及大、中、小比例尺的不同和海区情形（海区位置、海区深度、海底地形复杂度）的差异而需产生的相应变化。

针对海图自动制图综合中关键要素的综合尺度沿袭传统手工作业时代主要靠经验积累的问题，开展数字化条件下所必需的科学分析和标准化论证，对海图水深、等深线、岛礁等要素的选取、化简等综合尺度的标准进行系统分析、科学推理和验证评估，是未来确保海图自动制图综合取得良好效果的必要一环。

2. 海图制图综合模型的完备化

正如制图综合模型、算法一样，海图制图综合模型、算法是对海图制图专家的长期实践经验的总结、提炼和抽象。人的认识有一个过程，科学技术的发展也有一个过程。海图制图综合模型是人们对海图制图综合规律的数学描述，海图制图综合算法是人们对制图综合过程特点的有穷多条指令的描述。这种描述的完善与否，同人的认知水平和科学发展水平有关（王家耀等，2011）。

随着人们认识水平的不断提高和新的数学方法的不断应用，海图制图模型、算法是在不断被改进和优化的，模型算法的完备性、实用性都在不断提高。过去是这样，今后还会如此，这也是事物发展的规律。由于从事海图制图综合的模型、算法研究的科技人员还相对较少，海图的制图综合与陆地地图制图综合的原则也还有较大的不同，这导致当前海图制图综合很多的模型、算法还不完备，实用性还有较大的差距。如何完善模型、算法将会在很长一段时间都是海图制图综合科技工作者需要努力的方向。

3. 海图制图综合算法的智能化

海图制图综合本质上是一个高度智能化劳动的过程，是一项非常富有创造性的工作，需要制图人员的知识、经验和智慧。制图过程既是一个针对制图对象的知识简化的过程，又是一个知识重新组织生成新知识的过程，知识和经验的积累具有极为重要的意义。在自动制图综合中，基于知识的推理首先需要知识的支持，人机协同需要知识来引导，自动制图综合链的生成和综合过程控制的运行需要知识来激活，制图综合过程与制图综合知识有着十分密切的关系。然而，自动综合中迫切需要解决的问题是如何把制图人员处理制图综合的知识、经验与智慧总结归纳出来，例如如何进行适应于制图综合操作的知识分类，如何表达这些知识并进行结构化描述，如何建立制图综合知识库和构建知识推理机制，如何管理和组织制图综合知识等（王家耀等，2011）。在这些方面，目前的研究虽然取得了一些成果，但还有大量工作要做，特别是大数据、人工智能等新技术的出现，如何将这些智能化的技术在海图制图综合模型、算法用好，需要进一步探索。

4. 海图制图综合要素的协同化

由于计算机目前还不能有效模拟制图综合过程中人的全部思维方式，这就决定了制图综合还需要人机协同，也决定了自动编图系统只能是人机协同系统。关于自动制图中的人机协同问题，应根据人和计算机处理地理信息的工作特点，实现最佳的人机协同（王家耀等，2011）。

按照协同论的观点，协同式的自动综合不仅有人机协同，还应有模型算法、知识推理等各种技术手段之间的协同。每个地区、每种地图要素都有各自的特点，每一种技术手段也都有各自的特点和不足，它们各自解决制图综合问题的能力都有限，但若将他们进行有效的结合，充分发挥各自的优点，通过优势互补来弥补各自的不足，则可以使整个系统解决制图综合问题的能力大大增强（王家耀等，2011；武芳等，2009）。

海图自动制图综合相对与陆地地图自动制图综合来说，具有更多的特殊性和更大的挑战性，再加上从业人员较少等原因，如何做好人机之间的协同、系列比例尺海图之间的协同、海图各要素之间的协同，现有的研究及成果仍然很少，需要进行更多的探索和研究。

5. 海图制图综合过程的工程化

一切科学研究最终是为了应用，自动制图综合过程与质量控制的研究也不例外。目前，全要素、全过程、可控制的自动制图综合过程与质量控制已有能运行的实验系统，但离全面应用与地图制图生产实践还有一段距离，还有许多需要进一步完善、优化的地方，科研成果的工程化和产业化离真正实现还任重道远（王家耀等，2011）。

海图自动制图综合起步更晚，投入的研究更少，目前仍停留在一些基本要素的自动制图综合算法的实现上，对整个海图自动制图综合过程、体系缺少较为全面、系统的研究。就算有一些新算法不断被提出，但这些算法很多还不够完善，在执行效率上较低，真正能应用于生产实践的还很少。

工程化是研究的终极目标，海图自动制图综合研究最终还是为了应用，尽管任重道远，但需要所有与之相关的研究者、生产者共同努力。

第 2 章　海图自动制图综合基础

海图自动制图综合是在数字制图环境下进行的，需要以数字化的海图数据作为基础。同时，海图自动制图综合是由计算机通过编程得到的模型、算法和规则实现的，需要有相应的模型、算法作为支撑。

§2.1　海图自动制图综合的数据基础

数字化的海图数据具有多样性，通常可分为数字海图数据、实测的水深数据以及其他形式的水深数据，它们是实施海图自动制图综合的数据基础。

2.1.1　数字海图数据

数字海图，是以数字形式存储在磁带、磁盘、光盘等介质上的海图。目前，我国使用较多的是两种格式的数字海图——S-57 格式和 VCF 格式。

1. S-57 海图数据

S-57，即《IHO 数字式海道测量数据传输标准（IHO Transfer Standard for Digital Hydrographic Data）》。S-57 标准是国际海道测量组织（IHO）数字海道测量数据传输标准，旨在对各国海道测量部门之间用于交换数字化海道数据以及将这些数据传递给生产厂家、航海者和其他数据用户的标准加以说明。S-57 标准采用 ISO/IEC 8211 国际标准（信息交换数据文件技术要求）作为封装数据的技术方法，该标准可用作电子海图显示与信息系统（ECDIS）的数据源，并且，在交换与传递过程中，数据的含义不能有一丝一毫的改变。

该标准源于 IHO 数字数据交换委员会（CEDD）1987 年开发的数字制图数据交换与供给格式（DX-87 格式），1991 年正式形成第 1 版，以 IHO 第 57 号特殊出版物方式出版，并命名为“数字海道测量数据传输标准”，其数据交换格式称为 DX-90，1992 年 4 月 15 日在摩纳哥召开的第 9 届国际海道测量大会上被推荐为官方标准，1993 年 11 月修改为第 2 版。有实质变化的是 1996 年 11 月发表的 S-57（3.0 版），它以全新的数据定义和组织方法对 2.0 版做了彻底的修改，并抛弃了 DX-90 的称谓。2000 年 11 月发表的 3.1 版，2014 年 6 月维护更新至 3.1.3 版。该标准包括三个部分，两个附录，分别是：第一部分为引言；第二部分为理论数据模型；第三部分为数据结构（含两个附件：1. ISO/IEC 8211 概述及示例；2. 备用字符集）；附录 A 为 IHO 物标类目；附录 B 为 ENC 产品规范（李宏利，2005；张立华，2011）。

1）S-57 数据模型

S-57 标准专门用于描述真实世界的数据传输，特别关注那些与海洋测绘相关的真实世界实体。海洋测绘所观测的空间是地理空间，因此模型中将真实世界实体定义为描述特征（特征物标）和空间特征（空间物标）的组合。物标被定义为一组可标识的信息，可以具有属性，且可能与其他物标相关。特征物标含有描述信息，但不能有几何信息（位置和形状），而空间物标可能有描述信息，但必须有几何信息。特征物标由它与一个或多个空间物标的关系定位，可不参考空间物标存在，但空间物标必须参照特征物标存在，关系模型图、特征物标与空间物标的理论数据模型如图 2-1 所示。

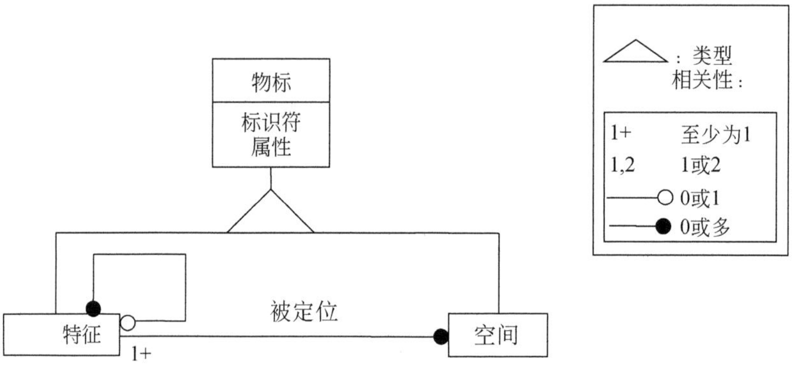

图 2-1　特征物标与空间物标及相互关系

2）数据结构

S-57 标准中论述的结构涵盖模型到结构的转换、记录、元数据、特定应用规则等内容，他们规定了怎样把理论数据模型转换成 S-57 数据结构，这种转换隐含了从模型中提取的逻辑结构与数据结构中所使用的物理结构之间的链接关系，如图 2-2 所示。此外，虽然从模型到结构的转换与使用无关，但每个应用或产品都规定了实现其数据结构的自身规则，这组规则称为产品规范。

S-57 标准从模型到结构的转换采用了层次方法，即从真实世界出发抽象出模型，把模型转换成符合某种规则的记录和字段并形成数据结构，按这种结构进行数据交换，如图 2-2 所示。

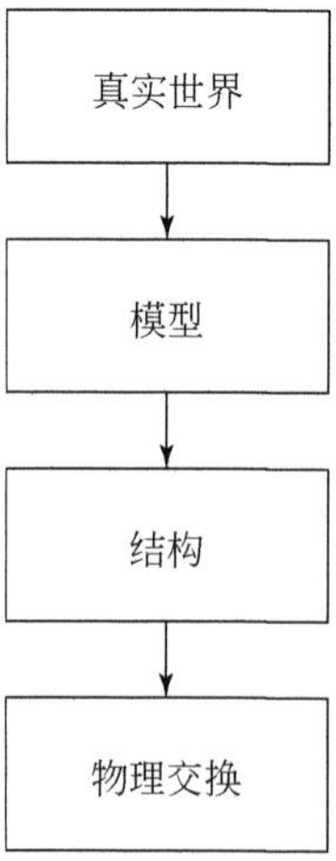

图 2-2　模型到结构的转换

数据结构本身并不能从一个计算机系统直接转换到另一个计算机系统，要做到这一点就必须把数据结构封装在物理标准中。S-57 标准使用 ISO/IEC 8211 作为其封装依据，其数据模型与数据结构的组成部分之间的关系如表 2-1。

表 2-1　数据模型及结构组成部分之间的关系

模型	结构	模型	结构
特征物标	特征记录	连接结点物标	连接结点矢量记录
元特征物标	元特征记录	边物标	边矢量记录
制图特征物标	制图特征记录	面物标	面或闭合成环的边矢量记录
地理特征物标	地理特征记录	栅格物标	栅格记录
组合特征物标	组合特征记录	矩阵物标	矩阵记录
空间物标	空间物标记录	属性	特征或空间属性字段
矢量物标	矢量物标记录	特征物标间关系	组合特征记录或指针
孤立结点物标	孤立结点矢量记录	特征与空间物标间关系	指针字段

通常，一个交换中不止一个物标，而每个物标结构化成一条记录，因此一个交换就会包含不止一条记录。为简化这种交换，便把记录分组到不同的文件中，而最终进行交换的那组信息称为交换集。

如图 2-3，一个交换集由一个或多个文件组成；一个文件由一个或多个记录组成；一个记录由一个或多个字段组成；一个字段由一个或多个子字段组成。结构的最低层是子字段，子字段必须只包括一个基本数据项，如一个属性值。格式化的子字段，如日期子字段，必须由应用程序解析，在 S-57 标准的规范中这类子字段是不可分割的。

S-57 标准的数据结构有 ASCII 码和二进制码两种形式，特定的交换所使用的方式在相关产品规范中定义。

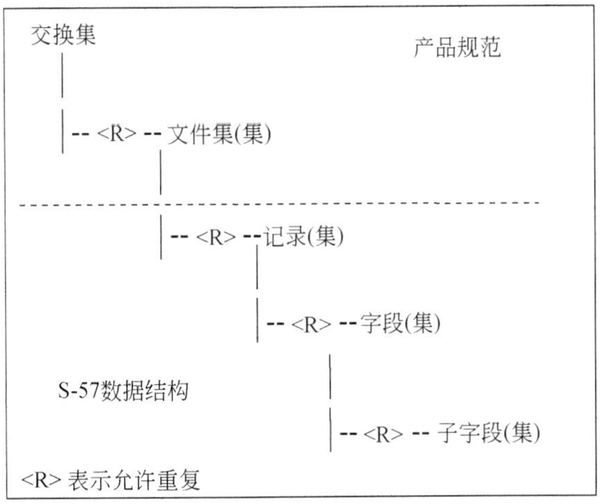

图 2-3　交换集的组成

3）物标及属性

S-57 标准的物标是一组可识别的信息（或可识别的信息集），它是 S-57 标准的数据模式，主要作用是提供描述客观世界实体的方法，这些实体是真实客观世界实际存在的（如一座灯塔）或是规定存在的（如规定的一片锚地）。S-57 标准理论数据模型将真实世界实体定义为特征物标和空间物标的组合，由于模型假定客观世界实体可以划分为有限的一些类别，如灯标、沉船、建筑群区等，因此将这些实体类型称为特征物标类。如图 2-4，特征物标类的每一个特征物标（如一个特定的灯标、沉船或建筑群区），是通过赋给该特征物标一系列属性并为这些属性赋值来精确描述所对应的客观实体的。

S-57 标准数据模型定义了四类特征物标：地理物标、元物标、集合物标和制图物标。

地理物标（Geo）：包含客观世界实体的描述特性。内容包括诸如机场、锚位、方位立标、海岸线等代表客观世界实体的特征物标。

元物标（Meta）：包含其他物标的共有信息。内容包括数据精度、数据编辑比例尺、覆盖范围、数据水平基准面、水平基准面变换参数、航海出版物信息、航海标志、产品信息、数据质量、水深基准面、测量可靠性、数据垂直基准面。

集合物标（Collection）：描述与其他物标之间关系的信息。内容包括集合、关联、上下关系。

制图物标（Cartographic）：包含客观世界实体的制图显示信息。内容包括制图区、制图线、制图符号、罗经、文本。

以下是水深物标的定义。

物标类：水深。

缩略词：SOUNDG。

编码：19。

属性集 A：EXPSOU；NOBJNM；OBJNAM；QUASOU；SOUACC；STATUS；TECSOU；VERDAT。

属性集 B：INFORM；NINFOM；NTXTDS；SCAMAX；SCAMIN；TXTDSC。

属性集 C：RECDAT；RECIND；SORDAT；SORIND。

定义：按某一垂直基准面折算成的所测水深或水深地点（可能是干出高度）。

参考：INT 1：IN 10-15；M-4：403. 2；410；412-412. 4；413. 1；417. 3。

备注：水深值以空间记录结构的三维坐标编码。干出高度（干出水深）用负值表示。

区别于：深度范围；沉船；暗礁；障碍物。

4）S-57 海图数据解析

目前，国内外有关 S-57 数据结构的分析研究已相对成熟，国内也有不少学者探索了 S-57 数据的读取及转换（孟婵媛等，2004；李宏利，2005；车森等，2015）。接下来介绍一个相对简单的从 S-57 数据结构提取水深信息的方法，也就是利用 GDAL/OGR 开源库对 S57 格式的数据进行解析（GDAL 库是一个与地理信息系统专业和遥感专业相关性较强的库，可以读写多种格式的栅格数据和矢量数据），提取其中的海洋基础地理资料——水深点和等深线（李民录，2014），步骤如下（图 2-4）。

(1) 为支持中文路径，调用 CPLSetConfigOption() 进行设置配置选项，并调用 OGRRegisterAll() 注册所有驱动。

(2) 通过创建一个数据源类指针 * poDS 来调用 Open() 函数打开 .000 电子海图数据，如果打开成功，进行下一步，否则返回。

(3) 创建一个图层类指针 * poLayer，调用 poDS->GetLayerByName()，并将返回值传给类指针 * poLayer，并判断 poLayer 是否为空，若为空则返回，否则进行下一步。

(4) 调用 poLayer->ResetReading() 对图层进行初始化。

(5) 创建一个要素类指针 * poFeature，调用 poLayer->GetNextFeature()，反复获取下一个要素，将返回值传给 poFeature，判断 poFeature 是否为空作为循环结束的标志。

(6) 创建几何对象类指针 * poGeometry，调用 poFeature->GetGeometryRef() 函数获取当前要素的几何体指针，并调用 poGeometry->GetGeometryType() 获取当前物标要素的几何类型，然后就可以读出点、边、面的位置坐标以及三维水深信息。

(7) 调用 poFeature->GetFieldAsString() 获取当前物标指定列的属性信息。

(8) 调用 DestroyFeature() 销毁要素对象，调用 DestroyDataSource() 关闭数据源。

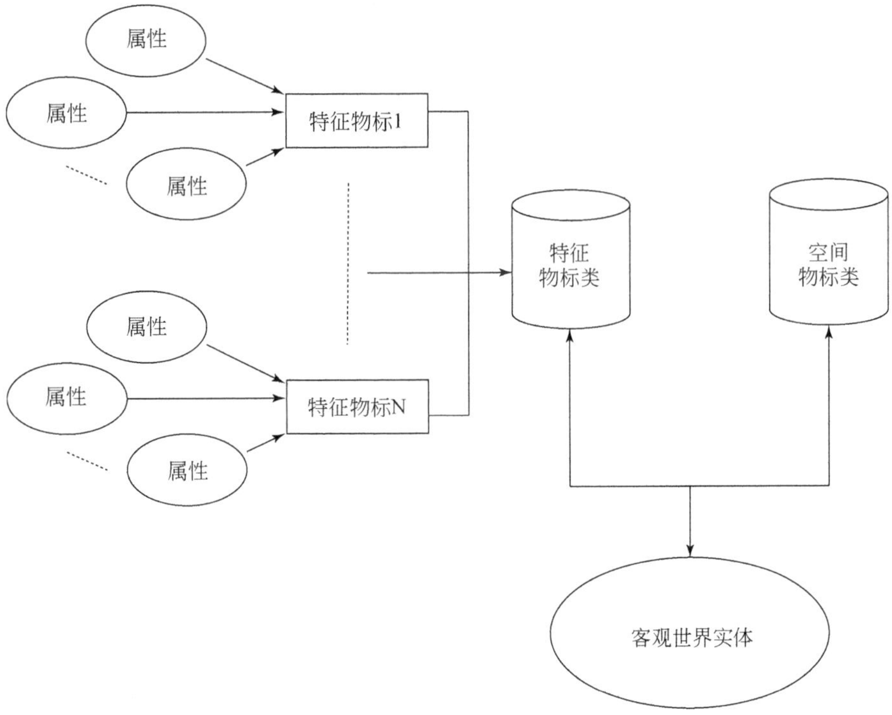

图 2-4　特征物标类的特征与属性

2. VCF 海图数据

VCF 格式海图是我国矢量标准海图格式，以 Shape 文件结构为基础建立的，数据结构简洁，占用磁盘空间较小，只含有主要的信息，即点、线、多边形目标的空间坐标和属性记录，没有拓扑关系（张立华，2011）。

VCF 以图幅为单位组织，存储的文件类型主要包含控制文件（. rec）、图形文件（. shp）、索引文件（. shx）和属性文件（. dbf）四类（如图 2-5）。控制文件主名为 map，图形文件、索引文件和属性文件具有相同的主名，主名由数字海图层名加上几何要素类型标识符构成。

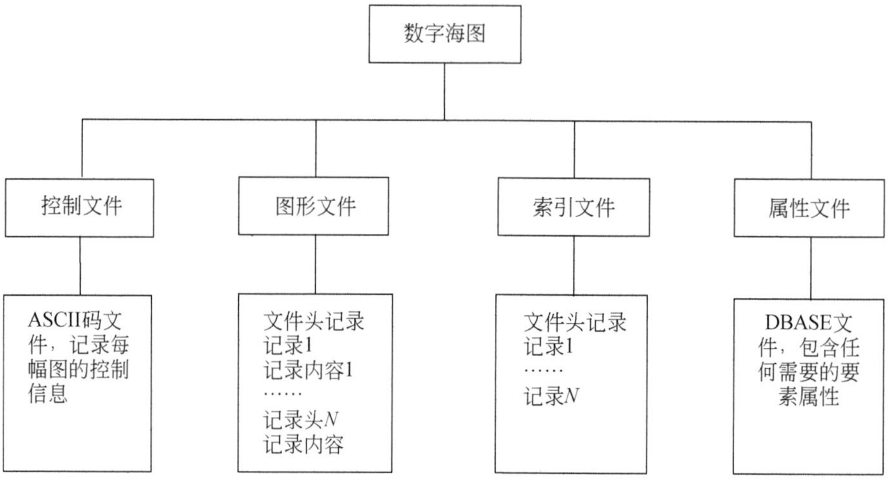

图 2-5　VCF 格式数字海图的组织形式

1）控制文件的组织结构

控制文件主名为 map，记录每幅图的控制信息，并以文本文件方式保存，由二十多个数据项组成，每项数据为一行。主要的数据项有：海图编号、图名、投影方式、基准纬度、比例尺分母、图廓范围、坐标系、数据坐标、高程基准、深度基准。

2）图形文件的组织结构

图形文件由一个定长的文件头和一系列变长记录组成。每一个变长记录又由一个定长的记录头和变长的记录内容组成，如表 2-2 所示。

3）属性文件的组织结构

属性文件实际上是一系列 DBASE 数据库表，它可以通过 Visual FoxPro 等软件方便地查看。属性文件与其图形文件一一对应，图形文件中的每一条记录与对应属性文件中的记录按顺序一一对应，图形文件记录中的 Record Number 实际上就是对应属性数据记录的行号，通过 Record Number 可以方便地找出要素的属性数据记录。每一个 DBASE 属性数据表都有自己的字段结构。

4）索引文件的组织结构

索引文件（. shx）包含 100 bytes 的文件头，紧跟着 8 bytes 固定长度的记录。索引文件头与图形文件头在组织结构上是一样的，存储在文件头中的文件长度（File Length）是索引文件的总长度。索引文件长度 = 50+4×记录数。

5）soudptp 水深数据

VCF 海图数据中存储海图的四类文件存于同一个目录下。控制文件主名为 map；图形文件、索引文件和属性文件具有相同的主名，主名由数字海图层名加上几何要素类型标识符构成。在 VCF 格式的海图数据中，以 soudptp 命名的 . shp、. shx、. dbf 文件就是其中的水深数据。

当前，我国军方还正在致力推广新一代军用电子海图矢量数据交换标准，其既考虑了与国际标准电子海图数据格式的兼容，又可拓展特殊的军事要素。

表 2-2　图形文件的组成

文件头	
记录头	记录内容
记录头	记录内容
……	……
记录头	记录内容

2.1.2　实测水深数据

随着海洋测绘技术的不断发展，获取水深数据的来源日益增多，类型也越来越多样化。通常可以根据数据测量方式、数据储存格式等进行分类。

20 世纪 30 年代初，回声测深仪问世，替代了传统的测深杆及测深锤，标志着海洋测深技术发生了根本性变革。从 60 年代末开始，多波束技术开始出现并不断走向成熟。多波束测深系统能够同时高精度地测定多个位置的水深，随着测船的航行，能精密测定海底一定条带范围内的水深地形。进入 80 年代之后，利用热敏打印纸作为测深记录纸的模拟式测深仪逐渐被数字式测深仪所取代，随之在数字化定位和测深技术支持下的水深测量自动化系统开始被研发和应用。近年来，多波束测深系统也正在向轻便、低成本的方向发展，并将大幅度提高海底成像的技术水平。此外，新兴的测深手段还有机载激光测深和卫星遥感测深等。从 1994 年起，以国家海洋局、上海海事局、广州海洋地质调查局、中国科学院、中国大洋协会等部门引进 Seabeam2112 型、ATLAS Fansweep 型、Simrad EM 系列、Elac BottomChart 型数字化多波束测深系统等为标志，表明我国的水深测量由传统的线状测量作业模式转为面状测量的作业模式。在水深测量方面，除了应用数字式单波束测深仪、双频测深仪、多波束测深系统之外，还出现了利用可见光遥感和微波遥感的手段反演水深的方法。

实测数据经过声速改正、水位改正和姿态等改正后，形成水深成果图。水深成果图可作为水深自动制图综合的数据。

2.1.3　其他成果水深数据

1. 网络通用数据格式数据

网络通用数据格式（Network Common Data Form，NetCDF）。NetCDF 是由美国国家科

学委员会资助开发的，是一种通用的数据存取方式，数据的形状包括单点的观测值、时间序列、规则排列的网格以及人造卫星或雷达影像档案（Russ and Glenn，2005）。从开发应用的角度，可以把 NetCDF 理解为一个符合 I/O 标准的函数库。利用 NetCDF，可以对格网数据进行高效的存储、管理、获取和分发等操作。

NetCDF 数据文件（后面均称 NC 文件，*. nc）的格式不是固定的，它是使用者根据需求自己定义的。一个 NC 文件包括三个部分：维（dimensions）、变量（variables）和属性（attributes），三部分共用一个文件句柄，但每一部分都要有自己的名称句柄。事实上，NetCDF 存储的数据就是一个多自变量的单值函数。用公式来说就是 $f(x,y,z,\cdots)=value$，函数的自变量 x，y，z 等在 netcdf 中叫做维（dimension）或坐标轴（axix），函数值 value 在 NetCDF 中叫做变量（variables）。而自变量和函数值在物理学上的一些性质，比如计量单位（量纲）、物理学名称等在 NetCDF 中就叫属性（attributes）。

NetCDF 具有两大优势：灵活性与数据调度的快速性。灵活性表现在 NetCDF 模式使用了许多变量，并且许多使用者都具有他们自己的使用协定。以 ArcGIS 为例，ArcGIS 将支持 NetCDF 的 CF 协定（CF Convention of NetCDF），它具有存储所有可用协定的坐标系统元数据的最佳机制。对于许多应用领域而言，NetCDF 的 CF 协定是作为首选方法出现的，并且现在已经作为北大西洋公约组织（NATO）标准的一部分。如果 NetCDF 不兼容 CF，ArcGIS 将无法确定在地图中的何处绘制数据。ArcGIS 对 NetCDF 的支持将允许作为栅格层、点要素层或表格直接读取 NetCDF 数据（贾俊涛等，2007）。

NetCDF 数据主要特点如下。

（1）自描述性：它是一种自描述的二进制数据格式，包含自身的描述信息；

（2）易用性：它是网络透明的，可以使用多种方式管理和操作这些数据；

（3）高可用性：可以高效访问该数据，在读取大数据集中的子数据集时不用按顺序读取，可以直接读取需要访问的数据；

（4）可追加性：对于新数据，可沿某一维进行追加，不用复制数据集和重新定义数据结构；

（5）平台无关性：NetCDF 数据集支持在异构的网络平台间进行数据传输和数据共享。可以由多种软件读取并使用多种语言编写，其中包括 C 语言、C++、Fortran、IDL、Python、Perl 和 Java 语言等。

NetCDF 的软件实现形式是通过一个免费的 NetCDF 软件包，内含可访问 NetCDF 数据的工具程序和多种语言的接口函数库。利用其接口函数库可以方便地读取访问以 NetCDF 格式存储的水深等数据。

2. 格网数据格式分析

格网数据（. grd 格式）文件。grd 格式是用于储存网格数据文件的一种典型格式文件，可以用 grads、surfer 等软件打开。

grads：GrADS（Grid Analysis and Display System）是当今气象界广泛使用的一种数据处理和显示软件系统。该软件系统通过其集成环境，可以对气象数据进行读取、加工、图形显示和打印输出。

Surfer：美国 Golden Software 公司编制的一款以画三维图为主要功能（等高线，image map，3d surface）的软件。该软件具有的强大插值功能和绘制图件能力，使它成为用来处理 XYZ 数据的首选软件，是地质工作者必备的专业成图软件。

对于 . grd 格式的数据，一方面可通过相关软件打开后提取出其中需要的数据，另一方面也可通过 ArcGIS 的二次开发获得其中的数据（叶宝莹等，2009）。

3. 文本文件格式数据

文本文件格式通常是一种由若干行字符构成的计算机文件，通过在文本文件最后一行后放置文件结束标志来指明文件的结束。存储水深数据的文本文件，通常每行存储一个水深数据点的信息，每个水深数据点通常按地理坐标+水深（或平面直角坐标+水深）的形式存储。一般来说，存储水深的文本文件可以分为两类：文本文件和二进制文件。常用文本文件格式有 ASCll、MIME、*. txt 等。

4. 表格数据格式分析

XLS（XLSX）就是 Microsoft Excel 工作表，是一种非常常用的电子表格格式。XLS 文件可以使用 Microsoft Excel 打开，另外微软为那些没有安装 Excel 的用户开发了专门的查看器 Excel Viewer。使用 Microsoft Excel 可以将 XLS 格式的表格转换为多种格式：XML 表格、XML 数据、网页、使用制表符分割的文本文件（*. txt）、使用逗号分隔的文本文件（*. csv）等。采用 XLS 文件存储水深数据，通常每行存储一个水深点信息，包括水深点的平面位置、深度值等。利用 ADO 库可以读取 XLS 文件，从而读取其中的水深点数据（王恩德，2006）。

§ 2. 2　海图制图综合的基本方法

2. 2. 1　数字海图要素的选取方法

数字地图要素的选取是自动制图综合的基础性环节，主要解决选取多少制图物体和哪些制图物体的问题。将定额选取模型、结构选取模型、选取过程算法同地图数据库的各种检索功能有效地结合起来，是实现数字地图要素选取的基本途径。

基于对自动制图综合特点与过程的分析，数字地图要素选取的技术方案为：以地图数据库作为系统的运行环境，充分利用地图数据库的各种检索功能，通过定额选取模型、结构选取模型、选取过程算法同地图数据库的“匹配”，在人机交互条件下，实现数字地图要素的选取（王家耀和武芳，1998）。

数字海图要素尽管与数字地图要素有较大不同，但选取的基本数学模型和方法还是一致的，选取数学模型这部分内容在相关书籍中已有详细介绍（王厚祥和李进杰，1999；张立华等，2017；李思鹏，2015），这里直接列出公式。

1）开方根规律选取公式

我们知道，海图比例尺是影响制图综合的重要因素，它不仅决定着海图上表示制图要素的容量，而且还影响着对制图要素重要性的评价以及由此而决定的制图要素的选取或舍弃。因此，可以想象，海图上制图要素的选取数量与海图比例尺之间存在某种函数关系，即

$$N=f(M) \tag{2-1}$$

式中，N 表示海图上应表示的要素数量；M 表示海图比例尺分母。

在长期的测量制图实践中，测绘工作者已经发现，平板仪测图的高程中误差、等高距、航空像片比例尺、航高等都与地图比例尺分母有着密切的联系，即存在所谓的直接开方根规律：

$$N=K\frac{1}{M} \tag{2-2}$$

式中，N 表示某种数量标准，如航高、等高距等；M 表示比例尺分母；K 表示常系数。

那么，我们不免要问，在两种比例尺图上，制图要素的数量之间是否也有这种关系呢?

回答是肯定的，在编制地图时是用较大比例尺的地图作为编图基本资料的，在对这样两种接续比例尺的地图作进一步的比较研究后发现，两种地图上制图要素的数量变化是与比例尺的变化相关联的。由此产生了制图要素选取的简单方根规律，其数学模型为：

$$n_2=n_1\sqrt{\frac{M_1}{M_2}} \tag{2-3}$$

式中，n_1 表示资料图上原有某类要素的数量；n_2 表示新编图上相应实地面积内应选取的要素数量；M_1 表示资料图比例尺分母；M_2 表示新编图比例尺分母。

方根规律模型表明，在资料图和新编图的比例尺一定的情况下，只要获知资料图上制图要素的数量，就可以方便地计算出新编图上应选取的要素数量。毫无疑问，方根规律对于制图综合的定量化、标准化具有重要意义。

2）回归模型

制图综合的回归分析模型是一种定额选取模型，它通过对已出版海图的研究，揭示出由资料图（或实地）到新编图（派生图）制图要素之间数量的变化规律，从而确定新编图上要素的选取数量指标。

利用回归分析模型确定制图物体选取数量的主要思想是：根据一种或几种变量的变化推测另一种变量的变化。基本思路是：已知影响某一制图物体选取数量的变量有 x_1，x_2，…，$x_m(m\geqslant1)$。首先，对该制图物体进行抽样（样本数为 n），并分别统计变量 x_1，x_2，…，x_m 在某一样本中相对应选取数 y_1，y_2，…，y_m 在全区范围内的分布，得到样本集合 $\{x_{ij},\ y_j\}$（变量数 $i=1$，2，…，m；样本数 $j=1$，2，…，n）。然后，计算样本相关系数。其次，根据样本点在二维坐标系中的分布趋势，选用某一曲线（如幂函数）进行拟合。最后，利用相关系数和拟合曲线方程计算回归系数，即可得到该制图物体选取的回归模型。

在海图制图综合中，可以通过对这样几种关系的分析来建立回归分析模型：制图要素

的选取数量（或选取比例）与要素的实地（或资料图上）密度之间的一元回归；要素的选取数量（或选取比例）与要素的实地（或资料图上）密度及其他指标（如河流之长度）之间的多元回归；相互制约着的不同要素之间（如居民地和道路）的一元或多元回归等。

回归分析模型通过统计分析的方法反映出制图物体选取的一般规律，有助于拟定选取的数量指标，具有重要的理论意义。但其客观性和准确性受限于样本容量和抽样方法以及样本分布趋势拟合曲线的选取，在实际操作中较为困难。

3）综合评判模型

在全面分析要素选取的影响因素基础上，对制图要素的重要程度从各个方面（如航标的类型、地理位置、射程、密度）加以综合评判，得到制图要素的重要程度大小的等级序列，根据重要程度大小进行先后选取，关键步骤如下。

首先，确定评价因素。根据海图的主题和用途，选取对要素选取最具影响力的数种特征 u_i（因素）构成评价因素集合 $U=\{u_1, u_2, \cdots, u_n\}$。

然后，确定单因素重要程度。分别根据每一种特征 u_i 评价制图要素所具有的重要程度 w_i，则各因素的重要程度构成集合 $W=\{w_1, w_2, \cdots, w_n\}$。常用的评价方法有定性的等级评判法和定性与定量相结合的百分制评判法。

最后，综合评判制图要素的重要程度。由于各评价因素对重要程度的影响力是不等的，因此需要对其区别对待，一般采用加权的方法。所有评判因素的权值组成权重集合 $A=\{a_1, a_2, \cdots, a_n\}$，并且有：

$$a_i \geqslant 0, \quad \sum a_i = 1 \tag{2-4}$$

在获得了航标的单因素重要程度集合 W 和各因素的权重集合 A 后，就可以对航标的重要程度进行综合评判，获得具体的数值 R。

$$R = \sum_{i=1}^{n} a_i w_i \tag{2-5}$$

那么，通过上述综合评判过程就可以得到每一个制图要素总的重要程度值。然后按重要程度由大到小的顺序进行先后选取，最终选取出一组与数量指标相等数量的航标。

开方根规律选取的公式与回归模型是定额模型，模糊综合评判模型常被归入结构模型。

2.2.2　数字海图要素的化简方法

有关数字化线划图形化简，是自动制图综合中研究得最多、效果最好的一个方面。虽然有关这方面的文章很多，各种算法多达数十种，但基本的方法都是通过减少数字化线划要素上点的数量，达到简化图形的目的，同时又设法保持线划的基本特征。美国学者 B. M. 罗伯特（Robert B McMaster）将它们分为五类：第一类，独立点算法（Independent PointAlgorithms），其特点是无需计算相邻坐标对的数学关系，而用拓扑逻辑的独立性来完成，属于此类算法的有 n 阶点程序、点的随机选择等；第二类，局部处理算法，它是利用直接相邻点的特性决定该点是选取还是删除，这类算法的例子有点与点之间的距离、点与点之间的角度变化、詹克斯（Jenks）算法等；第三类，受某些条件限制的扩大的局部处理算法，它是通过检索除中间点以外的邻接坐标并估计线划的分段，按照距离、角度或标准点的数目扩大检索范围，例如朗（Lang）算法、奥普海姆（Opheim）算法、约翰森（Johannsen）算法、德韦奥（Deveau）算法和罗伯杰（Roberge）算法等；第四类，不受限制的扩大的局部处理算法，它是检索除中间点以外的邻接坐标并估计线划的分段数，检索范围的扩大受线划地形复杂性的限制，而不是受算法标准的限制，例如雷纽曼-威特卡姆（Reumann-Witkam）算法等；第五类，整体的算法，即化简线划时考虑的是完整的线划或某一确定的线段，交互地选择特征点，道格拉斯-皮克（Douglas-peucker）算法即属此类。前述数字地图要素制图综合的特点之一，是其操作步骤的可分解性，即把通盘考虑且同时一次完成的手工方法从逻辑上分解成离散的、精确可识别的步骤，并将它们转变成算法。根据数字化线划要素化简的特点，可以将其分解成四个独立的步骤：化简、光滑、增强和位移（王家耀和武芳，1998）。

化简。化简算法是除去线划多余部分或不必要的坐标对。但是，实际上绝大多数化简算法都是标识这种冗余部分，且有逻辑地计算和保留数字线划的“特征点”。大多数化简算法选择“特征点”都是以点及其相邻点的拓扑关系为基础的，其中邻域研究范围在不同的算法之间差别较大。

光滑。当化简程序只保留或者删除坐标数据时，光滑算法移动点的位置以减少折角，使线划显得平滑。已经研究出来的光滑方法很多，如线性迭代光滑法、分段三次多项式插值法、二次多项式平均加权法、张力样条函数插值法及其他光滑方法。为了使数字化线划要素化简收到更好的效果，化简算法与光滑算法通常是交替使用的。

增强。用于将碎部增加到被简化的数据集上去，这对于化简过程中夸大某些特征碎部是十分有用的。其中值得提及的是增强方法中分形方法（fractals）的使用，其理论是由曼德伯特（Mandelbrot）所创立的。曼德伯特（Mandelbrot）的分形几何学为制图员提供了描绘复杂线划特征的方法，而且是杜顿（Dutton）分形的基础。杜顿（Dutton）算法是基于这样的观点提出的，即在一定的条件下，在化简数据集中重新生成碎部是有意义的。该算法是在坐标串中产生一些新的点，同时保持线划的局部相似性。分形几何学的实际应用，能根据大大压缩了的数字化线划数据再次产生“逼真”的图形，因而是有潜力的。

位移。是数字化线划要素化简过程中处理两条或更多条线划要素的关系以避免合并或重叠的基本方法。主要解决什么地方需要位移、哪个线划要素位移、往哪个方向位移和位移多少等问题，目前已研究出解决这些问题的位移算法。

2.2.3 数字海图要素的其他方法

从海图制图综合来说，与陆地地图制图综合一样，除了前面所说的选取、化简方法之外，也还有概括、移位等方法。但由于海图自动制图综合起步较晚，专门投入的研究力量有限，在海图自动概括、移位等方面还缺少一些具有标志性、影响力的成果，对一些数量特征（如大小、长度、深度、高度、坡度、密度）的概括、质量特征的概括和图形重叠时的移位处理，大多都是从地图自动制图综合借鉴、引用而来的，在本书中不再系统阐述。

第 3 章　水深注记的自动选取

在航海图上，水深注记是非常重要的内容，在海图载负量中占有相当大的比重，对于正确显示海底地貌，反映海区的通航能力，保证舰船的航行安全都具有十分重要的作用。因此，水深注记制图综合的质量好坏在很大程度上决定着海图的质量和使用价值，水深注记的自动综合是海图自动制图综合中最重要的工作。

§3.1　水深注记自动综合的基础理论

3.1.1　水深注记的概念及表示

1. 水深注记的概念

水深注记又被称为深度注记，通常简称为水深，指由深度基准面到海底的距离（如图 3-1 所示）。水深注记是表示海底地形的基本方法。

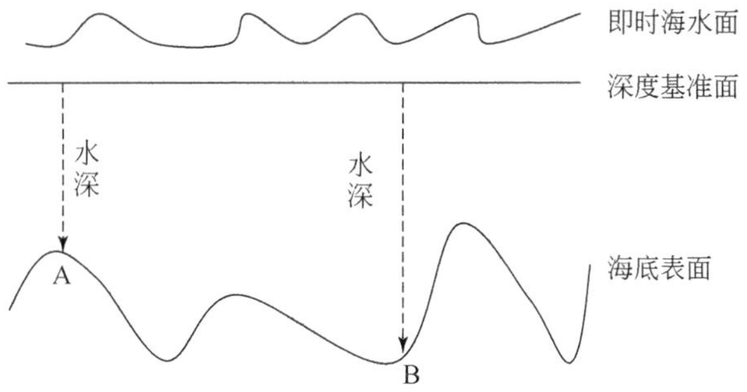

图 3-1　水深注记的量算

2. 水深注记的分类及其表示

根据海图图式规定，海图上的水深注记又分为以下五类。

（1）斜体水深：以斜体的阿拉伯数字所表示的从深度基准面到海底的水深注记，是实测高精度的水深，也是海图上最普遍的水深。

（2）直体水深：以直体的阿拉伯数字所表示的从深度基准面到海底的深度注记，是深度不精确、采自小比例尺或旧版资料的水深。未经测水深也用此符号表示。

（3）未测到底水深：测量时测至一定深度而尚未着底时的深度。在目前使用测深仪的情况下，这种未测到底的水深很少见。

(4) 干出水深：就是干出高度，指深度基准面以上的高度。

(5) 特殊水深：又叫做危险水深，指明显浅于周围深度的水深（一般浅于20%），对舰船航行构成危险，图上用水深注记外套点圈符号表示。

上述各种水深的表示方法如图3-2所示。

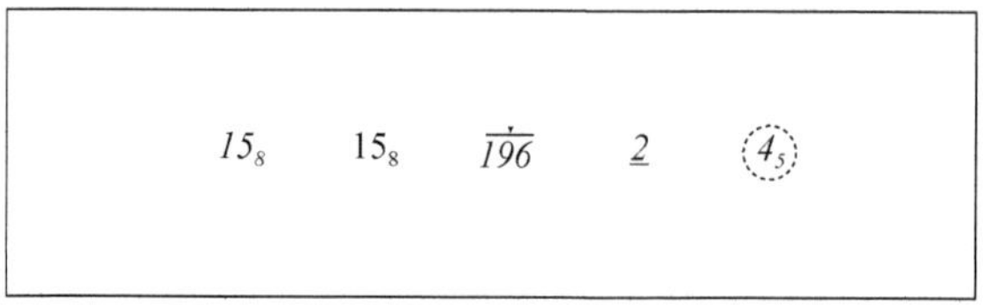

图3-2　海图上水深注记的表示方法

3.1.2　水深注记的密度指标

在以水深测量图板或上一级的大比例尺海图做资料编制新图时，都必须要对资料上大量的水深注记进行取舍，这就产生了确定选取指标的问题。水深注记的选取指标又称为密度指标。由于水深是大量地、均匀地分布于整个海域，为了便于实际使用，通常将水深注记的间隔作为密度指标。确定合理的水深密度指标，是海底地形制图综合的主要任务之一。

1. 影响水深注记密度指标的制约因素

确定水深注记的密度指标，必须考虑到下面三个制约因素：海图的主题与用途、制图区域的地理特点和海图比例尺等。

1) 海图的主题与用途

海图的主题与用途是影响水深注记密度指标确定的一个根本性的因素。不同主题与用途的海图，海底地貌的表示方法不同，因而各自的水深密度差异是明显的。例如，专题图上水深注记相对稀少，有些类别的专题图上甚至没有水深点，而在航海图上水深注记却是一个重要的制图要素，占有相当大的海图载负量。即使是同为航海图，也由于使用的对象不同，水深的密度也存在很大差异。例如，对于军用航海图主要是满足于军舰在海上航行、作战、训练等要求，而舰船活动无固定的航线和区域，因此要求海底地貌要表示得详细些，水深注记就要密一些；而对于民用航海图，考虑到民用船通常只是在固定的航线上航行，活动区域也比较固定，因而图上水深注记就可以比较稀疏；对于外轮用图，为了保守海区秘密，除了在规定航线上表示必要的水深注记外，其他海区的水深注记则要比民用海图更稀少。

2) 制图区域的地理特点

一旦海图的主题和用途确定下来，制图区域的海底地形特点便成为决定图上水深密度的首要因素。海底地形特点可以从三个方面分析：离岸距离、深度和坡度。近岸海区的地形往往比较复杂，水深也浅，舰船机动不便，海图上如果没有足够多的水深注记，就不利于航海者判定地形地貌，影响舰船的沿岸航行和锚泊。相反，远海区域水深注记就可以稀疏些。舰船航行时都有一定的吃水深度，目前最大船舶的吃水深度也不过 20m 左右，因而在深水区，舰船航行时受海底地貌的影响很小，不要求海图上有很密的水深注记。在浅水区，情况则相反，表示复杂地形，保证航行安全等因素都要求有较密的水深注记。同样的道理，在海底起伏较大、坡度很陡的海区，无论是为了表现地貌还是为保障航行安全，都要求有较密的水深注记。

3）海图比例尺

海图的比例尺也是影响水深密度指标的一个重要因素。大比例尺海图多用于沿岸航行，沿岸海区水深较浅，地形复杂，对舰船的影响比较大，因此海底地貌要详细表示，水深注记密度大。而中小比例尺海图，制图区域主要是中远海区域，这些海区海水深度大，水深注记密度小。此外舰船一般不用中小比例尺海图进行沿岸航行，因此对于中小比例尺航海图上的沿岸海区，不必要表示密集的水深注记。

综合以上分析可以看出，海水深度是影响海图水深注记密度指标的决定性因素。目前世界各国出版的航海图均是以海水深度作为确定水深注记密度指标的尺度标准，即浅水区水深注记密度较密，而深水区水深密度相对就较稀。

2. 水深注记的密度指标规定

水深注记的密度直接影响海图显示海底地貌的详细性和海图的清晰易读性，水深注记越密，越能详细显示海底地貌。但是水深注记过密，又会影响海图的清晰易读性，增加制图人员的工作量。因此在能充分显示海底地貌且保证舰船航行安全的前提下，应力求少选取水深注记，以保证图面的清晰易读。

根据多年的海图生产经验和航海人员的反映，我国民用航海图上水深注记的密度指标规定如表 3-1、表 3-2 所示。

（1）普通海区水深选取间隔一般按表 3-1 的规定执行。

（2）在障碍物和危险水深周围以及深度急剧变化的区域，水深间隔应比上表的规定适当加密。

（3）在小比例尺图上，如果 200m 等深线距岸滩大部分不足 10cm，在距岸 10cm 以内，水深密度由岸滩向外逐渐减小，水深间隔一般控制在 1.5 ~ 2.5cm 之间，距岸超过 10cm 的水域，根据海底地形的复杂程度，水深间隔一般控制在 2.5 ~ 3.3cm 之间。

（4）狭窄水道水深选取间隔一般应按表 3-2 的规定执行。

规定水深注记选取的密度指标，并不意味着在编图时要绝对按照这个标准来选取水深注记。实际上，应当根据海底地貌的复杂程度灵活掌握水深注记的密度，海底地形起伏变化大的区域的水深注记可适当加密，如沿岸陡深处、岛屿和礁石周围等区域，而平坦海区则可适当减小密度。水道、航门、复杂海区、习惯航道转折处、锚地、突出的岬角及海底地形复杂的海区，水深注记的间距可缩小至 0.8 ~ 1cm。

表 3-1　普通海区水深选取间隔

距离＼间隔＼深度	平坦地区			复杂地区		
	<20	20 ~ 50	>50	<20	20 ~ 50	>50
<5	1.2 ~ 1.5	1.4 ~ 1.7	1.5 ~ 2.0	1.0 ~ 1.3	1.2 ~ 1.5	1.4 ~ 2.0
5 ~ 15	1.5 ~ 2.0	1.7 ~ 2.3	2.0 ~ 2.5	1.3 ~ 1.7	1.5 ~ 2.0	2.0 ~ 2.5
>15	2.0 ~ 2.5	2.3 ~ 2.7	2.5 ~ 3.3	1.7 ~ 2.2	2.0 ~ 2.5	2.3 ~ 3.0

注：深度的单位为 m；“间隔”指水深选取间隔，单位为 cm；“距离”指图上某水域距干出滩（无干出滩时从岸线起算）的距离，单位为 cm。

表 3-2　狭窄水道水深选取间隔

水道宽度窄于 5cm		水道宽度为 5 ~ 10cm	
水下地形简单	水下地形复杂	水下地形简单	水下地形复杂
1.2 ~ 1.5cm	1.0 ~ 1.3cm	1.5 ~ 2.5cm	1.2 ~ 2.0cm

注：狭窄水道是指两岸干出滩之间宽度小于 10cm 的水道。水深间隔应由岸边向航道中心过渡，如“1.2 ~ 1.5cm”是指岸边一般为 1.2cm，航道中心为 1.5cm。

3.1.3　水深注记的选取

水深注记的制图综合，主要是水深注记的选取，此外也存在水深注记的移位以及危险水深说明注记的取舍。

1. 水深注记选取的基本原则

1）“取浅舍深”，保证舰船航行安全

舰船在海上航行，确保航行安全是第一位的，而水下存在着许多的暗滩、浅礁，它们是舰船安全航行的最大障碍。一方面，舰船航行时要绕开这些危险区域；另一方面，在很多时候舰船都不可避免地要在这些危险区域内航行、锚泊、训练。为确保舰船的安全，就要求制图人员在选取水深注记时应“取浅舍深”，以准确地反映出这些碍航物的位置范围和深度特征，如在暗礁、浅滩上的最浅水深必须表示，即把海底凸地貌顶部等有碍航行的浅水深都选取出来，尤其是孤立的浅水深不得遗漏，否则很容易造成舰船触礁、搁浅事故的发生。

2）“深浅兼顾”，正确反映海底地貌形态

为了保证舰船航行的安全，按照“取浅舍深”的原则选取各种浅水深是十分必要的。但如果一味机械执行“取浅舍深”的原则，将严重歪曲海底地貌的形态，也会影响舰船的顺利航行。因此在选取水深注记时，既要选取有碍航行的浅水深，又要选取一定的反映海底地貌的深水深。

从正确反映海底地貌形态的角度出发，我们在对水深注记进行选取时，不仅要选取那些可能对舰船航行产生危险的深水深，同时还必须要选取各种特征性的深水深，以表示出水下河谷、凹地和海底峡谷等负向地貌的形态分布特征。

3）选取航道水深，反映通航能力

任何航道，包括海峡、水道和河道等，除了其纵剖面上的水深变化外，在横剖面上都有坡度的变化，这些坡度的变化可以说明航道的宽度情况。

4）选取能表示各类地貌的深度、范围、走向等特征的水深注记

大多数情况下，水下暗礁、浅滩大都是沿某一方向延伸分布的，选取水深注记时，除先按照“取浅舍深”的原则选取顶部的最浅水深外，还应选取顶部纵剖面上相对浅的水深注记，以反映海底地貌的深度、走向等特征，并且在水深注记选取后，应使纵剖面上两水深注记之间不再有更浅的水深存在。

5）水深选取与等深线要协调一致

在选取水深注记时还要考虑到等深线的轮廓形状，选取能够确定等深线轮廓的水深，使两者相互配合协调。这部分内容将在等深线部分作专门介绍。

2. 水深注记选取作业

1）手工作业选取

在目前选取水深的实际作业中，对于海区平坦且缩小倍数在 2 倍以内的水深资料，可直接在配准的屏幕图像（或数据）上用目测的方式选取并录入水深。这种方法只能限于平坦海区即浅点和特殊水深较少的情况，选取一般水深时哪个水深都行，只是要考虑水深密度的不同。

对于复杂海区（海底地形变化剧烈）包括缩小倍数在 2 倍以上的平坦海区，必须先制作制图综合样，在水深资料的纸样上选取好水深，并经责任编辑认可后，再扫描、配准，在屏幕图像（或数据）上录入。

实际作业中的水深选取步骤如下。

（1）首先在水深资料纸样上用公分尺量算好成图水深所需要的间距（《规范》要求的水深密度），也就是计算在屏幕图像或数据上需要间隔几行或几个水深选取 1 个，以便于直接选取录入。量算的同时，还要考虑与周边资料水深密度的衔接。

（2）按照量算好的成图水深所需要的间距，用目测的方式在屏幕图像或数据上选取录入水深，首先选取浅点和特殊水深，然后根据《规范》要求的密度和形状进行一般水深的选取，直至整张资料录入完成。

（3）水深挑选取录入完成后，还需要检查和调整，检查浅点和特殊水深是否遗漏，优先选取控制等深线的水深、硬底质的水深，并且把与周边资料衔接的水深调整好。

2）计算机作业选取

随着计算机在海图生产作业中的应用和数字水深成果的出现，运用计算机来辅助进行水深选取，引起了国内外诸多学者的关注，这在 1. 3. 1 中进行了较为系统的阐述。这些计算机作业方法主要是依据手工作业中的水深点选取规则，用计算机模仿人脑思维的思路，进行水深自动选取的研究。这些方法，从不同的侧面丰富了水深自动综合的理论。但在实

践中，由于海底地形复杂多变，这些方法仍无法有效解决水深漏浅等关键性问题，从而也导致已有的水深自动综合技术难以在实践中推广应用。接下来主要介绍基于数字水深模型的水深自动选取技术，它突破了已有海图水深自动综合的技术瓶颈，提出了从关注水深注记“点”上升到水深模型“面”的思路，利用已选水深所构水深模型面评估、控制、优化后续拟选水深点选取，从而构造出面控水深选取的系列算法。

§3.2 数字水深模型面质量的定量评估

3.2.1 数字水深建模的基本概念

1. 数字水深建模的定义

海底地形表面千变万化，形态各异，在海图上我们需通过所获取的一系列离散的水深数据点，采用点（或线）的表达方式和结构模型来建立起海底地形表面，这个过程可称为数字水深建模，所建立的模型即为数字水深模型（DDM）。数字水深模型是表示水深建模区域上的三维向量有限序列（张立华等，2019；Zhang et al.，2013；Zhang et al.，2015）。

需要指出的是，采用点的表达方式为海图上的水深注记点；采用线的表达方式为海图上的等深线。

2. 数字水深建模的基本流程

如图 3-3 所示，数字水深建模的基本流程如下。

（1）将不同来源的水深数据经格式转换、坐标转换等前期处理后，生成相应的标准化数据，以此作为构建 DDM 的源数据；

（2）根据实际需求，确定出 DDM 所采用的结构类型；

（3）根据 DDM 所采用的结构类型，由水深源数据通过选取（或内插）得到 DDM 的模型点（或线）；

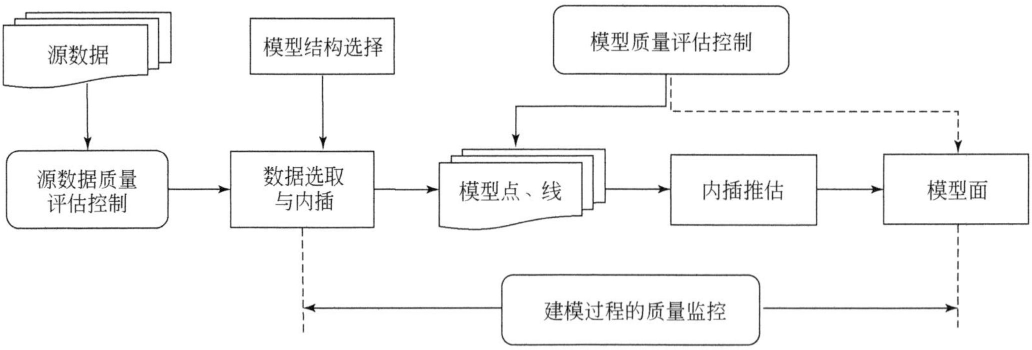

图 3-3　数字水深建模的基本流程

（4）由 DDM 的模型点（或线）通过内插推估，得到建模范围内任意一点的水深值，从而构建起 DDM。

以上数字水深建模的基本流程也被称作 DDM 的表面重建。

需要说明的是，对于海图水深综合来讲，源数据（即资料图水深数据）通常是事先确定的，采用的模型结构一般为 TIN。源数据到模型点的选取方法（即水深点的自动选取）是本书的重点研究内容。在此之前，还需要搞清楚两个问题：水深模型面的内插方法如何选择和综合后水深成果的质量评估如何进行。

3.2.2　水深模型面的内插方法

1. 线性内插法

线性内插法是海图水深三角网结构模型面中普遍使用的模型表面内插方法（贾帅东，2015；张立华等，2019；Zhu et al.，2005）。如图 3-4 所示，首先建立 Delaunay 三角网，根据待插点 q 的平面位置确定其所在的三角形 $P_1P_2P_3$，接下来根据三角形三个顶点的平面位置和深度值确定出一个平面，然后求出待插点水深值。

如图 3-4 所示，假设三角形 $P_1P_2P_3$ 所在平面可用以下函数的形式表达：

$$z = a_1 + a_2 x + a_3 y \tag{3-1}$$

式（3-1）中，参数 a_1、a_2、a_3 可以根据三个已知参考点 $P_1(x_1, y_1, z_1)$，$P_2(x_2, y_2, z_2)$，$P_3(x_3, y_3, z_3)$ 的坐标计算求得。这三个参数可以根据式（3-2）进行计算：

$$\begin{bmatrix} a_1 \\ a_2 \\ a_3 \end{bmatrix} x = \begin{bmatrix} 1 & x_1 & y_1 \\ 1 & x_2 & y_2 \\ 1 & x_3 & y_3 \end{bmatrix}^{-1} \begin{bmatrix} z_1 \\ z_2 \\ z_3 \end{bmatrix} \tag{3-2}$$

在求出参数 a_1、a_2、a_3 后，代入式（3-1），根据待插点的平面位置，即可计算出待插点的水深值，如式（3-3）所示。

$$z_q = a_1 + a_2 x_q + a_3 y_q \tag{3-3}$$

线性内插方法是目前三角网水深模型中较为常用的内插方法，具有准确的计算公式，所建立的表面是连续表面。

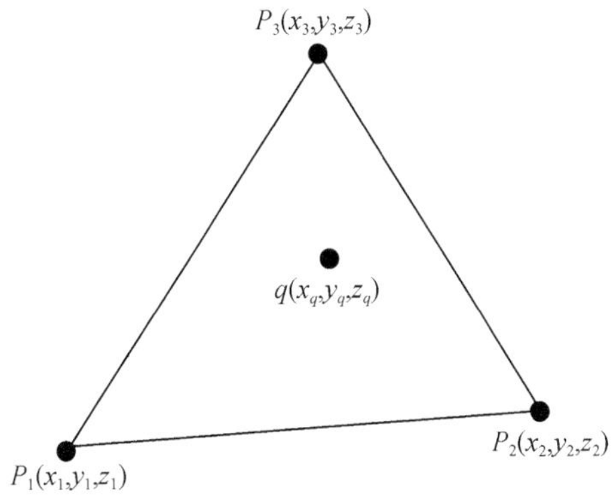

图 3-4　线性内插

2. 浅点推估法

出于对舰船航行安全的考虑，航海人员在实际使用由航海图水深所建的模型时，较为常用的一种模型表面内插方法是浅点推估法。具体方法为：如图 3-4 所示，首先利用水深模型点建立 Delaunay 三角网，然后根据待插点 q 的平面位置，确定其所在的三角形 $P_1P_2P_3$，然后使用该三角形三个顶点水深的最小值推估待插点 q 的水深值，即

$$z_q = \min(z_1, z_2, z_3) \tag{3-4}$$

其中，z_q 表示待插点 q 的水深，z_1、z_2、z_3 分别表示 P_1、P_2、P_3 点的水深。

可以看出，这与海图生成作业单位根据水深不漏浅原则所理解的内插方法相类似。这里，考虑到海图实际生产作业的应用需要，兼顾航海者使用海图时所采用的水深推估方法，我们将浅点推估法这一内插方法作为本书研究中所使用的模型表面内插方法。

3.2.3 数字水深模型的质量评估

1. 面向水深对象的数据质量精细化评估

在长期的海洋测绘实践中，对水深平面和深度的精度要求仅是依据测图比例尺和水深等级所做的一种笼统性的规定，未强调单个水深数据之间的质量不同。而事实上，同一比例尺海图和深度等级内的水深平面和深度可能是存在质量差异的，特别是当水深数据来源多样时，当前这种将同一比例尺海图和深度等级内的水深按等同精度来处理的粗放的质量分析评估方法，不便于数据源在水深模型点确定和模型局部调控中被有效利用，为此，提出面向水深对象的数据质量精细化评估方法。

具体做法如下：通过引入不确定度理论，来实现对单个水深数据的质量精细化评估与控制。按照国际《海道测量标准（S-44）》第 5 版（以下简称《标准》）要求，将不确定度信息作为水深数据的质量指标，与水深点平面位置及深度信息一起存储（Calder and Ayer，2002；International Hydrographic Orgnization，2008；吴超等，2009；张立华等，2012；张立华等，2019）。水深不确定度信息通常包括水平不确定度（Total Horizontal Uncertainty）和垂直不确定度（Total Vertical Uncertainty），对于水深点 i 而言，其基本信息可表示为 $S_i = (x_i, y_i, z_i, u_{H_i}, u_{V_i})$。其中，$(x_i, y_i, z_i)$ 为水深点的平面坐标和深度值，u_{H_i} 和 u_{V_i} 分别为水平不确定度和垂直不确定度。

1）*新测水深数据的质量精细评估*

在目前较为权威的多波束数据后处理软件 Caris HIPS and SIPS 中，用户能够通过设定相应的参数，自动输出水深的水平和垂直不确定度。当然，也可分别针对多波束和单波束测深数据，采用以下思路和方法来对水深不确定度进行分析评估。

多波束测深数据由于测量载体受到风、流和浪涌等各种干扰因素的影响，产生横摇、纵摇、艏摇及载体升沉等运动，测深数据将随测船航向和摇摆幅度而改变，具有一定的时变性，这就是海道测量中所谓的动态偏心改正、动态位置传算以及动态时延改正问题。多波束测深点在水平和垂直方向上的标准不确定度（标准差）为：

$$\begin{cases} u_{\text{Pos}} = \sqrt{\sigma_0^2 + \sigma_{\Delta x}^2 + \sigma_{\Delta y}^2 + \sigma_{y_v}^2} \\ u_{\text{Dep}} = \sqrt{\sigma_{d_1}^2 + \sigma_{d_2}^2 + \sigma_{d_3}^2 + \sigma_{d_4}^2 + \sigma_H^2 + \sigma_{\text{dyn\_draught}}^2 + \sigma_{WL}^2 + \sigma_{Z_v}^2} \end{cases} \tag{3-5}$$

式（3-5）中，σ_0 为定位仪器的精度，$\sigma_{\Delta x}$和 $\sigma_{\Delta y}$分别对应于前面三项改正综合的计算精度，σ_{y_v}为声线改正在水平方向上的中误差，σ_{d_1}、σ_{d_2}、σ_{d_3}、σ_{d_4}、σ_H、$\sigma_{\text{dyn\_draught}}$、$\sigma_{WL}$、$\sigma_{Z_v}$分别为测距、波束指向角、纵摇角、波束角、升沉与诱导升沉、船体吃水、潮位推估和声线改正在垂直方向上的中误差，其中，横摇角与波束指向角误差可一并处理，表层声速的影响已归纳到 σ_{d_2}中。

而对于传统的单波束测深并未考虑上述的动态改正，故单波束测深点在水平和垂直方向上的标准差可简单地表示为：

$$\begin{cases} u_{\text{Pos}} = \sigma_0 \\ u_{\text{Dep}} = \sqrt{\sigma_{d_1}^2 + \sigma_{\text{dyn\_draught}}^2 + \sigma_{WL}^2 + \sigma_{z_v}^2} \end{cases} \tag{3-6}$$

u_{Pos}和 u_{Dep}分别为一个二维数据和一个一维数据，根据统计学的知识，此时二者的置信度均为68%，需将其扩展至95%，以满足《标准》的要求。则根据 u_{Pos}和 u_{Dep}服从正态分布的特性与其相应的置信度，水平不确定度 u_H 和垂直不确定度 u_V 可表示为：

$$\begin{cases} u_H = 2.45 u_{\text{Pos}} \\ u_V = 1.96 u_{\text{Dep}} \end{cases} \tag{3-7}$$

2）原有水深数据的质量粗略评估

通过式（3-5）~式（3-7），可针对单个水深，实现水深数据的不确定度评估，精细反映每个水深数据的质量差异。然而，由于不确定度作为衡量水深数据质量的指标，最近才被重视和使用，使得以往的某些水深数据（如早期的海图水深数据）可能缺少某些相关的信息，无法精确计算水深不确定度。这时，只能根据规范（或标准）中的相关要求，来粗略估计水深不确定度。以我国的《海道测量规范》（GB 12327—1998）为例，其规定了不同测量等级下深度测量的极限误差，并给出了极限误差的置信度为95%，故可将极限误差作为等级内全部水深数据的垂直不确定度的粗略估值。同时，《规范》也规定了不同测图比例尺下水深点位的水平精度（置信度为68%），将其置信度扩展至95%，可用于粗略估计某一比例尺下水深数据的水平不确定度。当然，若水深测量按照《标准》要求执行，也可参考其中关于不确定度的相关规定。

2. DDM 的不确定度分析

1）DDM 的不确定度来源

采用水深不确定理论来分析 DDM 的质量，DDM 的水深不确定度主要来源于以下两个方面（贾帅东，2015；贾帅东等，2015；Zhang et al.，2013；张立华等，2012；张立华等，2015；张立华等，2019）。

一方面，由于外业测量时受测量设备、测量环境等因素的影响，实际测量值与真值间会存在一定的差异，从而造成源数据［如图3-5（a）中的●］在水平和垂直方向上的水深不确定度为 u_H 和 u_V［图3-5（a）］。由于真实地形表面是无法获得的，我们用全部的原始观测数据集建立模型表面，来近似地表示真实地形表面，简称最优逼近地形表面，其剖面如图 3-6 中的点状虚线“-----------”所示。在三角网建模过程中，先从源数据点选取一定数量的数据点作为模型点。然后要用这些模型点（如图 3-6 中的■）建立起相应结构的模型来推算模型任意位置的高程（如图 3-6 中的▲），从而实现对地形表面的数字化表达。因此，模型点的误差将被传递到模型所描述地形表面的各点上，如图 3-7 虚线“－－－－”所示。

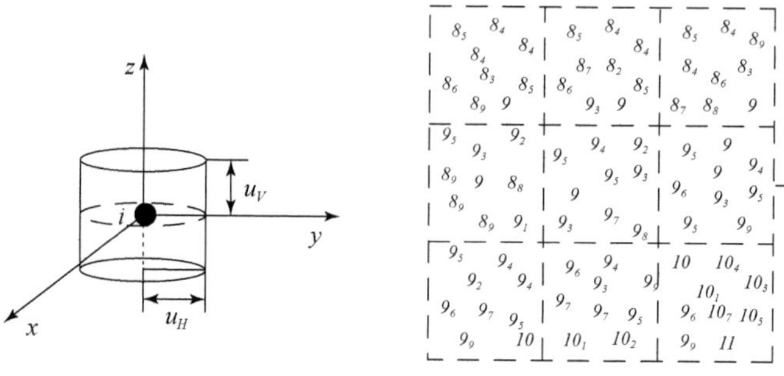

(a)　　(b)

图 3-5　源数据点分析

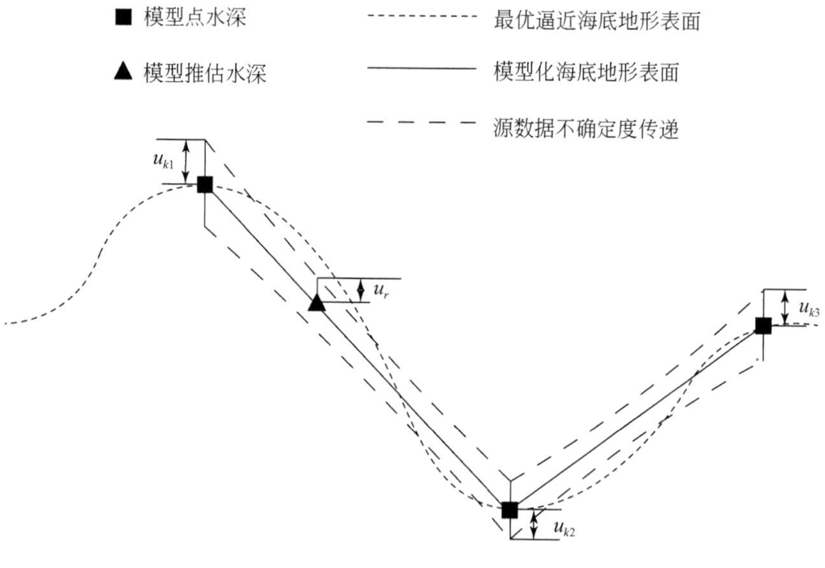

图 3-6　DDM 的源数据传递不确定度分析

另一方面，由于模型是利用一系列离散的模型点来描述连续的地形表面，这就使得模型化的地形表面与真实的地形表面又会存在一定的差异，从而引起模型描述不确定度的产生。假设源数据不确定度为零（如图 3-7 中的■），但这些有限的模型点所构成的 DDM 也只能是对真实地形表面的一种近似化表达，如图 3-7（a）中实线“————”所示。即使通过加密数据点的方式，可以使 DDM 更为贴近真实的地形表面，但这种用有限的离散

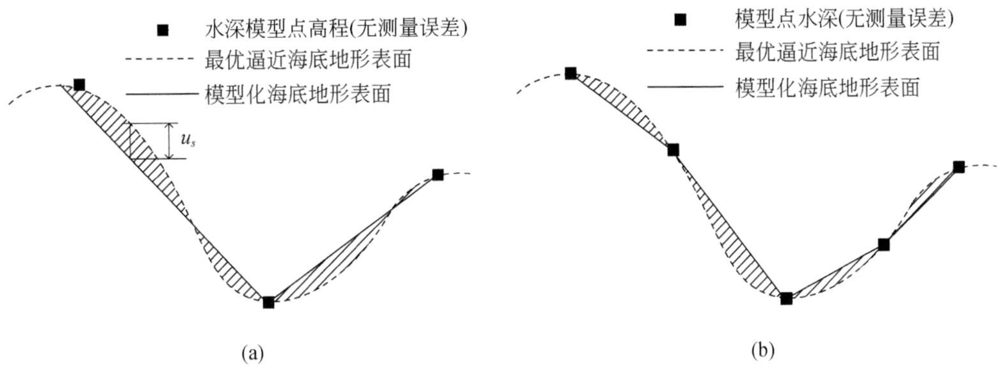

图 3-7　DDM 的描述不确定度分析

点表示连续的地形表面所带来的描述不确定度是无法从根本上消除的（图 3-7（b））。因此，本书将这种在假定模型点误差为零的前提下，模型化表面与实际海底地形表面间的水深差异所引起的不确定度定义为 DDM 描述不确定度，如图 3-7 中阴影区域▨所示。

综上所述，模型的不确定度主要由两方面原因造成：一方面是模型点不确定度由模型推算该点所引起的 u_r（以下简称模型源数据不确定度）；另一方面是由离散化的模型点推算连续地形表面上该点时所引起的 u_s（以下简称模型描述不确定度）。

2）三角网建模源数据的不确定度传递

对于建模区域内某点 k 而言，假设其平面坐标为（x_k，y_k），则根据其所在的三角形，采用三角形线性内插公式，可计算出该点的高程 z_k。根据误差传播规律，可推导出三角网模型在点 k 处的垂直标准差 u_k（即垂直精度）为：

$$u_k(x,y)=\sqrt{\sum_{i=1}^{3}\left(\frac{\partial f}{\partial x_i}\right)^2 u_{x_i}^2+\sum_{i=1}^{3}\left(\frac{\partial f}{\partial y_i}\right)^2 u_{y_i}^2+2\sum_{i=1}^{3}\sum_{i=1}^{3}\left(\frac{\partial f}{\partial x_i}\right)\left(\frac{\partial f}{\partial y_i}\right)u_{x_i}u_{y_i}r_{x_iy_i}+\sum_{i=1}^{3}\left(\frac{\partial f}{\partial z_i}\right)^2 u_{z_i}^2} \tag{3-8}$$

其中，

$$\frac{\partial f}{\partial x_1}=\frac{[x(y_2-y_3)+x_2(-y+y_3)+x_3(y-y_2)]\cdot[y_1(z_2-z_3)+y_2(-z_1+z_3)+y_3(z_1-z_2)]}{[x_1(-y_2+y_3)+x_2(y_1-y_3)+x_3(-y_1+y_2)]^2}$$

$$\frac{\partial f}{\partial x_2}=\frac{[x(-y_1+y_3)+x_1(y-y_3)+x_3(-y+y_1)]\cdot[y_1(z_2-z_3)+y_2(-z_1+z_3)+y_3(z_1-z_2)]}{[x_1(-y_2+y_3)+x_2(y_1-y_3)+x_3(-y_1+y_2)]^2}$$

$$\frac{\partial f}{\partial x_3}=\frac{[x(y_1-y_2)+x_1(-y+y_2)+x_2(y-y_1)]\cdot[y_1(z_2-z_3)+y_2(-z_1+z_3)+y_3(z_1-z_2)]}{[x_1(-y_2+y_3)+x_2(y_1-y_3)+x_3(-y_1+y_2)]^2}$$

$$\frac{\partial f}{\partial y_1}=\frac{[x(-y_2+y_3)+x_2(y-y_3)+x_3(-y+y_2)]\cdot[x_1(z_2-z_3)+x_2(-z_1+z_3)+x_3(z_1-z_2)]}{[x_1(-y_2+y_3)+x_2(y_1-y_3)+x_3(-y_1+y_2)]^2}$$

$$\frac{\partial f}{\partial y_2}=\frac{[x(y_1-y_3)+x_1(-y+y_3)+x_3(y-y_1)]\cdot[x_1(z_2-z_3)+x_2(-z_1+z_3)+x_3(z_1-z_2)]}{[x_1(-y_2+y_3)+x_2(y_1-y_3)+x_3(-y_1+y_2)]^2}$$

$$\frac{\partial f}{\partial y_3}=\frac{[x(-y_1+y_2)+x_1(y-y_2)+x_2(-y+y_1)]\cdot[x_1(z_2-z_3)+x_2(-z_1+z_3)+x_3(z_1-z_2)]}{[x_1(-y_2+y_3)+x_2(y_1-y_3)+x_3(-y_1+y_2)]^2}$$

$$\frac{\partial f}{\partial z_1}=\frac{(x_2-x_3)y+(-y_2+y_3)x+x_3y_2-x_2y_3}{x_1(-y_2+y_3)+x_2(y_1-y_3)+x_3(-y_1+y_2)}$$

$$\frac{\partial f}{\partial z_2}=\frac{(-x_1+x_3)y+(y_1-y_3)x-x_3y_1+x_1y_3}{x_1(-y_2+y_3)+x_2(y_1-y_3)+x_3(-y_1+y_2)}$$

$$\frac{\partial f}{\partial z_3}=\frac{(x_1-x_2)y+(-y_1+y_2)x+x_2y_1-x_1y_2}{x_1(-y_2+y_3)+x_2(y_1-y_3)+x_3(-y_1+y_2)}$$

令

$$\begin{cases}S_x=[y_1(z_2-z_3)+y_2(-z_1+z_3)+y_3(z_1-z_2)]/2\\S_y=[x_1(z_2-z_3)+x_2(-z_1+z_3)+x_3(z_1-z_2)]/2\\S_z=[x_1(-y_2+y_3)+x_2(y_1-y_3)+x_3(-y_1+y_2)]/2\end{cases}\tag{3-9}$$

$$\begin{cases}S_{z_1}=[x(y_2-y_3)+x_2(-y+y_3)+x_3(y-y_2)]/2\\S_{z_2}=[x(-y_1+y_3)+x_1(y-y_3)+x_3(-y+y_1)]/2\\S_{z_3}=[x(y_1-y_2)+x_1(-y+y_2)+x_2(y-y_1)]/2\end{cases}\tag{3-10}$$

式（3-9）中，S_x、S_y、S_z 分别表示三角形平面在三个坐标平面 YOZ、XOZ、XOY 上的投影面积。式（3-10）中，S_{z_1}、S_{z_2}、S_{z_3}分别表示点 k 与其三角形顶点所形成的三个三角形在 XOY 上的投影面积。将式（3-9）、式（3-10）代入式（3-8）中的微分公式，得

$$\frac{\partial f}{\partial x_i}=\frac{S_{z_i}\cdot S_x}{S_z^2},\frac{\partial f}{\partial y_i}=\frac{S_{z_i}\cdot S_y}{S_z^2},\frac{\partial f}{\partial z_i}=\frac{S_{z_i}}{S_z}\ (i=1,2,3)\tag{3-11}$$

这里，假设各分量间相互独立，得

$$u_k(x,y)=\sqrt{\sum_{i=1}^{3}\left(\frac{S_{z_i}\cdot S_x}{S_z^2}\right)^2u_{x_i}^2+\sum_{i=1}^{3}\left(\frac{S_{z_i}\cdot S_y}{S_z^2}\right)^2u_{y_i}^2+\sum_{i=1}^{3}\left(\frac{S_{z_i}}{S_z}\right)^2u_{z_i}^2}\tag{3-12}$$

由此，根据式（3-8）~式（3-12），可计算模型在各点上由源数据不确定度传播所引起的不确定度。

在三角形 j 内，计算源数据不确定度传播所引起的模型平均不确定度为

$$u_{pj}=\sqrt{\frac{\iint\limits_{\Omega_j}u_j^2(x,y)\,dxdy}{S_j}}\tag{3-13}$$

式（3-13）中，$u_j(x,\ y)$ 表示三角面片 j 内点（x，y）处高程 z 的标准不确定度，Ω_j 表示三角面片区域 j，S_j 表示该区域的面积，即 $S_j=d_j^2$。经整理，得

$$u_{pj}=0.41\times\sqrt{(u_{y_1}^2+u_{y_2}^2+u_{y_3}^2)\left(\frac{S_y}{S_z}\right)^2+(u_{x_1}^2+u_{x_2}^2+u_{x_3}^2)\left(\frac{S_x}{S_z}\right)^2+(u_{z_1}^2+u_{z_2}^2+u_{z_3}^2)}\tag{3-14}$$

不妨令

$$u_{Hj}=0.41\times\sqrt{(u_{y_1}^2+u_{y_2}^2+u_{y_3}^2)\left(\frac{S_y}{S_z}\right)^2+(u_{x_1}^2+u_{x_2}^2+u_{x_3}^2)\left(\frac{S_x}{S_z}\right)^2}\tag{3-15}$$

$$u_{Vj}=0.41\times\sqrt{(u_{z_1}^2+u_{z_2}^2+u_{z_3}^2)}\tag{3-16}$$

则

$$u_{pj}=\sqrt{u_{Hj}^2+u_{Vj}^2} \tag{3-17}$$

式（3-15）~式（3-17）中，u_{Hj}和u_{Vj}分别表示三角面片 j 内，由源数据的垂直不确定度和水平不确定度引起的模型平均不确定度。

因此，由源数据不确定度传播所引起的模型平均不确定度为

$$\sigma_p = \sqrt{\frac{\sum_{j=1}^{n}\sigma_{pj}^2 S_{rj}}{\sum_{j=1}^{n} S_{rj}}} \tag{3-18}$$

式（3-18）中，由源数据的水平不确定度和垂直不确定度引起模型不确定度可分别表示为

$$u_H = \sqrt{\frac{\sum_{j=1}^{n}u_{Hj}^2 S_{rj}}{\sum_{j=1}^{n} S_{rj}}} \tag{3-19}$$

$$u_V = \sqrt{\frac{\sum_{j=1}^{n}u_{Vj}^2 S_{rj}}{\sum_{j=1}^{n} S_{rj}}} \tag{3-20}$$

从式（3-17）可以看出，由源数据不确定度引起的三角网模型不确定度主要包括两部分：一部分是由源数据水平不确定度引起的；另一方面是由源数据垂直不确定度引起的。

从式（3-15）可以看出，由源数据水平不确定度引起的三角网模型不确定度的大小与建模区域内地形起伏变化情况有关。区域高程变化越大，模型表面在 YOZ、XOZ 坐标平面上的投影面积就越大（即 S_x、S_y 就越大），而模型表面在 XOY 坐标平面上的投影面积（即区域的平面面积 S_z 是相对固定的），从而由源数据水平不确定度引起的三角网模型不确定度就会越大，反之则越小。

从式（3-16）可以看出，由源数据垂直不确定度引起的三角网模型不确定度的大小不受其他因素影响。源数据的垂直不确定度会直接传递到模型表面的各点上。

3）三角网模型描述误差估计

根据式（3-8）~式（3-20），可计算由源数据不确定度引起的模型不确定度，以下将继续分析计算由模型点离散化表达地形表面引起的模型描述不确定度。关于数字高程模型（DEM）描述误差，已有学者从理论分析和实验统计等不同角度，进行了深入的分析研究。

借鉴汤国安在 DEM 中地形描述误差的实验统计方法，采用统计方法，来评估三角形 i 内的模型描述精度（汤国安等，2001；汤国安等，2005）。在三角形 i 内均匀选取 n 个观测资料点作为统计点，根据三角形顶点高程，采用三角形线性内插法，内插这 n 个统计点的高程值 $z_j'(j=1, 2, \cdots, n)$，并与统计点观测高程 z_j 作比较，采用式（3-21）计算模型在三角形 i 内的地形描述不确定度 u_{si}。

$$u_{si} = 1.96\sqrt{\frac{\sum_{j=1}^{n}(z_j'-z_j)^2}{n}} \tag{3-21}$$

4）三角网模型的精度计算

如前面所述，三角网模型的不确定度是由源数据传递不确定度和模型描述不确定度两方面引起的，故根据式（3-20）和式（3-21），采用式（3-22）来计算模型在三角形 i 内的标准不确定度，以此评价模型在该三角形内的构建精度：

$$u_i=\sqrt{u_{r_i}^2+u_{s_i}^2} \tag{3-22}$$

根据各三角形的面积大小，分别采用式（3-23）和式（3-24），来评估模型的源数据传递不确定度和模型描述不确定度。

$$u_r=\sqrt{\sum_{i=1}^{n}S_i u_{ri}^2\Big/\sum_{i=1}^{n}S_i} \tag{3-23}$$

$$u_s=\sqrt{\sum_{i=1}^{n}S_i u_{si}^2\Big/\sum_{i=1}^{n}S_i} \tag{3-24}$$

式（3-23）、式（3-24）中，S_i 表示三角形 i 的面积。

因此，采用式（3-25）计算三角网模型的标准不确定度，以此评估三角网模型的整体精度。

$$u=\sqrt{u_r^2+u_s^2} \tag{3-25}$$

3. 综合后水深成果的质量评估

1）水深成果面向航海应用时所涉及的不同模型面的本质涵义

由于真实海底表面是无法获得的，我们用某次全覆盖、高精度的多波束原始观测水深数据集所构建的水深模型面，来近似地表示真实海底表面，简称最优逼近海底表面，其剖面如图 3-8（a）中的“---”所示。定义最优逼近海底表面上各点位的水深为最优逼近水深。根据《标准》关于水深不确定度和国内《海道测量规范》（GB 12327—1998）对测深极限误差的要求，真实海底表面可能以 95% 的置信度位于如图 3-8（a）中的剖面阴影区域 ▒ 。从理论上讲，该阴影区域上界由于考虑了与真实海底表面之间可能的测量误差的影响，其浅于真实海底表面的概率为 1-(1-95%)/2=97.5%，故可称该表面为可能最浅面，其剖面如图 3-8（a）中点状细线“-----”所示。定义可能最浅面上各点位的水深为可能最浅水深。

如图 3-8（b）所示，由于水深注记点密度、海图负载量等因素的限制，我们通常只能从高密度的多波束原始观测水深数据集中选取一定数量的水深点作为模型点，并以此构建水深模型表面［如图 3-8（b）中的 —■— ］。当这种水深模型应用于舰船水面航行和潜艇等航行器的水下航行时，还要考虑到水深测量误差的存在，应在原来未顾及测深误差的基础上，增加一定的富余量（也就是富余水深中测深误差的部分）。这种考虑了测深误差的水深模型，可称为顾及测深误差的水深模型，如图 3-8（b）中 —▲— 所示。

这里，需要说明的是，对于富余水深中测深误差（或不确定度）的数值确定，目前在航海中较为普遍的做法是，按照如表 3-3 海图测深误差表，根据水深点的深度等级估计出每个水深点的误差大小（王鹤荀和郭洪驹，2004）。

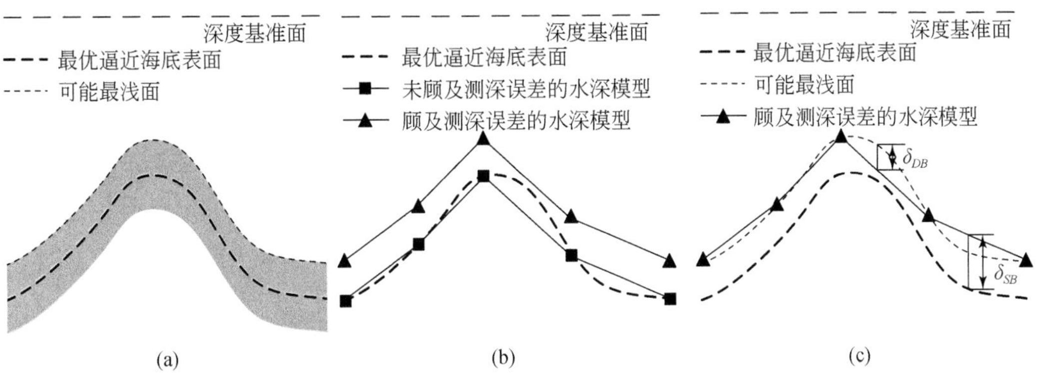

图 3-8　航海所涉及的不同水深模型面

表 3-3　海图测深误差表

编号	水深（m）	误差（m）
1	0～20	0.3
2	20～100	1.0
3	>100	水深的 10%

2）表达安全性评估

当水深模型服务于航海时，满足安全要求是首要前提，也就是说要通过适当的调控尽可能地使顾及测深误差的水深模型表面要浅于（或等于）可能最浅面，尽量避免模型水深大于可能最浅水深［如图 3-8（c）中 δ_{DB}］的情形，从而使顾及测深误差的水深模型浅于（或等于）真实海底表面。考虑到与深度基准面中保证率的一致性，从航海安全需求出发，拟提出深度保证率及其合格率评估。

对于水深表达要满足航海安全的要求，在很多文献中都进行了强调，但对于用何种类型的指标来表示水深表达的安全，目前仍没有明确的概念和具体的方法。借鉴深度基准面的保证率概念，采用水深的深度保证率进行评估。如图 3-9 所示（考虑到航海用的是顾及测深误差的水深模型，后文的内容将此模型用于具体的示例分析，并一律简称为水深模型），单个水深的深度保证率是该点的顾及测深误差的模型化水深 z'（采用模型计算推估的水深）浅于（或等于）真实水深的概率。此处的真实水深是指消除了潮汐等动态海洋因素影响后从理论深度基准面起算的稳态水深。

水深模型的深度保证率，是指在建模区域内的各点上，（顾及测深误差的）模型化水深浅于（或等于）真实水深的平均概率，也就是水深模型在建模区域内各点的深度保证率的平均值。因为水深模型的保证率符合要求的区域可能是一些保证率很高的区域，提升了整体平均值，从而掩盖了另外一些保证率不符合要求的区域，因此水深模型的深度保证率这一整体的平均值还不足以准确反映水深模型的保证率质量。因此需进一步建立保证率的合格率这一指标。水深模型深度保证率的合格率，是指在建模区域内，水深模型水深的深度保证率达到航海安全要求（97.5%）的百分比。

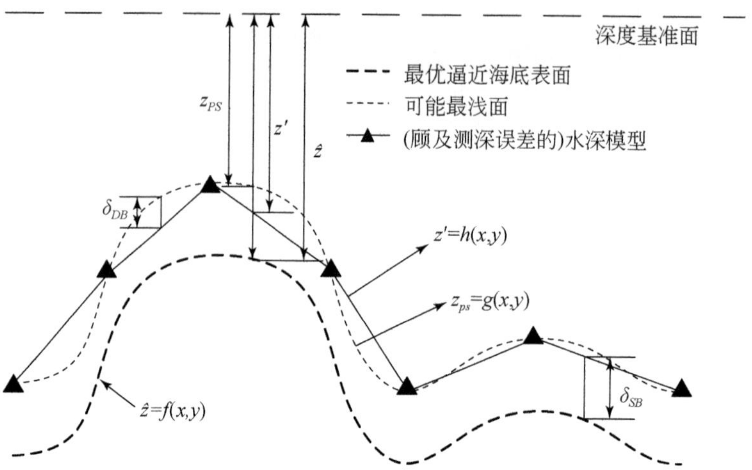

图 3-9　面向航海的水深模型质量评估

对于给定的某点 i 而言，该点水深的深度保证率 ω_i 是指该点的模型化水深 z_i' 小于（或等于）真实水深 $\tilde{z}_i$ 的概率。假设该点的最优逼近水深为 $\hat{z}_i$，其水深测量误差 $\Delta_i \sim N(0, u_{Dep_i})$。其中，$u_{\mathrm{Dep}_i}$ 为该点水深的垂直标准不确定度。所以，$\Delta_i=\hat{z}_i-\tilde{z}_i$。计算最优逼近水深与模型化水深的差值 $v_i=\hat{z}_i-z_i'$。根据统计学的知识，此处真实水深大于（或等于）模型化水深的概率，为该点水深的深度保证率，即

$$\omega_i=P_i(\tilde{z}_i \geqslant z_i')=P_i(\tilde{z}_i \geqslant \hat{z}_i-v_i) \tag{3-26}$$

将 $\Delta_i=\hat{z}_i-\tilde{z}_i$ 代入式（3-26），从而可得

$$\omega_i=P_i(\Delta_i \leqslant v_i)=\int_{-\infty}^{v_i}\frac{1}{u_{\mathrm{Dep}_i}\sqrt{2\pi}}\exp\left[\frac{-z^2}{2u_{\mathrm{Dep}_i}^2}\right]dz\times 100\% \tag{3-27}$$

水深模型的整体深度保证率 Ω，是指在建模区域内的各点上，模型化水深小于（或等于）真实水深的平均概率，即

$$\Omega=\lim_{n\to\infty}\frac{1}{n}\sum_{i=1}^{n}\omega_i \times 100\% \tag{3-28}$$

均匀选取一定数量为 n 的检查点（通常应不少于 28 个，后面类同），可将式（3-28）近似地简化为

$$\Omega=\frac{1}{n}\sum_{i=1}^{n}\omega_i \times 100\% \tag{3-29}$$

从理论上讲，可能最浅面通常可以满足航海安全需求。点 i 的可能最浅水深 z_{PS_i} 是该点水深的可能最浅值，即 $z_{PS_i}=\hat{z}_i-u_{V_i}$（$\hat{z}_i$ 为该点最优逼近水深，u_{V_i} 为该点的垂直不确定度，置信度为 95%）。若水深模型在点 i 处的水深 $z_i' \leqslant z_{PS_i}$，则认为水深模型在该点处能满足航海安全需求，反之则不能。根据前文的分析，可能最浅面的深度保证率为 97.5%，故水深模型的保证率数值应达到 97.5%。

根据前文的定义，水深模型深度保证率的合格率 Φ 可表达为：

$$\Phi=\lim_{n\to\infty}\frac{1}{n}\sum_{i=1}^{n}\varphi_i \times 100\% \tag{3-30}$$

φ_i 为点 i 的深度保证率是否合格的判别值，当 $\omega_i \geqslant 97.5\%$ 时，$\varphi_i = 1$；当 $\omega_i < 97.5\%$ 时，$\varphi_i = 0$。

均匀选取一定数量为 n 的检查点，可将式（3-30）近似地简化为

$$\Phi = \frac{1}{n}\sum_{i=1}^{n}\varphi_i \times 100\% \tag{3-31}$$

从航海安全要求出发，为了进一步定量分析水深模型表达存在隐患的程度，采用偏深量这一指标。如图 3-9 所示，单个水深的偏深量 δ_{DB} 是指在深度保证率不能达到要求的某个水深点处水深模型推估水深 z' 深于该点的可能最浅水深 z_{PS} 的数值。水深模型的偏深量指在水深模型中深度保证率不能达到要求的区域内，水深模型面 $z' = h(x,\ y)$ 深于可能最浅面 $z_{PS} = g(x,\ y)$ 的平均量值。

根据定义，单个水深的偏深量 δ_{DBi} 为

$$\delta_{DBi} = z_i' - z_{PS_i} \quad (\omega_i < 97.5\%) \tag{3-32}$$

式（3-32）中，z_i' 表示点 i 的模型化水深，z_{PS_i} 表示该点的可能最浅水深。

因此，对于深度保证率不能达到要求的区域 D_1 内，水深模型的偏深量 δ_{DB} 可表示为：

$$\delta_{DB} = \lim_{n_1 \to \infty}\frac{1}{n_1}\sum_{i=1}^{n_1}\delta_{DBi} \quad (i \in D_1) \tag{3-33}$$

均匀选取一定数量为 n_1 的检查点，可将式（3-33）近似地简化为：

$$\delta_{DB} = \frac{1}{n_1}\sum_{i=1}^{n_1}\delta_{DBi} \tag{3-34}$$

3）航行资源表达评估

在考虑航行安全的同时，水深模型还要尽可能地将建模区域内可利用的航行空间资源表达出来，也就是顾及测深误差的水深模型表面应尽可能地贴近最优逼近海底表面，即尽可能减小图 3-8（c）中的 δ_{SB}，从而更靠近真实海底表面。将从定量的视角出发，拟提出深度表达度评估。

如图 3-9 所示，单个水深的深度表达度是指模型化水深 z' 占最优逼近水深 $\hat{z}$ 的百分比。水深模型的深度表达度是指水深模型表达的航行空间资源与实际可利用航行空间资源的百分比。其中，水深模型的航行空间资源是指位于水深模型化表面以上、深度基准面以下的海水体积；相应地，实际航行空间资源是指建模区域内深度基准面以下、最优逼近海底表面以上的实际海水体积。

根据深度表达度的定义，对于给定的某点 i 而言，该点水深的深度表达度 β_i 可表示为

$$\beta_i = \frac{z_i'}{\hat{z}_i} \times 100\% \tag{3-35}$$

如图 3-9 所示，水深模型可表示为 $z' = h(x,y)$，最优逼近海底表面可表示为 $\hat{z} = f(x,y)$，则水深模型的航行空间 V' 和实际航行空间 $\hat{V}$ 分别表示为：

$$V' = \iint_D h(x,y)\,dxdy \tag{3-36}$$

$$\hat{V} = \iint_D f(x,y)\,dxdy \tag{3-37}$$

因此，水深模型的深度表达度 η 可表示为

$$\eta = \frac{V'}{\hat{V}} = \frac{\iint_D h(x,y)\,dxdy}{\iint_D f(x,y)\,dxdy} = \frac{\lim\limits_{n\to\infty}\sum\limits_{i=1}^{n} h(x_i,y_i)\delta s_i}{\lim\limits_{n\to\infty}\sum\limits_{i=1}^{n} f(x_i,y_i)\delta s_i} \tag{3-38}$$

式（3-38）中，δs_i 表示第 i 个微小区域的面积。不妨令 $\delta s_1 = \cdots = \delta s_n$，则

$$\eta = \frac{\lim\limits_{n\to\infty}\sum\limits_{i=1}^{n} h(x_i,y_i)}{\lim\limits_{n\to\infty}\sum\limits_{i=1}^{n} f(x_i,y_i)} \times 100\% \tag{3-39}$$

均匀选取一定数量为 n 的检查点，可将式（3-39）近似地简化为

$$\eta = \frac{\sum\limits_{i=1}^{n} h(x_i,y_i)}{\sum\limits_{i=1}^{n} f(x_i,y_i)} \times 100\% \tag{3-40}$$

为了进一步定量表达水深模型对航行资源表达的损失程度，采用偏浅量这一指标。如图 3-9 所示，单个水深的偏浅量 δ_{SB} 是指水深模型推估水深 z' 浅于该点最优逼近水深 $\hat{z}$ 的量值。水深模型的偏浅量是指在建模区域内，水深模型面 $z' = h(x,y)$ 浅于最优逼近海底表面 $\hat{z}=f(x,y)$ 的平均量值。

根据定义，单个水深的偏浅量 δ_{SBi} 为

$$\delta_{SBi} = \hat{z}_i - z'_i \tag{3-41}$$

式（3-41）中，$\hat{z}_i$ 表示点 i 的最优逼近水深，z'_i 表示点 i 的模型化水深。

因此，水深模型的偏浅量 δ_{SB} 可表示为

$$\delta_{SB} = \lim_{n_2\to\infty} \frac{1}{n}\sum_{i=1}^{n}\delta_{SBi} \tag{3-42}$$

均匀选取一定数量为 n 的检查点，可将式（3-42）近似地简化为

$$\delta_{SB} = \frac{1}{n}\sum_{i=1}^{n}\delta_{SBi} \tag{3-43}$$

3.2.4 实验与分析

1. 航海安全保证质量评估

对如图 3-10 所示的某试验海区，选取不同比例尺的水深数据，采用常用的三角网结构，构建出相应的 DDM。按照如表 3-3 所示的海图水深误差，来确定航行所需富余水深中的相应数值，建立顾及测深误差（不确定度）的 DDM。精度评估方法是根据式（3-25）计算 DDM 的不确定度，质量评估方法是本书新提出的根据式（3-26）~式(3-34）计算所

构 DDM 的深度保证率及其合格率、偏深量。具体的试验结果如表 3-4 所示。

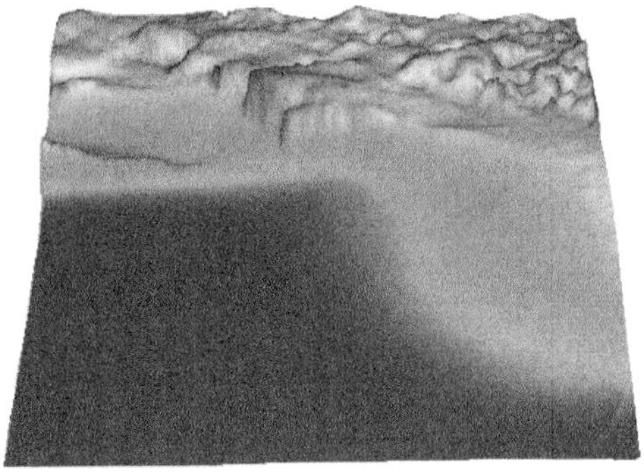

图 3-10　试验海区

表 3-4　DDM 航海安全保证质量分析的方法比对

海图比例尺	传统经验方法	精度评估方法（m）	新提方法		
			深度保证率（%）	保证率的合格率（%）	偏深量（m）
1：2 000	只能通过“取浅舍深”原则和在确定富余水深时考虑测深误差的影响来定性保证航海安全，不能定量评估安全	1.69	97.07	79.03	0.13
1：10 000		2.42	93.07	72.64	0.37
1：50 000		6.05	71.48	39.30	1.28

从表 3-4 可以看出，传统经验方法只能通过在水深数据处理过程中采用“取浅舍深”原则，并增加富余水深的方式，来试图保证舰船的航海安全，不能对水深模型质量进行定量评估。精度评估方法能定量给出表达海底地形地貌的评估指标，但精度高未必就能满足航海的安全要求，这一点从本书新提出的保证率合格率指标就可以明显地看出来。本书方法可通过计算水深模型的深度保证率、深度保证率的合格率及偏深量，明确、定量评估出水深模型在保证航海安全上的质量。

为不失一般性，在比例尺 1：10 000 的图中随机选取一定数量的水深，进一步评估单个水深的质量，结果如表 3-5 所示。由于传统经验方法和精度评估方法无法对水深在保证航海安全上的质量进行具体明确的评估，表 3-5 只给出了本书方法对单个水深（部分点位）航海安全指标的评估结果。

表 3-5　单个水深的航海安全指标评估

编号	可能最浅水深（m）	模型推估水深（m）	深度保证率（%）	偏深量（m）	编号	可能最浅水深（m）	模型推估水深（m）	深度保证率（%）	偏深量（m）
1	8.02	5.00	99.99	—	5	9.70	9.68	97.91	—
2	10.58	6.47	99.99	—	6	11.91	11.94	96.55	0.04
3	9.49	6.99	99.99	—	7	14.17	14.35	90.14	0.18
4	8.88	8.25	99.99	—	8	15.89	16.10	88.70	0.21

续表

编号	可能最浅水深（m）	模型推估水深（m）	深度保证率（%）	偏深量（m）	编号	可能最浅水深（m）	模型推估水深（m）	深度保证率（%）	偏深量（m）
9	17.34	17.50	91.68	0.16	13	20.37	19.70	99.99	—
10	18.27	18.49	88.08	0.22	14	20.69	20.17	99.99	—
11	19.27	19.44	91.38	0.17	15	21.08	20.54	99.99	—
12	19.68	19.17	99.99	—	16	21.56	21.06	99.99	—

注：“—”表示该点的模型推估水深能够保证航海安全，不存在偏深量。

从表3-5可以看出，与传统经验方法和精度评估方法无法对单个水深点的航海安全保证质量进行精细评估相比，本书方法可以定量计算任意单个水深的深度保证率和偏深量，实现对单个水深的航海安全保证质量的精细评估。

2. 航行资源表达质量评估

进一步比较传统经验方法、精度评估方法与本书新提方法在DDM表达航行资源质量评估上的差异。本书方法是根据式（3-35）~式(3-43)，计算DDM的深度表达度和偏浅量。具体的试验结果如表3-6、表3-7所示。

表3-6　DDM的航行资源表达质量评估

海图比例尺	传统经验方法	精度评估方法（m）	本书新提方法	
			深度表达度（%）	偏浅量（m）
1：2 000	只能通过“深浅兼顾”的经验原则简单地考虑航行资源的表达程度，不能做到定量评估	1.69	96.62	0.40
1：10 000		2.42	96.03	0.48
1：50 000		6.05	93.07	0.83

表3-7　比例尺1：10 000的单个水深航行资源指标评估

编号	最优逼近水深（m）	模型推估水深（m）	航行资源利用率（%）	航行资源偏浅量（m）	编号	最优逼近水深（m）	模型推估水深（m）	航行资源利用率（%）	航行资源偏浅量（m）
1	8.54	5.00	58.52	3.54	9	17.89	17.50	97.83	0.39
2	11.10	6.47	58.30	4.63	10	18.82	18.49	98.22	0.34
3	10.00	6.99	69.91	3.01	11	19.84	19.44	98.02	0.39
4	9.39	8.25	87.78	1.15	12	20.24	19.17	94.67	1.08
5	10.22	9.68	94.75	0.54	13	20.94	19.70	94.04	1.25
6	12.43	11.94	96.08	0.49	14	21.26	20.17	94.86	1.09
7	14.70	14.35	97.61	0.35	15	21.65	20.54	94.85	1.12
8	16.44	16.10	97.96	0.34	16	22.14	21.06	95.12	1.08

从表3-6可以看出，传统经验方法只能通过“取浅舍深”的经验原则来简单地考虑航行资源的表达程度，不能做到定量评估。精度评估方法给出的是表达海底地形地貌精度的

指标。虽然这一指标也与深度表达度变化趋势具有明显的相关性，可以从某个方面一定程度地反映出水深模型对航行资源表达的质量，但仍难以准确地反映航行资源的表达情况。从海图比例尺 1∶50 000 的试验中可以发现，虽然水深模型的精度相对较低，但该水深模型的深度表达度仍是相对较高的。这是因为精度只能以绝对误差来衡量质量的高低，深度表达度则通过衡量相对偏差作为质量的评估标准，不仅考虑了水深的绝对偏差，而且也反映不同水深变化对结果的影响。同时，新的指标中还可通过计算水深模型的偏浅量，进一步量化表示水深模型浅于真实海底表面的绝对程度。

从进一步对单个水深的航行资源表达质量评估的表 3-7 可以看出，与传统经验方法和精度评估方法无法对单个水深点的航行资源表达质量进行精细评估相比，本书方法可以通过定量计算任意单个水深的深度表达度和航行资源偏浅量，实现对单个水深在航行资源表达方面的质量精细评估。

经分析、计算及实验比对，得结论如下。

（1）通过提出深度保证率及其合格率、偏深量、深度表达度和偏浅量等指标及评估方法，基本构建起了航海所用的水深模型的质量评估架构。

（2）本书提出的深度保证率及其合格率与偏深量评估方法，精细评估了水深模型在保证舰船海上航行安全方面的质量，也找出了当前方法可能存在的安全隐患。本书提出的深度表达度和偏浅量的评估方法填补了当前研究中的空白，能精确地评估出航行资源的表达程度。

§3.3　基于拟构模型面控制的水深自动选取

根据海图水深综合的两项基本要求，确定水深模型面构建的两项基本原则：①出于航行安全的考虑，必须确保所构 DDM 表面在建模区域内任意位置上均要浅于可能最浅面；②在确保航行安全的基础上，应尽可能地使所构 DDM 表面贴近最优逼近海底表面，以表达出可航行的资源，如图 3-9 所示。

3.3.1　基本思想

按照水深模型面构建的两项基本原则，提出一种基于拟构模型面控制的水深自动选取的严密方法（简称面控方法），其基本思想是：以逐点插入法为基础，建立水深三角网。在动态构网过程中，分析拟选水深点插入三角网后模型面的局部变化，构建出拟构模型面，并计算拟构模型面的深度保证率和深度表达度，并以此来判断当前的拟构模型面是否满足基本原则，决定拟选水深点是否可以被选取（贾帅东等，2019）。

为便于本书方法的叙述，给出以下定义。

（1）已选水深点：将原始水深数据点中已经确定选取的用于构建三角网水深模型的水深点称为已选水深点。

（2）待选水深点：将原始水深数据点中可选取为水深模型点的水深点称为待选水深点。

（3）拟选水深点：在待选水深点中被拟选定用于分析确定其是否符合选取要求的水深点。

（4）拟构模型面：用所有已选水深点和拟选水深点所构建的水深模型面。

（5）影响域：如图 3-11（a）所示，在当前三角网内拟选一个水深点 P，若将 P 点插入并局部重构三角网，则结构会发生变化的三角形所组成的区域称为点 P 的影响域，如图 3-11（b）中区域▦所示。

（6）影响域内拟构模型面：如图 3-11（b）所示，在当前三角网内拟选一个水深点 P，其影响域内已选水深点有 A、B、C、D 和 E，以这些水深点为基础，新建立起一个局部的三角网模型面，称为加入点 P 后的影响域内拟构模型面，如图 3-11（c）中阴影面▩所示。

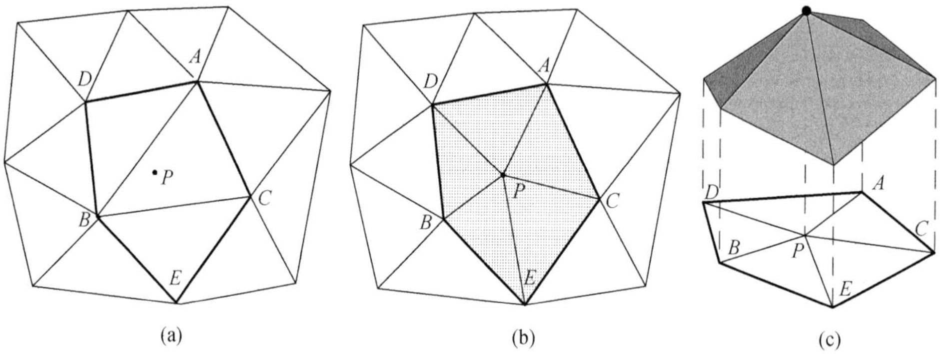

图 3-11　影响域、拟构模型面

如图 3-12 所示，基于拟构模型面控制的航海图水深自动选取的基本步骤如下。

（1）利用源数据中的所有水深点，构建起最优逼近海底表面和可能最浅面，作为后续建模分析的基准面；

（2）输入水深建模区域的边界信息（通常建模区域为矩形或多边形），分别在建模区域边界各顶点附近，按一定的规则（如距离顶点最近、水深最浅等）选取出一个水深源数据点，构建起初始的三角网水深模型，使得三角网能够基本覆盖整个建模区域；

（3）将其余的待选水深点作为检查点，计算当前建立起的水深模型在各三角形区域内的深度保证率是否达到规定要求的数值。若模型在某三角形区域内的深度保证率未达到规定要求，则进入步骤（5）；反之，则进入步骤（4）；

（4）进一步计算当前建立起的水深模型在各三角形区域内的深度表达度，分析其是否偏低（可先计算可能最浅面的深度表达度，再设定一个比其低的数值作为衡量指标）。若模型在某三角形内的表达度偏低，则进入步骤（5）；反之，则进入步骤（7）；

（5）提取平面位置位于该三角形外接圆内部的待选水深点，采用拟构模型面控制的方法，从中选取一个合适的水深点，插入原三角网（具体方法将在下节中叙述）；

（6）重复步骤（3）~（5），直至模型在各三角形内的深度保证率达到规定要求数值、深度表达度达到一个较高的水准［衡量或判断的依据与步骤（4）相同］为止；

（7）输出已选水深点，作为自动选取的海图水深成果。

上述步骤中，步骤（1）中最优逼近海底表面和可能最浅面的构建、步骤（3）和（4）中 DDM 的深度保证率和深度表达度计算方法已在本书前文中叙述，以下将详细叙述步骤（2）中初始水深三角网的建立以及步骤（5）中基于拟构模型面控制的水深模型点选取。

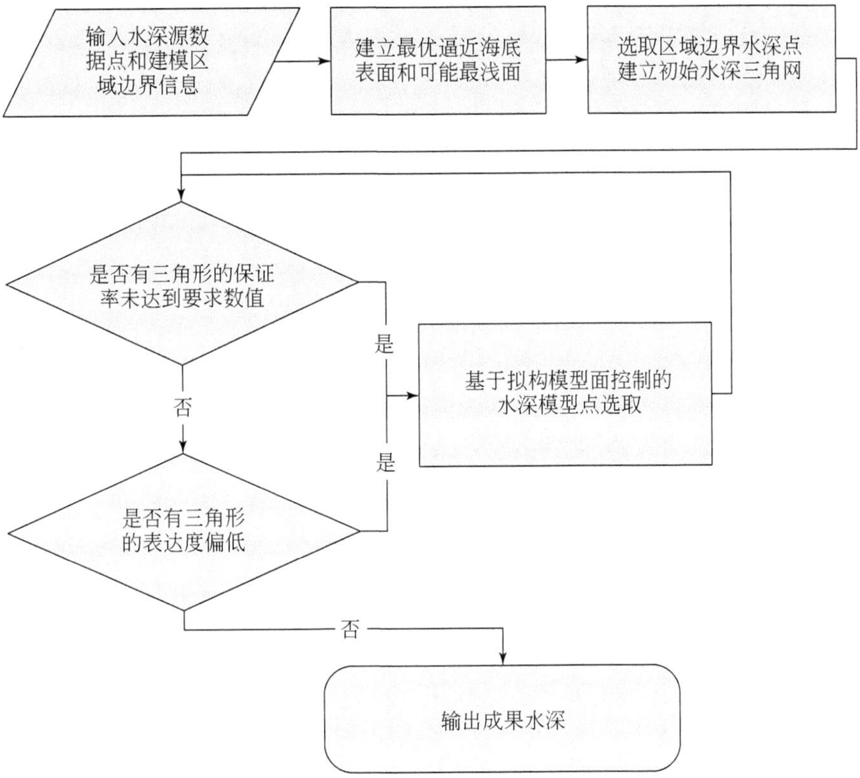

图 3-12　算法流程

3.3.2　初始三角网建立

在基于拟构模型面的航海图水深自动选取中，首先从建模区域的边界多边形顶点附近选取一定数量的水深点，建立起初始的水深三角网，从而使三角网能够基本覆盖整个建模区域。以建模区域为多边形为例，具体方法如下。

（1）输入建模区域边界的多边形信息，如图 3-13（a）中的虚线框 ⬡ 所示；

（2）从水深源数据点（如图 3-13 中 • 所示）中分别选取出距离多边形各顶点位置最近的水深源数据点；

（3）利用选取出的这些水深点，建立起初始的水深三角网，如图 3-13（b）中实线“——”所组成的三角网所示。

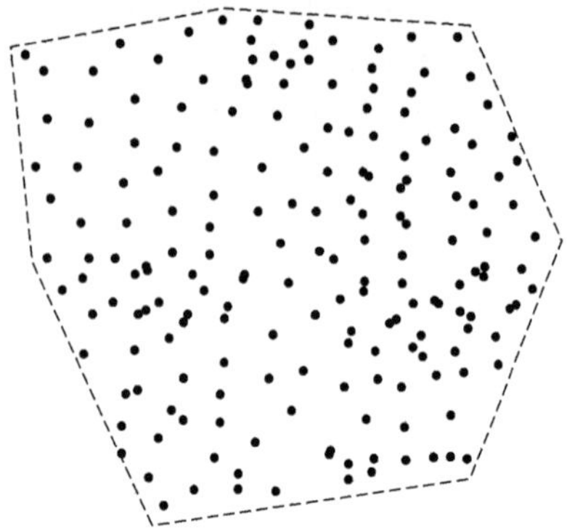

(a)

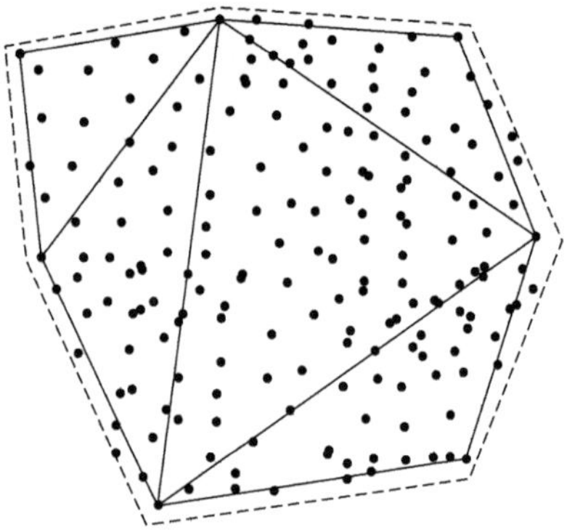

(b)

图 3-13　初始水深三角网的建立

3.3.3　水深模型点选取

1. 水深点选取质量的评估

在水深建模过程中，计算模型在每个三角形局部区域内的深度保证率及其合格率、深度表达度，若经计算分析发现模型在某三角形内的深度保证率合格率未能达到规定要求数值（或深度表达度偏低），此时，可采用拟构模型面控制的方法，从位于该三角形外接圆域内的待选水深点中选取出一个合适的水深点，插入原三角网中，提高模型的深度保证率（或深度表达度）（张立华等，2016）。根据前面所述的基本要求，确定该水深点选取的基本条件如下。

（1）选取出的水深点必须确保拟构模型面的深度保证率满足规定要求；

（2）选取出的水深点应尽可能提高所建模型的深度表达度。

上述条件的重要性顺序依次为条件（1）、条件（2）。

综合考虑上述两项条件，提出水深建模中模型点的严密选取算子，用来综合评估水深点的选取质量，如式（3-44）所示。

$$\gamma_i = \varphi_i \cdot \eta_i \tag{3-44}$$

式（3-44）中，γ_i 表示严密选取算子，φ_i 表示拟构模型面深度保证率的合格率，η_i 表示拟构模型面的深度表达度。

从式（3-44）可以看出，若 $\varphi_i=0$（即当前拟构模型面深度保证率的合格率不达标），则 $\gamma_i=0$，即当前拟构模型面的不满足要求。反之 $\varphi_i=1$，则 γ_i 的数值与深度表达度这项因素有关，符合条件（1）的描述要求。若 η_i 越大，则表明当前拟构模型面的表达度越高，γ_i 数值越大，符合条件（2）的描述要求。

从式（3-44）还可以看出，采用两项因子的乘积，符合上述两项条件的重要性顺序要求。

2. 水深点选取的具体实施

对于如图 3-14（a）所示三角形△*ABC*，利用新提出的严密选取算子，采用基于拟构模型面控制的方法，实现水深模型点的自动选取，其实施方法如下。

（1）确定三角形△*ABC* 的外接圆，并提取出位于该外接圆域内的全部待选水深点［如图 3-14（a）中的·所示］；

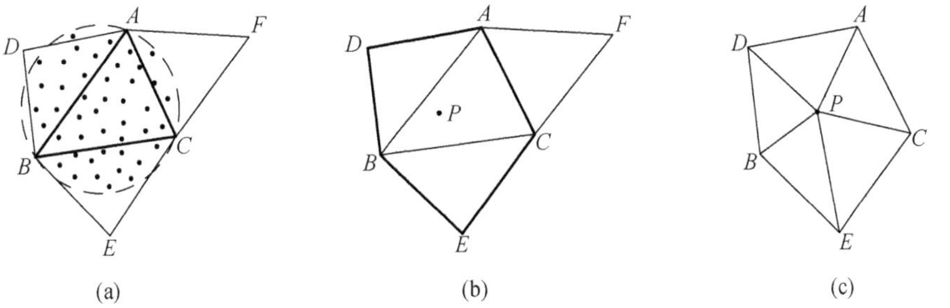

图 3-14　拟构模型面的平面图

（2）分析各待选水深点是否符合选取的两项基本条件。以待选水深点 *P* 为例，将该点作为拟选水深点，假定该点将要插入原三角网中，确定出该点插入原三角网后的影响域多边形为 *ADBEC*，如图 3-14（b）、图 3-15（b）所示；

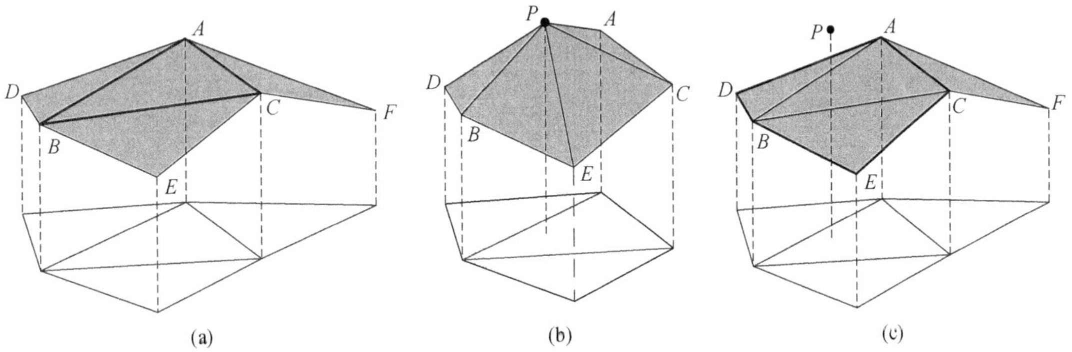

图 3-15　拟构模型面的立体图

（3）利用当前影响域内已选水深点 *A*、*D*、*B*、*E*、*C* 和拟选水深点 *P*，在该影响域内临时新建立起一个局部的拟构模型面，如图 3-14（c）、图 3-15（c）中阴影面▒所示；

（4）将影响域内的其余待选水深点作为检查点，计算该拟构模型面深度保证率的合格率和深度表达度，得出水深点 *P* 的选取质量 γ_P，删除当前临时新建立的拟构模型面。

（5）依次将△*ABC* 外接圆内的所有待选水深点作为拟选水深点，重复步骤（2）~（4），计算出各水深点作为拟选水深点的选取质量，将其中选取质量最高的水深点，作为新选取的水深点，插入原三角网中。

3.3.4　实验与分析

1. 模型的整体质量分析

选取如图 3-16 所示的三块典型区域，采用 OpenGL 技术，对三块试验海区的海底地形进行三维可视化表达，如图 3-16（a）、(b)、(c）所示。可以看出图 3-16（a）的水深变化较为平缓，图 3-16（b）、（c）的水深变化相对复杂。水深变化的基本情况如表 3-8 所示。

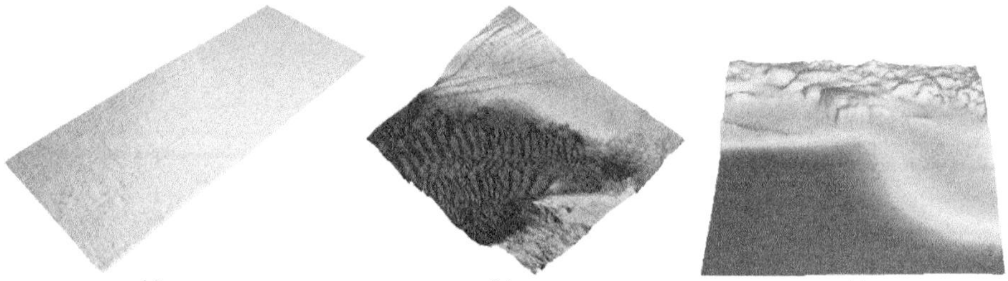

(a)　(b)　(c)

图 3-16　试验海区

表 3-8　区域水深变化信息

试验区域	水深变化范围（m）	区域水深变化情况
a	16.81～32.59	水深变化趋势基本一致
b	21.14～32.59	水深变化不大但趋势多变
c	8.92～15.82	水深变化幅度较大且趋势有变

采用传统方法和面控方法来进行水深综合，并利用综合后的水深成果构建三角网 DDM，计算所构 DDM 的深度保证率及其合格率、偏深量、深度表达度和偏浅量。具体的试验结果如表 3-9、表 3-10 所示。

表 3-9　DDM 航海安全保证质量比对

试验区域	传统方法 1			传统方法 2			面控方法		
	深度保证率（%）	合格率（%）	偏深量（m）	深度保证率（%）	合格率（%）	偏深量（m）	深度保证率（%）	合格率（%）	偏深量（m）
a	99.22	98.92	0.04	98.53	75.22	0.07	98.15	100.00	—
b	99.34	94.32	0.11	97.41	77.92	0.15	99.13	100.00	—
c	99.05	95.60	0.10	97.07	79.03	0.13	99.38	100.00	—

表 3-10　DDM 航行资源表达质量比对

试验区域	传统方法 1		传统方法 2		面控方法	
	深度表达度（%）	偏浅量（m）	深度表达度（%）	偏浅量（m）	深度表达度（%）	偏浅量（m）
a	97.28	0.64	97.51	0.60	98.55	0.35
b	96.84	0.82	97.75	0.59	98.36	0.43
c	95.46	0.55	96.62	0.40	96.66	0.37

需要说明的是，传统方法 1、2 在水深模型点的选取上是相同的，均按照“取浅舍深”原则，来选取出水深模型点。不同的是，传统方法 1 的模型表面内插使用的是深度保证率最高的浅点推估法，传统方法 2 的模型表面内插使用的是深度表达度最高的线性内插法。面控方法是根据本节方法，来选取相应的水深点，构建三角网水深模型，模型表面内插采用线性内插法。

从表 3-9、表 3-10 可以看出，在三块不同区域内，传统方法 1 所建模型深度保证率的合格率比较接近于规定要求的数值，但模型的表达度最低，这也反映出传统方法 1 是以牺牲航行资源来换取航行安全的；传统方法 2 在强调航行安全方面做得不够，导致模型的深度保证率最低，但模型的表达度要高于传统方法 1；面控方法通过拟构模型面的分析来整体控制每个水深点的选取，最后做到了在保证率的合格率上优于目前最高的传统方法 1，且在表达度上优于目前最高的传统方法 2，所构的 DDM 在整体质量上要明显优于两种传统方法。

2. 单个水深的质量分析

选取一定数量的检查点，进一步比较三种方法所建模型在单个水深点方面的航海安全保证质量和航行资源表达质量，具体的试验结果如表 3-11、表 3-12 所示。

表 3-11　单个水深的航海安全保证质量比对

区域	编号	传统方法 1			传统方法 2			面控方法		
		模型推估水深（m）	深度保证率（%）	偏深量（m）	模型推估水深（m）	深度保证率（%）	偏深量（m）	模型推估水深（m）	深度保证率（%）	偏深量（m）
a	a-1	14.93	99.85	—	15.22	88.59	0.12	15.02	99.22	—
	a-2	12.80	100.00	—	13.27	88.88	0.12	12.91	99.98	—
	a-3	14.64	99.90	—	14.94	89.44	0.12	14.73	99.49	—
	a-4	14.34	99.99	—	14.34	99.99	—	14.46	99.87	—
	a-5	11.40	100.00	—	12.56	100.00	—	12.82	98.88	—
b	b-1	17.28	100.00	—	18.59	76.22	0.22	17.65	100.00	—
	b-2	29.21	100.00	—	30.63	89.29	0.17	30.41	98.32	—
	b-3	8.44	99.99	—	8.70	96.87	0.01	8.61	99.41	—
	b-4	22.49	99.97	—	23.03	77.51	0.24	22.65	99.60	—
	b-5	24.13	100.00	—	24.21	100.00	—	24.62	100.00	—

续表

区域	编号	传统方法1			传统方法2			面控方法		
		模型推估水深（m）	深度保证率（%）	偏深量（m）	模型推估水深（m）	深度保证率（%）	偏深量（m）	模型推估水深（m）	深度保证率（%）	偏深量（m）
c	c-1	8.09	100.00	—	8.86	94.14	0.06	8.73	99.38	—
	c-2	11.41	100.00	—	12.27	96.30	0.03	12.11	99.79	—
	c-3	17.35	100.00	—	17.59	99.80	—	17.62	99.65	—
	c-4	10.15	99.91	—	10.45	85.79	0.13	10.28	98.67	—
	c-5	22.96	100.00	—	25.20	89.56	0.15	24.92	99.52	—

表 3-12　单个水深的航行资源表达质量比对

区域	编号	传统方法1			传统方法2			面控方法		
		模型推估水深（m）	深度表达度（%）	偏浅量（m）	模型推估水深（m）	深度表达度（%）	偏浅量（m）	模型推估水深（m）	深度表达度（%）	偏浅量（m）
a	a-1	14.93	96.86	0.48	15.22	98.72	0.20	15.02	97.44	0.40
	a-2	12.80	95.09	0.66	13.27	98.59	0.19	12.91	95.89	0.55
	a-3	14.64	96.68	0.50	14.94	98.66	0.20	14.73	97.25	0.42
	a-4	14.34	95.92	0.61	14.34	95.93	0.61	14.46	96.74	0.49
	a-5	11.40	86.50	1.78	12.56	95.28	0.62	12.82	97.32	0.35
b	b-1	17.28	92.34	1.43	18.59	99.32	0.13	17.65	94.28	1.07
	b-2	29.21	94.44	1.72	30.63	99.03	0.30	30.41	98.34	0.51
	b-3	8.44	94.20	0.52	8.70	97.08	0.26	8.61	96.05	0.35
	b-4	22.49	97.02	0.69	23.03	99.35	0.15	22.65	97.72	0.53
	b-5	24.13	94.19	1.49	24.21	94.49	1.41	24.62	96.11	1.00
c	c-1	8.09	89.14	0.99	8.86	97.57	0.22	8.73	96.11	0.35
	c-2	11.41	90.96	1.13	12.27	97.83	0.27	12.11	96.52	0.44
	c-3	17.35	95.86	0.75	17.59	97.21	0.50	17.62	97.39	0.47
	c-4	10.15	95.73	0.45	10.45	98.53	0.16	10.28	96.95	0.32
	c-5	22.96	90.15	2.51	25.20	98.96	0.27	24.92	97.85	0.55

从表 3-11、表 3-12 可以看出，传统方法 1 虽然可以确保单个水深点的深度保证率达到规定要求，但水深点的深度表达度最低，且在水深变化较复杂的区域 c 的 c-1、c-2、c-5 处表达度偏低较为明显；传统方法 2 虽然在某些水深点上表达度是最高的，但在这些水深点上，其深度保证率未达到 97.5% 这一规定数值；面控方法能确保单个水深点的深度保证率达到规定的数值 97.5%，且在深度表达度上也能达到一个很高的数值。因此，从选取的单个水深点的比较上，面控方法选取水深质量也要优于两种传统方法。

通过分析、计算及试验比对，得结论如下。

（1）与传统方法相比，面控方法采用拟构模型面来控制水深模型点的选取，确保了深度保证率达到规定数值要求。

（2）与传统方法相比，面控方法所建模型能在保证航行安全的基础上，采用严密选取算子定量分析、评估水深点的选取质量，优化水深模型点的选取，从而进一步提高了深度表达度。

§3.4　顾及水深间距及分布要求的水深自动选取

从理论上讲，前文所述的这种面控水深自动选取方法可以确保所建模型的深度保证率达到航海安全保证要求的规定数值，并能在一定程度上提高模型的表达度。这是一种全新理论技术体系下的方法，一般需要较密的水深模型点作为数据支撑，在水深变化复杂的区域更是如此。而目前的航海图出于清晰易读性的考虑，在《中国航海图编绘规范》（GB 12320—1998）等标准规范中对水深点间距有明确的要求（表 3-1、表 3-2），导致前文描述的方法很难与现有海图水深的表达模式一致与兼容。因此，考虑到航海图水深表达的清晰易读性考虑，本节在上述方法的基础上，根据《规范》中的水深密度要求，提出对一种顾及水深间距及分布要求的水深自动选取方法。

3.4.1　基本思想

根据《规范》中关于水深密度的要求，提出一种顾及水深间距及分布要求的水深自动选取方法，其基本思想如下。

（1）出于保证航行安全的考虑，结合《规范》要求的水深点间距，优先选取浅水深点；

（2）从表达航行资源的角度考虑，结合《规范》要求的水深点间距，选取一定数量的深水深点；

（3）在面控思想的基础上，综合考虑深度保证率、深度表达度和水深点的间距及分布等因素对拟构模型面的影响，选取一定数量的水深点；

（4）输出综合后的成果水深。

以下将详细叙述步骤（1）、（2）、（3）。其中，步骤（1）、（2）关于浅水深点和深水深点的选取属于特征水深点的选取，步骤（3）为顾及多因素要求的水深点选取。

3.4.2　特征水深点的选取

1. 浅水深点的判断与选取

如图 3-17 所示，以水深点 i 的平面位置（x_i，y_i）为圆心，根据《规范》中关于水深点间距与深度的关系（表 3-1）确定其最小间距 $d_{i\min}$ 为半径，建立搜索圆域。判断水深点 i 在该圆域内的深度值是否最小。若是，则可判断该点是浅水深点，选取该水深点；反之则不是，不作处理。

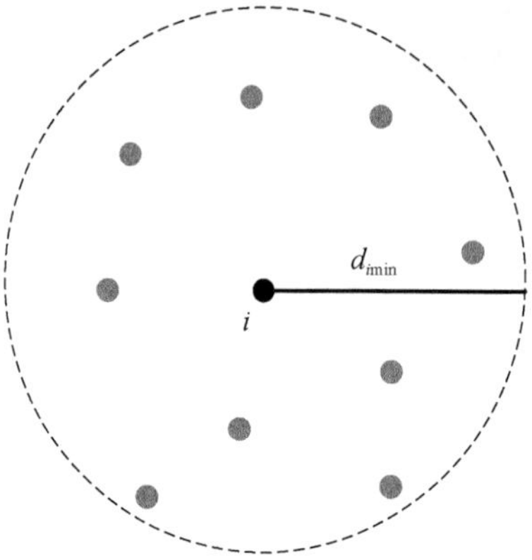

图 3-17　浅水深点的判断

2. 深水深点的判断与选取

如图 3-18 所示，以水深点 i 的平面位置（x_i，y_i）为圆心，根据《规范》中关于水深点间距与深度的关系（表 3-1），确定其最大间距 $d_{j\max}$ 为半径，建立搜索圆域。首先，判断水深点 j 在该圆域内的深度值是否最大。若是，则可判断该点是深水深点；若不是，则不作处理。

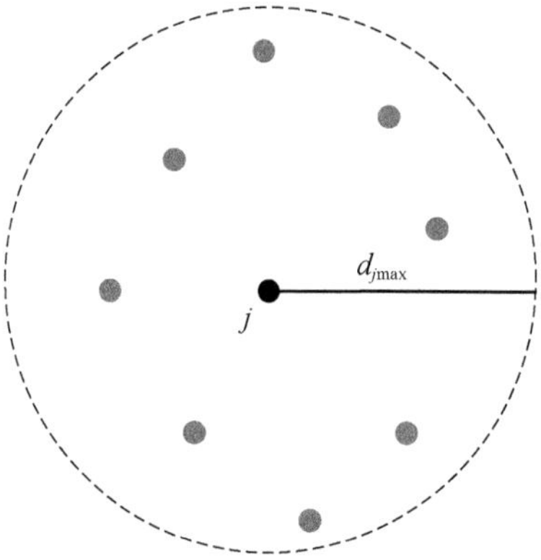

图 3-18　深水深点的判断

3.4.3　顾及多因素要求的水深点选取

前文所述的面控方法主要是围绕航海图水深表达的两项基本要求——保证航行安全和充分表达航行资源所提出的，在实践中（特别是海图生产中）还要考虑到水深点间距和分布的要求。以下将量化分析这一要求，并在此基础上，对前面所提的选取算子进行适当的调整改进，以此来控制水深点的选取。

1. 水深点间距和分布要求的量化分析

海图水深显示在间距和分布上的基本要求是：首先，水深点与周围各已选水深点的间距必须符合《规范》要求；其次，水深点与周围各已选水深点的间距应尽量相近。通过计算水深点与周围水深点间距的最小值和均方差，来分析水深点的间距和分布是否符合要求。如图 3-19 所示，假设某一拟选水深点 q_i（如图 3-19 图中■所示），其平面位置为 $(x_i,\ y_i)$，周围的已选水深点包括 $p_j(j=1,\ 2,\ \cdots,\ n)$（如图 3-19 图中●所示），其平面位置分别为 $(x_j,\ y_j)(j=1,\ 2,\ \cdots,\ n)$，采用式（3-45）作为分析水深点 q_i 间距和分布的量化算子（简称间距分布算子）。

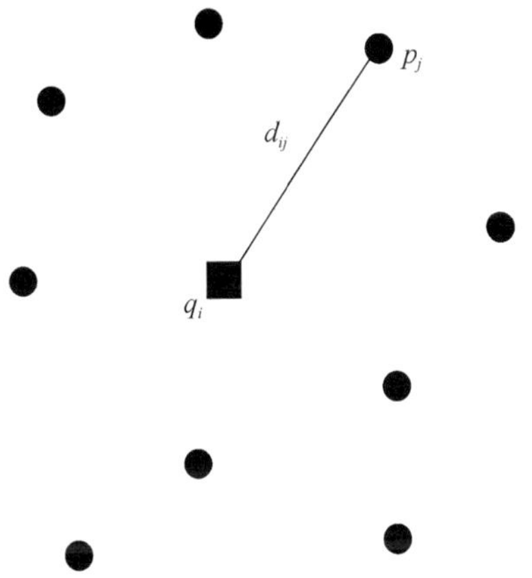

图 3-19　水深点的间距和分布效果分析

$$u_i=\begin{cases}\dfrac{n}{\sqrt{\sum\limits_{j=1}^{n}(d_{ij}-\bar{d}_i)^2}} & d_{i\min}\geqslant D_{\min}\\ 0 & d_{i\min}<D_{\min}\end{cases}\tag{3-45}$$

式（3-45）中，$d_{ij}=\sqrt{(x_i-x_j)^2+(y_i-y_j)^2}$ 表示拟选水深点 q_i 与已选水深点 $p_j(j=1,\ 2,\ \cdots,\ n)$ 的距离，$\bar{d}_i$ 表示 $d_{ij}(j=1,\ 2,\ \cdots,\ n)$ 的平均值，$d_{i\min}$ 表示 $d_{ij}(j=1,\ 2,\ \cdots,\ n)$ 中的最小值，$D_{\min}$ 表示《规范》要求的最小间距。若存在某个已选水深点与拟选水深点距离小于模型的最小间距限制，则该拟选水深点不符合《规范》中对水深点间距的要求，$u_i=0$；反之，则计算拟选水深点与周围已选水深点的间距的均方根差，来评估该水深点与周围水深点的分布是否均匀，均方根差越小，u_i 的数值越大，表明水深点的分布越均匀。

2. 选取算子的改进

综合分析水深点选取中需要考虑的因素（水深点间距、分布与深度保证率、深度表达度），确定水深点选取的基本条件如下。

（1）选取出的水深点必须确保模型的深度保证率满足要求；

（2）选取出的水深点与周围已选水深点的间距必须符合《规范》要求；

（3）选取出的水深点应尽可能提高深度表达度；

（4）选取出的水深点与周围各已选水深点的间距应尽量相近。

上述四项基本条件的重要性顺序依次为条件（1）［或条件（2）］、条件（3）［或条件（4）］。

综合分析上述因素，对选取算子做出适当的调整和修改，提出水深建模中多因素融合的选取算子，如式（3-46）所示。

$$\gamma_i = \varphi_i \cdot \eta_i \cdot \mu_i \tag{3-46}$$

式（3-46）中，γ_i 表示多因素融合的实用选取算子，φ_i 则根据拟构模型面深度保证率的合格率是否达标判断其数值为 1 或 0，η_i 表示拟构模型面的深度表达度，μ_i 表示间距分布因子。

从式（3-46）可以看出，若 $\varphi_i=0$（即当前拟构模型面深度保证率的合格率不达标），则 $\gamma_i=0$，当前拟构模型面的不满足要求。反之 $\varphi_i=1$，则 γ_i 的数值与其余两项因素有关，符合条件（1）的描述要求。若水深点与周围已选水深点的间距不符合《规范》要求，根据式（3-46）可知，$\mu_i=0$，则 $\gamma_i=0$，符合条件（2）的描述要求。若 η_i 越大，则表明当前拟构模型面的表达度越高，γ_i 数值越大，符合条件（3）的描述要求。若 μ_i 越大，则表明水深点与周围已选水深点的分布越均匀，γ_i 数值越大，符合条件（4）的描述要求。

从式（3-46）还可以看出，采用三项因子乘积计算多因素融合的量化因子数值等式右边，符合上述四项条件的重要性顺序要求。

采用新提的选取算子计算各拟选水深点的选取质量，从中选取质量最高的水深点，从而实现顾及多因素要求的水深点选取。

3.4.4　实验与分析

针对某试验海区的水深数据，采用本节方法选取水深点，具体的试验结果如图 3-20、表 3-13 所示。

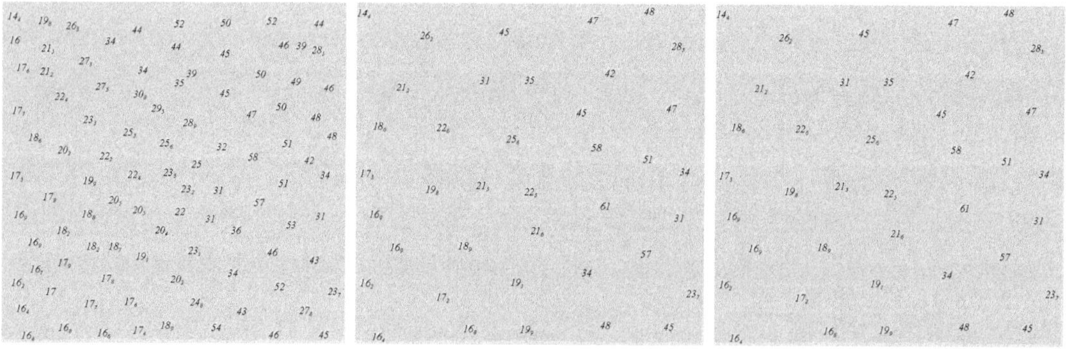

(a)比例尺1:5 000　　(b)比例尺1:10 000　　(c)比例尺1:25 000

图 3-20　水深选取结果图

表 3-13　水深漏浅情况分析

比例尺	是否存在漏浅
1∶2 000	否
1∶10 000	否
1∶50 000	否

从图 3-20、表 3-13 可以看出，本书提出的方法在水深选取过程中，综合考虑了水深点的间距和分布、深度保证率和深度表达度等多方面因素的影响，采用水深选取算子定量分析、控制水深点的选取，经计算分析，选取出的各水深点的间距符合《规范》要求，排列分布也相对比较均匀，图上显示较清晰，且水深选取不存在漏浅情况。

§3.5　与等深线协调的水深自动选取

除了水深注记点（即水深模型点）的间距和分布要符合《规范》要求外，面控水深自动综合的动态建模过程中的水深注记点还要注意在表达海底地形时与其他海部要素要保持协调一致。其中，一个需要重点关注的要素就是等深线。由水深注记点的选取应尽量与等深线在对海底地形起伏变化的表达上保持协调一致，并且能够互为补充，不能出现彼此矛盾的现象。为此，本节将在本书方法的基础上，提出一种顾及等深线变化特征的水深自动选取方法。

3.5.1　基本思想

在顾及等深线变化特征的水深自动选取过程中，通常需要注意以下要求：①在等深线凸凹处附近应优先选取水深点，用于确定等深线的基本轮廓，如图 3-21（a）中 ⬚ 所示的水深；②在等深线平直处两侧附近交错选取水深点，用来进一步控制等深线的轮廓形状，如图 3-21（b）中所示的水深；③不宜选取离等深线太近的水深，避免过多地中断等深线，如图 3-21（c）中 ◌ 所示的水深。

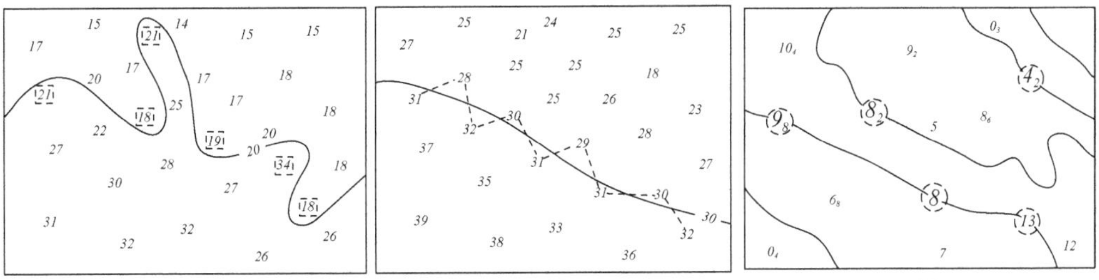

(a)　(b)　(c)

图 3-21　水深点与等深线的协调匹配

基于上述要求，顾及等深线变化特征的水深自动选取基本思路如下。

（1）从原始水深点集中，提取出位于等深线两侧附近的水深点；

（2）基于 Dauglas-Peucker 算法，对等深线上二维点的弯曲特征进行识别；

（3）在等深线的弯曲处，优先选取协调匹配的水深点；

（4）在等深线的平直处，交错选取协调匹配的水深点；

（5）按照前文所述的面控水深自动综合基础方法，选取其他区域内的水深点。

上述步骤中，步骤（1）水深点的提取可根据各水深点到等深线的距离直接判断得出，步骤（5）已在前文中叙述，以下将详细阐述步骤（2）等深线弯曲特征点的识别、步骤（3）等深线弯曲处协调水深点的选取和步骤（4）等深线平直处协调水深点的选取。

3.5.2　等深线弯曲特征点的识别

在顾及等深线变化特征的水深自动选取过程中，首先需自动识别出等深线上的特征点，确定出等深线的弯曲处和平直处，为后续建立相应的水深选取策略奠定基础。

关于曲线上特征点识别的算法较多，其中以 Dauglas-Peucker 算法最为常用。它不仅可实现曲线特征的分解与组合，还可给出曲线的形态与拓扑特征。运用 Dauglas-Peucker 算法，来识别等深线上在弯曲处的弯曲特征点（以下简称特征点），从而确定出等深线的弯曲处和平直处。如图 3-22（a）所示，等深线是由一系列二维点 $p_1p_2\cdots p_{11}$ 依次连接而成的连续折线段，具体处理步骤如下。

（1）设定阈值为 D，使用 Dauglas-Peucker 算法，识别出特征点 p_5、p_8，如图 3-22（b）所示；

（2）将等深线上特征点的位置视作等深线的弯曲处，其余二维点的位置视作等深线的平直处。

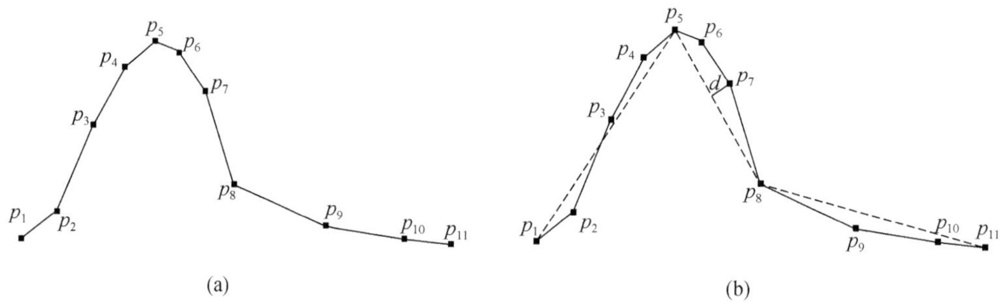

图 3-22　等深线弯曲特征点识别

阈值 D 会影响到 Dauglas-Peucker 算法的识别结果。如图 3-22（b）中所示，点 p_7 到线段 p_5p_8 的垂距与阈值 D 的大小关系，将决定点 p_7 是否为特征点，从而影响到后续协调水深选取策略的选择。阈值 D 一般可选取一个经验值，如图上距离 0. 3cm，其最合理的取值通常可通过试验统计分析来得到。

3.5.3　等深线弯曲处协调水深点的选取

在确定等深线弯曲处的基础上，设计相应的水深选取策略：首先，根据水深与等深线协调的基本要求，确定等深线弯曲处的水深协调条件；然后，对这些条件进行量化分析，计算出等深线弯曲处的水深协调度；最后，从中优选出水深协调度最高的水深点。上述策略的关键在于水深协调条件的确定和水深协调度的计算，以下将作详细阐述。

1. 等深线弯曲处水深协调条件确定

如图 3-23 所示，等深线 l 是由 $p_1p_2\cdots p_{11}$ 连接而成的折线段，等深线上的特征点为 p_5，由于点 p_3、p_9 与点 p_2、p_{10} 的凹凸性相反，故折线段 $p_3p_4\cdots p_9$ 是等深线 l 的一个弯曲（翟京生等，2000）。将该折线段 $p_3p_4\cdots p_9$ 的首尾点相连，形成一个闭合区域（如图 3-23 中 ⬚ 所示），定义该区域为特征点 p_5 所在弯曲的内部区域。

对于等深线 l 上特征点 p_5 对应的弯曲处，需选取一个协调的水深点，该水深点应符合以下条件。

（1）协调水深点必须位于特征点所在弯曲的内部区域；

（2）协调水深点的注记应尽量避免中断等深线；

（3）协调水深点与等深线上对应特征点 p_5 的平面距离合适；

（4）协调水深点到折线段 $p_3p_4p_5$ 和 $p_5p_6\cdots p_9$ 的最短距离应尽可能相近。其中，水深点到折线段的最短距离是指水深点到该折线段上各点距离的最小值。

上述条件的重要性等级由高到低依为条件（1）、条件（2）、条件（3）[或条件（4）]。

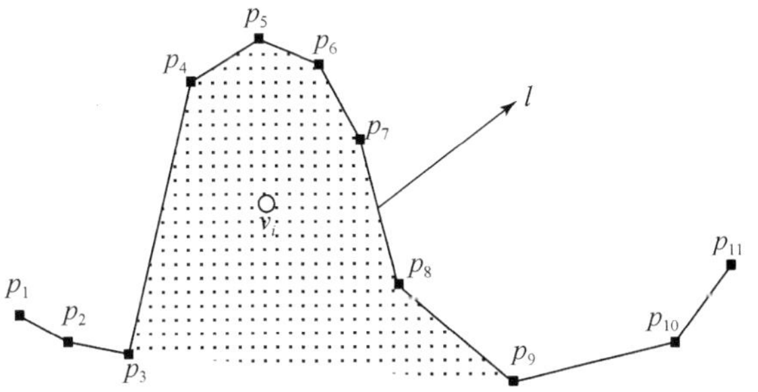

图 3-23　弯曲处的协调水深点

2. 等深线弯曲处水深协调度计算

上述条件是对等深线弯曲处水深协调要求的一种定性描述。为便于计算机进行自动处理，综合考虑上述条件及其重要性等级高低，采用弯曲处水深协调度这一指标，来量化评估水深点与等深线弯曲处的协调质量。以水深点 v_i（如图 3-23 中 ○ 所示）为例，其与等深线弯曲处（对应特征点 p_5）的协调度 w（v_i，p_5）为：

$$w(v_i,p_5)=\frac{1}{2}\lambda_i\left(\gamma_i+\frac{1}{1+(d(v_i,p_5)-d_{1\text{best}})^2+(d(v_i,l_{3,5})-d(v_i,l_{5,9}))^2}\right)\times 100\% \quad (3\text{-}47)$$

式（3-47）中，λ_i 通过判断水深点是否位于等深线弯曲处区域来确定其数值，若是，则取 $\lambda_i=1$，反之，则取 $\lambda_i=0$；γ_i 通过判断水深点 v_i 的注记是否中断等深线确定数值，若是，则取 $\gamma_i=0$，反之，则取 $\gamma_i=1$；$d(v_i,\ p_5)$ 表示 v_i 与 p_5 的平面距离；$d_{1\text{best}}$表示等深线弯曲处的最协调距离，在水深自动选取前一般可选取一个经验值，如图上距离 0.4cm，其最合理的取值通常可通过试验统计分析来得到；$d(v_i,\ l_{3,5})$、$d(v_i,\ l_{5,9})$ 分别表示点 v_i 到折线段 $p_3p_4p_5$、$p_5p_6\cdots p_9$ 的最短距离。

从式（3-47）可以看出：首先，若水深点 v_i 必须位于等深线弯曲处的外侧，$\lambda_i=0$，则 $w(v_i,\ p_5)=0$，此水深点就不可能与等深线协调，因此 $\lambda_i=1$ 是一个“必须”的条件。其次，由于 γ_i 是根据水深点 v_i 是否中断等深线取值，未中断则 $\gamma_i=1$，中断则 $\gamma_i=0$，且其后一项分式取值变化范围是（0，1），因此，无论后一项分式的数值如何变化，如果水深点未中断等深线，则上述两项和的变化范围是（1，2），如果中断等深线，则上述两项和的变化范围是（0，1）。因此未中断等深线的水深点协调度必然要大于中断等深线的水深点协调度，也就符合了条件（2）中关于“水深点尽量避免中断等深线”的描述。最后，将条件（3）、（4）的量化公式同时置于同一分式的分母部分，且形式上相同，以符合对条件（3）、（4）重要性相同的描述要求，并且若 $d(v_i,\ p_5)$ 与最协调距离 d_{1best} 相差越小，则协调度越高，若 $d(v_i,\ l_{3,5})$ 与 $d(v_i,\ l_{5,9})$ 相差越小，则协调度越高。

通过分析等深线弯曲处水深协调条件，量化评估各水深点与等深线弯曲处的协调质量，从中优选出协调度最高的水深点，从而实现等深线弯曲处协调水深的自动选取。

3.5.4　等深线平直处协调水深点的选取

在选取完等深线弯曲处附近的水深点后，等深线已可以用其周围所选取的水深点来控制其基本形态特征。接下来，应围绕等深线平直处的两侧，再“交错”选取一定数量的水深点，进一步控制等深线的走向变化。水深在等深线平直处协调选取的基本策略是：首先确定等深线平直处的水深协调条件；然后对这些条件进行量化分析，计算出等深线平直处的水深协调度；最后从中选取出水深协调度最高的水深点。上述策略的关键在于平直处水深协调条件的确定和水深协调度计算，以下进行详细阐述。

1. 等深线平直处水深协调条件确定

在等深线弯曲处选取出水深点，接下来需在等深线平直处的两侧交错选取出一定数量的水深点。如图 3-24（a）所示，等深线弯曲处附近有已选的协调水深点 q_1、q_5，首先在已选水深点 q_1 基础上，从等深线另一侧选取出一个协调的水深点，与 q_1 构成交错形态，本书称为单点交错。与 q_1 构成交错形态的协调水深点应符合以下条件。

（1）协调水深点与已选水深点 q_1 必须位于等深线的两侧；

（2）协调水深点到 q_1 的平面距离必须在《规范》要求的间距范围内；

（3）协调水深点的注记应尽量避免中断等深线；

（4）协调水深点到等深线的最短距离应尽可能合适。其中，水深点到等深线的最短距离是指水深点到该等深线上各点距离的最小值。

上述条件的重要性等级由高到低依次为条件（1）［或条件（2）］、条件（3）、条件（4）。

如图 3-24（b）所示，在与 q_1 构成交错、选取出协调水深点 q_2 后，继续在点 q_2 的基础上，交错选取出协调水深点 q_3。之后，需要注意的是，在交错选取下一个协调水深点时，该点不仅要与水深点 q_3“交错”，还要与已选取的水深点 q_5“交错”，如图 3-24（c）所示。也就是说，选取出的协调水深点 q_4 必须同时满足与 q_3、q_5 交错的四个条件，本书称为双点交错。

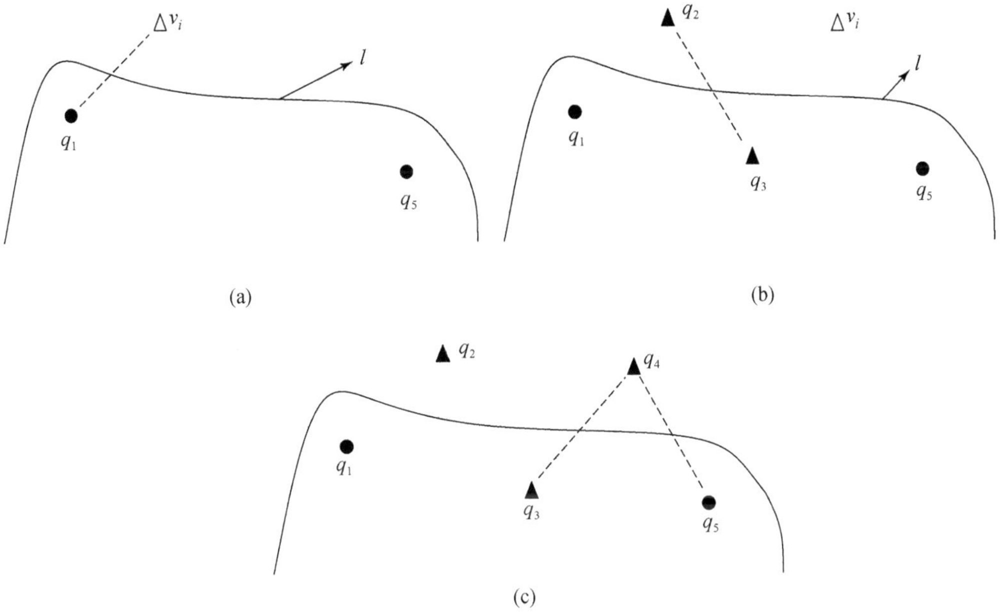

图 3-24　平直处的协调水深点

2. 等深线平直处水深协调度计算

为便于计算机自动处理，综合考虑上述条件及其重要性等级高低，采用平直处水深协调度这一指标，来量化评估水深点与等深线平直处的协调质量。首先，计算等深线平直处单点交错的水深协调度。等深线 l 平直处附近的某个水深点为 v_i［图 3-24（a）中 Δ 所示］，该点与已选水深点 q_1 单点交错的协调度 $w(v_i,\ q_1)$ 可表示为

$$w(v_i,q_1)=\frac{1}{2}\lambda_i\cdot\mu_i\cdot\left(\gamma_i+\frac{1}{1+(d(v_i,l)-d_{2\text{best}})^2}\right)\times 100\% \tag{3-48}$$

式（3-48）中，λ_i 通过判断水深点 v_i 与水深点 q_1 是否位于等深线两侧来确定数值，若是，则取 $\lambda_i=1$，反之，则取 $\lambda_i=0$；μ_i 通过判断水深点 v_i 与水深点 q_1 的平面距离是否在《规范》要求范围之内确定数值，若是，则取 $u_i=1$，反之，则取 $u_i=0$；γ_i 通过判断水深点 v_i 的注记是否中断等深线 l 确定数值，若是，则取 $\gamma_i=0$，反之，则取 $\gamma_i=1$；$d(v_i,\ l)$ 表示点 v_i 到等深线 l 的距离；$d_{2\text{best}}$ 表示等深线平直处的最协调距离，在水深自动选取前一

般可选取一个经验值，如图上距离 0.3cm，其最合理取值通常可通过试验统计分析得到。

从式（3-48）可以看出：首先，若水深点 v_i 与水深点 p 同时位于等深线的一侧，$\lambda_i=0$，则 $w(v_i, q_1)=0$，此水深点就不可能与等深线协调，因此 $\lambda_i=1$ 是一个“必须”的条件。同理，水深点 v_i 与水深点 q_1 的平面距离应在《规范》要求范围，即 $u_i=1$，这是一个“必须”的条件。其次，y_i 通过判断水深点 v_i 的注记是否中断等深线确定数值，若是，则取 $y_i=0$，反之，则取 $y_i=1$。最后，将条件（4）的量化公式置于末尾，若 $d(v_i, l)$ 与 $d_{2\mathrm{best}}$ 相差越小，则水深点到等深线的距离就越合适。

对双点交错条件进行量化分析。假设等深线平直处附近的某个水深点为 v_k［如图 3-24（b）中 △ 所示］，计算点 v_k 与已选水深点 q_3、q_5 双点交错的协调度 $w(v_k, q_3, q_5)$，可表示为

$$w(v_k,q_3,q_5)=w(v_k,q_3)\cdot w(v_k,q_5)\times 100\% \tag{3-49}$$

式（3-49）考虑了水深点 v_k 与已选水深点 q_3、q_5 的双点交错。

在等深线弯曲处水深点选取的基础上，通过分析等深线平直处水深协调条件，量化评估各水深点与等深线平直处的协调质量，并自动选取其中协调度最高的等深线，作为等深线平直处的协调水深。

3.5.5 实验与分析

1. 可行性验证

选取如图 3-25 所示的等深线弯曲程度不同的两局部区域，采用本书方法，进行与等深线协调的水深自动选取验证。由于资料水深数据密度较大，全部用注记显示会造成注记相互压盖，故用黑色像素点表示，本书方法选取的水深点用注记表示。需要说明的是，本书提出的方法中的 3 个关键参数在本试验中先采用一组经验数值：阈值为 $D_{\min}=0.3\mathrm{cm}$，等深线弯曲处和平直处的最协调距离分别为 $d_{1\mathrm{best}}=0.4\mathrm{cm}$ 和 $d_{2\mathrm{best}}=0.3\mathrm{cm}$，具体的试验结果如图 3-25 所示。

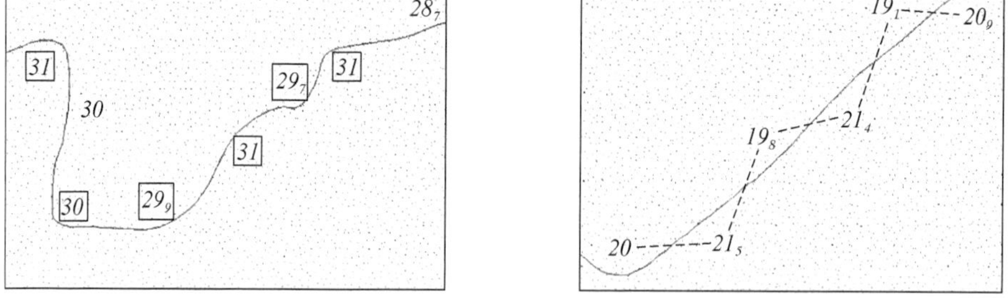

(a)等深线弯曲程度较大　　(b)等深线弯曲程度较小

图 3-25　与等深线协调的水深选取结果

从图 3-25 中可以看出，本书方法能较好地识别出等深线上的特征点，并在等深线上对应弯曲处附近选取了一个合适的匹配水深点，如图 3-25（a）中□所示；在等深线的平直处附近，本书方法也能可以较好地实现水深点的交错选取，如图 3-25（b）中“---”所示。

2. 阈值对水深选取结果的影响分析

为了进一步分析 Douglas-Peucker 算法中采用的阈值 D 对水深选取与等深线协调结果的影响，采用对 5 个试验区域进行试验统计分析的方法。试验中，通过调查实际作业人员（共 10 人），比较试验结果，确定出该参数取 0. 3cm 最为合理，具体统计结果如表 3-14 所示。

表 3-14　阈值试验统计分析结果

阈值 D（cm）	0. 1	0. 2	0. 3	0. 4
区域 1 认为结果最合理的人数	0	1	9	0
区域 2 认为结果最合理的人数	0	2	8	0
区域 3 认为结果最合理的人数	0	1	8	1
区域 4 认为结果最合理的人数	0	2	7	1
区域 5 认为结果最合理的人数	0	1	8	1

同时，为不失一般性，从表 3-14 所记录的 5 组试验中选取一组典型试验进行更直观、详细的阐述，如图 3-26 所示的某等深线所在的局部区域内（等深线共有弯曲处需进行水深协调选取），设定不同大小的阈值，采用本书方法进行试验，具体试验结果如图 3-27 所示。

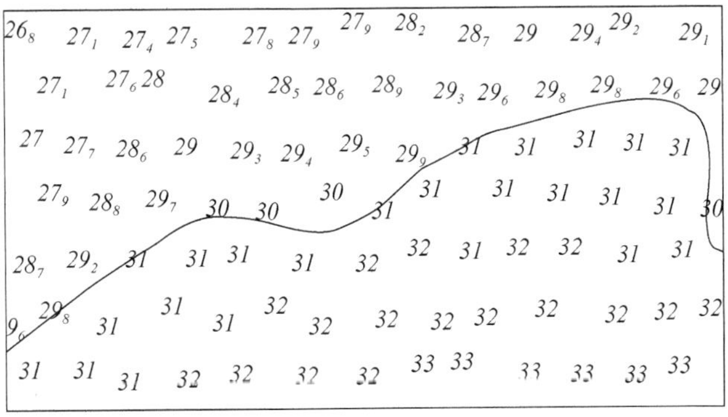

图 3-26　阈值分析的试验区域

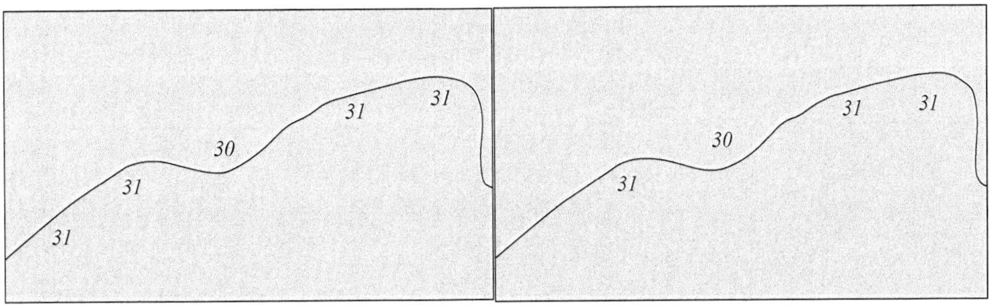

(a)阈值=0.1cm　　(b)阈值=0.2cm

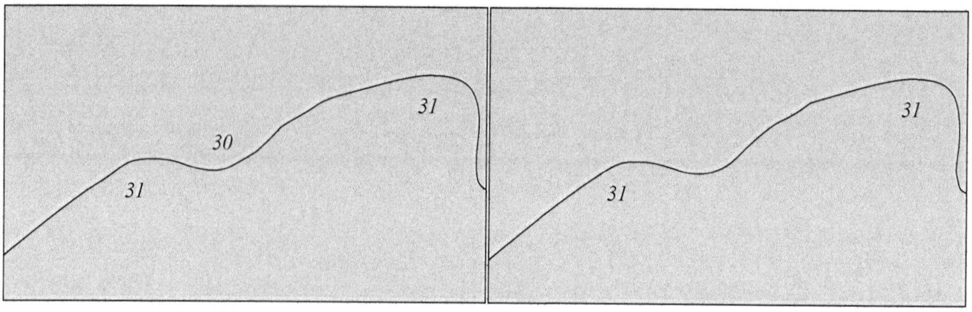

(c)阈值=0.3cm　　(d)阈值=0.4cm

图 3-27　阈值的试验比对

从图 3-27 可以看出，采用阈值为 0. 3cm 时，本书方法自动选取出三个协调的水深点，对等深线上特征点的识别结果最为符合实际情况，如图 3-27（c）所示。而采用阈值为 0. 1cm、0. 2cm、0. 4cm 时，本书方法对等深线特征点的识别结果与实际情况均略有不符（特征点识别数量偏多或偏少），致使协调水深点的选取结果不够合理。故确定 0. 3cm 作为 Dauglas-Peucker 算法识别等深线特征点的阈值。

3. 最协调距离对水深选取结果的影响分析

在计算水深点在等深线弯曲处和平直处的协调度时，最协调距离 d_{1best}、d_{2best} 是两项影响最终水深选取结果的关键参数。然而，目前尚没有公开的规范明确指出水深点应距离等深线多远最为合适，实践作业中制图员也多是根据个人经验而定。因此，需通过较大量的试验统计分析来将这一取值规范、标准化。试验中，通过调查实际作业人员（共 10 人），比较试验结果，确定出 d_{1best} = 0. 4cm 和 d_{2best} = 0. 3cm 时水深选取结果最为合理。

为不失一般性，选取其中两组典型区域进行更直观、详细的阐述［图 3-28（a）、（b）］，采用不同大小的数值进行试验，具体的试验结果如图 3-29、图 3-30 所示。

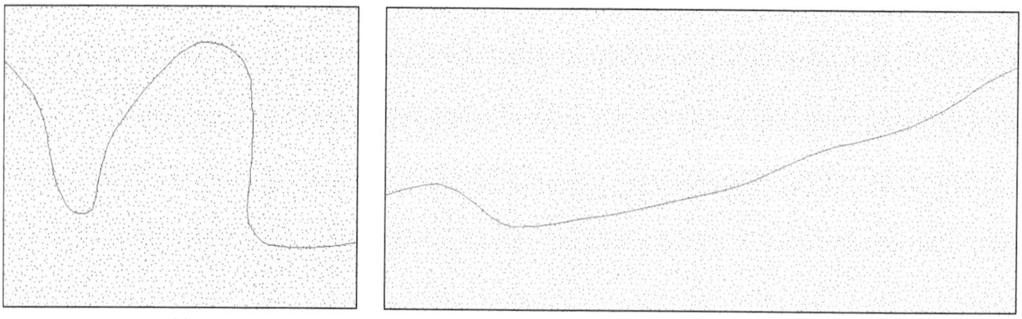

(a)　　(b)

图 3-28　试验区域

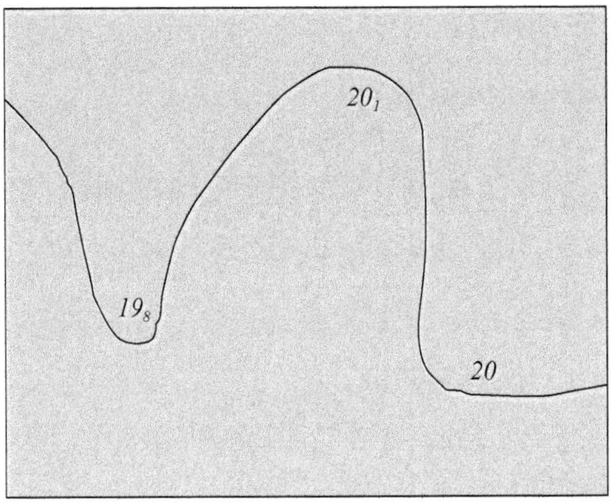

(a)$d_{1\text{best}}$=0.2cm

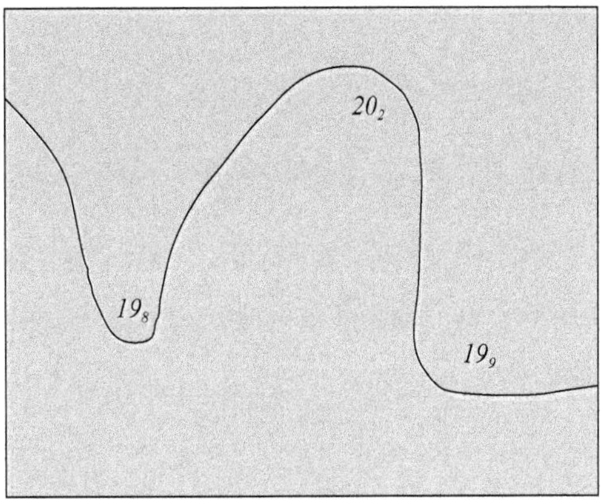

(b)$d_{1\text{best}}$=0.3cm

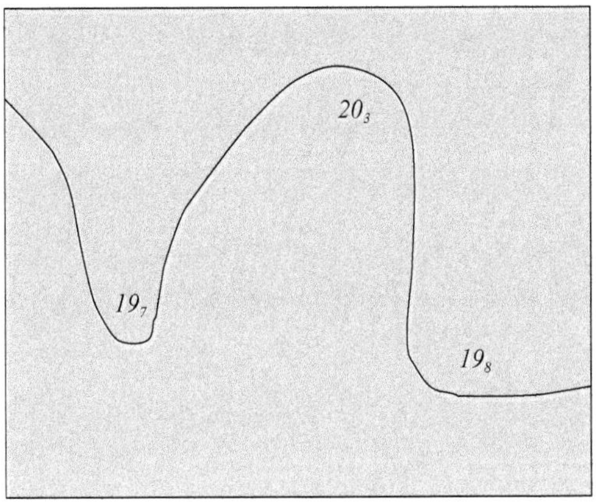

(c)$d_{1\text{best}}$=0.4cm

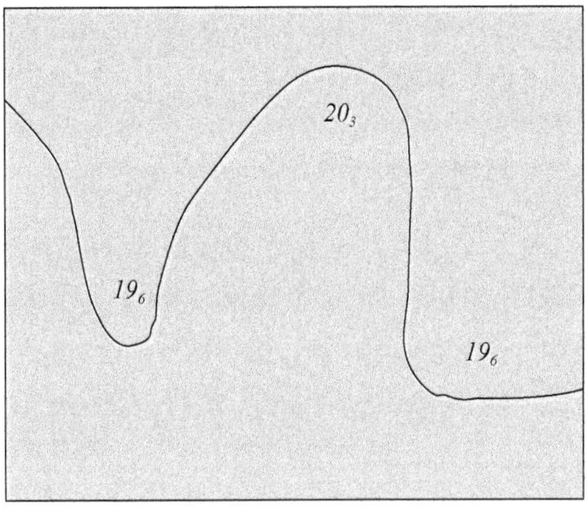

(d)$d_{1\text{best}}$=0.5cm

图 3-29　弯曲处最协调距离的试验比对

如图 3-29 所示，当 $d_{1\text{best}}$ = 0. 4cm 时，与等深线弯曲处的水深协调选取结果与实际情况最为相符。当 $d_{1\text{best}}$ = 0. 2cm 时，水深点注记点中断等深线，故水深点的协调质量最差。当 $d_{1\text{best}}$ = 0. 3cm 或 $d_{1\text{best}}$ = 0. 5cm 时，水深点到等深线弯曲处的距离略偏近或偏远，故确定弯曲处的最协调距离为 0. 4cm。

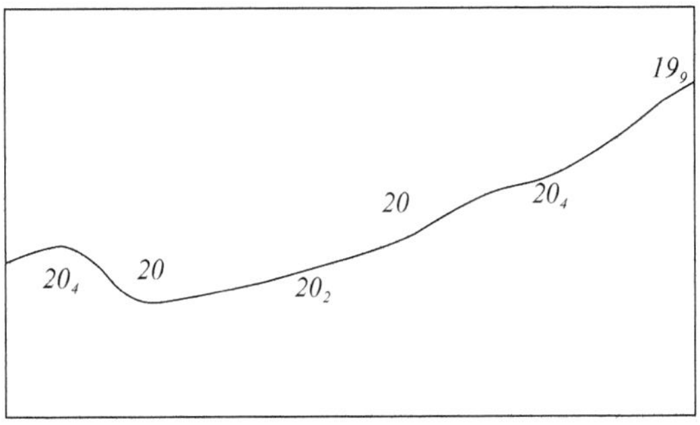

(a)$d_{2\text{best}}$=0.1cm

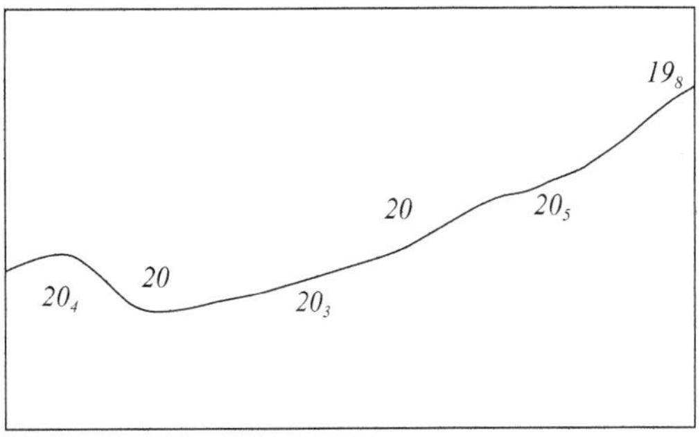

(b)$d_{2\text{best}}$=0.2cm

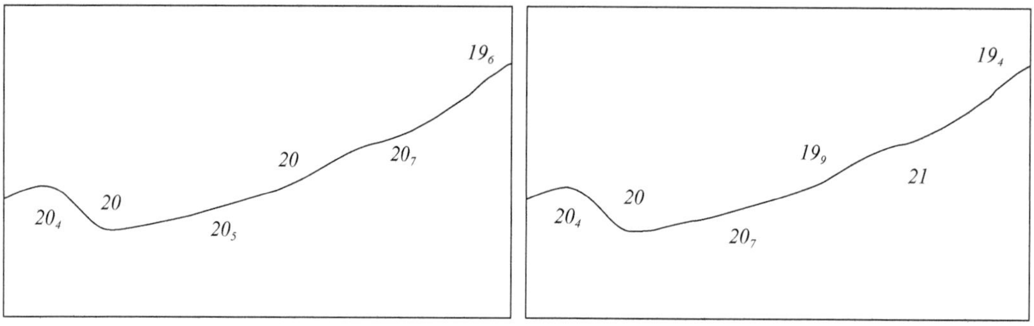

(c) d_{2best}=0.3cm　　(d) d_{2best}=0.4cm

图 3-30　平直处最协调距离的试验比对

如图 3-30 所示，当 d_{2best} = 0. 3cm 时，与等深线平直处协调的水深选取结果与实际情况最为相符。当 d_{2best} = 0. 1cm 或 d_{2best} = 0. 2cm 或 d_{2best} = 0. 4cm 时，水深点到等深线平直处的距离略偏近或偏远，故确定平直处的最协调距离为 0. 3cm。

4. 资料水深数据密度的影响分析

为了进一步分析资料水深数据密度对水深选取结果的影响，在某海图上同一区域内选取不同密度的资料水深数据（如图 3-31 所示，资料水深数据的平均间距依次为 0. 6cm、0. 5cm、0. 4cm、0. 3cm、0. 2cm、0. 1cm），采用本书方法进行比对试验。具体的试验结果如图 3-32 所示。图 3-33 为资料水深数据平均间距与运算耗时的关系图。

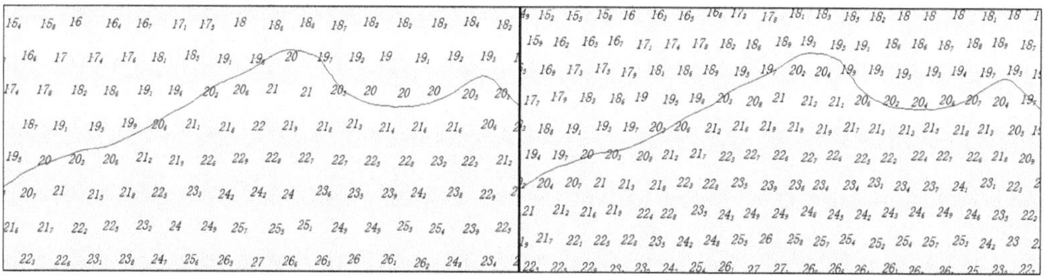

(a)水深平均间距=0.6cm　　(b)水深平均间距=0.5cm

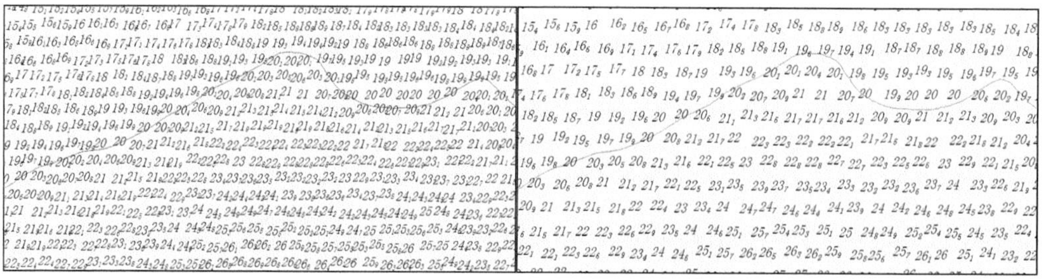

(c)水深平均间距=0.4cm　　(d)水深平均间距=0.3cm

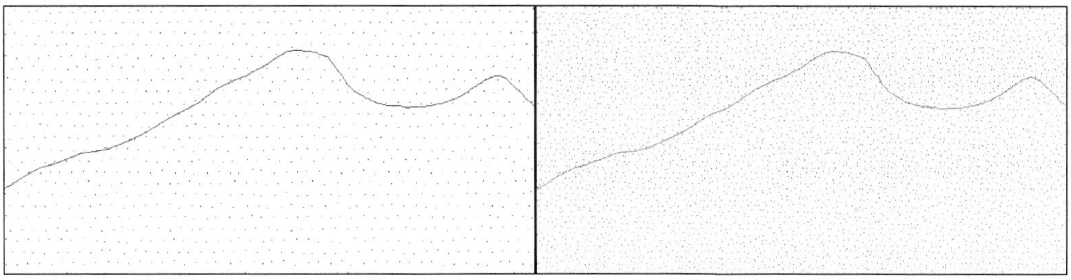

(e)水深平均间距=0.2cm　　(f)水深平均间距=0.1cm

图 3-31　资料水深数据分布

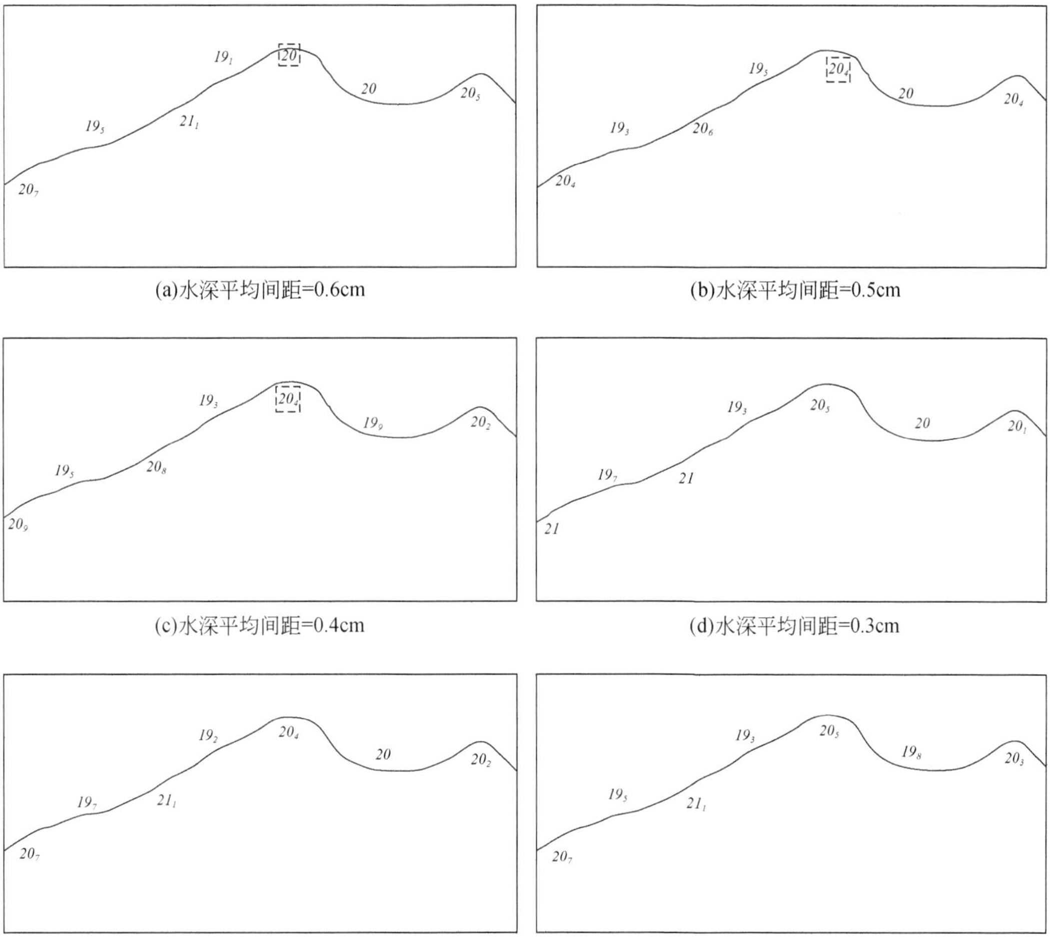

(a)水深平均间距=0.6cm　　(b)水深平均间距=0.5cm

(c)水深平均间距=0.4cm　　(d)水深平均间距=0.3cm

(e)水深平均间距=0.2cm　　(f)水深平均间距=0.1cm

图 3-32　水深选取结果比较

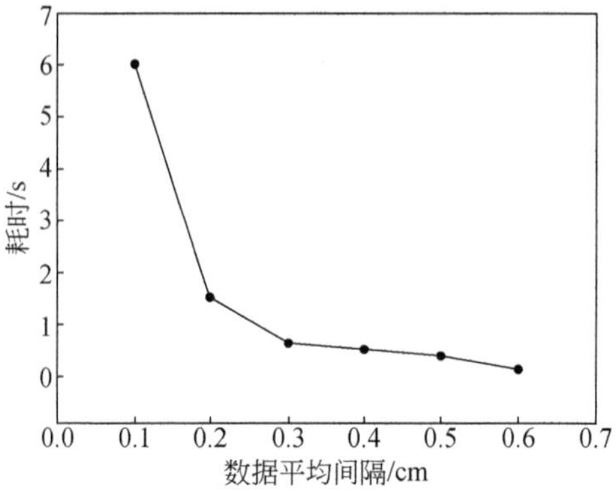

图 3-33　运算耗时

从图 3-31、图 3-32 中还可以看出，资料水深数据间距越小（即资料水深数据量越大），本书方法在与等深线协调的水深选取效果上就越好，但运算耗时也就随之增加。对比图 3-31、图 3-32 中的六组水深选取结果可以看出，资料水深数据间距为 0.1cm、0.2cm、0.3cm 时，与等深线协调的水深选取结果要相对较好，其余三组（资料水深数据间距为 0.4cm、0.5cm、0.6cm）的水深选取结果与等深线的协调匹配效果略差（在某些水深点上与等深线协调不够理想，如图 3-32（a）、（b）、（c）中 ⬚ 所示水深点距离等深线过近）。这表明：资料水深数据间距越小，可用于提供给算法分析的水深点数量也就越多，从而越有可能挑选出更协调的水深点。然而，过大的资料水深数据量将会直接影响到算法的效率。从图 3-33 中可以看出，当资料水深数据间距由 0.1cm 增大到 0.3cm 时，本书方法的运算耗时会明显降低。

通过理论推导与试验分析，可得结论如下。

（1）本书方法能在等深线弯曲处选取出协调的水深点，在平缓处使选取的水深点构成相互交错的形态，还能较好地避免水深注记中断等深线的情况。

（2）通过试验统计分析可确定本书算法中三项关键参数的合理取值：Dauglas-Peucker 算法的阈值为 0.3cm，等深线凸凹处和平直处的最协调距离分别为 0.4cm 和 0.3cm，进一步保证了与等深线协调中的水深选取效果。

（3）通常来说，资料图水深数据密度越大，本书方法选取出与等深线协调的水深点就越合理，但密度过大的资料水深数据会降低算法的运行效率。

§ 3.6　与岸线协调的水深自动选取

在水深自动选取过程中，还需考虑的一个重要因素就是岸线的变化特征。对于顾及岸线、滩线变化特征的水深选取，与上一节所述的顾及等深线变化特征的水深自动选取相比，二者的主要差别如下。

（1）岸线附近的水深相对较浅，此时出于航行安全的考虑，应注意浅水深点的优先选取；

(2) 在等深线的两侧一般都有水深点，而对于岸线而言，一侧是海洋区域，另一侧则是陆地区域，故水深点在岸线弯曲处的协调匹配不能要求水深点必须在岸线弯曲的内侧(因为内侧可能是陆地区域)；

(3) 与等深线协调的水深点可中断等深线但应尽量避免，而与岸线协调的水深点则不能中断岸线。

为此，针对上述要求，在上一节方法的基础上，进一步提出顾及岸线变化特征的水深自动选取方法。

3.6.1　基本思想

顾及岸线变化特征的水深自动选取的基本思想如下：首先，从保证航行安全的角度考虑，优先选取出岸线附近的浅水深点；其次，分别选取出与岸线弯曲处、平直处相匹配的水深点。

按照上述基本思想，结合顾及岸线变化特征的水深自动选取基本步骤如下。

(1) 从原始水深点数据集中，提取出位于岸线附近的水深点数据，作为与岸线协调的待选水深点；

(2) 采用3.4节所述的方法，从所提取的水深点数据中选取出浅水深点；

(3) 基于Dauglas-Peucker算法，对等深线二维数据点弯曲特征进行识别；

(4) 在岸线等深线的弯曲处，优先选取协调匹配的水深点；

(5) 在岸线的平直处，选取出协调匹配的水深点；

(6) 根据3.4节所述方法，选取与岸线协调的水深点；

(7) 根据比例尺要求，完成后续水深自动选取。

上述步骤中，步骤(2)、(3)、(6)、(7)已在本章前三节中做过叙述，以下将详细叙述步骤(1)与岸线协调的待选水深点的提取、步骤(4)岸线弯曲处水深点的协调选取和步骤(5)岸线平直处水深点的协调选取。

3.6.2　与岸线协调的待选水深点的提取

要实现岸线附近的水深点选取，首先需要提取出位于岸线附近的水深源数据点。也就是说，距离岸线过远的水深源数据点已不属于岸线附近水深点选取的范畴，须删除这些“不相关”的水深点。通过建立顾及边界约束的带洞三角网并确定“洞”多边形，来删除这些“不相关”的水深点，提取出位于岸线附近的水深源数据。具体的处理步骤如下。

(1) 建立各水深注记的包络(仅含整数部分的水深注记如图3-34(a)中 所示，既有整数部分又有小数部分的水深注记如图3-34(a)中 所示)，判断各水深注记的包络是否与岸线相交。若相交，则该水深注记点的显示会中断岸线，删除该水深点，反之则保留；

(2) 将岸线上全部二维数据点离散化为约束点，与步骤(1)中保留的水深点一起建立一个Delaunay三角网；

（3）在这个 Delaunay 三角网中，将以岸线离散化后的约束点为顶点的三角形全部删除，在三角网内留下与岛屿、礁石有关的“洞”多边形，如图 3-34（b）所示；

（4）在“洞”多边形边界线上的顶点，都是距离岸线较近的水深点，提取出这些洞多边形边界线上的水深点，作为岸线附近的待选水深点，如图 3-34（c）所示。

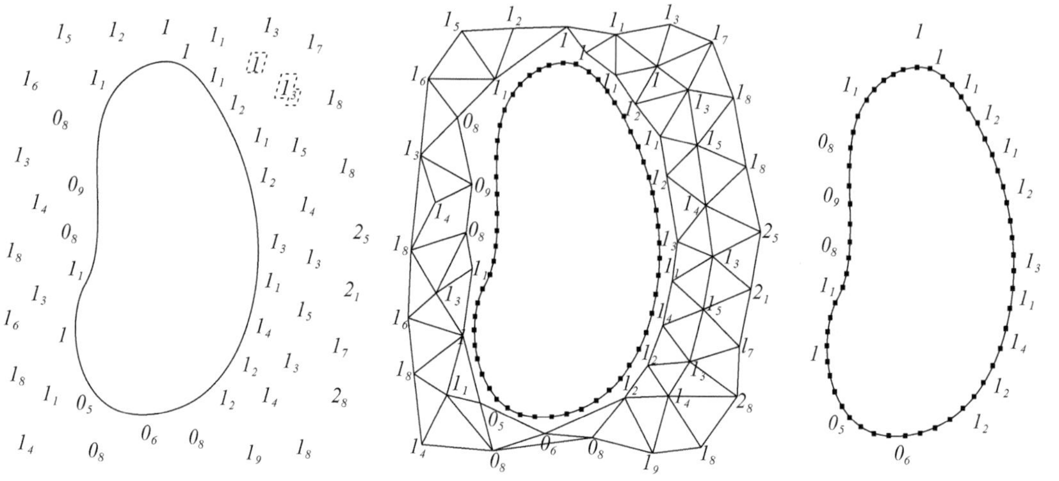

(a) (b) (c)

图 3-34　岸线附近水深点的提取

3.6.3　岸线弯曲处水深点的协调选取

在选取完浅水深点后，下一步需要对位于岸线弯曲处的水深点进行选取。采用前面所述的 Dauglas-Peucker 算法来自动确定岸线弯曲处的平面位置，再利用岸线弯曲处水深点的协调度，选取出协调度最高的水深点。

1. 岸线弯曲处水深协调条件确定

如图 3-35（a）所示，与等深线弯曲处协调水深点选取相类似，对于岸线而言，协调选取的水深点应符合以下条件。

（1）协调水深点的注记不能中断岸线；

（2）协调水深点与岸线上对应特征点 p_5 的平面距离合适；

（3）协调水深点到折线段 $p_1p_2\cdots p_5$ 和 $p_5p_6\cdots p_9$ 的最短距离应尽可能相近。

上述条件的重要性等级由高到低依为条件（1）、条件（2）［或条件（3）］。

这里需要注意的是，考虑水深与等深线弯曲处协调时，水深点必须位于等深线特征点所在弯曲的内侧，但考虑水深与岸线弯曲处协调时，由于岸线弯曲的内侧有可能为陆地，此时陆地一侧没有水深，只得从另一侧的海洋选取合适的水深。因此，对于如图 3-35（a）所示的岸线弯曲处，与岸线协调的水深点应在特征点 p_5 所在弯曲的内侧选取，而对于如图 3-35（b）所示的弯曲处，与岸线协调的水深点应在特征点 p_j 所在弯曲外侧选取。

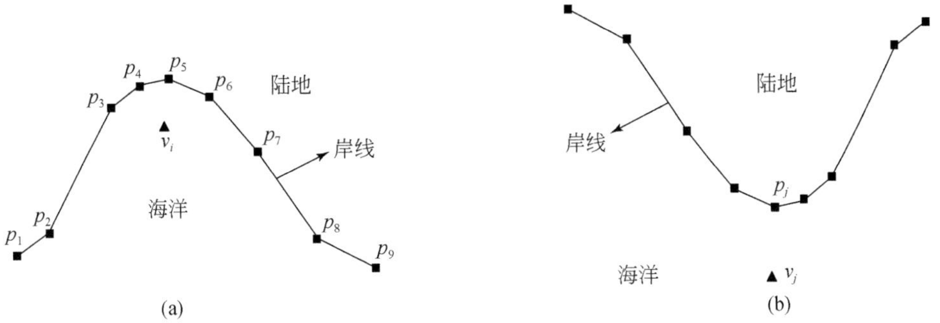

图 3-35　与岸线弯曲处协调的水深点选取

2. 岸线弯曲处水深协调度计算

上述条件是对岸线弯曲处水深协调要求的一种定性描述。为便于计算机进行自动处理，综合考虑上述条件及其重要性等级高低，采用岸线弯曲处水深协调度这一指标，来量化评估水深点与岸线弯曲处的协调质量。以水深点 v_i［如图 3-35（a）中▲所示］为例，其与岸线线弯曲处（对应特征点 p_5）的协调度为：

$$w(v_i,p_5)=\frac{1}{2}\cdot\gamma_i\cdot\frac{1}{1+(d(v_i,p_5)-d_{1\text{best}})^2+(d(v_i,l_{3,5})-d(v_i,l_{5,9}))^2}\times100\% \quad (3\text{-}50)$$

式（3-50）中，γ_i 通过判断水深点 v_i 的注记是否中断岸线来确定数值，若是，则取 $\gamma_i=0$，反之，则取 $\gamma_i=1$；$d(v_i,\ p_5)$ 表示 v_i 与 p_5 的平面距离；$d_{1\text{best}}$ 表示岸线弯曲处的最协调距离，在水深自动选取前一般可选取一个经验值，如图上距离 0.4cm，其最合理的取值通常可通过试验统计分析来得到；$d(v_i,\ l_{3,5})$、$d(v_i,\ l_{5,9})$ 分别表示点 v_i 到折线段 $p_3p_4p_5$、$p_5p_6\cdots p_9$ 的最短距离。

首先，从式（3-50）可以看出，若水深点 v_i 中断了岸线，$\gamma_i=0$，则 $w(v_i,\ p_5)=0$，此水深点就不可能与岸线协调，因此 $\gamma_i=1$ 是一个“必须”的条件，符合条件（1）所述要求及条件（1）的重要性要求。其次，从等式右边的分母项可以看出，与岸线弯曲处水深协调后，条件（2）和条件（3）的重要性是相同的。最后，若 $d(v_i,\ p_5)$ 与 $d_{1\text{best}}$ 相差越小，协调度就越高，水深点与岸线对应特征点的距离就越合适，符合条件（2）所述要求；若 $d(v_i,\ l_{3,5})$ 与 $d(v_i,\ l_{5,9})$ 相差越小，协调度就越高，水深点到折线段 $p_3p_4p_5$ 和 $p_5p_6\cdots p_9$ 的最短距离就相近，符合条件（3）所述要求。

通过分析岸线弯曲处水深协调条件，量化评估各水深点与岸线弯曲处的协调质量，并从中优选出协调度最高的水深点，从而实现岸线弯曲处协调水深的自动选取。

3.6.4　岸线平直处协调水深点的选取

在选取完岸线弯曲处附近的水深点后，岸线已可以用其周围所选取的水深点来控制其基本形态特征。接下来，可沿着岸线（对于闭合的岸线，从岸线一点开始，沿顺时针或逆时针方向，对于非闭合的岸线，从岸线一端到岸线另一端），在岸线平直处的附近，再选取一定数量的水深点，进一步与岸线相协调配合。水深在岸线平直处协调选取的基本策略是：首先，确定岸线平直处的水深协调条件；然后，对这些条件进行量化分析，计算出岸线平直处的水深协调度；最后，从中选取出水深协调度最高的水深点。

1. 岸线平直处水深协调条件确定

在岸线弯曲处选取出水深点后，需在岸线平直处的附近选取出一定数量的水深点。如图3-36（a）所示，岸线弯曲处附近有已选的协调水深点 q_1、q_5，首先在已选水深点 q_1 基础上，在岸线一侧距离 q_1 一定距离处选取出一个协调配置的水深点，本书称为单点配合。与 q_1 配置的协调水深点应符合以下条件。

（1）协调水深点不能中断岸线；

（2）协调水深点到 q_1 的平面距离必须在《规范》要求的间距范围内；

（3）协调水深点到岸线的最短距离应尽可能合适。

上述条件的重要性等级由高到低依次为条件（1）[或条件（2）]、条件（3）。

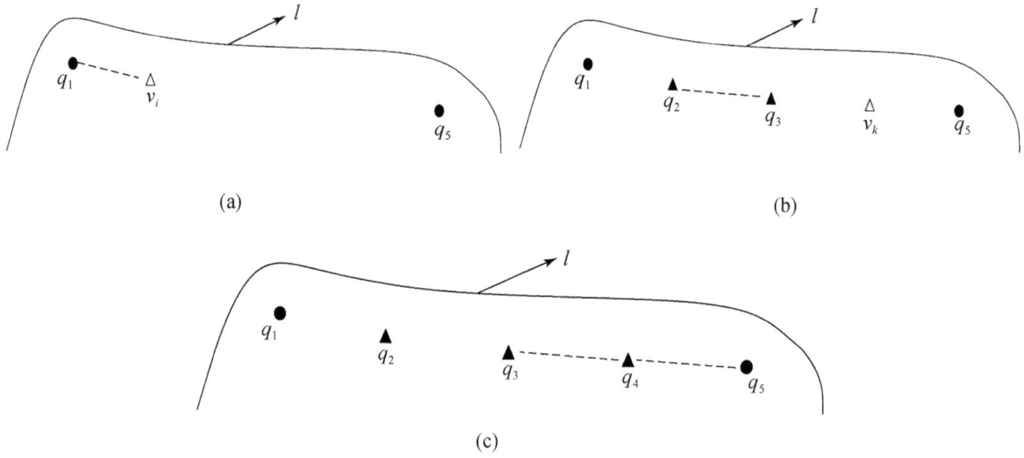

图3-36　平直处的协调水深点

如图3-36（b）所示，在与 q_1 相配合选取出协调水深点 q_2 后，继续在点 q_2 的基础上，选取出协调水深点 q_3。之后需要注意的是，在交错选取下一个协调水深点时，该点不仅要与水深点 q_3 "配合"，还要与已选取的水深点 q_5 相"配合"，如图3-36（c）所示。也就是说，选取出的协调水深点 q_4 必须同时满足与 q_3、q_5 相"配合"的三个条件，本书称为双点配合。

2. 岸线平直处水深协调度计算

综合考虑上述条件及其重要性等级高低，提出岸线平直处水深协调度这一指标，来量化评估水深点与等深线平直处的协调质量。首先，计算岸线平直处单点配合的水深协调度。岸线 l 平直处附近的某个水深点为 v_i [如图3-36（a）中△所示]，该点与已选水深点 q_1 单点配合的协调度 $w(v_i, q_1)$ 可表示为

$$w(v_i,q_1)=\frac{1}{2}\gamma_i\cdot\mu_i\cdot\frac{1}{1+(d(v_i,l)-d_{2\text{best}})^2}\cdot 100\% \tag{3-51}$$

式（3-51）中，λ_i 通过判断水深点 v_i 的注记是否中断岸线来确定数值，若是，则取 $\gamma_i=0$，反之，则取 $\gamma_i=0$；μ_i 通过判断水深点 v_i 与水深点 q_1 的平面距离是否在《规范》要求范围之内确定数值，若是，则取 $u_i=1$，反之，则取 $u_i=0$；$d_{2\text{best}}$ 表示岸线平直处的最协调距离，在水深自动选取前一般可选取一个经验值，如图上距离 0. 3cm，其最合理的取值通常可通过试验统计分析来得到。

从式（3-51）可以看出：首先，若水深点 v_i 中断了岸线，$\gamma_i=0$，则 $w(v_i,\ q_1)=0$，此水深点就不可能与岸线协调，因此，$\gamma_i=1$ 是一个“必须”的条件。同理，水深点 v_i 与水深点 q_1 的平面距离应在《规范》要求范围内，即 $u_i=1$，这也是一个“必须”的条件。其次，$d(v_i,\ l)$ 与 $d_{2\text{best}}$ 相差越小，水深点到岸线的距离就越合适。

对双点配合条件进行量化分析。假设岸线平直处附近的某个水深点为 v_k［如图 3-36（b）中△所示］，计算点 v_k 与已选水深点 q_3、q_5 双点配合的协调度 $w(v_k,\ q_3,\ q_5)$，可表示为

$$w(v_k,q_3,q_5)=w(v_k,q_3)\cdot w(v_k,q_5)\times 100\% \tag{3-52}$$

式（3-52）考虑了水深点 v_k 与已选水深点 q_3、q_5 的双点配合。

在岸线弯曲处水深点选取的基础上，通过分析岸线平直处的水深协调条件，量化评估各水深点与岸线平直处的协调质量，并自动选取其中协调度最高的等深线，作为岸线平直处的协调水深。

由此，即可实现与岸线协调的水深自动选取。

3.6.5　实验与分析

选取如图 3-37 所示岸线弯曲程度不同的两局部区域 A、B，采用上文方法，对与岸线协调的水深选取进行验证，水深选取结果如图 3-38、图 3-39 所示。

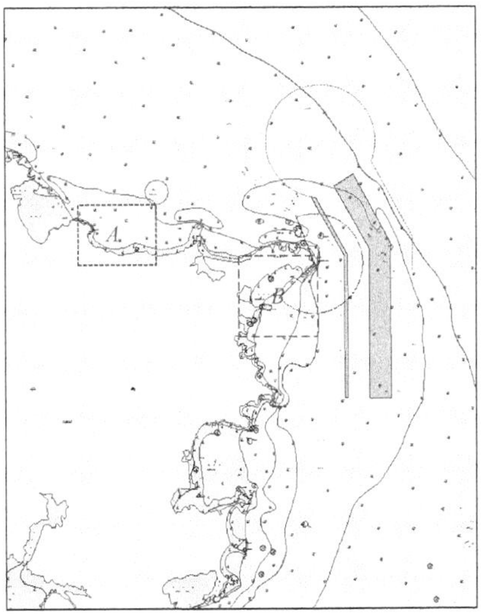

图 3-37　试验区域

从图 3-38、图 3-39 可以看出，本书方法能充分考虑岸线附近水深选取及后续建模的特点，通过建立有序的水深链表，确定岸线附近水深选取的基本原则和顺序，并依照此原则，分类别地设计浅点水深、岸线弯曲处和平直处的水深自动选取策略，能准确识别弯曲处特征点水深（如图 3-38、图 3-39 中虚线框 [---] 所示），实现了岸线附近水深的协调选取，进而构建出岸线约束下的三角网水深模型。

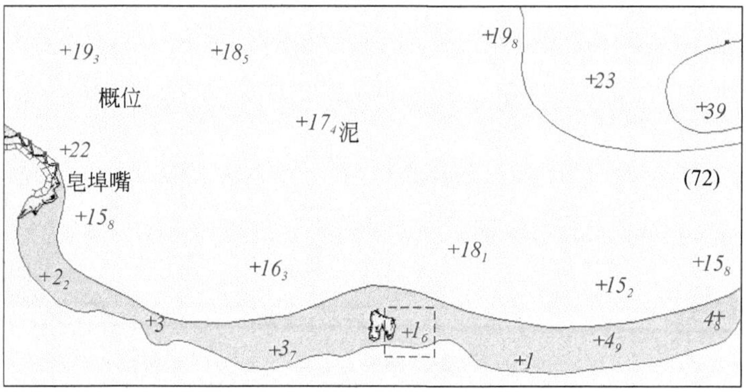

图 3-38　区域 *A* 的水深选取结果

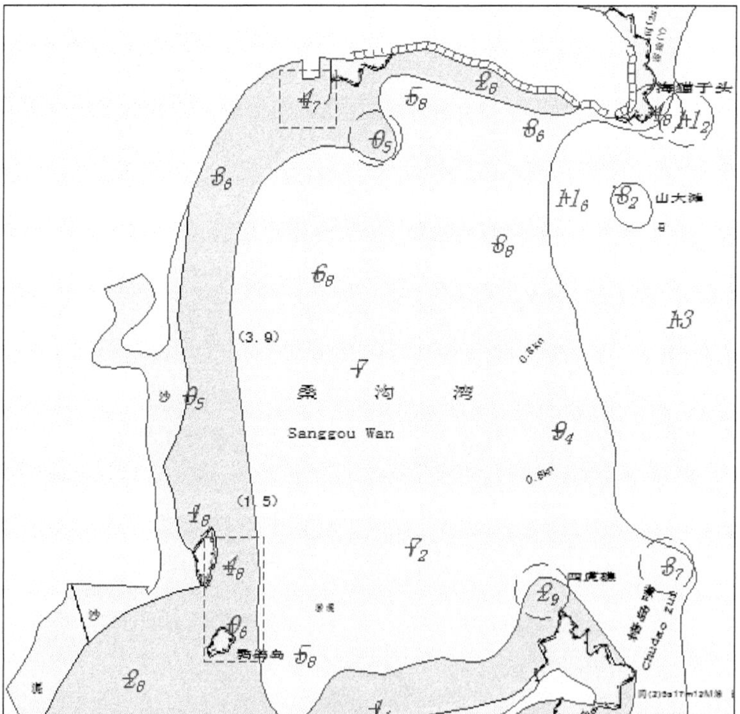

图 3-39　区域 *B* 的水深选取结果

需要说明的是，由于水深与岸线的协调配置和与等深线的协调配置规则是一致的，本节不再对 Dauglas-Peucker 算法中的阈值及协调度计算公式中的最协调距离的数值进行分析，直接采用 Dauglas-Peucker 算法阈值为$D_{min}=0.3\text{cm}$，岸线弯曲处和平直处的最协调距离分别为$d_{1best}=0.4\text{cm}$ 和$d_{2best}=0.3\text{cm}$。同理，资料水深数据密度的影响的试验也不再赘述。

通过理论推导与试验分析，得结论如下：所提的与岸线协调的水深选取方法能在岸线凸凹处选取出协调的水深点，同时在岸线平直处使选取的水深点与已选取的水深点在位置上相互协调，还能较好地避免水深注记中断岸线的情况。

§3.7　排除明显低质量数据的水深自动选取

3.3 节～3.6 节所述的面控水深自动综合基础理论方法，从理论上讲，既能确保水深选取不漏浅点，又能保证选取结果的密度满足《规范》要求。然而，如前文节所述，当前采集、获取的水深源数据多种多样，不同来源的水深数据由于采集时间、测量仪器的不同，数据质量可能存在较大差异，一些测量时间较为久远的数据已存在明显的过时或不合理的情况。这些明显过时或不合理的数据如果还直接参与水深建模，这将会影响整个水深模型的质量。然而，目前对于多源水深数据质量存在明显差异时，处理情形大致可分为以下三类：①对于有重复观测的特征水深（如礁石、沉船水深、明显浅点等）处，统一采用新测资料（高质量数据，即不确定度较小的水深数据）替换旧资料（低质量数据，即不确定度较大的水深数据）；②对于没有重复观测的特征水深，建议采用水深浅的来保证安全；③而对于没有或难以判断是否进行了重复观测的非特征水深处，简单地采用新测资料（高质量数据）替换旧资料（低质量数据）。当前实践中的这些做法，多从传统经验沿袭而来，缺少科学解释和论证。为此，本节进一步挖掘模型面控制分析的潜能，将传统经验处理方法与多源水深数据建模有机结合起来，提出一种排除明显低质量数据的水深自动选取方法。

3.7.1　基本思想

在前面所提的面控方法的基础上，考虑不同来源数据的可靠性对水深建模的影响，提出自动抵制明显低质量数据的水深自动选取方法（简称面控优化方法），其算法的基本思想及流程（图 3-40）如下。

（1）对于不同来源水深数据的重叠区域，选用其中一组质量高的水深源数据，构建起最优逼近海底表面和可能最浅面，作为后续模型面分析的比较基准；

（2）输入水深建模区域的边界信息，在建模区域边界的各顶点附近，选取出一定数量的水深源数据点，建立起初始的 Delaunay 三角网，构建起初始的三角网水深模型；

（3）基于模型面分析的水深源数据筛选。利用最优逼近海底表面、可能最浅面，分析各水深源数据点的可靠性，对水深源数据进行筛选，排除其中明显错误（不合理）的水深数据；

（4）利用筛选出的待选水深点，评估模型在各三角形内的深度保证率的合格率是否达到规定数值。若模型的深度保证率在某三角形内未达到规定数值，则进入步骤（6）；反之，则进入步骤（5）；

（5）利用筛选出的待选水深点，进一步评估模型在各三角形内深度表达度是否偏低（可运用3.2节的方法确定一个预期数值作为衡量标准）。若偏低，则进入步骤（6）；反之，则进入步骤（8）；

（6）提取平面位置位于该三角形外接圆内部的待选点水深，并将这些待选点水深按照质量由高到低排序，采用拟构模型面控制分析的方法，在能确保拟构模型面的深度保证率满足要求的水深点中，优先选取高质量的水深数据点，插入原三角网；

（7）重复步骤（3）~（6），直至所有三角形的模型深度保证率合格率均达到规定要求且深度表达度达到预期数值为止；

（8）输出已选水深点，作为自动选取的海图水深成果。

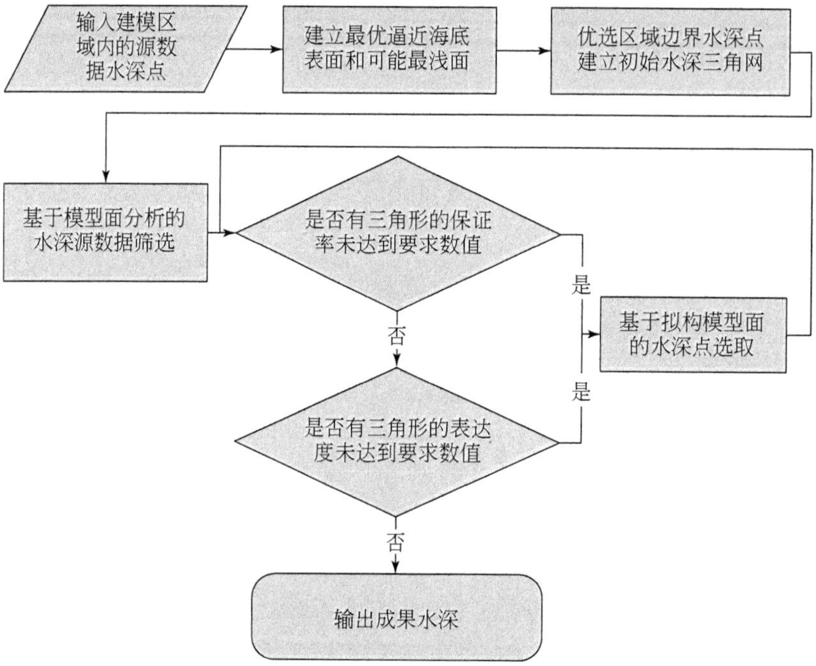

图3-40　算法流程

在上述步骤中，步骤（1）、（2）、（4）、（5）、（6）、（7）、（8）已在前文中做过叙述，以下将重点叙述步骤（3）基于模型面分析的水深源数据筛选。

3.7.2　水深源数据筛选

在进行步骤（4）、（5）中利用待选水深点评估拟构模型面的深度保证率合格率和深度表达度前，首先需要分析这些待选水深点数据的可靠性，排除明显不合理的水深点，筛选出其中合理、可靠的水深源数据作为模型点（或检查点）水深。

如图 3-41 所示，最优逼近海底表面为图 3-41 中点状粗线“- - -”，由于测量不确定度的存在，真实海底表面以 95% 的置信度位于图 3-41 的阴影区域 ▇ 内。对于某一水深点 i（如图 3-41 中 ● 所示），其平面位置为（x_i，y_i），深度值为 z_i，垂直不确定度为 u_i，根据最优逼近海底表面及其不确定度的表示范围，确定该点是否予以保留（或排除）的具体方法如下。

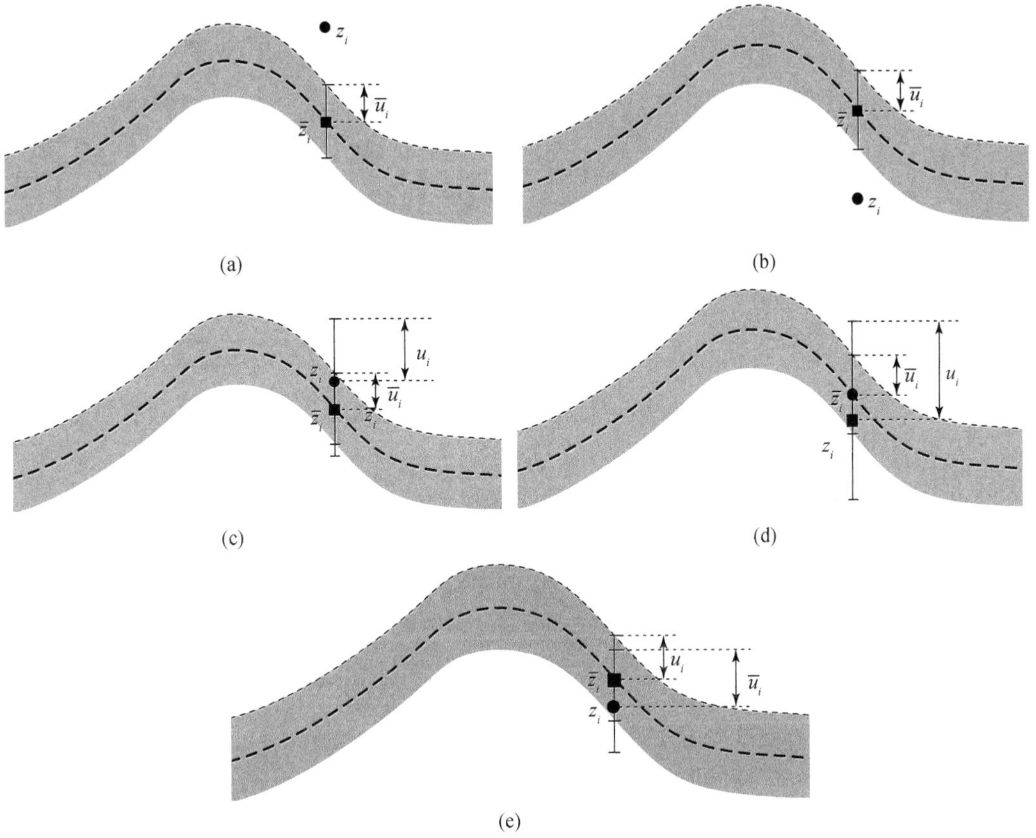

图 3-41　水深源数据在建模中的筛选

（1）采用线性内插方法，计算最优逼近海底表面在（x_i，y_i）处的水深为 $\bar{z}_i$，计算最优逼近海底表面在此处的不确定度为 $\bar{u}_i$；

（2）比较 u_i 和 $\bar{u}_i$ 大小。若 $u_i<\bar{u}_i$，则表明该水深数据质量较好，予以保留，反之进入步骤（3）；

（3）比较 z_i 与 $\bar{z}_i-\bar{u}_i$、$\bar{z}_i+\bar{u}_i$ 的大小。如图 3-41（a）、（b）所示，若 $z_i<\bar{z}_i-\bar{u}_i$ 或 $z_i>\bar{z}_i+\bar{u}_i$，则水深值 z_i 在最近逼近海底表面不确定度表征的范围［如图 3-41（a）、（b）阴影区域 ▇ 所示］以外，认为该水深质量较低且数值不合理，应予以排除（对应前述经验做法的第一类处理）；反之，则进入步骤（4）；

（4）比较 z_i-u_i 与 $\bar{z}_i-\bar{u}_i$ 的大小。若 $z_i-u_i<\bar{z}_i-\bar{u}_i$，考虑到航行安全，该水深予以保留（对应前述经验做法的第二类处理），如图 3-41（c）、（d）所示，反之，予以删除（对应

前述经验做法的第三类处理），如图 3-41（e）所示。

通过以上设计，就可以将前述经验做法规则化，并有机融入到模型面构建之中，达到了排除明显低质量数据的目的。

3.7.3　实验与分析

选取如图 3-42 所示的某试验海区，各局部区域水深数据的基本情况如表 3-15 所示，采用面控方法和面控改进方法，实现水深自动选取，计算水深成果所构航海 DDM 的深度保证率的合格率、偏深量、深度表达度和偏浅量。具体试验结果如表 3-16 所示。需要说明的是，在三块区域中，区域 1 的水深数据质量最高，区域 2 次之，区域 3 的水深数据质量最低。选取四块有多源水深数据重叠的典型区域［如图 3-42（b）所示，区域 A 为区域 1、3 的重叠区域，区域 B 为区域 2、3 的重叠区域，区域 C 为区域 1、2 的重叠区域、区域 D 为区域 1、2、3 重叠区域］进行比对试验。

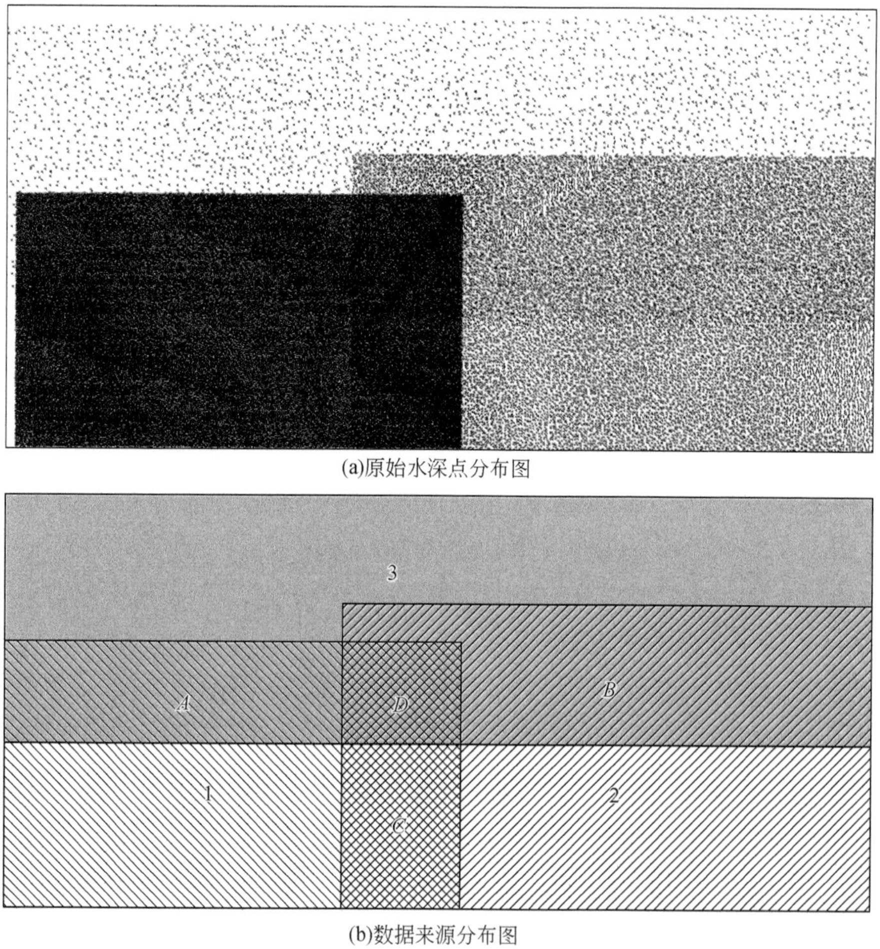

图 3-42　试验区域

表 3-15　区域水深变化信息

区域	测量时间	定位系统	测深系统	比例尺
1	2013 年	星载差分 GPS	多波束测深系统	1 : 5 000
2	2007 年	信标差分 GPS	单波束测深系统	1 : 10 000
3	1986 年	原海图数字化数据		1 : 25 000

表 3-16　航海 DDM 质量比对

试验区域	构建方法	航海安全保证质量指标		航行资源表达质量指标	
		合格率（%）	偏深量（m）	表达度（%）	偏浅量（m）
A	面控方法	100.00	—	90.06	1.49
	面控优化方法	100.00	—	93.25	1.01
B	面控方法	100.00	—	91.24	1.31
	面控优化方法	100.00	—	93.77	0.93
C	面控方法	100.00	—	93.18	1.02
	面控优化方法	100.00	—	94.03	0.90
D	面控方法	100.00	—	89.91	1.51
	面控优化方法	100.00	—	94.21	0.87

从表 3-16 可以看出，对比上述两种方法在局部区域 *A*、*B*、*C*、*D* 中航海安全保证质量，两种方法均能保证所建模型深度保证率的合格率达到规定数值 100%。然而，从图 3-42 中还可以看出，由于面控方法未考虑水深源数据中可能存在的低质量水深点，在水深建模过程中将这些数据全部混用，会使得某些数据质量明显较差的水深点被选取为模型点，这些水深点的不确定度相对较大，会在很大程度上降低模型整体的表达度。而面控优化方法考虑到数据质量存在明显差异的影响，将原始水深数据中一些不确定度较大且数值不合理的水深点予以排除，在一定程度上提高了模型的整体表达度，且不同来源数据质量差异越大（水深源数据中存在明显不合理的数据就越多），模型整体的表达度提高也就越大。

§ 3.8　面控水深自动选取的效率优化方法

3.8.1　海量水深数据自动选取优化的基本思想

与传统方法相比，本书的面控方法选取的水深结果既能保证航海安全，又能在一定程度上提高航行资源的表达程度。此外，作业效率也有了很大的提高。当前，随着多波束测深系统的推广应用，水深数据量陡然增加。从理论上讲，数据量的增加，可以提高模型的质量，但大数据量势必会增加水深选取的耗时。本节将在面控方法的基础上，围绕大数据量对建模效率影响的几个关键点进行改进，探索更为高效的面控水深自动选取优化方案。其优化的基本思想如下。

（1）通过建立原始水深点的数据动态索引，提高水深点搜索的效率；

（2）在评估三角形的权重的基础上，优先处理三角网建模区域内深度保证率不合格的、深度表达度明显较低的、区域面积偏大的三角形，优化水深点的选取顺序，提高建模效率；

（3）建立三角形权重链表及动态更新的机制，改变面控方法中每插入一个水深点后需重新遍历分析所有三角形的做法，仅对局部影响域内的三角形重新分析，并对应链表中的数据信息进行动态更新。

3.8.2　基于二维矩阵的水深点位置动态索引

在面控水深选取方法的基本步骤（5）中，需要遍历所有的待选水深点，计算这些水深点到三角形外接圆圆心的距离，并与外接圆半径相比较，来判断各水深点是否位于三角形的外接圆域内。实际上，一些距离圆心较远的水深点，并不需要采用距离分析的方法，可通过建立水深数据点的位置索引，将这些距离较远的水深点直接排除。水深点位置索引的具体方法如下。

1. 建立水深点数据的二维矩阵动态索引

如图 3-43 所示，将离散水深点数据按平面位置划分在 $M\times N$ 的二维矩阵区域内，建立一个二维矩阵 $\underset{M\times N}{B}$。二维矩阵 $\underset{M\times N}{B}$ 中第 $i(i=1, 2, \cdots, M)$ 行、第 $j(j=1, 2, \cdots, N)$ 列的元素 b_{ij} 表示位于图 3-43 中对应区域内的第一个离散水深点点号。矩阵中各方格区域的长 *Length*、宽 *Width* 分别为

$$
\begin{aligned}
Length &= (X_{\max}-X_{\min})/M \\
Width &= (Y_{\max}-Y_{\min})/N
\end{aligned}
\tag{3-53}
$$

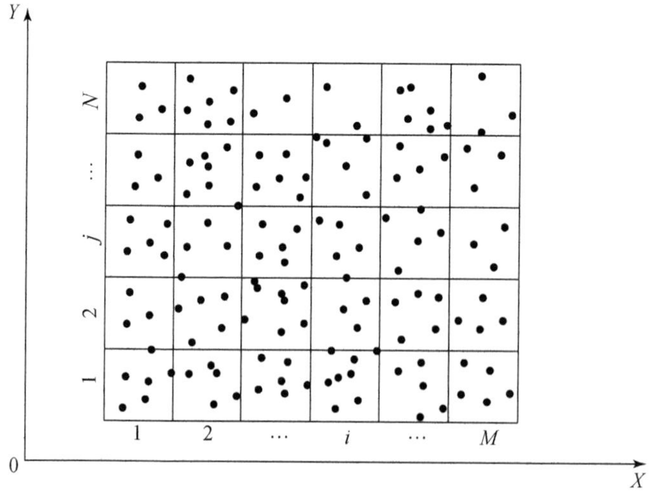

图 3-43　离散点数据的二维矩阵索引

式（3-53）中，X_{min}、X_{max}、Y_{min}和 Y_{max}依次表示建模区域 X 轴的最小值和最大值、Y 轴的最小值和最大值。

则某离散水深点［平面位置为（x，y）］落入对应矩阵方格的计算公式为

$$\begin{aligned} Row &= (x - X_{min}) / Length \\ Col &= (y - Y_{min}) / Width \end{aligned} \tag{3-54}$$

式（3-54）中，Row、Col 表示对应二维矩阵的行列号。

2. 建立动态索引数据链

每个方格中存储的是落入该网格区域的第一个水深点，该水深点的尾部指针指向下一个落入该方格区域的水深点，依次类推，采用链表的数据结构组织落入该方格区域的水深点。这样，就给离散的水深数据点建立了数据索引，如图 3-44 所示。

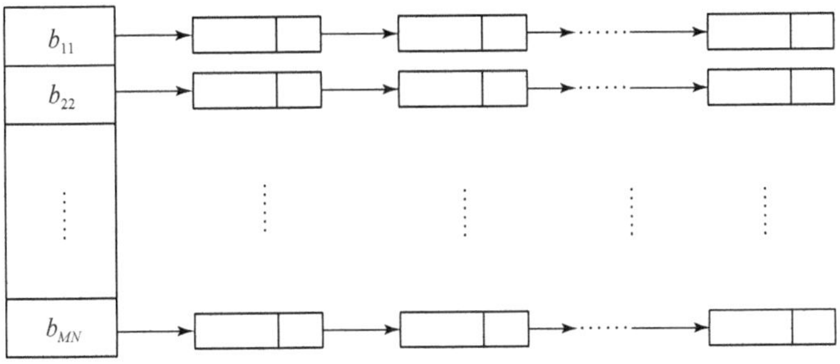

图 3-44　索引数据链

通过这一索引数据链，可以建立起离散水深点数据间的空间映射关系。如图 3-45 所示，要搜索出全部位于某三角形△ABC 外接圆圆域内的水深点数据，可首先确定出与该外接圆圆域相交的方块区域，然后只需分析这些方格区域是否位于△ABC 外接圆圆域内，对于其他方格区域内的水深点数据可直接排除，从而提高水深点的搜索效率。

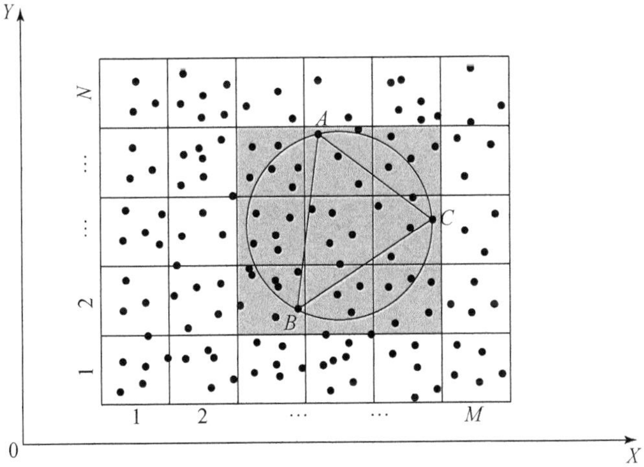

图 3-45　水深点快速搜索

3.8.3　基于权重的三角形处理顺序确定

在所提面控方法中，每当分析到一个质量不符合要求（深度保证率未达到规定数值或深度表达度偏低）的三角形时，就会开始对该三角形进行处理（即选取一个水深点，插入原三角网中）。事实上，在水深建模初期，三角网内可能会存在许多个不符合要求的三角形，此时应重视对这些三角形处理的先后顺序。处理顺序的确定应综合考虑三角形面积的大小、三角形质量与指标差距等各方面因素。综合分析这些因素，对于水深三角网中的各三角形，处理的优先级顺序如下。

（1）深度保证率未达标的三角网优先于其他三角形处理；

（2）对于深度保证率均已达标（或均未达标）的三角形$\triangle_1$、$\triangle_2$、$\cdots\triangle_n$，应综合考虑这些三角形的面积大小和深度表达度数值，确定出优先处理的三角形，也就是说，深度表达度越低、三角形面积越大，对该三角形进行处理的优先级就越高。

综合上述分析，为便于计算机自动处理，通过给各三角形计算权重，并依照权重大小，确定三角形处理的先后顺序。

对于三角网内某个三角形i，采用式（3-55）给该三角形计算权重

$$p_i = \gamma_i + \frac{S_i}{S_{总}} \cdot \eta_i \tag{3-55}$$

式（3-55）中，p_i表示三角形i的权重；γ_i表示三角形的航海安全质量是否达标，达标则$\gamma_i=0$，反之则$\gamma_i=1$；S_i表示三角形i的面积；$S_{总}$表示建模区域总面积；η_i表示三角形的表达度。

从式（3-55）可以看出，等式右边第一项γ_i的取值非0即1，第二项取值范围在0～1之间。因此，深度保证率不达标的三角形要优先于深度保证率达标的三角形处理；若两个三角形的深度保证率均达标（或均不达标时），此时应优先处理三角形面积大、深度表达度偏低的三角形，算法会综合考虑上述两项因素，通过等式右边的第二项确定其处理顺序。

3.8.4　三角形权重链表的建立与动态更新

在面控方法的步骤（3）～（5）中，每当新插入一个水深点后，需重新分析并计算出模型在各三角网内的深度保证率、合格率和表达度。事实上，当在原三角网内新插入一个水深点后，原三角网内多数三角形的这些信息并未发生变化，仅是插入点所在影响域内三角形的这些信息发生了改变，这种每插入一个水深点就要重复计算所有三角形信息的方式，会极大地降低整体水深建模的效率。因此，本节提出一种动态更新三角形信息的方式，即采用链表的数据结构来组织三角网中各三角形的信息，并对三角形信息的数据链表进行动态更新（当新插入一个水深点后，仅对影响域内的三角形信息进行动态更新），来进一步提高水深建模的效率。如图3-46所示，具体的处理方法如下。

（1）完成初始三角网的构建后后，采用式（3-55）计算出其中每一个三角形的权重

值，并按权重由大到小的顺序排序，建立其初始的三角形权重链表；

（2）提取出链表中第一个三角形，分析模型在该三角形内的深度保证率和深度表达度是否符合要求。若不符合，则进入步骤（3）；反之，则将该三角形在三角形链表中删除，进入步骤（4）；

（3）采用面控方法，从该三角形的外接圆域内选取出一个合适的水深点，插入原三角网中，并重新计算局部影响域内三角形的权重信息，更新三角形链表中对应的三角形权重信息；

（4）循环步骤（2）、（3），直至三角形链表为空（即模型在所有三角形内的深度保证率和深度表达度均达到要求）为止。

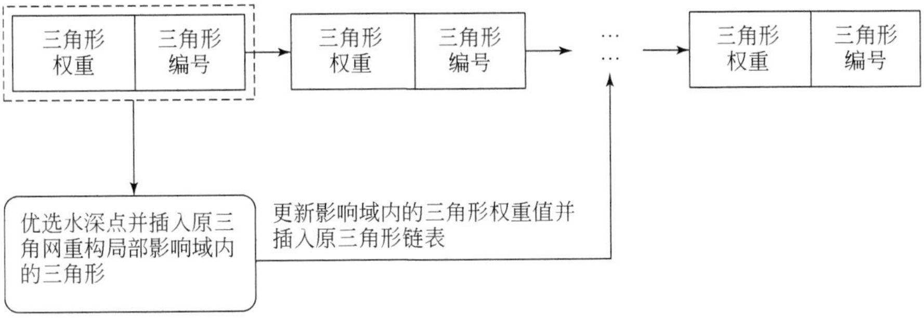

图 3-46　三角形权重链表的建立与更新

3.8.5　实验与分析

选取三块典型区域，使用 CPU 主频 2.66GHz、内存 2GB 的计算机，进行试验比对分析。采用面控方法和优化的面控方法进行水深选取。计算水深选取结果的深度保证率及其合格率、偏深量、深度表达度和偏浅量。具体的试验结果如表 3-17 所示。

表 3-17　水深漏浅情况比对

试验区域	面控方法	优化的面控方法
a	不漏浅	不漏浅
b	不漏浅	不漏浅
c	不漏浅	不漏浅

从表 3-17 中可以看出，两种方法选取水深结果均不存在水深漏浅的情况，能够达到航海安全保证的规定要求。

进一步比较两种方法在上述三块典型区域内完成水深建模的耗时，具体结果如表 3-18、图 3-47 所示。

表 3-18　建模效率比对

试验区域	原始水深点个数	面控方法（s）	优化面控方法（s）
a	1408910	6971.0	608.1
b	1611026	8747.5	529.1
c	659383	5792.8	343.6

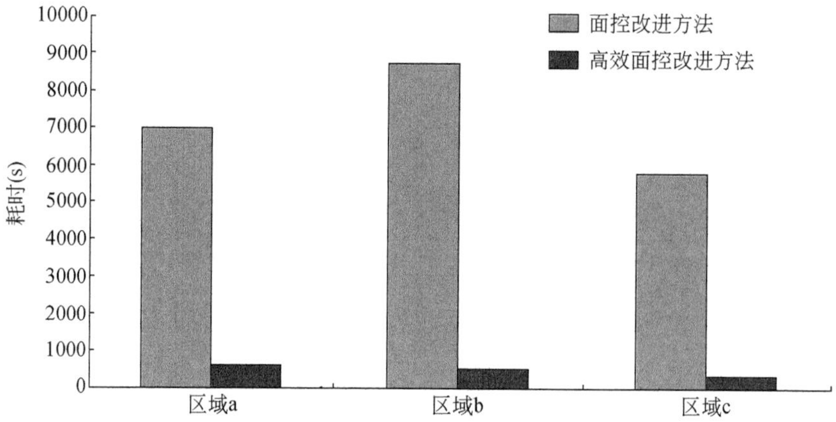

图 3-47　建模耗时对比

从表 3-18、图 3-47 中可以看出，与面控方法相比，优化面控方法通过二维矩阵分块索引数据、评估三角形权重优化处理顺序优化、动态更新局部影响域建模信息三种方式，大幅提高了水深自动选取的效率。

通过分析、计算及试验比对，得结论如下。

（1）优化面控方法与面控方法相比，选取水深结果的质量差别不大，都可以确保水深选取结果达到航海安全保证的规定数值。

（2）与面控方法相比，优化面控方法大幅度地提高了水深自动选取的效率。

第4章 等深线的自动化简

在航海图上，通常采用等深线与水深注记一起来表示海底地貌，虽然等深浅是一种辅助手段，但因其在表示海底地貌上具有更加直观、形象、清晰的特点，因此在航海图上，合理而准确地表示等深线十分重要。航海图上等深线的制图综合是否合理，对保证舰船的航行安全、充分反映海底地貌、显示航道的通航能力均具有非常重要的意义。

§4.1 等深线综合的基础理论

4.1.1 等深线的概念及表示

1. 等深线的概念

等深线（Depth Contour），是指从理论深度基准面起算的海底深度相等的各点连线，即通过同值水深点的封闭曲线（王厚祥和李进杰，1999；张立华等，2017；张立华等，2019）。航海图上，等深线通常包括基本等深线、辅助等深线和不精确等深线等类型。

1）基本等深线

基本等深线是指在某一种比例尺海图上，《规范》中所规定的必须绘出的等深线。各种比例尺海图的基本等深线为：0、2、5、10、20、30、50、100、200、500、1000、2000m 等。

一般情况下通过这些基本等深线的勾绘，可以反映出海底地貌的整体形态特征，并满足为航海提供服务的需要。当基本等深线不能完整地显示特殊的海底地貌时，可采用任意深度的等深线，主要有辅助等深线和不精确等深线两种。

2）辅助等深线

有些海区的海底地貌比较复杂，特别是航道的水深比较特殊，仅仅依靠基本等深线难以将海底地貌的形态特征显示出来，无法满足航海的需要，这时就需要根据实际情况再加绘一条能尽可能反映海底地貌形态特征或者显示航道通航能力的等深线，这种等深线就叫做辅助等深线。它通常绘于航道、河口、浅滩、岛礁区以及水深急剧增加的海区等处。

3）不精确等深线

由于制图资料上未勾绘出等深线，并且缺乏足够的水深资料，根据制图人员的分析判断而勾绘的一类等深线，就是不精确等深线。这种等深线的精确性差，只能供用图人员参考使用，通常是出现在一些岛屿的周围，由于缺乏详细的水深资料，只能勾绘这种不精确的等深线。

2. 等深线的表示方法

作为一种线状要素，等深线的表示形式通常有两种：点线相间符号和实线符号。

1）点线相间符号

点线相间符号是指用点线符号表示的等深线。其基本原理是用不同的点线组合来表示等深线所代表的不同深度（图 4-1）。这种符号的优点是形象直观、容易判读。缺点是绘画较难、费事费力、影响制图进度；当海底地貌变化复杂，等深线相互交错时不易判定等深线的走向；当用很短一段等深线表示微地貌时，往往难以明确该地貌的范围。此外，由于某一深度的等深线是由不同的点线组合表示的并且点线的组合方式有限，可以被表示出的等深线数量有限，通常只能用于像航海图这样的等深线较少的海图。

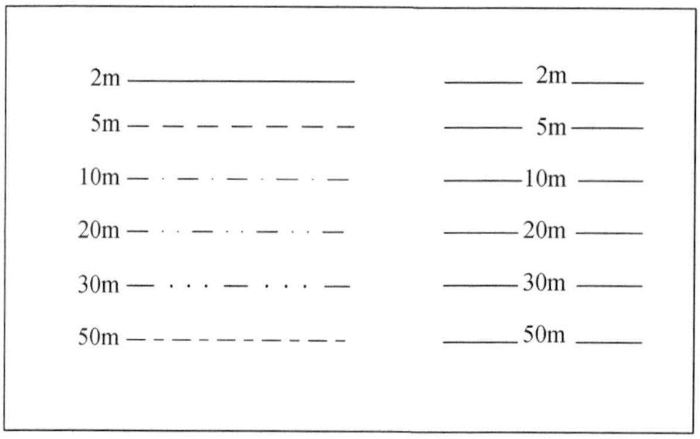

图 4-1　等深线符号表示

2）实线符号

即用实线符号表示的等深线，它是用一条实线再加注相应的深度注记的形式表示的等深线（图 4-1）。它的优点是绘画简单，更便于刻绘；能够更加精确地表示一些微小地貌。缺点是不够直观，不易判读，特别是离深度注记比较远或没有加注深度注记的等深线区域更难以判读。但这种方法目前仍被世界上许多国家所采用，并且随着计算机以及自动制图技术的实现，这种方法的应用范围有进一步扩大的趋势。

除了上述两种等深线的表示方法之外，在某些专题地图上还有其他等深线的表示方法，如粗细等深线、明暗等深线等，其基本原理也都是以实线符号为基础的。

4.1.2　航海图等深线化简的基本准则与方法

航海图等深线的制图综合，主要内容是等深线的化简。此外，等深线的综合还有取舍和合并，本书中不系统介绍。

1. 航海图等深线化简的基本准则

为了更加合理地显示海底地貌的形态特征，协调等深线与其他海图各要素之间的关系，保持海图的清晰易读性，提高海图的使用价值，必须对等深线进行化简。

根据国内外相关文献和规定（温连发，2016；张立华等，2019；Miao，2014；Peters，2012），可将航海图等深线化简需要遵守的准则归纳为如下三个方面。

（1）航海安全性准则，即在航海图等深线的化简过程中，为了保持图面的清晰度需要将等深线上的细小弯曲删除，但仍需能够保证舰船的安全航行。这时可以将凹入浅水区的小弯曲拉直，使得化简后的等深线向深于它的区域扩展，但对于凸向深水区的小弯曲则要选择保留，在必要情况下也可将其向深水区扩大，以避免等深线化简中将原来的浅水区划入深水区而留下影响舰船安全航行的隐患，这个方法简称“扩浅缩深”。如图 4-2 中所示，a 区域内凹入浅水区的小弯曲（如图 4-2 中——所示）被拉直，而凸入深水区的小弯曲（如图 4-2 中——所示）被扩大；d 区域中凹入浅水区的小弯曲（如图 4-2 中……所示）被拉直，而凸入深水区的小弯曲（如图 4-2 中……所示）被保留。

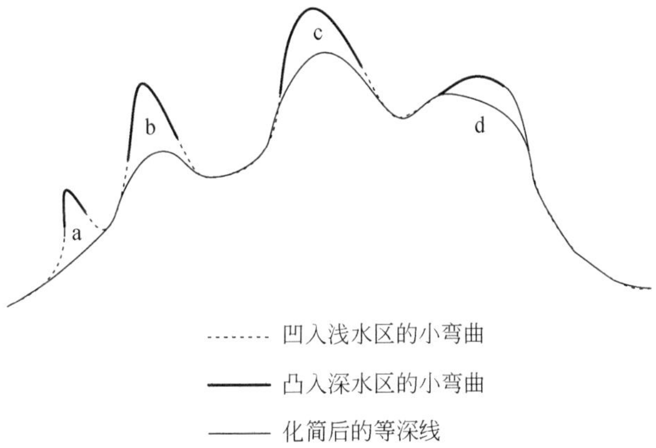

图 4-2　航海图等深线的安全性

（2）航行资源利用准则，即在航海图等深线的化简过程中，不能过度地将等深线向深水区方向拓展，造成大片深水区在化简后变成浅水区，从而导致航行资源利用率过低。如图 4-2 所示，应适当减少化简前后等深线所围的区域的面积。

（3）平滑性准则，即在保证化简后的等深线遵守航海安全性准则和航行资源利用准则的前提下，在制图精度允许的范围内，使得化简后的等深线尽可能地平直圆滑。

2. 航海图等深线化简的基本方法

航海图等深线的形状化简，实际上是对海底地貌形态的概括。因此，在对航海图等深线的形状进行化简时，必须要准确合理，充分反映海底地貌的基本走势，并能够为舰船的安全航行提供保障。航海图等深线化简的基本方法是“扩浅缩深”。

当海图比例尺缩小后，为了保持航海图图面的清晰性，保证航海人员能够有效识图用图，有必要删除等深线上的细小弯曲。当然，为了保证舰船的航行安全，删除弯曲时必须遵守“扩浅缩深”的基本原则，即将凹入浅水区的小弯曲拉直，保留甚至扩大凸入深水区的小弯曲，这样就使得化简后的等深线向深水区扩展，同时避免等深线化简过程中将原来的浅水区划入深水区。

在图 4-3 中，(a) 图严格遵循“扩浅缩深”的原则化简等深线，是正确合理的化简；(b) 图错误地按“扩深缩浅”的原则化简，是不合理的；而 (c) 图则试图按照保持深水区与浅水区面积相等的方法，化简时将等深线从凹入部和凸出部的中间穿过，也是不合理的。

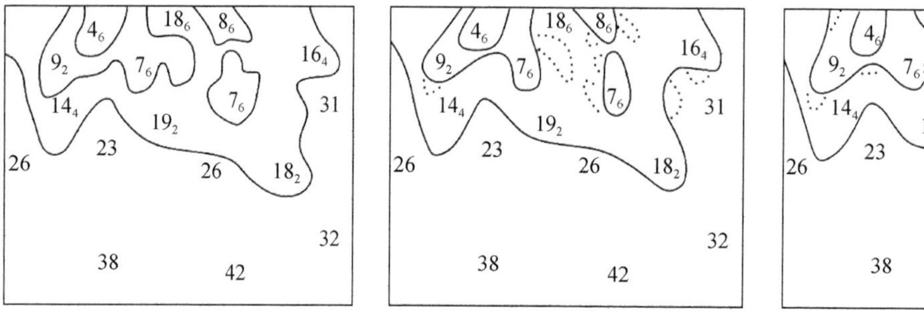

(a)合理　　(b)不合理　　(c)不合理

图 4-3　删除等深线的细小弯曲

4.1.3　数字化环境下等深线化简的实现

1. 等深线的人工交互式化简

数字化环境下，等深线的人工交互式化简的主要流程如下（图 4-4）：①在海图制图软件中打开新编海图并读入海图等深线节点的平面坐标数据，并将海图等深线显示在屏幕上；②根据等深线化简的基本准则与方法，利用鼠标对等深线进行化简；③制图人员利用自己的经验判断化简后等深线质量是否符合要求；④输出化简后的等深线。

2. 等深线的自动化简

数字化环境下，等深线的自动化简的主要流程设计如下（图 4-5）：首先，在海图编辑系统中打开新编海图并读入资料海图等深线节点的平面坐标数据；然后，将等深线相关数据导入自动化简模块的等深线自动化简算子，通过自动化简算子计算等深线节点的新的平面位置；最后，输出等深线自动化简的结果。

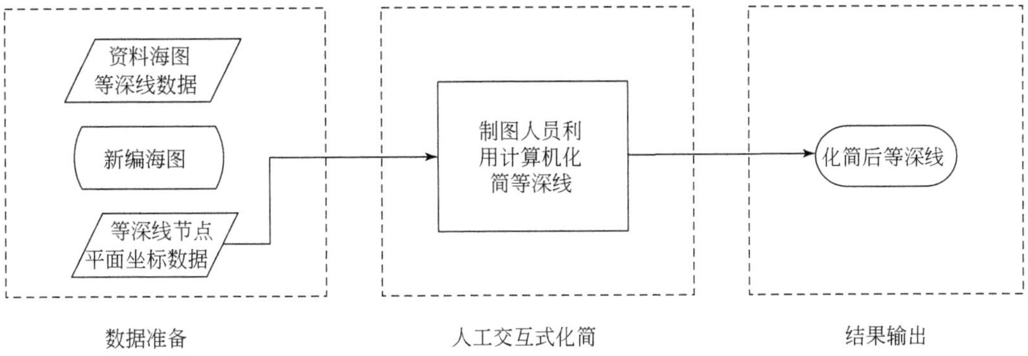

图 4-4　等深线的人工交互式化简的主要流程图

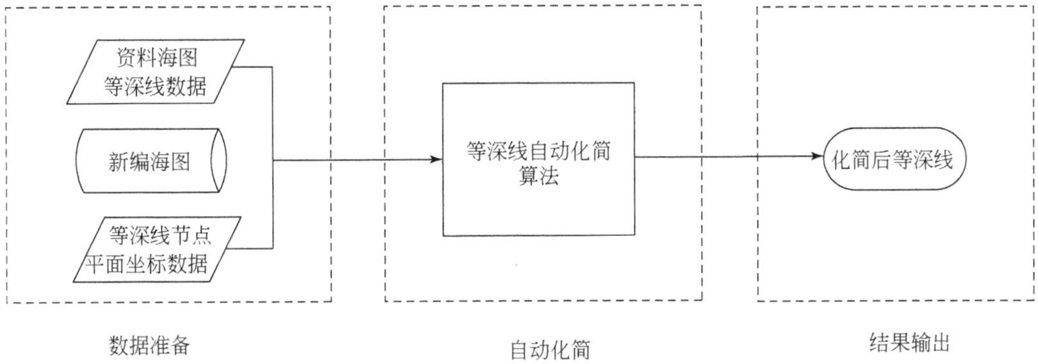

图 4-5　等深线化简的计算机实现主要流程图

§ 4.2　航海图等深线化简质量的定量评估指标与方法

长期以来，对航海图等深线化简质量的分析评估，主要依赖于海图制图人员的主观判断和经验分析，这在手工作业时代为等深线化简工作的完成做出了重要贡献，但也制约了等深线自动化简的实现。随着数字化制图技术的不断发展，Douglas–Peucker 等一些经典算法被应用于等高线的化简，面积差、保留的转角度数等指标也被用来评估化简效果（武芳等 2009；杨祖桥等，2013；Douglas and Poucker，1973）。但与等高线主要用于准确表达地形地貌有很大不同，航海图等深线的化简首先要通过“扩浅缩深”来保证航海安全性，另外也不能将大片深水区划入浅水区，这些更复杂、特定的要求，使得专门针对航海图等深线自动化简的技术方法也在不断地被探索和发展（朱鲲鹏等，2007a，2007b；刘鹏程等，2012；郭庆胜，2007），但对于如何评估等深线化简的质量，目前仍然在沿袭手工时代的经验做法，并无定量化评估的标准，这既与当前信息化海图制图的整体需求相差甚远，也严重制约着等深线自动化简技术真正走向成熟及实用化。

4.2.1　航海图等深线安全性的评估指标与方法

1. 航海安全性指标的定义

等深线服务于航海的首要前提是保证舰船航行安全。很多文献虽然都强调了化简后的等深线要满足保证舰船航行安全的要求（王厚祥和李进杰，1999；张立华等，2017），但并未给出描述化简后等深线安全程度的明确概念以及具体方法，更未提出定量描述化简后等深线的安全程度的指标。为了能够定量描述化简后等深线的安全程度，弥补前人研究的不足，本书将构建化简后等深线的扩深长度百分比、平均扩深距离等指标来评估等深线的安全程度。

1）扩深长度及其百分比

如图 4-6 所示，海区某等深线（如图 4-6 中的——所示）化简后，有一部分位于化简前等深线的浅水区（如图 4-6 中的……所示），从而将原来的浅水区变为了深水区（如图 4-6 中的▩所示），这不符合前文所述等深线化简的航海安全性准则。我们将这种扩大了深水区且不符合航海安全性准则的等深线区段简称为扩深区段。将位于扩深区段的化简后等深线长度简称为扩深长度。相反地，等深线化简后位于化简前等深线深水区的部分（如图 4-6 中的……所示）以及化简前后位置保持不变的部分（如图 4-6 中的——所示），则为符合等深线化简安全性准则的区段。我们将这种未扩大深水区且符合安全性准则的化简后等深线区段简称为非扩深区段。将位于化简后等深线的非扩深区段长度简称为非扩深长度。扩深长度百分比则是指化简后等深线的扩深长度占化简后等深线总长度（包括扩深长度与非扩深长度）的百分比。

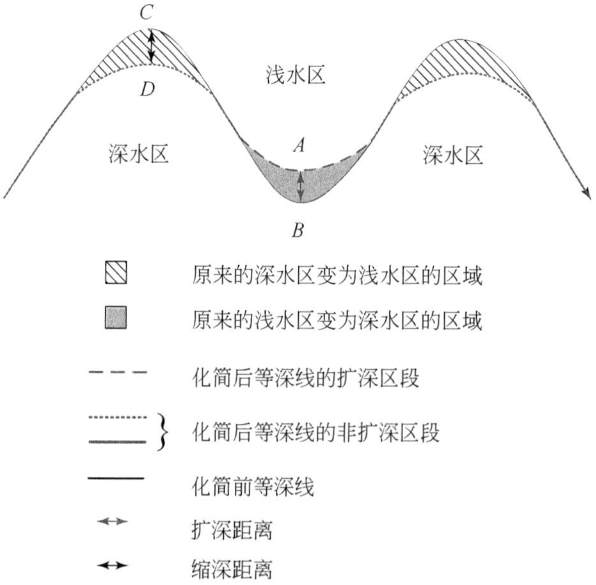

图 4-6　化简前后等深线示意图

2）平均扩深距离

当然，仅靠扩深长度及其百分比来反映某条等深线化简的航海安全性仍存在较大的局限性，因为化简后等深线的扩深长度及其百分比只是沿等深线方向上反映出了扩深部分所占的比重，并未反映出垂直等深线方向上深水区扩大的程度。为了弥补扩深长度这一指标的不足，我们进一步定义扩深距离。扩深距离是等深线扩深区段上某点化简前后位置之间的二维距离（如图 4-6 中的 AB 之间的↔所示）。平均扩深距离是指化简后等深线扩深区段上的二维点的扩深距离的平均值。为了简化计算，我们将扩深面积与扩深长度的比值作为扩深平均位移距离的取值。其中，扩深面积指的是由原来浅水区变为深水区的区域（如图 4-6中的▨所示）的面积。

2. 安全性指标的评估方法

1）扩深长度百分比的评估方法

根据前文对扩深长度与非扩深长度的定义，便可得到等深线扩深长度百分比 ω 的计算公式：

$$\omega = \frac{l_S}{l} \times 100\% = \frac{\sum_{i=1}^{m} l_i}{\sum_{i=1}^{n} l_i} \times 100\% \tag{4-1}$$

式（4-1）中，l_S 表示化简后等深线的扩深长度；l 表示化简后等深线的总长度；l_i 表示某个扩深或非扩深区段的长度；m 表示化简后等深线扩深区段的总数；n 表示化简后等深线所有区段的总数。

2）平均扩深距离的评估方法

根据平均扩深距离的定义及其简化计算方法，可得其计算公式：

$$\bar{d}_e = \frac{A}{l} = \frac{\sum_{i=1}^{m} A_i}{\sum_{i=1}^{m} l_i} \tag{4-2}$$

式（4-2）中，$\bar{d}_e$ 表示平均扩深距离；A 表示扩深面积；l 表示扩深长度；A_i 表示化简前后等深线所围某个扩深区域的面积；m 表示化简前后等深线所围扩深区域的总数；l_i 表示化简后等深线某个扩深区段的长度。

4.2.2　航海图等深线航行资源表达的评估指标与方法

1. 航行资源表达指标的定义

1）缩深面积百分比的定义

在遵守等深线化简航海安全性准则的同时，化简后的等深线还要尽可能地将航海图上可利用的航行资源（区域）表达出来，即应使得化简后等深线所示的深水区尽可能地接近化简前等深线所示的深水区，尽可能地减小如图 4-6 中（▧）所示深水区变为浅水区的区域。本书将用海图上等深线所围深水区面积变化的幅度作为航行资源表达的评估指标，用缩深面积百分比表示。缩深面积百分比指的是化简前等深线所围深水区面积和化简后等深线所围深水区面积（不包括由原浅水区变为深水区区域的面积）之差与化简前等深线所围深水区面积的百分比。

2）平均缩深距离的定义

当然，仅仅依靠缩深面积百分比来反映化简后等深线航行资源利用程度还存在一定的局限性，因为化简后等深线的缩深面积百分比只反映了等深线化简前后深水区面积的整体变化程度，而未考虑化简后等深线向原深水区移位的情况。为了弥补缩深面积百分比的不足，参照前文中对扩深距离的定义，本书进一步定义缩深距离。缩深距离是等深线缩深区段（如图 4-6 中“……”所示）上某点化简前后位置之间的二维距离（如图 4-6 中的 *CD* 之间的↔所示）。平均缩深距离是指化简前后等深线缩深区段上二维点缩深距离的平均值。为了简化计算，我们将缩深面积与缩深区段长度的比值作为平均缩深距离取值。其中，缩深面积指的是由原深水区变为浅水区区域（如图 4-6 中的▧所示）的面积。

2. 航行资源表达指标的评估方法

1）缩深面积百分比的评估方法

根据缩深面积百分比的定义，便可得到其计算公式：

$$\eta=\frac{A'-A}{A'}\times 100\% \tag{4-3}$$

式（4-3）中，η 表示化简后等深线的缩深面积百分比，A 表示化简后等深线所围的深水区面积，A'表示化简前等深线所围的深水区面积。

实际中，我们还需注意非闭合等深线与闭合等深线所围深水区面积计算方法的差异，具体处理过程如下所示。

（1）闭合等深线化简前后的深水区面积

如图 4-7（a）所示，当化简前等深线为闭合等深线并且该等深线所围的区域为深水区时，该等深线对应的化简后等深线应在原等深线所围区域内，其化简前等深线的深水区面积是指化简前所围区域［如图 4-7（a）中□］面积，其化简后等深线的深水区面积是指化简后所围区域面积。当化简前等深线为闭合等深线并且该等深线所围区域为浅水区时，那么该等深线对应的化简后等深线应在原等深线所围区域之外，其化简前的深水区面积是指航海图面积减去其化简前所围区域［如图 4-7（b）中□］面积，其化简后的深水区面积是指航海图面积减去其化简后所围区域面积。

（2）非闭合等深线化简前后的深水区面积

如图 4-8 所示，对于给定的非闭合等深线，其化简前深水区面积是指其化简前等深浅将航海图所分两区域中水深较深区域的面积，其化简后深水区面积是指其化简后等深浅将航海图所分两区域中水深较深区域的面积。

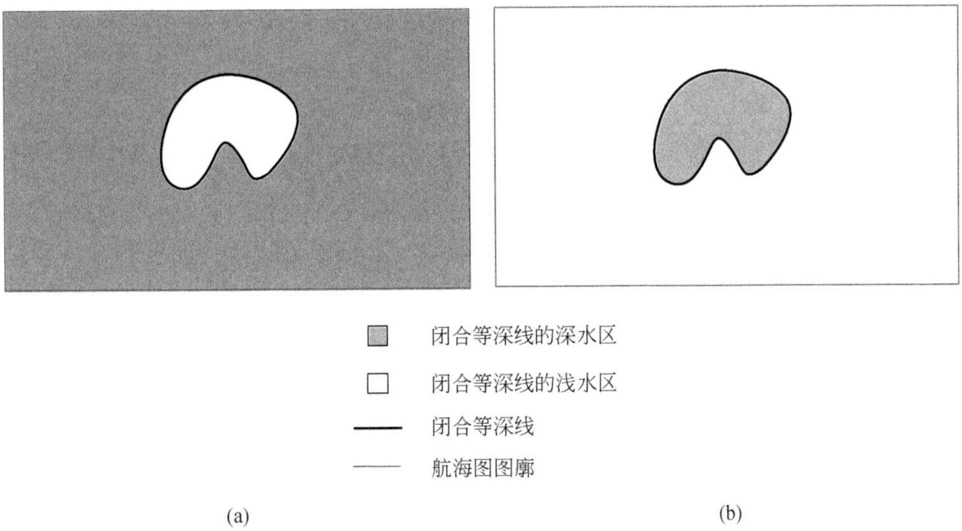

图 4-7　闭合等深线的深水区示意图

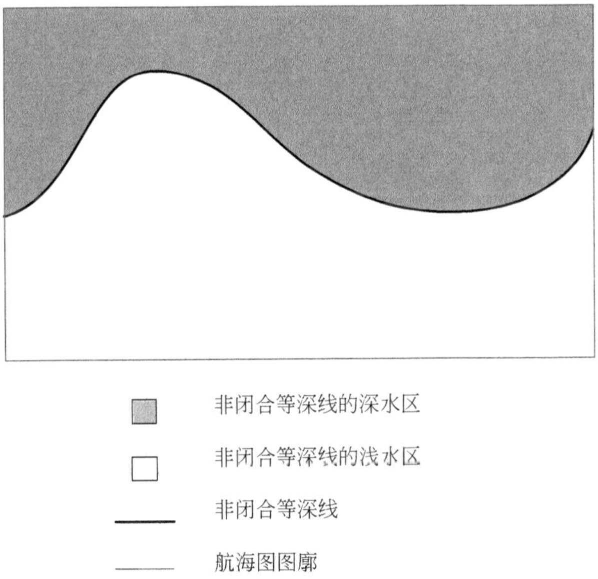

图 4-8　非闭合等深线的深水区示意图

2）平均缩深距离的评估方法

根据平均缩深距离的定义及其简化计算方法，可得其计算公式：

$$\overline{d_s} = \frac{B}{s} = \frac{\sum_{i=1}^{m} B_i}{\sum_{i=1}^{m} s_i} \tag{4-4}$$

式（4-4）中，$\overline{d_s}$ 表示平均缩深距离，B 表示化简前后等深线之间的缩深面积，s 表示化简后等深线的缩深长度，B_i 表示化简前后等深线所围某个缩深区域的面积，m 表示化简前后等深线所围缩深区域的总数，s_i 表示化简后等深线某个缩深区段的长度。其中，缩深面积的计算方法在上文中已经提及，这里不再赘述。

4.2.3　航海图等深线平滑性的评估指标与方法

1. 平滑性指标的定义

在等深线化简过程中，不仅要确保遵守航海安全性准则和航行资源利用准则，而且还要尽可能遵守平滑性准则，即尽可能使化简后的等深线平缓圆滑。本书拟采用等深线的弯曲度和光滑离差来评估其平滑性。

1）等深线的弯曲度

如图 4-9 所示，假设某等深线是由一组二维点 P_1、P_2、…、P_n 组成，以其中的三点 P_{i-1}、P_i、P_{i+1} 为例进行分析，线段 $P_{i-1}P_i$ 与 P_iP_{i+1} 的夹角为 α。参照曲线曲率定义采用线段长度近似替代弧长。因此，本书将折线段 $P_{i-1}P_iP_{i+1}$ 的弯曲度定义为线段 $P_{i-1}P_i$ 与 P_iP_{i+1} 的夹角和点 P_{i-1} 与 P_{i+1} 之间图上距离的比值。根据折线段弯曲度的定义，我们可以将某段或整条等深线的平均弯曲度定义为该段或该条等深线所有折线段弯曲度的平均值。

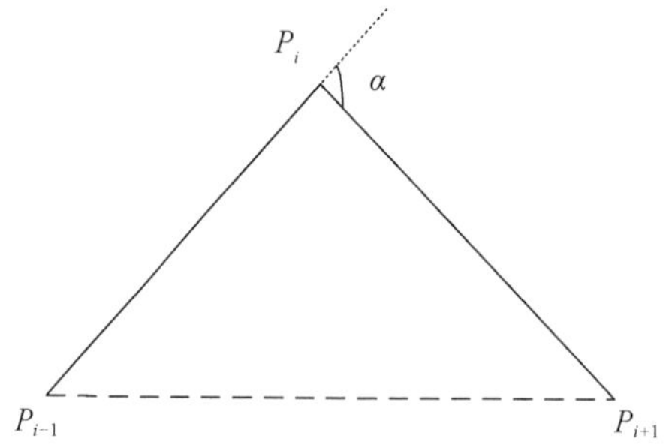

图 4-9　等深线弯曲度示意图

2）等深线的光滑离差

如图 4-10 所示，借鉴相关文献中二次 B 样条曲线具有最优拟合精度这一结论（许恺，1996），采用二次 B 样条曲线拟合方法对某折线段 $P_{i-1}P_iP_{i+1}$ 进行曲线拟合，拟合的曲线为 ADB（如图 4-10 中……所示），线段 CD 是点 P_i 到曲线 ADB 的最短距离。我们将折线段 $P_{i-1}P_iP_{i+1}$ 上点 P_i 到该折线段的二次 B 样条拟合曲线之间的最短距离定义为等深线的光滑离差。同样，根据折线段光滑离差的定义，我们可以将某段或整条等深线的平均光滑离差定义为该段或该条等深线所有折线段光滑离差的平均值。

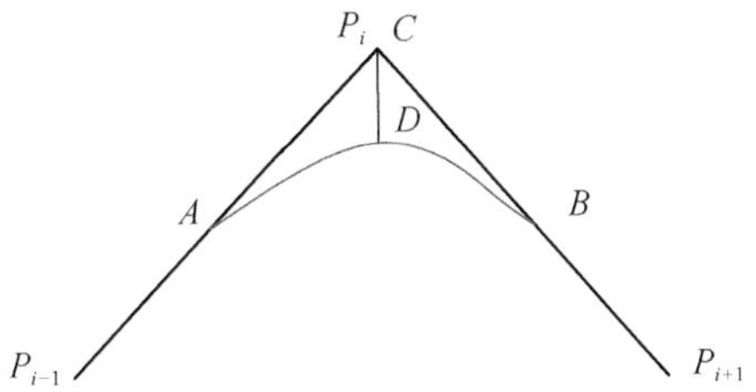

图4-10　等深线的光滑离差示意图

3）等深线段的弦距

如图4-11所示，等深线是由一系列二维点 p_1、p_2、…、p_{11} 依次连接而成的连续折线段。如图4-12所示，点 p_{i-1}、p_i、p_{i+1} 为等深线的节点，过这三个点作圆，并记该圆的圆心为点 O，过圆心 O 作线段 $p_{i-1}p_i$ 的垂线交线段 $p_{i-1}p_i$ 于点 B 并将其延长交圆弧 $p_{i-1}p_i$ 于点 A，同样，过圆心 O 作线段 p_ip_{i+1} 的垂线交线段 p_ip_{i+1} 于点 D 并将其延长交圆弧 p_ip_{i+1} 于点 C。通过观察图4-12，我们可以发现：当线段 AB、CD 的长度逐渐变短时，那么线段 $p_{i-1}p_i$ 会逐渐接近圆弧 $p_{i-1}p_i$，线段 p_ip_{i+1} 会逐渐接近圆弧 p_ip_{i+1}，直至它们完全重合为止。在这个过程当中，折线段 $p_{i-1}p_ip_{i+1}$ 的弯曲度逐渐减小而平滑度会逐渐增大，直至最后变为平滑曲线。由此可以发现：折线段的平滑性与等深线段的弦距有关。因此，本书将等深线的最大弦距定义为所有等深线段弦距的最大值，用以表示等深线的局部平滑性。为了更好地体现等深线的整体平滑性，本书将等深线的平均弦距定义为所有等深线段弦距的平均值。

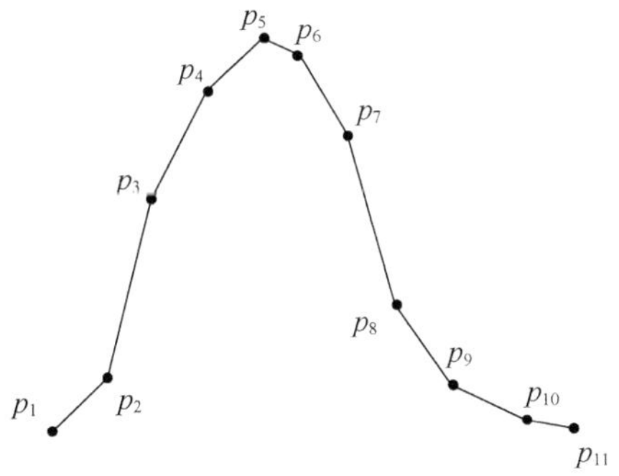

图4-11　等深线的二维点

4）等深线的相邻节点三角形的定义

如图4-13所示，点 p_{i-1}、p_i、p_{i+1} 为等深线的节点，将这三点依次连接便得到三角形 $\Delta p_{i-1}p_ip_{i+1}$，本书将其定义为等深线的相邻节点三角形（如图中▒所示）。我们对等深线的

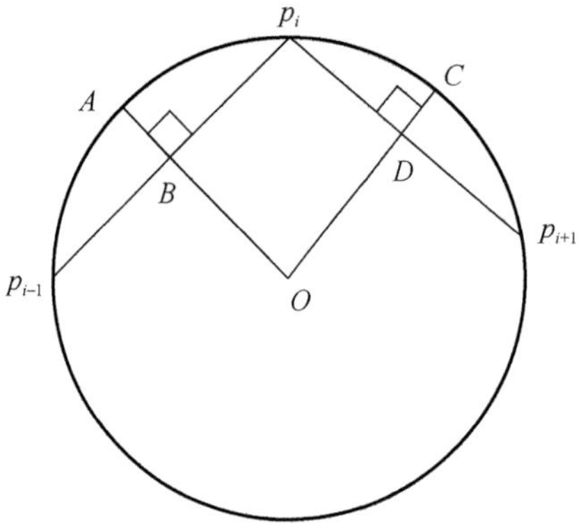

图 4-12　等深线的弦距示意图

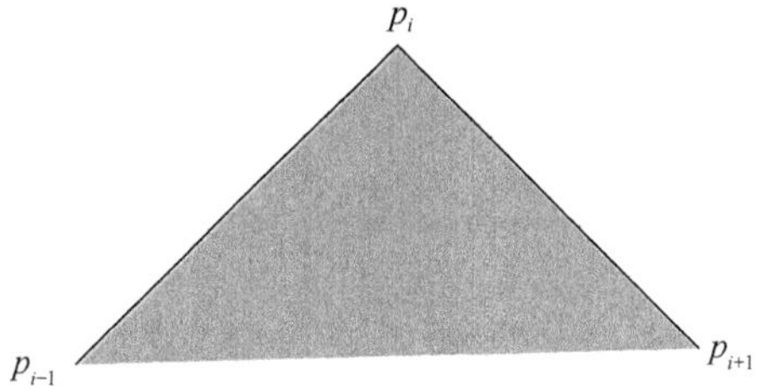

图 4-13　等深线的相邻节点三角形示意图

相邻节点三角形进行如下分析：当相邻节点三角形的面积减小时，相邻节点三角形会变得更加扁平，平滑性会随之变好；相邻节点三角形的面积增大时，相邻节点三角形会变得更高，平滑性会随之变差（朱强等，2014）。由此可以发现：等深线的平滑性与相邻节点三角形的面积有关。因此，本书将等深线最大相邻节点三角形面积定义为所有等深线相邻节点三角形面积的最大值，用以表示等深线的局部平滑性。为了更好地体现等深线的整体平滑性，本书将等深线的平均相邻节点三角形面积定义为所有等深线的相邻节点三角形面积的最大值。

2. 平滑性指标评估方法

1）等深线弯曲度评估方法

根据折线段 $P_{i-1}P_iP_{i+1}$ 弯曲度 ξ_i 的定义，我们可以得到其计算公式：

$$\xi_i = \frac{\alpha_i}{l_i} \tag{4-5}$$

式（4-5）中，α_i 表示线段 $P_{i-1}P_i$ 和 P_iP_{i+1} 的夹角，l_i 表示点 P_{i-1} 与 P_{i+1} 之间的图上距离。

根据某段或整条等深线弯曲度 ξ 的定义，我们可以得到其计算公式：

$$\xi = \frac{1}{n-2}\sum_{i=1}^{n-2}\xi_i \tag{4-6}$$

式（4-6）中，n 表示组成某段或整条等深线点的总数。某段或整条等深线弯曲度 ξ 的值越大，则它的弯曲程度越大；反之，某段或整条等深线弯曲度 ξ 的值越小，则它的弯曲程度越小。

2）等深线的光滑离差的评估方法

根据文献（刘鹏程等，2012），我们可以得到折线段 $P_{i-1}P_iP_{i+1}$ 二次 B 样条曲线的矩阵形式：

$$P(t)=\frac{1}{2}\begin{bmatrix} t^2 & t & 1 \end{bmatrix}\begin{bmatrix} 1 & -2 & 1 \\ -2 & 2 & 0 \\ 1 & 1 & 0 \end{bmatrix}\begin{bmatrix} p_{i-1} \\ p_i \\ p_{i+1} \end{bmatrix},\quad t\in[0,1] \tag{4-7}$$

在该段样条曲线上选取 $m+1$ 个等间隔点（包括点 P_{i-1} 与 P_{i+1}），并利用式（3-8）计算得到这些等间隔点的平面坐标：

$$P(t)=\frac{1}{2}\begin{bmatrix} t^2 & t & 1 \end{bmatrix}\begin{bmatrix} 1 & -2 & 1 \\ -2 & 2 & 0 \\ 1 & 1 & 0 \end{bmatrix}\begin{bmatrix} p_{i-1} \\ p_i \\ p_{i+1} \end{bmatrix},\quad t=\frac{j}{m},\quad j=0,1,\cdots,m \tag{4-8}$$

在已知点 P_i 与这些等间隔点平面坐标的情况下，我们可以分别得到点 P_i 与每个等间隔点之间的距离：

$$d_j=\left|P_i-P\left(\frac{j}{m}\right)\right|,\quad j=0,1,\cdots,m \tag{4-9}$$

对点 P_i 与所有等间隔点之间的距离进行比较，我们可以得到折线段 $P_{i-1}P_iP_{i+1}$ 的光滑离差 γ_i，其计算公式如下所示：

$$\gamma_i=\min\{d_1,d_2,\cdots,d_m\} \tag{4-10}$$

根据某段或整条等深线光滑离差 γ 的定义，我们可以得到其计算公式：

$$\gamma=\frac{1}{n-2}\sum_{i=1}^{n-2}\gamma_i \tag{4-11}$$

式（4-11）中，n 表示组成某段或整条等深线点的总数。某段或整条等深线光滑离差 γ 的值越大，则它的光滑程度越差；反之，某段或整条等深线光滑离差 γ 的值越小，则它的光滑程度越好。

3）等深线段弦距的计算方法

在前面分析的基础上，首先计算过节点 p_{i-1}、p_i、p_{i+1} 的圆的半径 r，计算公式如下所示：

$$r=\frac{abc}{\sqrt{(a+b+c)(a+b-c)(a-b+c)(b+c-a)}} \tag{4-12}$$

式（4-12）中，a 表示线段 $p_{i-1}p_i$ 的长度，b 表示线段 p_ip_{i+1} 的长度，c 表示线段 $p_{i-1}p_{i+1}$ 的长度。

其次，可根据节点 p_{i-1}、p_i、p_{i+1} 的坐标计算出圆心 O 的坐标（x_O，y_O），并计算圆心 O 到线段 $p_{i-1}p_i$ 的距离 d_{CD}，计算公式如下：

$$d_{CD}=\frac{(x_O-x_{p_{i-1}})(x_{p_i}-x_{p_{i-1}})+(y_O-y_{p_{i-1}})(y_{p_i}-y_{p_{i-1}})}{\sqrt{(x_{p_i}-x_{p_{i-1}})^2+(y_{p_i}-y_{p_{i-1}})^2}} \tag{4-13}$$

式（4-13）中，$(x_{p_{i-1}}, y_{p_{i-1}})$ 表示节点 p_{i-1} 的坐标，(x_{p_i}, y_{p_i}) 表示节点 p_i 的坐标。

最后计算得到线段 $p_{i-1}p_i$ 的弦距 d，计算公式如下：

$$d=r-d_{CD} \tag{4-14}$$

由此，我们可以计算等深线的最大弦距 $d_{\max}$ 与平均弦距 $\bar{d}$：

$$d_{\max}=\max_{i=0,\cdots,n-1} d_i \tag{4-15}$$

$$\bar{d}=\frac{1}{n}\sum_{i=0}^{n-1}\sqrt{(x_{p_{i+1}}-x_{p_i})^2+(y_{p_{i+1}}-y_{p_i})^2} \tag{4-16}$$

式（4-15）、式（4-16）中，n 表示等深线节点的最大索引数。

4）等深线的相邻节点三角形面积的计算方法

本书借鉴海伦公式就可得到等深线相邻节点三角形 $\Delta p_{i-1}p_ip_{i+1}$ 面积 S_i 的计算公式，如下所示：

$$S_i=\frac{1}{4}\sqrt{(a+b+c)(a+b-c)(a+c-b)(b+c-a)} \tag{4-17}$$

式（4-17）中，a 表示线段 $p_{i-1}p_i$ 的长度，b 表示线段 p_ip_{i+1} 的长度，c 表示线段 $p_{i-1}p_{i+1}$ 的长度。

根据单个相邻节点三角形面积的计算公式。我们可以得到最大相邻节点三角形面积 $S_{\max}$ 与平均相邻节点三角形面积 $\bar{S}$ 的计算公式：

$$S_{\max}=\max_{i=1,\cdots,n-1} S_i \tag{4-18}$$

$$\bar{S}=\frac{1}{n-1}\sum_{i=1}^{n-1} S_i \tag{4-19}$$

4.2.4　实验与分析

如图 4-14 所示，为了验证上述评估指标与方法在航海图等深线化简质量定量评估中的适用性，进行了 12 组实验。第 1、4、7、10 组实验采用已公开发行的数字海图。第 1 组实验中的资料分别为表示在比例尺为 1∶15 000 和 1∶30 000 两幅数字海图上的某段等深线，1∶15 000 海图上的此段等深线是化简前的数据，1∶30 000 海图上相对应的部分是化简后的数据。为了便于比对分析，将比例尺为 1∶15 000 海图上的等深线，经坐标变换、比例尺变换等处理后，将其与比例尺为 1∶30 000 的海图等深线进行合成显示，如图 4-14（a）所示。第 2 组、第 3 组实验为第 1 组实验的比对实验。第 2 组实验中化简后等深线是某海图制图作业员在化简中故意不考虑安全性指标后的结果，如图 4-14（b）所示。第 3 组实验中化简后等深线是某海图制图作业员在化简中故意不考虑资源表达指标后的结果，如图 4-14（c）所示。第 4 组实验分别采用比例尺为 1∶10 000 和 1∶40 000 海图的某段对应等深线，比例尺为 1∶10 000 海图上的等深线为化简前的数据，将其与化简后比例尺为

1∶40 000 海图上的等深线进行合成显示，如图 4-14（d）所示。第 5 组、第 6 组实验为第 4 组实验的比对实验。第 5 组实验中化简后等深线是某海图制图作业员在化简中故意不考虑安全性指标后的结果，如图 4-14（e）所示。第 6 组实验中化简后等深线是某海图制图作业员在化简中故意不考虑资源表达指标后的结果，如图 4-14（f）所示。第 7 组实验分别采用比例尺为 1∶25 000 和 1∶50 000 海图的某段对应等深线，比例尺为1∶25 000海图上的等深线为化简前的数据，将其与化简后比例尺为 1∶50 000 海图上的等深线进行合成显示，如图 4-14（g）所示。第 8 组、第 9 组实验为第 7 组实验的比对实验。第 8 组实验中的化简后等深线是某海图制图作业员在化简中故意不考虑安全性指标后的结果，如图 4-14（h）所示。第 9 组实验中化简后等深线是某海图制图作业员在化简中故意不考虑资源表达指标后的结果，如图 4-14（i）所示。第 10 组实验分别采用比例尺为1∶1 000 000和 1∶2 300 000 海图的某段对应等深线，比例尺为 1∶1 000 000 海图上的等深线为化简前的数据，将其与化简后比例尺为 1∶2 300 000 海图上的等深线进行合成显示，如图 4-14（j）所示。

1. 航行资源表达评估

为了比较传统方法与本书的航海安全性评估方法之间的差异，根据式（4-1）、式（4-2），对等深线化简安全性指标定量计算，并与传统方法进行比对，形成结果如表 4-1 所示。

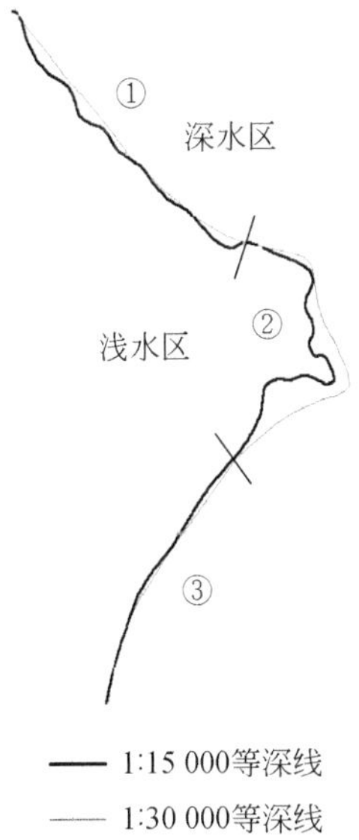

(a)实验1

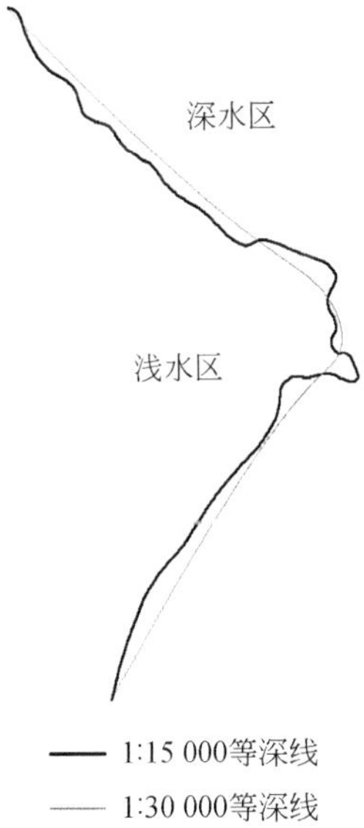

(b)实验2

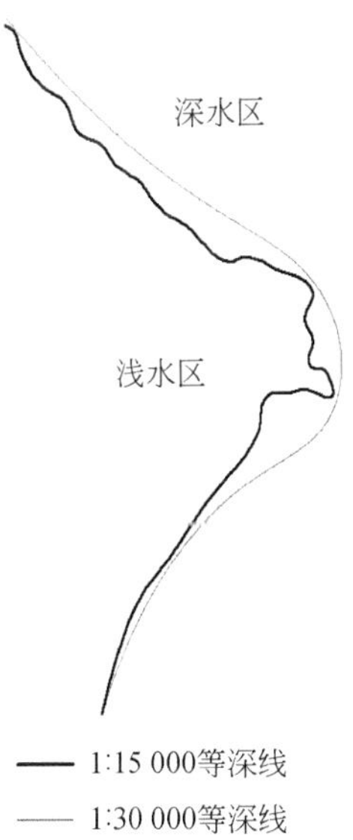

(c)实验3

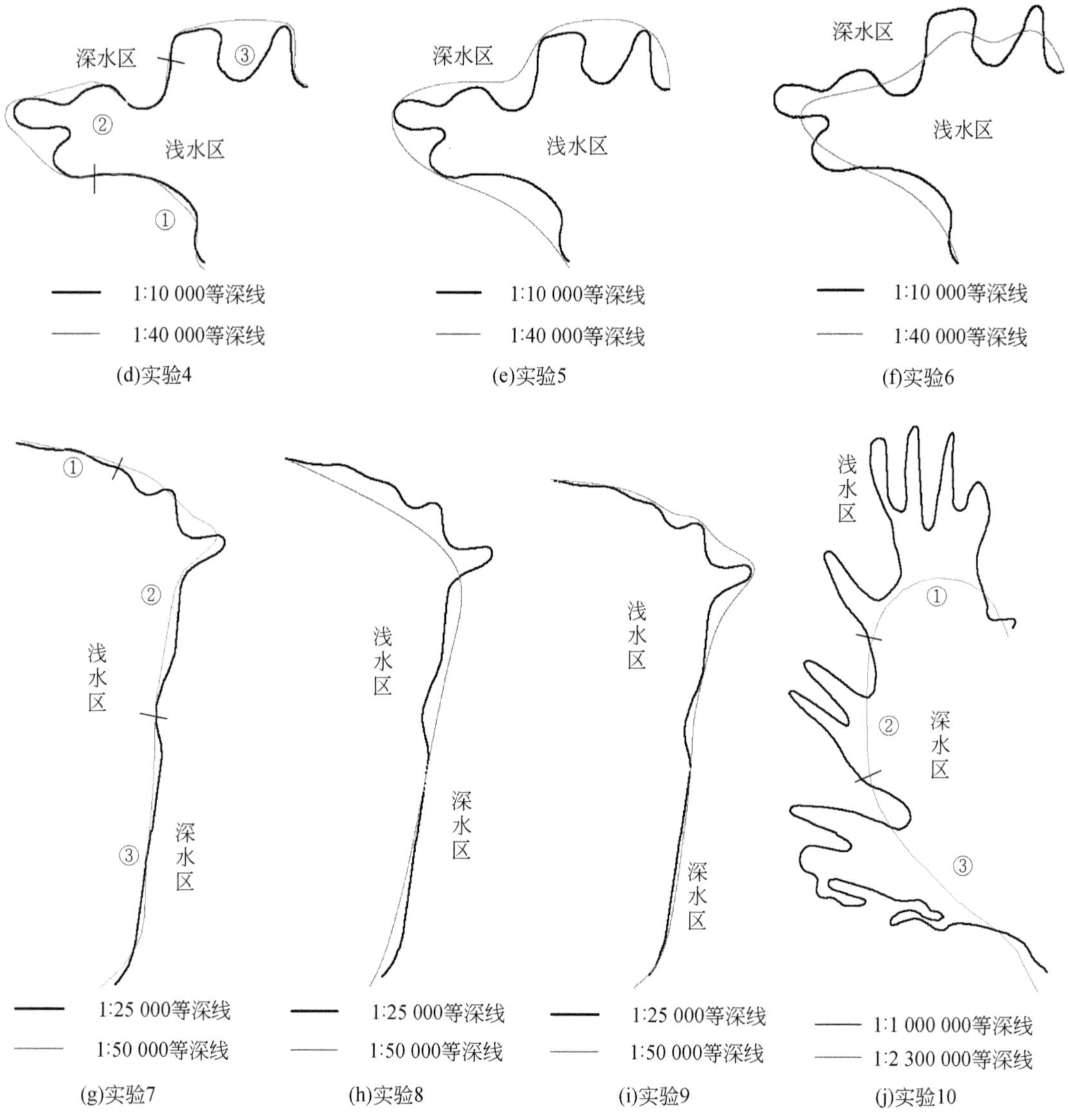

图 4-14　比对等深线

从表 4-1 中可以看出，传统的经验方法只能在等深线化简中，采用过程控制的方法，即“扩浅缩深”的原则，来使化简后的等深线满足航海安全性要求，即只能依靠制图人员的经验来感知问题比较明显的地方，无法对结果进行定量评估。实验 1 的扩深长度占有一定的百分比，但平均扩深距离较小，在《规范》规定的线状要素误差范围之内。所以仍可认为实验 1 中等深线的安全性是达标的，这与实际也相符，因为实验 1 采用的是目前公开出版发行的大比例尺海图数据，其等深线化简的确考虑了航海安全性。实验 2 中扩深长度百分比明显增大，平均扩深距离超出线状要素误差允许范围，等深线的安全性不达标［从图 4-14（b）也可以观察到］，这是因为设计这组实验时故意没有考虑等深线化简的安全性要求。实验 3 扩深长度百分比、平均扩深距离都为 0.00，等深线的安全性完全符合要求［从图 4-14（c）也可以观察到］，这是因为设计实验时特别强调了等深线的安全性。

表 4-1　化简前后等深线安全性的分析比对

实验编号	传统经验方法	安全性指标	
		扩深长度百分比（%）	平均扩深距离（mm）
1	主要依靠经验感知较为明显的问题，难以对结果进行定量评估	8.23	0.13
2		27.45	1.27
3		0.00	0.00
4		13.44	0.11
5		46.62	7.76
6		0.00	0.00
7		51.03	0.63
8		67.98	2.07
9		0.00	0.00
10		34.81	1.43

实验 4 的扩深长度较大，但平均扩深距离较小，同样在线要素误差允许范围之内。所以仍可认为实验 4 中等深线的安全性是达标的，这与实际相符，因为实验 4 采用的是目前公开出版发行的大比例尺海图数据，其等深线是符合航海安全性要求的。实验 5 中扩深长度百分比明显增大，平均扩深距离超出线状要素误差允许范围，安全性不达标，这是设计这组实验时故意不考虑安全性要求所引起的。实验 6 扩深长度百分比、平均扩深距离都为 0.00，完全符合等深线的安全性要求，这是设计实验时特别强调了安全性后的结果。

实验 7 的扩深长度占有一定的百分比，但平均扩深距离较小，在《规范》规定的线状要素误差范围之内。所以仍可认为实验 7 的安全性指标是达标的，这与实际也相符，因为实验 7 采用的是目前公开出版发行的大比例尺海图数据，其等深线化简是考虑了航海安全性的。实验 8 中扩深长度百分比明显增大，平均扩深距离超出线状要素允许误差范围，安全性指标不达标，这是设计这组实验时故意不考虑安全性要求所引起的。实验 9 中扩深长度百分比、平均扩深距离都为 0.00，安全性很高，这是设计实验时特别强调了航海安全性的结果。实验 10 为公开出版发行的小比例尺海图上等深线化简结果，扩深长度百分比和平均扩深距离都较大，这是因为小比例海图主要用于显示海底地形地貌的起伏情况而非用于舰船航行，可进行适当的“扩深缩浅”。

通过上述分析可以发现，本书方法可定量计算化简后等深线的扩深长度百分比、平均扩深距离等指标，明确、精细地评估出化简后等深线在航海安全性方面的质量。

2. 航行资源表达评估

为了比较本书新提方法与传统经验方法在航行资源表达评估上的差异，利用图 4-14

中的等深线，根据式（4-3）进行计算，具体结果如表 4-2 所示。

表 4-2　化简前后等深线航行资源表达的分析比对

实验编号	传统经验方法	缩深面积百分比（%）
1	只强调不能将大片深水区划入浅水区，不能堵塞航道，只能采用简单判断、定性分析的方法来评估航行资源的表达	4.95
2		6.51
3		13.26
4		10.27
5		11.34
6		27.60
7		9.94
8		13.29
9		25.59
10		38.22

从表 4-2 可以看出，传统经验方法只强调等深线化简过程中不能将大片深水区划入浅水区，不能堵塞航道，这些原则的遵守情况也只能通过海图制图人员的经验来简单判断、定性分析。实验 1、实验 2 的缩深面积百分比较小，这是公开出版海图化简结果展示的实验 1 和我们特意设计的实验 2 都考虑了航行资源表达的原因。实验 3 的缩深面积百分比较大，这是设计实验时没有强调航行资源表达的结果。实验 4、实验 5 的缩深面积百分比较小，这是因为实验 4 中的数据来自于公开出版的海图，实验 5 的数据由我们专门设计，它们都考虑了航行资源的表达。实验 6 的缩深面积百分比较大，这是设计实验时故意没有强调航行资源表达的结果。同样，实验 7、实验 8 的缩深面积百分比有所增大，这是由于等深线数据分别来自于比例尺为 1∶10 000 的海图和比例尺为 1∶40 000 的海图，虽然考虑了尽量显示航行资源，但是化简的程度较大，缩深的面积也就相应变大。实验 9 的缩深面积百分比较大，这是设计实验时没有强调航行资源表达的结果。实验 10 为小比例尺海图上等深线化简结果，缩深面积百分比最大，这是因为小比例尺海图上的等深线弯曲程度很大，化简时主要强调平滑性而没有考虑航行资源表达，且进行了大尺度化简的结果，但这对于该小比例尺海图来说，也是可以接受的。通过上述分析可以发现，本书方法能通过缩深面积百分比来定量评估化简后等深线对可航行区域的表达情况。

3. 平滑性评估

为了进一步比较本书新提方法与传统经验方法在平滑性评估上的差异，将图 4-14（a）、（d）、（g）、（i）中的等深线分别分为 3 段。根据式（4-5）~式(4-19）进行计算，具体结果如表 4-3、表 4-4 所示。

表 4-3　等深线的弯曲度的分析比对

实验编号	区段编号	传统经验方法	等深线的弯曲度	
			化简前	化简后
1	①	只能依靠制图人员的定性感知判断等深线的弯曲程度，无法进行定量评估	1.28	0.37
	②		2.74	1.02
	③		0.23	0.15
4	①		1.41	0.45
	②		2.00	1.05
	③		1.90	0.97
7	①		0.45	0.13
	②		2.38	0.97
	③		0.67	0.21
10	①		4.18	0.49
	②		4.54	0.22
	③		4.82	1.23

表 4-4　等深线的光滑性的分析比对

实验编号	区段编号	传统经验方法	等深线的光滑离差（mm）		等深线段的平均弦距（mm）		等深线的平均相邻节点三角形面积（mm^2）	
			化简前	化简后	化简前	化简后	化简前	化简后
1	①	只能依靠制图人员的定性感知判断等深线的光滑程度，无法进行定量评估	0.055	0.031	0.106	0.065	0.52	0.25
	②		0.037	0.026	0.073	0.114	1.47	0.78
	③		0.057	0.040	0.124	0.082	0.63	0.35
4	①		0.033	0.036	0.067	0.029	0.65	0.31
	②		0.068	0.062	0.123	0.074	1.12	0.68
	③		0.072	0.074	0.116	0.063	1.24	0.70
7	①		0.031	0.030	0.098	0.054	0.51	0.28
	②		0.056	0.042	0.122	0.071	1.47	0.69
	③		0.042	0.039	0.103	0.062	0.59	0.32
10	①		0.045	0.033	0.095	0.089	0.63	0.44
	②		0.039	0.036	0.086	0.074	0.44	0.34
	③		0.038	0.030	0.079	0.065	0.57	0.23

从表 4-3、表 4-4 中可以看出，传统经验方法只能通过制图人员依靠经验定性感知等深线的平滑程度，无法对等深线的整体或局部的平滑程度进行定量评估。而本书等深线的

弯曲度与光滑离差的指标与评估方法能够对化简前后等深线的整体与局部的平滑程度进行定量评估。从表4-3可以看出，化简后等深线的弯曲度都要明显小于化简前等深线的弯曲度，这与我们从图4-14中得到的感性认知是一致的。从表4-4中可以看出，两组数据中各区段的光滑离差相差不大，且都小于我们肉眼能明显感知的0.1mm，这与我们从图4-14中感知的各区段都比较光滑且无明显差异是一致的。从表4-4中可以看出，化简后等深线的光滑离差与化简前等深线的光滑离差相差不大，这是因为制图作业人员在化简等深线的过程中，已经有意识地保持等深线的光滑性。

在直接用于舰船定位导航的海图，特别是大比例尺海图的等深线化简中，航海安全性指标是首位的，我们期望扩深长度百分比、平均扩深距离都能为零，至少平均扩深距离不能超出线状要素表示的允许误差。其次，应尽可能地将可利用的区域表示出来，这意味着航行资源表达指标也是要重点考虑的，缩深面积百分比、平均缩深距离越小越好，这一点在航道附近尤为重要。最后，需要考虑的是化简后的等深线能平滑。对于不直接用于舰船定位导航的海图，特别是小比例尺海图，安全性指标可不强求，反而是对航行资源表达指标和平滑性指标关注较多。从目前公开出版发行的海图等深线化简的比对情况来看，如实验1、实验4、实验7、实验10，都基本是遵循这一准则的。当然，在具体实践中，不同指标相互间关系的处理，特别是航海安全性与航行资源表达冲突的处理，可能还会与比例尺、特定区域、表达目的等有关，这还需今后进行专门、系统的研究去明晰。

§4.3 基于双向缓冲区的等深线化简质量调控方法

长期以来，为了实现航海图等深线的自动化简，海图制图的研究人员分别从不同的方面提出了等深线化简的算法（翟京生和陆毅，2000；SMITH，2003；Mc Master，1989），考虑到双向缓冲区算法是近年来提出的能确保航海安全性的等深线化简方法，本书将以此方法为基础，进行等深线的定量评估，探索等深线化简质量的定量调控。

4.3.1 双向缓冲区的基础理论

1. 双向缓冲区的基本思想

线 L 的 l 双向缓冲区的基本思想是：首先以 l 为缓冲半径对线 L 进行外缓冲区变换，然后以 l 为缓冲半径对线 L 的外缓冲区边界进行内缓冲区变换，最后得到的多边缓冲区的边界。线 L 双向缓冲区的产生包含两个步骤：第一步，对线 L 进行外缓冲区变换［如图4-15（b）中“——”所示］；第二步，对线 L 的外缓冲区边界进行内缓冲区变换［如图4-15（c）中“——”所示］。这样，就可以得到线 L 双向缓冲区变换的最终图形（高王军等，2009；Smith S et al.，2002）。

图形 A 的 l 缓冲区可以定义为点的集合，该集合内的任一点到图形 A 的距离小于或等于 l。而且图形 A 的 l 双向缓冲区算法包含两个步骤：第一步，对图形 A 进行外缓冲区变换，得到图形 A 外缓冲区的边界；第二步，对图形 A 外缓冲区边界进行内缓冲区变换，得

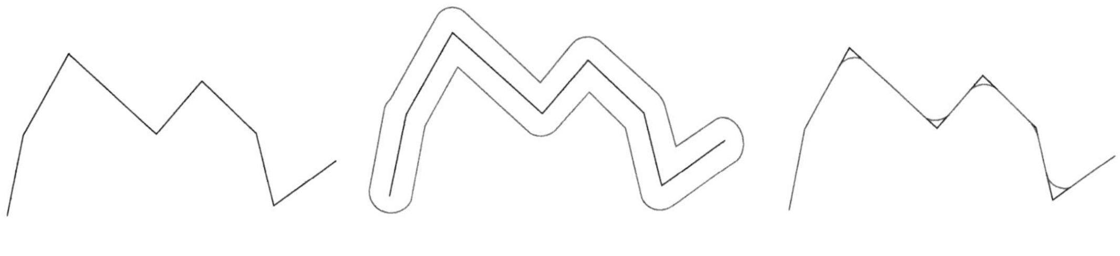

(a)原线要素　(b)线的外缓冲区　(c)内缓冲区

图4-15　线的双向缓冲区变换

到图形 A 内缓冲区的边界。

图形 A 的 l 外缓冲区 $B_o(l)$ 可定义为：距图形的外边界不大于 l 并且位于图形外部的所有点的集合。经过外缓冲区变换后得到的图形 $A+B_o(l)$ 包括原来图形 A 和外缓冲区 $B_o(l)$ 两个部分，如图4-16（a）所示。

图形 A 的 l 内缓冲区 $B_i(l)$ 可定义为：距图形的外边界不大于 l 并且位于图形内部的所有点的集合。经过内缓冲区变换后图形被剥去一层厚度为 l 的“皮”，即为内缓冲区。如图4-16（b）中左图为原图，右图为经内缓冲区变换后的图，其中浅颜色部分为内缓冲区 $B_i(l)$（即为被剥去的一层“皮”）。

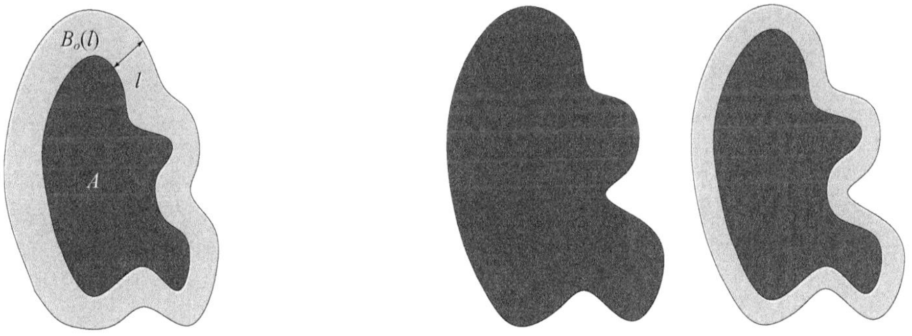

(a)外缓冲区变换　(b)内缓冲区变换

图4-16　双向缓冲区变换

2. 缓冲区变换的特性

1）外缓冲区变换的特性

图形的凸出部分在外缓冲区变换后会保持不变，而图形的凹入部分会在外缓冲区变换后被减小或填平，因此，外缓冲区变换具有保凸减凹的特性。

2）内缓冲区变换的特性

如图4-17所示，外缓冲区变换对图形 A 外点集 O 的作用，相当于图形外点集的边界对图形外的点集进行内缓冲区变换，因此，外缓冲区变换使图形外的点集达到了保凹减凸的效果，也表明内缓冲区变换有保凹减凸的作用。如图 4-17（a）中的几个凸凹处经过外缓冲区变换后到图 4-17（b），在图 4-17（b）中对于图形 *A* 体现了外缓冲区变换的保凸减凹的特性，对于图形 *A* 外的点集 *O* 则体现了内缓冲区变换保凹减凸的特性。

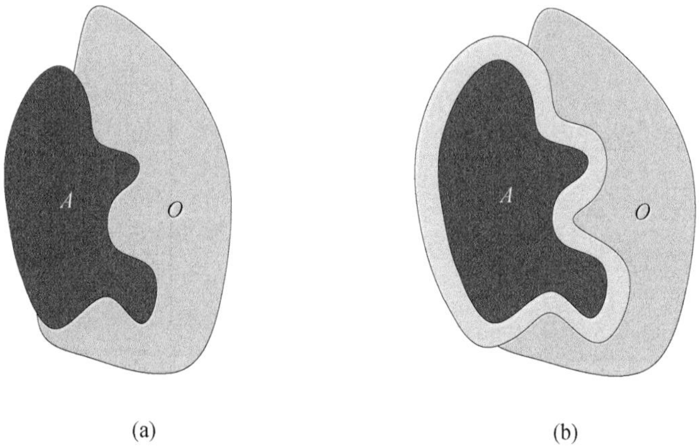

图 4-17　内缓冲区变换的特性

3）双向缓冲区变换的特性

以上分别是对外缓冲区变换和内缓冲区变换的特性的分析与证明。从图 4-17（a）和图 4-17（b）可以看出，单独对图形进行外缓冲区变换或内缓冲区变换操作时，图形产生的变形较大，而且变形的大小与缓冲半径 *l* 成正比。为了达到既简化图形又尽可能地减小图形的变形的目的，通常对同一图形进行双向缓冲区变换，即先对图形进行缓冲半径为 *l* 的外缓冲区变换，然后再对变换后的图形外边界进行缓冲半径为 *l* 的内缓冲区变换，变换后的图形与原图形的凸部一致，而其凹部被缩小或填平，凹部缩小的程度与缓冲半径成正比。因此双向缓冲区变换具有以下特性：保持图形的凸部不变；缩小或填平图形的凹部；凹部缩小的程度与缓冲半径成正比关系。

3. 利用双向缓冲区算法化简等深线

1）利用双向缓冲区算法化简等深线的原理

双向缓冲区算法具有保持图形凸部不变凹部缩小的特性，因此，双向缓冲区变换可以在保持图形的基本外形和大小不变的情况下缩小或填平图形的凹部，这种改变可以看作是对图形边界线的改变。基于双向缓冲区变换的以上特性，可以利用这种方法对等深线进行化简，具体方法如下。

（1）明确等深线的实际化简要求以及等深线化简时需要遵守的基本准则（例如：航海安全性准则、航行资源利用准则、平滑性准则等）。

（2）根据等深线化简的基本准则，对等深线进行预处理，得到可以被双向缓冲区算法利用的图形（根据等深线两侧水深情况确定外缓冲区变换和内缓冲区变换的方向）。

（3）根据化简前后海图的比例尺以及等深线的复杂程度确定缓冲半径 l。

（4）以 l 为缓冲半径对等深线进行双向缓冲区变换。

（5）将外缓冲区变换后的边界线提取出来即可得到化简后的等深线。

2）确定缓冲半径的方法

缓冲半径的大小与等深线凹部被填平的程度成正比，即缓冲半径越大，等深线的化简程度越大。考虑到缓冲半径过小无法达到化简等深线的目的，而缓冲半径过大又无法保留等深线的细节，因此，需要根据不同的化简要求确定合适的缓冲半径。双向缓冲区算法最重要的部分就是缓冲半径的确定，目前，主要有两种确定缓冲半径的方法。

（1）根据等深线的凹部宽度确定缓冲半径

设定某一阈值 r，当线状要素的凹部宽度小于或者等于该阈值时被填平或者缩小，为此可以根据给定的阈值 r 计算出缓冲半径 l，如下式：

$$\frac{r}{l}<2 \tag{4-20}$$

式（4-20）中，常数 2 由实验所得，为通过不同的实验得到较理想的参数。当然，阈值 r 的设定需要根据等深线的实际化简要求给出。

（2）按等深线化简前后的凹部数量确定缓冲半径的大小

设化简前后的海图比例尺分母分别为 M_1 和 M_2，化简前后同一条等深线上的凹部数量分别为 n_1 和 n_2，则有如下关系：

$$n_2 = n_1\left(\frac{M_1}{M_2}\right)^x \tag{4-21}$$

式（4-21）中，x 为等深线的重要等级。根据式（4-21）算得化简后等深线的凹部数量 n_2，将原图中 n_1 个凹部宽度按大小排列，将排列中的第 n_2 个凹部宽度 r 取出，根据式（4-21）可计算缓冲半径 l。该方法不太实用，因为等深线的重要等级不容易确定。

4.3.2 调控方法的基本思想与主要流程

1. 调控方法的基本思想

基于双向缓冲区的等深线化简质量调控方法的基本思想为：针对双向缓冲区算法无法根据等深线实际化简需要调控等深线化简质量的问题，从航海图等深线化简质量的定量评估指标与方法考虑，分别计算化简后等深线的航海安全性指标、航行资源表达指标、等深线平滑性指标，并将这些指标的计算值同预设值相比较，如果计算值与预设值不相等（或差值在容许的范围之外），则调整化简半径的大小，再次对等深线进行双向缓冲区变换；如果计算值与预设值相等（或差值在容许的范围之内），则不进行调整，输出等深线。

2. 调控方法的主要流程

调控方法的主要流程见图 4-18。

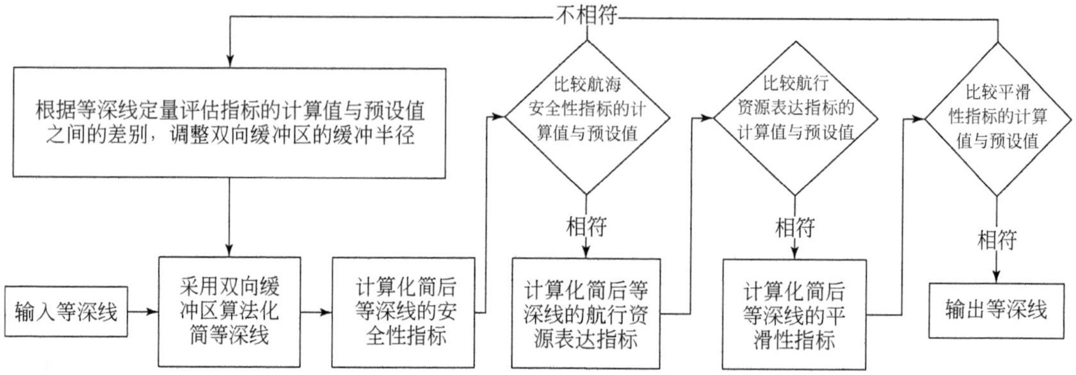

图 4-18　基于双向缓冲区的等深线化简质量调控方法的主要流程图

4.3.3　调控方法的具体实现

首先，读入某幅海图上某条等深线全部节点的图上坐标以及该等深线的深度值，适当地选择该等深线两侧一定范围内的水深注记，并录入它们的图上坐标与深度值。在该条等深线两侧各选择一个水深注记，通过比较这两个水深注记的深度值与该条等深线的深度值的大小确定该条等深线的深水区与浅水区。然后，通过调整等深线的节点顺序，使得浅水区位于等深线左侧，深水区位于等深线的右侧。接下来，采用双向缓冲区算法对调整后的等深线进行化简。最后，按照下面的步骤对化简后等深线进行调控。

1. 基于航海安全性指标的调控

判断化简前后等深线是否存在相交关系：如果不存在相交关系，则可以确定化简后等深线符合航海安全性准则，无需再利用航海安全性评估方法评估其安全性；如果存在相交关系，则以化简前后等深线的交点为分段点将化简后等深线分为若干区段，并根据化简后等深线的这些区段是否位于化简前等深线的浅水区而将其确定为扩深区段或非扩深区段，利用式（4-2）计算化简后等深线各扩深区段的平均扩深距离，并将化简后等深线的扩深区段替换为化简前等深线的相应区段。

2. 基于航行资源表达指标的调控

首先，我们需要判别化简前等深线是否闭合：若化简前等深线为闭合等深线，我们就采用 4.2 节中闭合等深线深水区面积的计算方法得到化简前等深线深水区面积；若化简前等深线为非闭合等深线，我们就采用 4.2 节中非闭合等深线深水区面积的计算方法得到化简前等深线的深水区面积。

然后，根据化简前后等深线的交点，我们可以得到化简后等深线的缩深区段以及化简前等深线与之相对应的区段，并将化简前后等深线的对应区段组合起来构成缩深多边形，分别计算各缩深多边形的面积，并求得化简后等深线的缩深面积的总和。

接下来，我们利用化简后等深线缩深面积与化简前等深线的深水区面积的比值作为化简后等深线的缩深面积百分比，并将其与经验值相比较。若化简后等深线的缩深面积百分比与经验值相差不大，则说明化简后等深线较合理地表达出可利用的航行资源，无需进行调整；若化简后等深线的缩深百分比大于经验值，则应将化简后等深线的缩深区段向化简前等深线的方向移动（但不要越过化简前等深线），直至化简后等深线的缩深面积百分比与经验值相差不大为止；若化简后等深线的缩深面积百分比小于经验值，则说明说明化简前等深线弯曲较少，无需进行过多的化简操作，也就可以显示尽可能多的可航行区域。

最后，再次利用航行资源表达的评估方法对处理后的等深线进行评估，以确保处理后的等深线符合航海图等深线航行资源表达的要求。

3. 基于等深线平滑指标的调控

在保证化简后等深线安全以及合理表达航行资源的前提下，仍需评估化简后等深线的平滑性。利用 4.2 节中等深线平均光滑离差的评估方法计算化简后等深线的平均光滑离差，利用 4.2 节中等深线平均弯曲度的计算方法计算化简后等深线的平均弯曲度，并将它们分别同各自的经验值相比较。若它们分别等于或者小于各自的经验值，则说明化简后等深线平缓圆滑，无需进行再调整；若化简后等深线的平均光滑离差大于经验值，则计算化简后等深线全部节点的光滑离差，并将它们同经验值相比较，找到光滑离差大于经验值的化简后等深线节点，再利用三次 B 曲线进行光滑；若化简后等深线的平均弯曲度大于经验值，则计算化简后等深线全部节点的弯曲度，并将它们同经验值相比较，找到弯曲度大于经验值的化简后等深线节点，适当增大缓冲半径后再次利用双向缓冲区算法化简该节点直至弯曲度符合要求为止。

4.3.4　实验与分析

如图 4-19 所示，为了比较双向缓冲区算法与基于双向缓冲区的等深线化简质量调控方法在等深线化简中的异同，进行了 8 组实验。第 1 组实验中化简前等深线来源于比例尺为 1 : 15 000 的数字海图，而化简后等深线是采用双向缓冲区算法化简得到的，根据缓冲半径的确定方法得到缓冲半径为 4.2cm，如图 4-19（a）所示。第 2 组实验中的化简前等深线来源于比例尺为 1 : 15 000 的数字海图，而化简后等深线是采用基于双向缓冲区的等深线化简质量调控方法化简得到的，其中缩深面积百分比为经验值 5.00%，如图 4-19（b）所示。第 3 组实验中的化简前等深线同样来源于比例尺为 1 : 15 000 的数字海图，而化简后等深线是采用基于双向缓冲区的等深线化简质量调控方法化简得到的，其中缩深面积百分比为经验值 10.00%，如图 4-19（c）所示。第 4 组实验中的化简前等深线同样取自于比例尺为 1 : 15 000 的数字海图，化简后等深线是采用基于双向缓冲区的等深线化简质量调控方法得到的，其中缩深面积百分比为 20.00%，如图 4-19（d）所示。

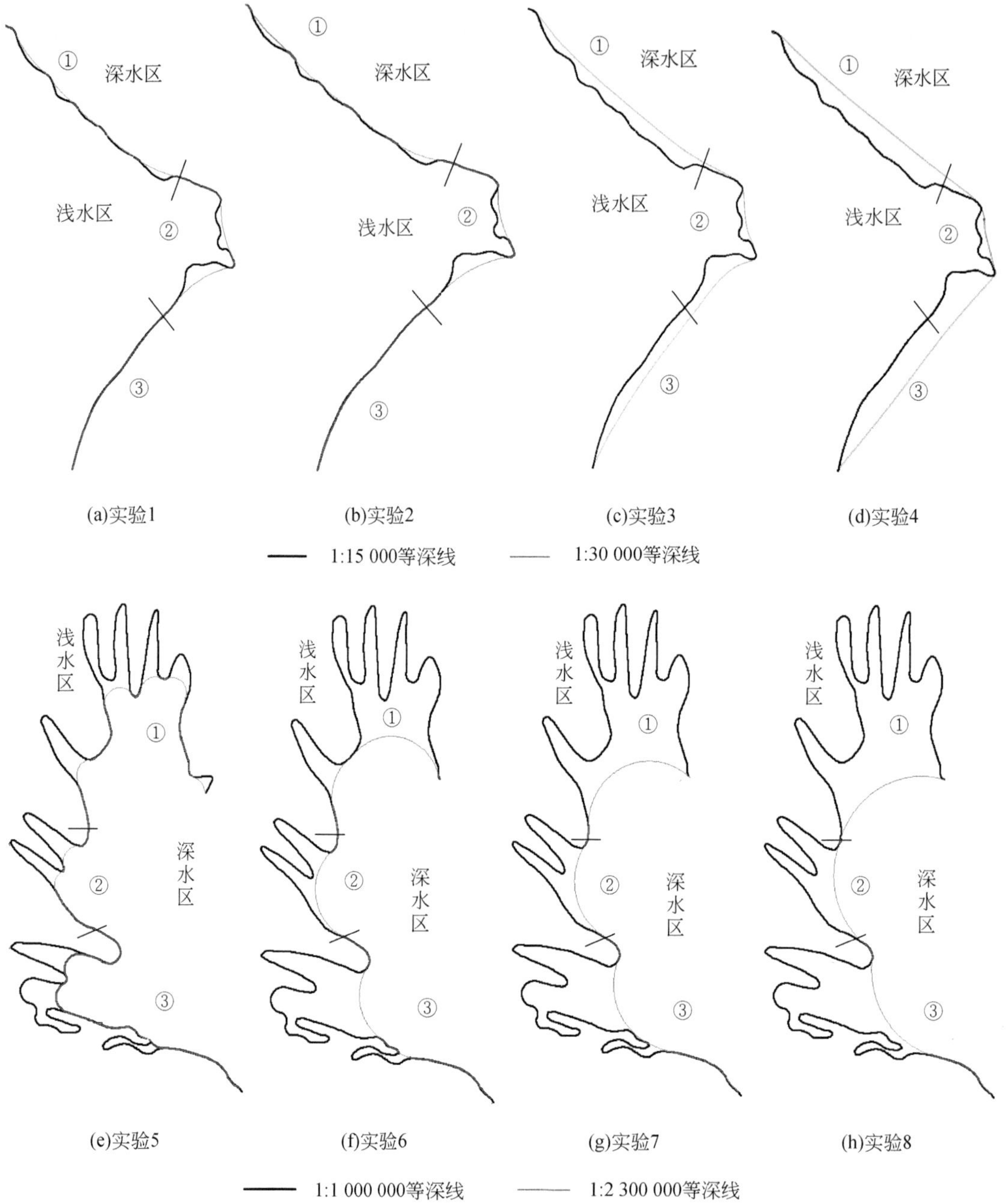

图 4-19　比对等深线

第 5 组实验中的化简前等深线来源于比例尺为 1∶1 000 000 数字海图，而化简后等深线是采用双向缓冲区算法化简得到，根据缓冲半径的确定方法得缓冲半径为 0.47cm，如图 4-19（e）所示。第 6 组实验中化简前等深线来源于比例尺为 1∶1 000 000 数字海图，而化简后等深线是采用基于双向缓冲区的等深线化简质量调控方法化简得到，其中缩深面积百分比为 30. 00%，如图 4-19（f）所示。第 7 组实验中的化简前等深线同样来源于比例尺为 1∶1 000 000 的数字海图，化简后等深线是采用基于双向缓冲区的等深线化简质量调控方法化简得到，其中航海安全性指标和平滑性指标为经验值，缩深面积百分比为经验值 40. 00%，如图 4-19（g）所示。第 8 组实验中的化简前等深线同样来源于比例尺为 1∶1 000 000的数字海图，化简后等深线是采用基于双向缓冲区的等深线化简质量调控方法化简得到，其中航海安全性指标和平滑性指标为经验值，缩深面积百分比为 50. 00%，如图 4-19（h）所示。

1. 安全性的评估

比较双向缓冲区算法与基于双向缓冲区的等深线化简质量调控方法在航海安全性评估上的差异。根据式（4-1）~（4-2）进行计算，具体结果如表 4-5 所示。

表 4-5　化简后等深线的航海安全性的分析比对

实验编号	等深线化简方法	缩深面积百分比（%）	航海安全性指标	
			扩深长度百分比（%）	平均扩深距离（mm）
1	双向缓冲区算法	无	0. 00	0. 00
2	调控方法	5. 00	0. 00	0. 00
3	调控方法	10. 00	0. 00	0. 00
4	调控方法	20. 00	0. 00	0. 00
5	双向缓冲区算法	无	0. 00	0. 00
6	调控方法	30. 00	0. 00	0. 00
7	调控方法	40. 00	0. 00	0. 00
8	调控方法	50. 00	0. 00	0. 00

从表 4-5 中可以看出，第 1 组、第 5 组实验中的化简后等深线都是采用双向缓冲区算法化简得到，其扩深长度百分比都为 0. 00%，平均扩深距离都为 0. 00mm，这说明双向缓冲区算法能够保证化简后等深线遵守航海安全性准则。第 2 组、第 3 组、第 4 组实验中的化简后等深线是采用基于双向缓冲区的等深线化简质量的调控方法化简得到，其中缩深面积百分比分别为 5%、10. 00%、20. 00%，并且化简后等深线的扩深长度百分比都为 0. 00%，平均扩深距离都为 0. 00mm，这说明当采用基于双向缓冲区的等深线化简质量调控方法对等深线进行化简时，化简后的等深线能遵守航海安全性。

2. 航行资源表达的评估

比较双向缓冲区算法与基于双向缓冲区的等深线化简质量调控方法在航行资源表达上的差异。根据式（4-3）进行计算，具体结果如表 4-6 所示。

表 4-6　基于三种等深线化简方法的化简后等深线航行资源表达的分析比对

实验编号	化简等深线的方法	缩深面积百分比（%）	
		预设值	计算值
1	双向缓冲区方法	无	3. 76
2	调控方法	5. 00	4. 96
3	调控方法	10. 00	9. 86
4	调控方法	20. 00	19. 65
5	双向缓冲区方法	无	19. 32
6	调控方法	30. 00	29. 15
7	调控方法	40. 00	38. 22
8	调控方法	50. 00	49. 53

从表 4-6 可以看出，第 1、2、3、4 组实验的化简前等深线都来源于比例尺为 1∶15 000的数字海图，其中第 1 组实验所采用的等深线化简方法为双向缓冲区方法，该实验中的缩深面积百分比无法预先设定，也就是无法调控等深线的化简质量，所得的化简后等深线的缩深面积百分比是固定的。第 2、3、4 组实验所采用的等深线化简方法为基于双向缓冲区的化简质量调控方法，缩深面积百分比的预设值分别为 5. 00%、10. 00%、20. 00%，且缩深面积百分比的计算值与预设值基本相等，这与我们从图 4-19 中观察到的化简后等深线的航行资源表达情况一致，说明基于双向缓冲区的等深线化简质量调控方法可以调控化简后等深线的航行资源表达情况。其中，第 2 组实验中的缩深面积百分比为经验值，这表明我们可以根据同类型等深线的航行资源表达情况化简等深线。

第 5、6、7、8 组实验的化简前等深线都来源于比例尺为 1∶1 000 000 的数字海图，其中第 5 组实验所采用的等深线化简方法为双向缓冲区方法，该实验中的缩深面积百分比无法预先设定，也就是无法调控等深线的化简质量，所得的化简后等深线的缩深面积百分比是固定的。第 6、7、8 组实验所采用的等深线化简方法为基于双向缓冲区的化简质量调控方法，缩深面积百分比的预设值分别为 30. 00%、40. 00%、50. 00%，并且缩深面积百分比的计算值与预设值相等，这与我们从图 4-19 中观察到的化简后等深线的航行资源表达情况一致，这说明基于双向缓冲区的等深线化简质量调控方法可以调控化简后等深线的航行资源表达情况。其中，第 7 组实验中的缩深面积百分比为经验值，这表明我们可以根据同类型等深线的航行资源表达情况化简等深线。

3. 平滑性的评估

为比较采用双向缓冲区算法与基于双向缓冲区的等深线化简质量调控方法化简得到的等深线在平滑性方面的差异，将图 4-19（a）、（b）、（e）、（g）中的等深线分别分为 3 段，根据式（4-5）~（4-11）进行计算，具体结果如表 4-7 所示。

表 4-7　等深线的弯曲度的分析比对

实验编号		化简等深线的方法	缩深面积百分比预设值（%）	化简后等深线的弯曲度	化简后等深线的光滑离差（mm）
1	①	双向缓冲区算法	无	0.33	0.029
	②			1.03	0.025
	③			0.17	0.039
2	①	调控方法	5.00	0.35	0.028
	②			0.97	0.026
	③			0.18	0.038
5	①	双向缓冲区算法	无	2.03	0.031
	②			2.15	0.024
	③			2.09	0.026
7	①	调控方法	40.00	1.02	0.035
	②			1.13	0.023
	③			1.19	0.027

从表 4-7 中可以看出，第 1 组、第 2 组实验中的化简后等深线的弯曲度相差不大，甚至可以认为两者的弯曲度相等，而且化简后等深线的光滑离差也基本相同，此外，通过观察这两组等深线，我们可以发现化简前等深线较为平缓。这说明在等深线较为平缓的区域，无论采用双向缓冲区算法还是基于双向缓冲区的等深线化简质量调控方法，得到的化简后等深线的平滑程度基本相同，并且符合等深线化简的基本要求。第 3 组、第 4 组实验中的化简后等深线的光滑离差数值基本相等，而弯曲度的数值相差较大，通过观察图 4-19，我们可以发现，化简前等深线的弯曲程度较大，第 3 组实验中化简后等深线的弯曲程度仍然较大，而第 4 组实验中化简后等深线的弯曲程度已经较小。由双向缓冲区缓冲半径的确定方法可知，双向缓冲区的缓冲半径仅由凹部宽度决定，而未考虑到凹部的深度以及凹部之间的密集程度，这就可能导致化简后等深线的弯曲程度仍然较大。因此在第 3 组实验中，虽然将最大的凹部宽度 0.47cm 作为缓冲半径，但仍难以得到弯曲程度较小的等深线。

从表 4-7 中可以看出，第 1 组、第 2 组实验中的化简后等深线分别是采用双向缓冲区算法和基于双向缓冲区的化简质量调控方法化简得到，两实验中化简后等深线的弯曲度基本相等，且光滑离差也基本相等。这说明在等深线较为平缓的区域，无论采用双向缓冲区算法还是基于双向缓冲区的化简质量调控方法，得到的化简后等深线的平滑程度基本相同，并且符合等深线化简的平滑性要求。第 3 组、第 4 组实验中化简后等深线分别是采用双向缓冲区算法和基于双向缓冲区的化简质量调控方法化简得到，两实验中的化简后等深线的光滑离差数值基本相等，而第 3 组实验中化简后等深线的弯曲度大于第 4 组实验中的化简后等深线。通过对比表 4-7 中第 3 组和第 4 组实验的缩深面积百分比，我们可以发现采用双向缓冲区算法化简后的等深线虽然能够显示更多的航行资源，但是弯曲程度较大，而采用基于双向缓冲区化简质量调控方法化简后的等深线弯曲程度明显减小。这是因为双向缓冲区算法的缓冲半径无法进行调节，因此无法根据航行资源的表达情况定量调控等深线的化简，而基于双向缓冲区的化简质量调控方法能够根据航行资源的表达情况和等深线的弯曲情况调控等深线的化简。

§4.4　基于蛇模型的等深线自动化简方法

考虑到蛇模型算法也是近年来提出的能确保航海安全性的等深线化简方法，本书也将以此方法为基础，进行等深线的定量评估，探索等深线化简质量的定量调控。

4.4.1　蛇模型的科学阐释

蛇模型的科学阐释为：将等深线看作一条蛇，它可以通过自身的左右摆动与前后伸缩来移动自己的身体（具体变化过程如图 4-20 中所示）。当它受到弯曲力的作用时，便会出现点 a 的箭头方向表示的左右摆动，当它受到伸缩力的作用时，便会出现点 b 的箭头方向表示的前后伸缩，实际上蛇在某一点上会同时受到这两个力的作用，在它们的共同作用下，蛇的身体就会伸缩。在变化过程中，当它各点所受力的总和减小时，其身体的弯曲状态便会减小，这也就相当于减小等深线的弯曲程度（如图 4-20 中所示，虚线表示弯曲状态减小后的蛇的身体）。但是，当蛇在变化过程中遇到代表浅水区的障碍区时，无论它怎么摆动，只能紧贴却无法进入障碍区一侧（如图 4-20 中所示，蛇在点 c 处只能向箭头表示的方向摆动，始终无法到达短划线表示的位置），这也就相当于遵守了“扩浅缩深”的安全性约束准则。具体过程如图 4-20 所示。

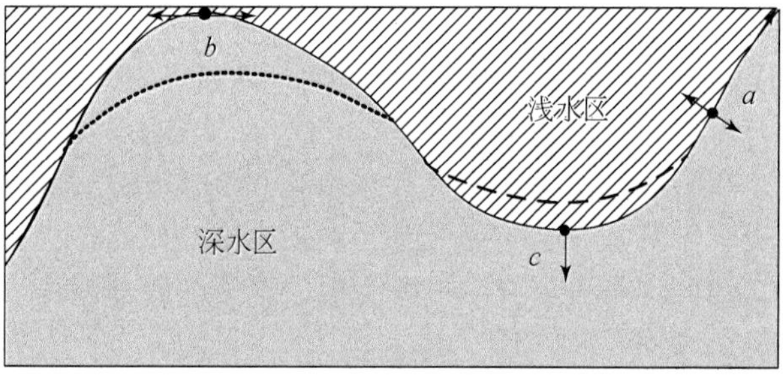

图 4-20　蛇模型曲线摆动图
阴影区域为深水区，斜线区域为浅水区

4.4.2　蛇模型的数学计算与分析

1. 蛇模型曲线所受力的分析

如图 4-21 所示，选择蛇模型（p_1，p_2，…，p_n）（其中，n 表示蛇模型点的总数）中的任意一段曲线（p_{i-1}，p_i，p_{i+1}，p_{i+2}，p_{i+3}）进行分析，该曲线会同时受到伸缩力 F_{flex} 与弯曲力 F_{curve} 的作用。伸缩力 F_{flex} 是使得该曲线在变形过程中能像弹簧一样伸缩的力，方向与其作用点的切线方向重合，控制该曲线的前后伸缩；弯曲力 F_{curve} 是使得该曲线在变形过程中能像竹片一样弯曲的力，方向与其作用点的法线方向重合，控制该曲线的左右摆动。伸缩力 F_{flex} 与弯曲力 F_{curve} 同样会作用在蛇模型的其他曲线段上（张荣国等，2012）。

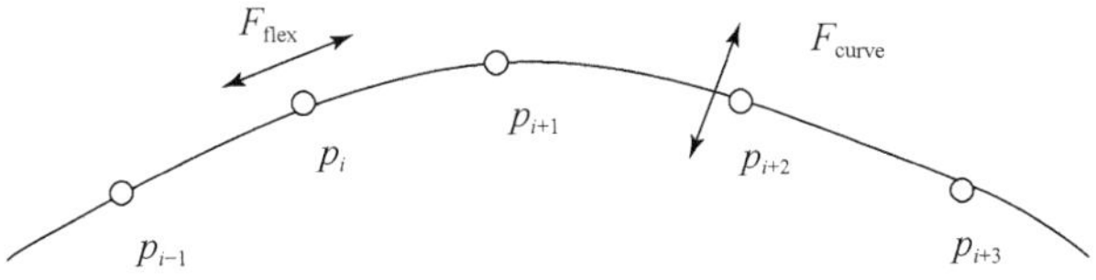

图 4-21　蛇模型曲线的受力图

2. 蛇模型曲线所受力的计算

根据文献（张荣国等，2012）中有关弹簧力的描述以及对伸缩力 F_{flex} 的分析，我们可以将伸缩力 F_{flex} 描述为：蛇模型点之间的平均距离和当前蛇模型点与下一个蛇模型点之间欧氏距离之差的模，具体计算公式如下：

$$\begin{aligned} F_{\text{flex}} &= \left| \sum_{j=1}^{n-1} \| p_j - p_{j+1} \| / n - \| p_i - p_{i+1} \| \right| \\ &= \left| \sum_{j=1}^{n-1} \sqrt{(x_j - x_{j+1})^2 + (y_j - y_{j+1})^2} \Big/ n - \sqrt{(x_i - x_{i+1})^2 + (y_i - y_{i+1})^2} \right| \end{aligned} \tag{4-22}$$

式（4-22）中，n 表示蛇模型点的总数，p_i 表示第 i 个蛇模型点，p_j 表示第 j 个蛇模型点，（x_i，y_i）表示蛇模型点 p_i 的坐标，（x_j，y_j）表示蛇模型点 p_j 的坐标。

曲线所受到的弯曲力的大小与曲线的弯曲程度有关，一般情况下，曲线的弯曲程度越大，其受到的弯曲力越大，反之则说明受到的弯曲力越小。由相关的数学公式可知，曲线的曲率与其弯曲程度成正相关，例如 l_1、l_2 两条曲线，它们的曲率分别为 κ_1、κ_2，当 $\kappa_1 > \kappa_2$ 时，l_1 的弯曲程度要大于 l_2 的弯曲程度，也就是说曲线的曲率越大，其弯曲程度越大。综上可得，曲线所受的弯曲力与曲率成正相关。因此，我们可以直接将点 p_i 的弯曲力 F_{curve}（p_i）表示为该点的曲率 κ（p_i），相关计算公式如下：

$$\begin{aligned} \kappa(p_i) &= \left| (p_{i+1} - 2p_i + p_{i-1}) \right| \\ &= \sqrt{(x_{i+1} - 2x_i + x_{i-1})^2 + (y_{i+1} - 2y_i + y_{i-1})^2} \end{aligned} \tag{4-23}$$

$$F_{\text{curve}}(p_i) = \kappa(p_i) \tag{4-24}$$

式（4-23）中，p_i 表示第 i 个蛇模型点，（x_i，y_i）表示蛇模型点 p_i 的坐标。

3. 蛇模型能量计算公式

在伸缩力 F_{flex} 与弯曲力 F_{curve} 计算公式的基础上，通过将伸缩能量描述为伸缩力的平方，将弯曲能量描述为弯曲力的平方，可以分别得到伸缩能量 E_{flex} 与弯曲能量 E_{curve} 的计算公式，具体公式如下：

$$E_{\text{flex}} = \left| \sum_{j=1}^{n-1} \sqrt{(x_j - x_{j+1})^2 + (y_j - y_{j+1})^2} \Big/ n - \sqrt{(x_i - x_{i+1})^2 + (y_i - y_{i+1})^2} \right|^2 \quad (4\text{-}25)$$

式（4-25）中，n 表示蛇模型点的总数，（x_i，y_i）表示蛇模型点 p_i 的坐标，（x_j，y_j）表示蛇模型点 p_j 的坐标。

$$E_{\text{curve}} = (x_{i+1} - 2x_i + x_{i-1})^2 + (y_{i+1} - 2y_i + y_{i-1})^2 \quad (4\text{-}26)$$

式（4-26）中，（x_i，y_i）表示蛇模型点 p_i 的坐标。

由于每个蛇模型点的能量由伸缩能量与弯曲能量组成，且伸缩能量与弯曲能量对蛇模型点的影响各不相同，因此我们需要根据实际要求分别对两个能量项设置不同的权值参数，这样便得到蛇模型点能量改进的计算公式，如下所示：

$$E(s) = \alpha E_{\text{flex}}(s) + \beta E_{\text{curve}}(s) \quad (4\text{-}27)$$

式（4-27）中，α、β 为权值参数，分别用于调节伸缩能量与弯曲能量所占总能量的比重，进而控制蛇模型点的前后移动与左右移动，间接控制蛇模型曲线的伸缩与弯曲，以保证蛇模型曲线的光滑以及蛇模型点的均匀。通常 α、β 的取值介于 0 与 1 之间，并且两值之和必须为 1。假设控制伸缩能量的权值参数 $\alpha(s)=0$，控制弯曲能量的权值参数 $\beta(s)=1$，那么得到的蛇模型曲线会是光滑的，但蛇模型曲线点是不均匀的；若使控制伸缩能量的权值参数 $\alpha(s)=1$，控制弯曲能量的权值参数 $\beta(s)=0$，那么得到的蛇模型曲线点是均匀的，但蛇模型曲线是不光滑的，这会直接导致蛇模型曲线出现曲率断点，也就是较尖锐的转折点。

4. 蛇模型点的安全约束

如图 4-22 所示，选择蛇模型（p_1，p_2，…，p_n）中的某三个点 p_{i-1}、p_i、p_{i+1} 进行分析，依次连接这三个点可以得到有向线段 $p_{i-1}p_i$、p_ip_{i+1}，这两个有向线段的下侧阴影区代表安全区，左侧非阴影区代表非安全区。假设蛇的某部位在点 p_i 某次运动中移动距离为 r，则我们可以构建一个圆，该圆的圆心为 p_i，半径为 r，并在圆上均匀采样 m 个实心点，则蛇原来在 p_i 的部位将会移动图上某个实心采样点，我们将这种点称为待移到蛇模型点。例如，点 a、b、c 便是这些待移到蛇模型点中的代表，其中点 a 位于阴影区域内，点 b 位于阴影区域外，点 c 位于阴影区域的边界线 p_ip_{i+1} 上。

由图 4-22 可知点 p_i 的待移到蛇模型点的分布，为了判断这些点的位置是否位于阴影区，我们可以利用判断点是否在三角形内的 *CCW*（逆时针，Counterclockwise）检测算法（毋河海，2003），这样就可以得到判断点位置的公式：

$$\begin{cases} (x_{p_i} - x)(y_{p_{i+1}} - y) - (x_{p_{i+1}} - x)(y_{p_i} - y) \geqslant 0 \\ (x_{p_{i-1}} - x)(y_{p_i} - y) - (x_{p_i} - x)(y_{p_{i-1}} - y) \geqslant 0 \end{cases} \quad (4\text{-}28)$$

利用公式（4-28）对点 a、b、c 的选取情况进行如下分析：点 a 位于图 4-22 的阴影区，并且满足公式（4-28），可以从点 p_i 移动到点 a；点 b 位于图 4-22 的非阴影区，不满足公式（4-28），不能从点 p_i 移动到点 b；点 c 位于图 4-22 的阴影区与非阴影区的交界处，仍然满足公式（4-28），可以从点 p_i 移动到点 c。因此，可以得到这样的结论：当圆周上的点满足公式（4-28）时，就可以从点 p_i 移动到该点；否则，便不能从点 p_i 移动到该点。

通过这种控制，实现了蛇模型曲线的单侧移动。

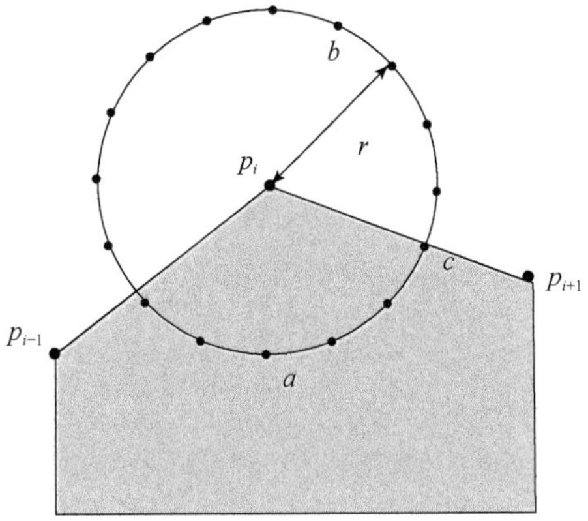

图4-22　蛇模型点的安全约束示意图

4.4.3　蛇模型的海图等深线化简应用

（1）读取某幅海图上某条化简前等深线节点（p_1，p_2，…，p_n）的平面位置信息，并将此等深线看作是一条蛇模型曲线，相应地，等深线节点就为蛇模型点。通过该化简前等深线节点以及等深线两侧一定范围内水深注记的平面位置与深度信息，并以此为依据确定该化简前等深线两侧的浅水区与深水区。

（2）为了提高蛇模型算法的效率，以等深线节点的疏密程度为依据来设置半径 r 的值，一般将半径 r 的值设为该化简前等深线全部节点相邻节点间距离的平均值，即：$r = \sum_{i=1}^{n-1}\sqrt{(x_i - x_{i-1})^2 + (y_i - y_{i-1})^2}\Big/(n-1)$。根据《规范》要求可知，线状要素的位置偏差不大于0.3mm，那么同一等深线节点的相邻待选点间的距离也不应大于0.3mm，由此我们可以设定 m 的值为：$m = 2\pi r/0.03$。

（3）以该化简前等深线的某个节点为例进行分析。首先，得到以该节点为圆心，以 r 为半径的圆，并在该圆上选择 m 个待选点。其次，确定已判断位置的待选点的数量，如果数量为 m，则进入步骤（5），否则进行下一步操作。然后，利用公式（4-26）判断待选点的位置，如果位于深水区，继续判断下一个待选点；如果位于浅水区，进入步骤（4）。

（4）利用公式（4-25）来计算位于深水区待选点的能量，这时 α 与 β 可以采用一组经验值（如分别取0.5），并记录该待选点的能量值，并返回步骤（3）。

（5）比较所有位于深水区待选点的能量值，确定能量值最小的待选点，并将相应等深线节点的平面位置设置为能量值最小的待选点的平面位置。

（6）利用步骤（3）~（5）依次为该化简前等深线中的每个节点，并设置新的平面位置，这样便得到化简后的等深线。

4.4.4　实验与分析

如图 4-23 所示，分别在两幅海图上选择两条相对典型的等深线，图 4-23（a）为 1∶50 000比例尺海图上的某条等深线，图 4-23（b）为 1∶10 000 比例尺海图上的某条等深线。采用上文中的蛇模型算法对它们进行化简。图 4-24（a）所示为从 1∶50 000 比例尺海图化简到 1∶100 000 比例尺海图后的等深线，图 4-24（b）所示为从 1∶10 000 比例尺海图化简到 1∶25 000 比例尺海图后的等深线。

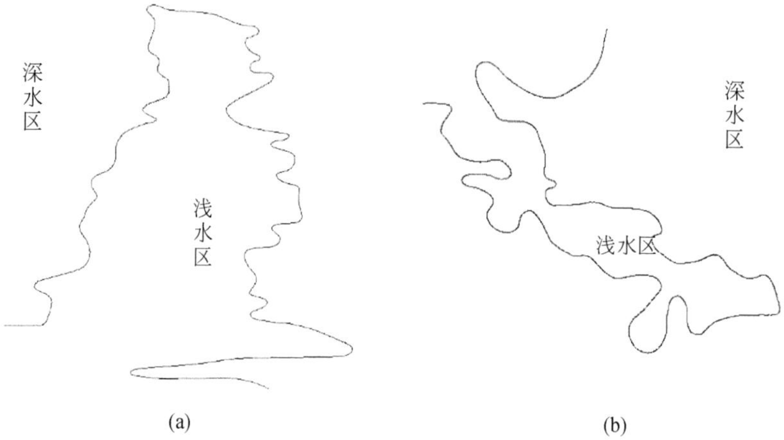

图 4-23　实验化简前等深线

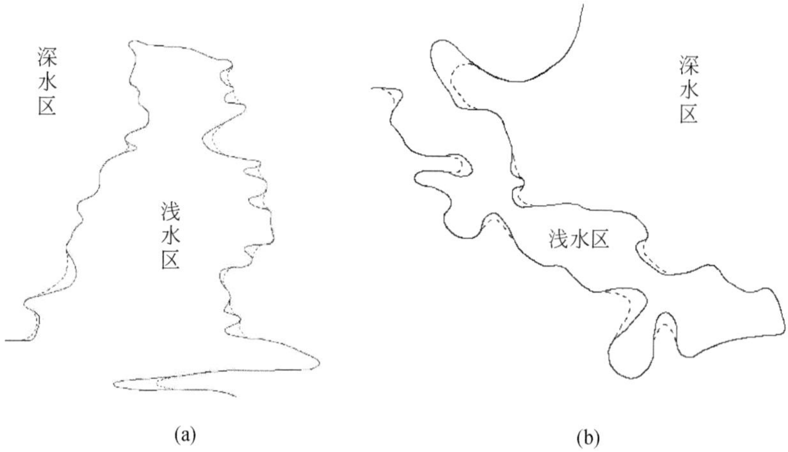

图 4-24　蛇模型算法对等深线的化简

实线为化简前等深线，虚线为化简后等深线

从图 4-24 中可以看出：图 4-24（a）和图 4-24（b）中的虚线均始终位于实线的同一侧，而没有出现在实线的另一侧。并且虚线所处的这一侧正好是化简前等深线的深水区，也就是说，采用蛇模型算法对等深线进行化简时，化简后的等深线始终位于化简前等深线的深水区一侧，没有出现在化简前等深线的浅水区一侧，这就意味着化简后的等深线遵守了“扩浅缩深”的安全性约束准则。

§4.5　基于蛇模型的等深线化简质量调控方法

在上一节，我们着重介绍了蛇模型用于航海图等深线综合，可以做到遵守“扩浅缩深”的安全性约束准则。为了进一步提高算法的其他性能，本节进一步介绍基于蛇模型的等深线化简质量调控方法。

4.5.1　调控方法的基本思想

基于蛇模型等深线化简调控方法的基本思想：针对蛇模型算法无法根据等深线的实际化简需要调控等深线化简质量的问题，从航海图等深线化简质量的定量评估指标与方法考虑，分别计算化简后等深线的航海安全性指标、航行资源表达指标、等深线平滑性指标，并将这些指标的计算值同预设值相比较，如果计算值与预设值不相等（或者说差值在容许的范围之外），则改变等深线的总能量值，再次采用蛇模型算法化简等深线，并再次进行比较；如果计算值与预设值相等（或者说差值在容许的范围之内），则不进行调整，输出等深线。

4.5.2　调控方法的具体实现

参照 4.3 节中已详细介绍的调控方法，首先，读入某幅海图上某条等深线全部节点的图上坐标以及该等深线的深度值，适当地选择该等深线两侧一定范围内的水深注记并录入它们的图上坐标与深度值。通过比较该条等深线节点与水深注记的图上坐标，在该条等深线两侧各选择一个水深注记，并通过比较这两个水深注记与该条等深线的深度值确定该条等深线的深水区与浅水区。然后，通过调整等深线的节点顺序，使得浅水区位于等深线左侧，深水区位于等深线的右侧。接下来，采用 4.4 节中提到的蛇模型算法对调整后的等深线进行化简，总能量值最小的等深线即为化简后等深线。最后，按照下面的步骤对化简后等深线进行调控。

具体调控同样分为基于航海安全性指标的调控、基于航行资源表达指标的调控和基于等深线平滑指标的调控三个方面，具体实现方法和步骤参照 4.3.3 节进行。

4.5.3　实验与分析

如图 4-25 所示，为了比较蛇模型算法与基于蛇模型的等深线化简质量调控方法在等深线化简中的异同，进行了 8 组实验。第 1 组实验中的化简前等深线来源于比例尺为 1∶15 000的数字海图，而化简后等深线是采用蛇模型算法化简得到的［图 4-25（a）］。第 2 组实验中的化简前等深线来源于比例尺为 1∶15 000 的数字海图，而化简后等深线是采用基于蛇模型的等深线化简质量调控方法化简得到的，其中缩深面积百分比为经验值 5.00%［图 4-25（b）］。第 3 组实验中的化简前等深线同样来源于比例尺为1∶15 000的数字海图，而化简后等深线是采用基于蛇模型的等深线化简质量调控方法化简得到的，其中缩深面积百分比设定为 15.00%［图 4-25（c）］。第 4 组实验中的化简前等深线同样取自于比例尺为 1∶15 000 的数字海图，化简后等深线是采用基于蛇模型的等深线化简质量调控方法得到的，其中缩深面积百分比为 40.00%［图 4-25（d）］。

第 5 组实验中的化简前等深线来源于比例尺为 1∶1 000 000 数字海图，而化简后等深线是采用蛇模型算法化简得到的［图 4-25（e）］。第 6 组实验中的化简前等深线来源于比例尺为 1∶1 000 000 数字海图，而化简后等深线是采用基于蛇模型的等深线化简质量调控方法化简得到的，其中缩深面积百分比为 30.00%［图 4-25（f）］。第 7 组实验中的化简前等深线同样来源于比例尺为 1∶1 000 000 的数字海图，化简后等深线是采用基于蛇模型的等深线化简质量调控方法化简得到的，其中缩深面积百分比为经验值 40.00%［图 4-25（g）］。第 8 组实验中的化简前等深线同样来源于比例尺为1∶1 000 000的数字海图，化简后等深线是采用基于蛇模型的等深线化简质量调控方法化简得到，其中缩深面积百分比为 50.00%［图 4-25（h）］。

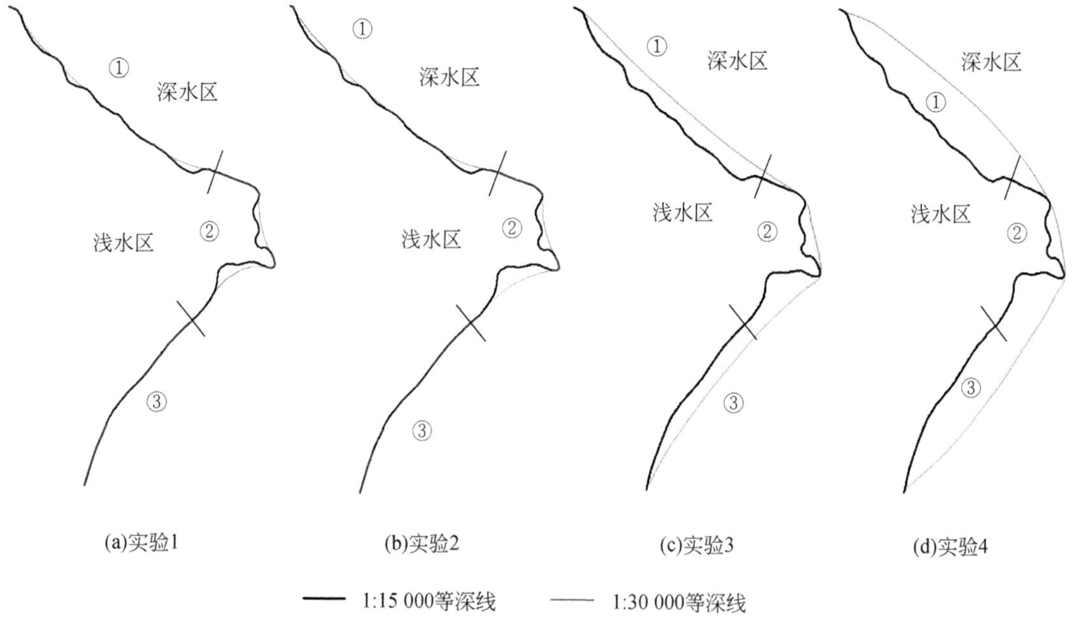

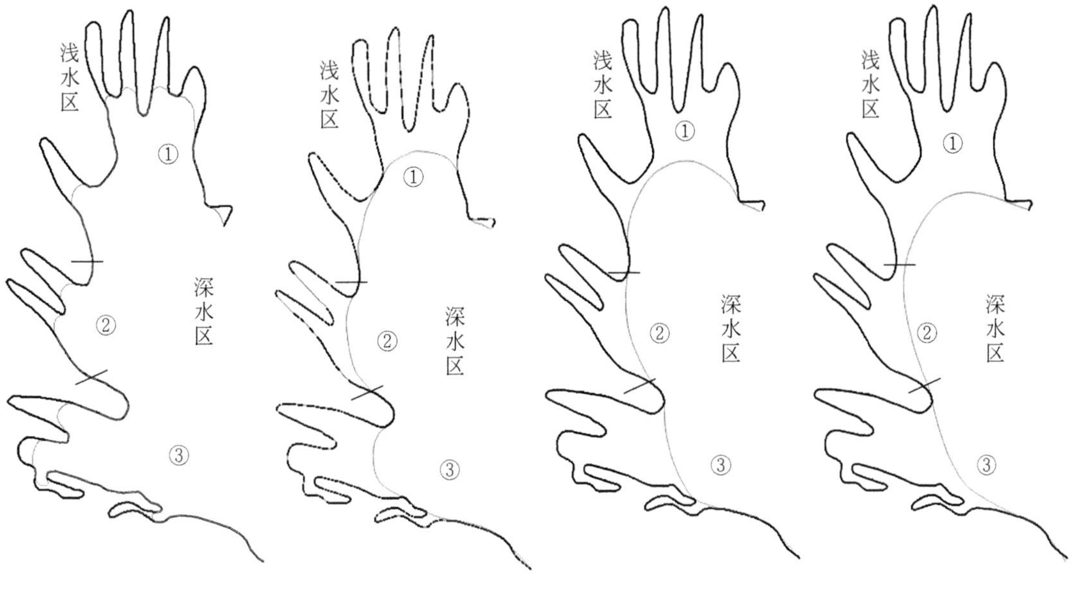

图 4-25　比对等深线

1. 安全性的评估

为了比较蛇模型算法与基于蛇模型的等深线化简质量调控方法在航海安全性上的差异，根据式（4-1）、(4-2）进行计算，形成结果如表 4-8 所示。

表 4-8　化简前后等深线安全性的分析比对

实验编号	等深线化简方法	缩深面积百分比（%）	航海安全性指标	
			扩深长度百分比（%）	平均扩深距离（mm）
1	蛇模型算法	无	0.00	0.00
2	调控方法	5.00	0.00	0.00
3	调控方法	15.00	0.00	0.00
4	调控方法	40.00	0.00	0.00
5	蛇模型算法	无	0.00	0.00
6	调控方法	30.00	0.00	0.00
7	调控方法	40.00	0.00	0.00
8	调控方法	50.00	0.00	0.00

从表 4-8 中可以看出，第 1 组、第 5 组实验中的化简后等深线是采用蛇模型算法化简

得到的，其扩深长度百分比都为 0.00%，平均扩深距离都为 0.00mm，这说明蛇模型算法能够保证化简后等深线遵守航海安全性准则。第 2 组、第 3 组、第 4 组实验中的化简后等深线是采用基于蛇模型的等深线化简质量调控方法得到的，其中缩深面积百分比分别为 5.00%、15.00%、40.00%，并且化简后等深线的扩深长度百分比都为 0.00%，平均扩深距离都为 0.00mm，这说明当采用基于蛇模型的等深线化简质量调控方法对等深线进行化简时，化简后等深线能遵守航海安全性。

2. 航行资源表达的评估

为了比较蛇模型算法与基于蛇模型的等深线化简质量调控方法在航行资源表达上的差异，根据式（4-3）进行计算，具体结果如表 4-9 所示。

表 4-9　化简前后等深线航行资源表达的分析比对

实验编号	化简等深线的方法	缩深面积百分比（%）	
		预设值	计算值
1	蛇模型方法	无	3.76
2	调控方法	5.00	4.95
3	调控方法	10.00	9.36
4	调控方法	20.00	19.56
5	蛇模型方法	无	19.32
6	调控方法	30.00	29.51
7	调控方法	40.00	38.22
8	调控方法	50.00	49.25

从表 4-9 可以看出，第 1、2、3、4 组实验的化简前等深线都来源于比例尺为 1∶15 000的数字海图，其中第 1 组实验所采用的等深线化简方法为蛇模型方法，该实验中的缩深面积百分比无法预先设定，也就是无法调控等深线的化简质量，所得化简后等深线的缩深面积百分比是固定的。第 2、3、4 组实验所采用的等深线化简方法为基于蛇模型的化简质量调控方法，缩深面积百分比的预设值分别为 5.00%、10.00%、20.00%，并且缩深面积百分比的计算值不大于预设值，这与我们从图 4-25 中观察到的化简后等深线的航行资源表达情况一致，这说明基于蛇模型的等深线化简质量调控方法可以调控化简后等深线的航行资源表达情况。其中，第 2 组实验中的缩深面积百分比为经验值，这表明我们可以根据同类型等深线的航行资源表达情况化简等深线。

第 5、6、7、8 组实验的化简前等深线都来源于比例尺为 1∶1 000 000 的数字海图，其中第 5 组实验所采用的等深线化简方法为蛇模型方法，该实验中的缩深面积百分比无法预先设定，也就是无法调控等深线的化简质量，所得的化简后等深线的缩深面积百分比是固定的。第 6、7、8 组实验所采用的等深线化简方法为基于蛇模型的化简质量调控方法，缩深面积百分比的预设值分别为 30.00%、40.00%、50.00%，并且缩深面积百分比的计算值不大于预设值，这与我们从图 4-25 中观察到的化简后等深线的航行资源表达情况一致，这说明基于蛇模型的等深线化简质量调控方法可以调控化简后等深线的航行资源表达情况。其中，第 7 组实验中的缩深面积百分比为经验值，这表明我们可以根据同类型等深线的航行资源表达情况化简等深线。

3. 平滑性的评估

为了比较采用蛇模型算法与基于蛇模型的等深线化简质量调控方法化简得到的等深线在平滑性方面的差异，将图 4-25（a）、（b）、（e）、（g）中的等深线分别分为 3 段，根据式（4-5）~（4-11）进行计算，具体结果如表 4-10 所示。

表 4-10　等深线的弯曲度与光滑离差的分析比对

实验编号		化简等深线的方法	缩深面积百分比预设值（%）	化简后等深线的弯曲度	化简后等深线的光滑离差
1	①	蛇模型算法	无	0. 32	0. 027
	②			0. 99	0. 024
	③			0. 18	0. 036
2	①	调控方法	5. 00	0. 30	0. 025
	②			1. 02	0. 021
	③			0. 17	0. 034
5	①	蛇模型算法	无	2. 01	0. 032
	②			2. 09	0. 022
	③			1. 98	0. 028
7	①	调控方法	40. 00	1. 08	0. 034
	②			1. 24	0. 025
	③			1. 17	0. 027

从表 4-10 中可以看出，第 1 组、第 2 组实验中的化简后等深线分别是采用蛇模型算法和基于蛇模型的等深线调控方法化简得到的，两实验中化简后等深线的弯曲度基本相等，且光滑离差也基本相等。这说明在等深线较为平缓的区域，无论采用蛇模型算法还是调控方法，得到的化简后等深线的平滑程度基本相同，并且符合等深线化简的平滑性要求。第 6 组、第 7 组实验中的化简后等深线分别是采用蛇模型算法和基于蛇模型的等深线调控方法化简得到的，两实验中化简后等深线的光滑离差的数值基本相等，而第 5 组实验中化简后等深线的弯曲度大于第 7 组实验中的化简后等深线。通过表 4-10 中第 5 组和第 7 组实验的缩深面积百分比，我们可以发现采用蛇模型算法化简后的等深线虽然能够显示更多的航行资源，但是弯曲程度较大，而采用调控方法化简后的等深线弯曲程度明显减小。这是因为蛇模型算法仅能根据由等深线弯曲设定能量的减小实现等深线的化简，而无法根据航行资源的表达情况定量调控等深线的化简，基于蛇模型的等深线调控方法能够根据航行资源的表达情况和等深线的弯曲情况调控等深线的化简。

第 5 章　海岸线的自动化简

海岸，广义上指海岸带，它位于大陆和海洋的交接地带，是海洋与陆地相互接触、相互作用的场所，呈宽窄不一的条带状延伸在海陆交界处。海岸线和海岸性质组成了一条完整的海岸。海岸在经济建设、国防建设和科学研究等方面都具有重要的作用。海岸线的自动制图综合也是海图自动制图综合中的重要一环。

§5.1　海岸线综合的基础理论

5.1.1　海岸线的概念及表示

1. 海岸线的概念

海图上表示的海岸，即海岸阶坡，由海岸线和海岸性质两个要素构成。

海岸线即水涯线，系指海水面与陆地接触的分界线。无潮海是以平均海平面的水涯线作为岸线，有潮海的海岸线是按多年的平均大潮高潮面所形成的实际痕迹线测绘的。

海岸性质，指海岸阶坡的组成物质（包括海滨生物）及其高度、坡度和宽度。

2. 海图上海岸的表示方法

海图上，实测岸线用一条实线表示，草绘岸线用虚线表示（图 5-1）。海岸性质用各种符号并配以文字注记表示（图 5-2）。

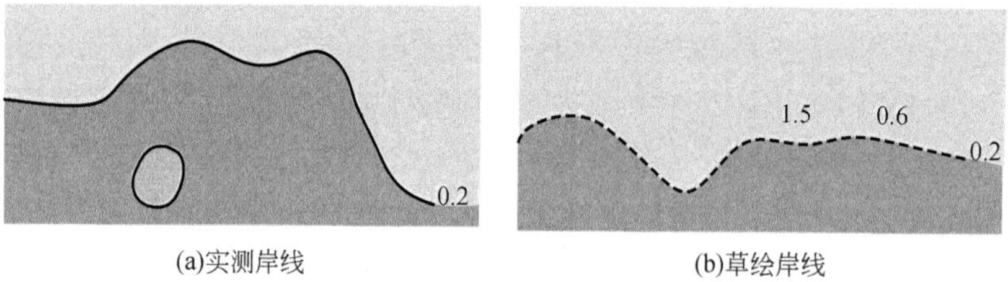

(a)实测岸线　　(b)草绘岸线

图 5-1　实测与草绘岸线的表示

5.1.2　岸线化简的基本准则及内容

海岸线制图综合主要包括海岸线的形状化简以及海岸性质概括两方面，其具体的基本

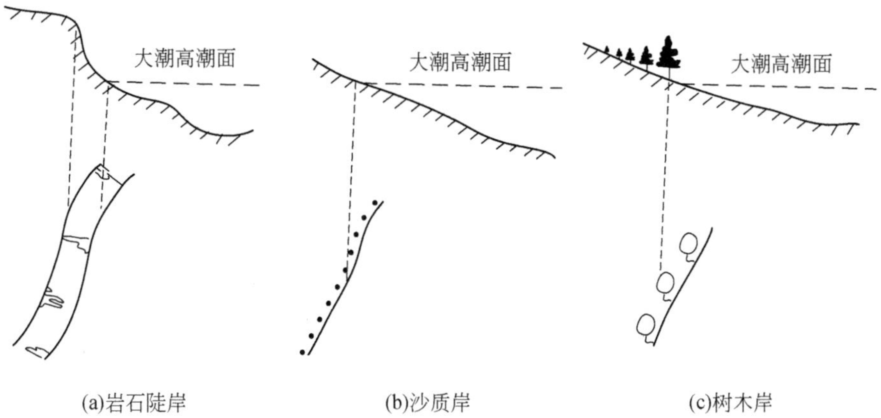

图 5-2　不同性质海岸的表示

准则以相关方法如下。

1. 基本准则

1）海岸线综合的基本准则

在各种比例尺图上，都应详细、准确地表示好海岸线。海岸线的化简，应在保持主要特征点位置准确并能反映出其自然弯曲程度的前提下，遵循扩大陆部、缩小海部的原则。表示海岸线的具体规定如下。

（1）在比例尺大于 1∶200 000 的海图上，应区分实测岸线和草绘岸线，当草绘岸线的长度小于 10mm 时，用实测岸线表示。其他比例尺的海图上，均以实测岸线表示。

（2）未测量高岸线的地段，低岸线应予以表示。有高岸线时，低岸线一般不予表示。

（3）通海江河在有水深注记的地段，其岸线以海岸线表示；其他地段以一般的江河岸线表示。海岸线与江河岸线连接要自然。

2）海岸性质概括的基本准则

中国大陆地区表示陡岸、沙质岸、磊石岸、加固岸、树木岸五种海岸性质，海堤（习称堤岸）亦应表示。港、澳、台及外国地区，海岸性质按原资料表示。各种比例尺图上海岸性质的综合指标如下。

（1）比例尺大于 1∶200 000 图上，表示长于 5mm 的陡岸、长于 10mm 的其他海岸和海堤。

（2）1∶200 000 ~ 1∶490 000 图上，表示长于 5mm 的陡岸，其他海岸性质不予表示。

（3）1∶500 000 及更小比例尺图上，不表示海岸性质。

2. 海岸制图综合的基本内容

海岸的制图综合表现为岸线的形状化简和海岸性质的质量概括两个方面。

1）海岸线的形状化简

（1）在一般情况下，海岸线的形状化简应遵循“扩大陆地、缩小海域”的原则，即只能舍去小海湾而不能舍去岬角。但有时为了突出显示某一深入陆地的小海湾，也可以将海湾适当夸大表示。这种“扩陆缩水”的化简原则，在大中比例尺图上特别是航海图上应严格执行。

（2）在小比例尺图上，海岸线的形状化简应以反映海岸的类型特点为主要原则，即应尽更能保持海岸线平面图形的类型特征。因为，小比例尺海图主要供远洋航海使用，此时海岸与航行的关系极小，并且此时岸线上的任何一个小弯曲都对应着实地上较大的范围，并非同实地上的单一弯曲相对应，因而也就失去了其位置和形状的严格的精度意义，只能作为一条海陆分界线。

（3）用不同的“笔调”反映不同类型海岸的弯曲特点。不同类型的海岸，其曲折程度和弯曲形状往往有很大的不同。例如，各种冲积海岸，从宏观上看是平直光滑的，从局部上看却是由大大小小的弯曲所构成的，但这些弯曲都是圆滑的而非尖锐剧变的。因而在删除弯曲时，应以“软笔调”表现这种圆滑弯曲的特点。相反地，各种侵蚀型的海岸不仅岸线曲折多弯，而且弯曲多呈尖锐的锯齿状，因而化简岸线时应采用“硬笔调”来表现其尖锐弯曲的特征。

（4）强调反映不同类型海岸的弯曲特征，除了采用上述两种不同的“笔调”外，还要保持各段岸线间的曲折对比。海岸的不同地段之间（即使是在同一类型的海岸中）弯曲程度会有大有小，弯曲个数有多有少，即在客观上存在着弯曲程度的差异和对比，经过岸线图形化简后，仍然要保持这种对比关系。

2）海岸性质的概括

随着海图比例尺的缩小，各种性质的海岸在图上长度也缩短，达不到最小尺度的要求，因此有必要加以概括。海岸性质概括的方法主要有删除、夸大和转换三种。

（1）删除。

“删除”即不表示短小海岸的海岸性质。当某种性质的海岸地段在图上比较短小，其长度小于规定的最小尺度时，可舍去表示该海岸性质的符号或注记，并以普通岸线表示。性质取舍的尺度标准，对不同种类的海岸是不同的，且随海图用途和比例尺而变化。例如，比例尺大于1∶100 000的海图上，树木岸、芦苇岸和丛草岸的取舍尺度是10mm，其他各类海岸性质的取舍尺度为5mm。但这种尺度标准并不能完全决定海岸性质是否表示或删除，还应顾及该性质海岸所处的位置及其作用。

（2）夸大。

“夸大”用于表示短小海岸的海岸性质，即有目的地选择一些未达到选取尺度标准但具有特殊或重要意义的海岸区段，人为地延长其特殊性质的海岸的图上长度并加以表示。有些性质的海岸虽然短小，但由于此种类型海岸所特有的典型性，或者由于该段海岸所处位置的重要性，该段（种）海岸性质具有重要意义，应在图上夸大至最小尺度表示出来。例如，位于岬角处的岩石岸，往往伴随有凸出于海中的岩石滩，当其长度小于尺度标准时，可将其夸大表示，以使海岸与干出滩相协调。

（3）转换。

“转换”即性质转换，是以主要性质的海岸代替次要性质的短小海岸。当两种性质比较接近的海岸毗邻时，可以将其中较短的不足尺度标准的一种性质的海岸，合并（转换）到另一性质的海岸中。但必须注意的是，这种海岸性质的转换（合并或代替）并非是任意的，它只能是在性质比较接近的岸段之间进行。例如，岩石陡岸和非岩石陡岸之间，砾质岸、沙质岸和磊石岸之间，芦苇岸和丛草岸之间等，都可以进行海岸性质的转换。但当海岸性质相差较大时，则不能实施性质转换，一般是将短小的海岸性质舍去，或者将其夸大表示。

由于对海岸性质自动概括的研究还很少，本书接下来只以上述两种方法为例，介绍海岸线的形状化简。

§5.2　基于骨架线“桥接”双向缓冲区模型的海岸线化简方法

当前海岸线化简方法主要有双向缓冲区方法（高王军等，2009；董箭等，2017；唐露露等，2019a）和指标化简方法（陈惠荣等，2011；AI et al.，2014；刘欢等，2010；黄亚锋等，2013；杜佳威等，2018a；艾廷华等，2001a；翟仁建等，2009）两类。双向缓冲区方法利用其缩小或填平凹部的特性实现海岸线化简，但由于其基于固定半径的滚动圆进行变换，在一些瓶颈区域容易出现“潟湖沙嘴封死”、“岛礁上岸”、“海岸线相交”现象［图 5-3（a）、图 5-3（b）、图 5-3（c）］。指标化简方法通常是采用弯曲识别方法［单调段识别方法（陈惠荣等，2011；刘欢等，2010）或 Delaunay 三角网法（AI et al.，2014；黄亚锋等，2013；杜佳威等，2018b；艾廷华等，2001b；翟仁建等，2009）］对弯曲进行识别，并以海岸线弯曲的高度（最大垂距）、深度、面积、宽度以及骨架线长度等作为化简的指标，对弯曲进行取舍以达到化简的目的。这类方法可避免上述“潟湖沙嘴封死”、“岛礁上岸”的现象，但由于其针对单一海岸线进行处理，在弯曲进行取舍时，对弯曲处与附近海岸线之间的空间关系考虑不足，仍避免不了“海岸线相交”现象［图 5-3（d）］。且上述两类方法对于一些相对较为狭窄的海峡区域［图 5-3（e）］，当比例尺缩小以后，不能有效处理邻近距离较小的问题，容易出现“海岸线相接”的视觉性错误。

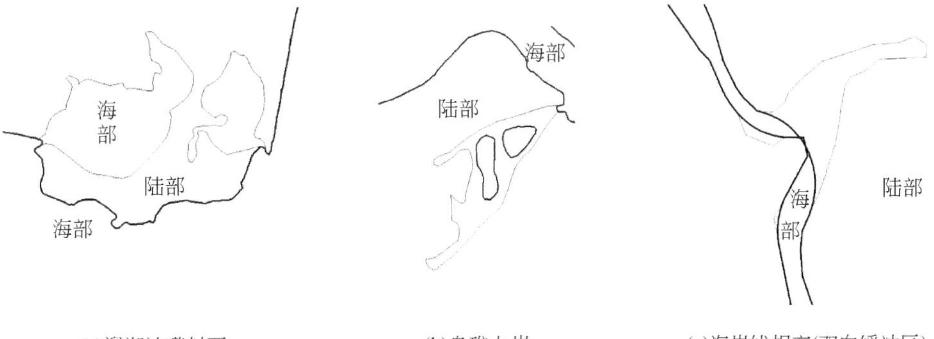

(a)潟湖沙嘴封死　　(b)岛礁上岸　　(c)海岸线相交(双向缓冲区)

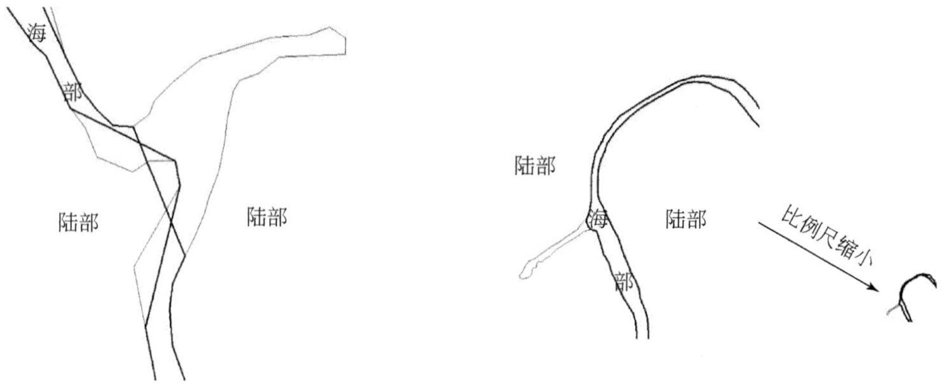

(d)海岸线相交(Delaunay三角网方法)　　(e)视觉错误

图 5-3　常见海岸线化简图理性问题示意图

双向缓冲区方法作为一种应用广泛的线要素化简方法，常用于海岸线、等深线的化简，其化简结果较为平滑，且化简的质量与缓冲区变换的半径相关，但该方法最大的缺陷在于其难以对“瓶颈”区域进行较好的化简，缺乏不同海岸线之间的空间邻近关系探测，容易出现上述“潟湖沙嘴封死”、“岛礁上岸”、“岸线相交”等图理性错误，因此，本节针对这一问题，结合海岸线的骨架线，对双向缓冲区方法进行改进，对其优点予以保留的同时，改进其在“瓶颈”区域化简效果不佳的缺陷。

5.2.1　双向缓冲区方法

1. 基本原理

双向缓冲区方法化简海岸线的基本过程如下：如图 5-4（a）所示，对于待化简原始海岸线 l，首先以固定距离 r 为半径向海部一侧作外缓冲区（称为缓冲区外变换），然后对外缓冲区边界 l^{+} 以固定距离 r 为半径向陆部一侧作内缓冲区（称为缓冲区内变换），并将内缓冲区的边界 l' 作为化简后海岸线［图 5-4（b）］。

由图 5-4（b）可以看出，该方法对弯曲凹部进行了一定的化简，而其凸部则进行了保持，且其化简的尺度与变换半径 r（称为缓冲距）有关，变换半径 r 越大，化简尺度越大（高王军等，2009；董箭等，2017）。

2. 存在的缺陷

根据基本原理中的相关描述可以看出，对于一般类型海岸线，双向缓冲区方法可以得到较为平滑且满足《规范》要求的化简结果，但在一些“瓶颈”区域，该方法会出现“封死”现象。如图 5-5（a）所示，对该区域原始海岸线向海部一侧作外缓冲区，从图中可以看到该缓冲区在“瓶颈”区域（图中圆圈标识区域）出现了重叠，使得该缓冲区出

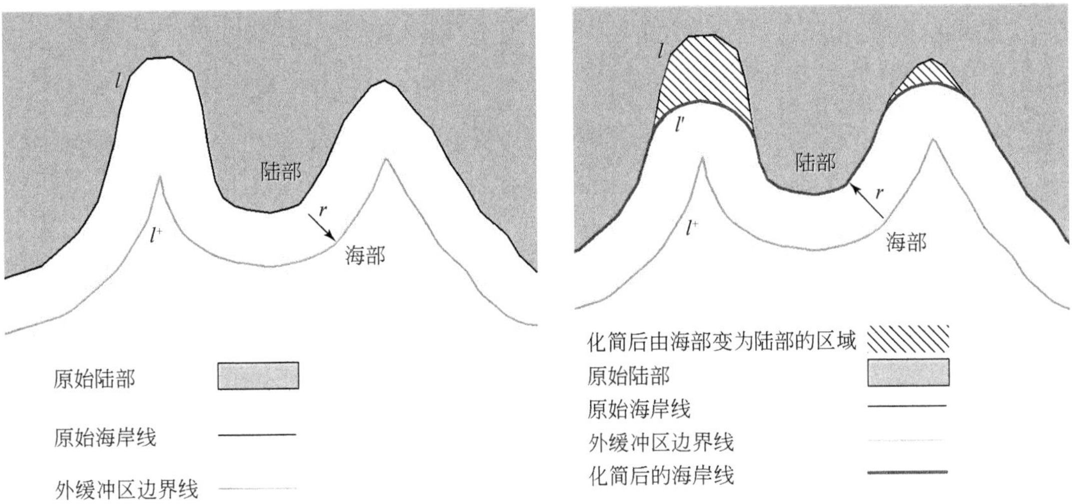

(a)缓冲区外变换 (b)缓冲区内变换

图 5-4 双向缓冲区方法化简原理示意图

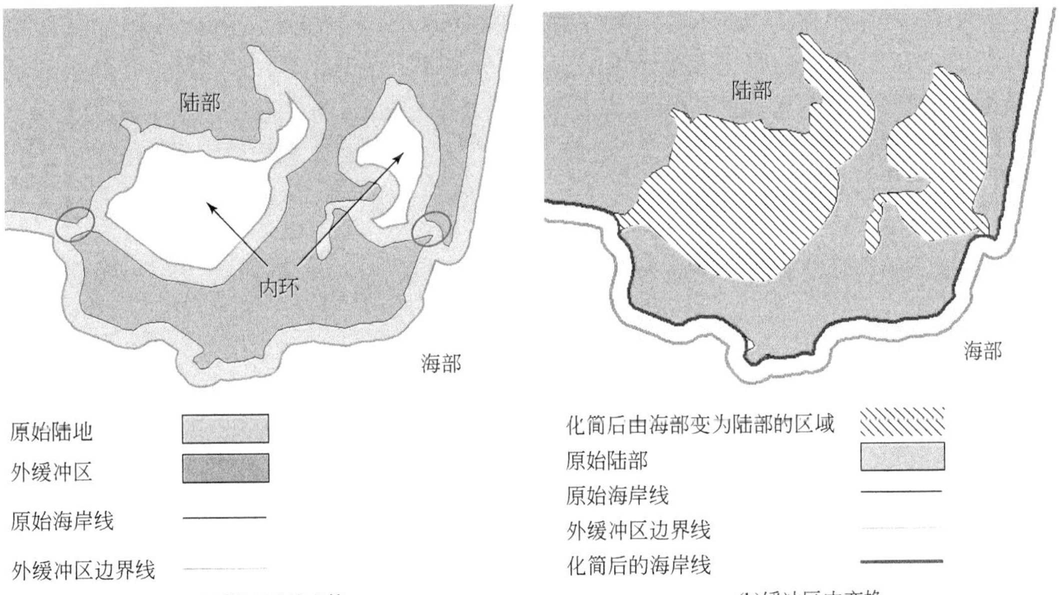

(a)缓冲区外变换 (b)缓冲区内变换

图 5-5 双向缓冲区方法缺陷示意图

现了两个内环。而根据现有的双向缓冲区方法，这些内环将被忽略，之后对其外缓冲区边界线向陆部一侧作内缓冲区［图 5-5（b）］，并得到化简后的海岸线。由图 5-5（b）可以看到，在该缓冲区半径下，化简后的海岸线将潟湖沙嘴“封死”，导致大片的海域化为陆地，说明该方法化简尺度过大，改变了原有的地理特征，使得化简结果不能满足《规范》的相关要求。

5.2.2　岸骨架线“桥接”双向缓冲区

1. 基本思想

通过前文的分析可知，双向缓冲区方法出现错误的主要原因是该方法在缓冲区内变换过程中对外缓冲区中的内环予以忽略，未能有效顾及其局部细节，从而导致“瓶颈”被封死，造成化简结果不能满足《规范》相关要求。因此，本书尝试将这些内环予以保留，并进行适当地处理，以提高化简质量。

如图 5-6 所示，对图中所示区域海岸线进行缓冲区外变换，由于该区域包含部分瓶颈区域，从而导致外缓冲区出现内环［图 5-6（a)］，首先尝试直接对包含内环的外缓冲区进行双向缓冲区内变换，可得到如图 5-6（b）所示结果图，从图中可以看到，即使将外缓冲区内环进行保留，其化简结果仍会出现瓶颈区域“堵死”的现象。因此，本书提取了海岸线骨架线［图 5-6（c)］，不难发现，骨架线可将外缓冲区的内环以及缓冲区边界线进行较好的连接，且骨架线本身反映了该区域海岸线的形态特征。因此，将连接外缓冲区内环与边界线的这部分骨架线提取出来（称为“桥接”骨架线)，并以缓冲距为半径构建缓冲区［本书中的缓冲距采用人眼最小识别距离的 1/2，因此将以该距离为半径的缓冲区称为视觉缓冲区，如图 5-6（c）所示］。然后，将图 5-6（b）中被“堵死”的“瓶颈”区域采用视觉缓冲区进行替代，并对其中的“瓶颈”区域进行了适当地自适应夸大，从而实现了局部细节部分与原始化简结果线之间的“桥接”［图 5-6（d)］，提高了原双向缓冲区方法化简质量。

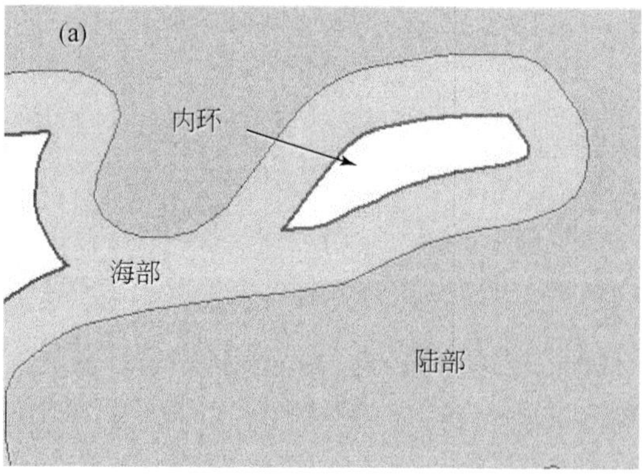

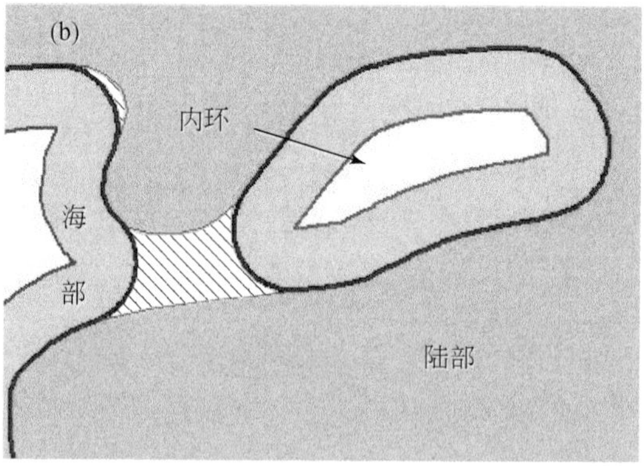

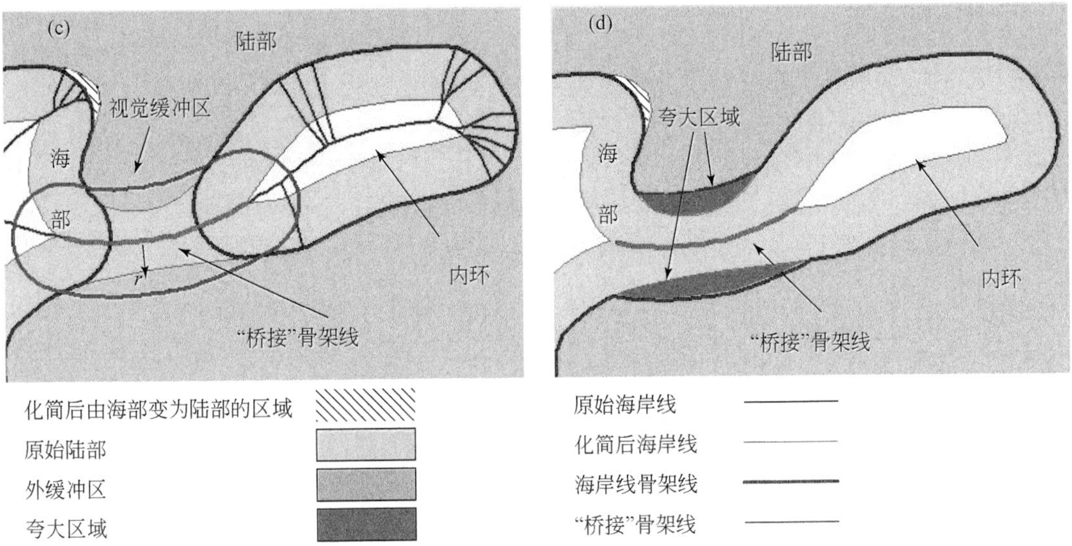

图 5-6　岸线骨架"桥接"双向缓冲区法原理图

需要说明的是，对于同一个弯曲存在多个内环的情形，其基本原理与上述仅存在一个内环的情形类似，此处不再赘述。本书方法的主要流程如图 5-7 所示。

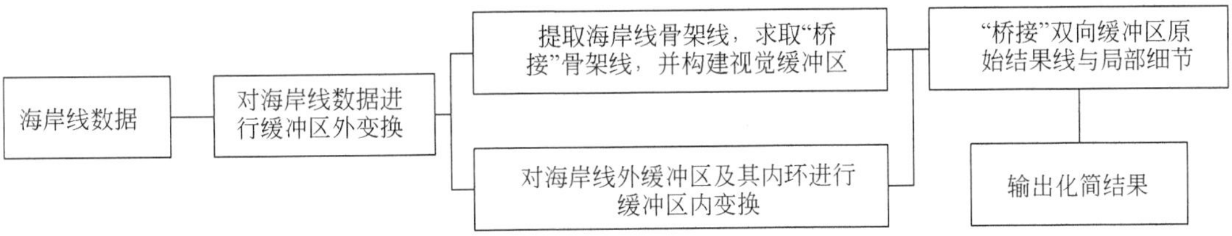

图 5-7　岸线骨架"桥接"双向缓冲区法流程图

2. 关键性步骤

1）视觉约束下的缓冲距确定

缓冲距（缓冲区变换的半径）的大小直接控制着海岸线化简的尺度，对海岸线化简的质量具有直接的影响，因此，如何科学地确定缓冲距对提高海岸线化简质量具有十分重要的意义。本书主要从视觉约束条件出发，对缓冲距与化简尺度之间的原理进行深入探索研究，以求得出缓冲距与化简尺度之间的关系。

根据文献（董箭等，2017）的相关描述，双向缓冲区实际上近似滚动圆变换，化简过程实际上可看做滚动圆滚动的过程［图 5-8（a）］，其外缓冲区边界为滚动圆圆心轨迹，而内缓冲区边界（即最终的化简结果线）为滚动圆与待化简海岸线切点的运动轨迹。其中未能与滚动圆相接触的部分采用滚动圆边界进行替代，即被化简区域。将这一过程抽象如图 5-8（b）所示，FG，HI 为宽度为 v 的海岸线局部线段，线段 FAG，HBI 为海岸线的中心线，圆 O 为半径为 r 的滚动圆，点 A、B 为滚动圆与海岸线中心线的切点，连接两切点交海岸线边界于点 C、D，线段 OA 交海岸线边界线于点 E，根据滚动圆变换原理，则其中海岸线的 AG 至 HB 段将被化简。考虑到视觉性约束原则（杜佳威等，2018a）（即化简后的海岸线不存在不可视部分），则有 $CD=svo$（其中 svo 表示人眼可分辨的最小距离）。设 $\angle CAE=\alpha$，根据圆的相关定理，则有

$$2r\cos\alpha-2\left(\frac{\frac{v}{2}}{\cos\alpha}\right)=svo \tag{5-1}$$

可得

$$r=\frac{svo\cos\alpha+v}{2\cos^2\alpha} \tag{5-2}$$

当 $\alpha=0$ 时，可得极值 $r=\frac{v+svo}{2}$（v 为海岸线线划宽度，svo 为人眼可识别的最小距离），由此得到顾及视觉性约束条件的缓冲距与海岸线线划宽度及人眼可识别最小距离之间的关系式。

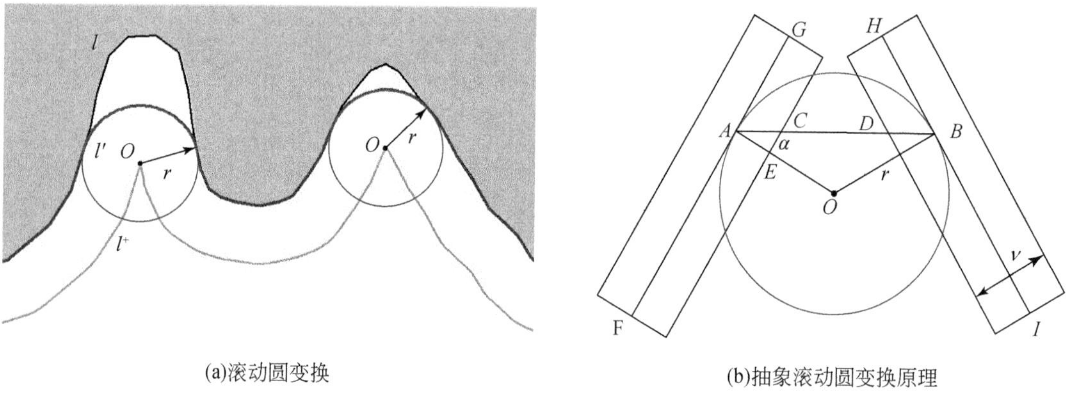

图 5-8　缓冲距求取过程示意图

2）海岸线骨架线二叉树构建

根据前文所述基本思想，在对海岸线进行外缓冲区变换以后，接下来就需要对“桥接”骨架线进行提取。桥接骨架线的提取建立在海岸线骨架线提取的基础上，线要素骨架线提取方法相对较多（陈惠荣等，2011；黄亚锋等，2013；艾廷华等，2001a；艾廷华等，2001b；翟仁建等，2009；杜佳威等，2018b；张立华等，2019）。本书首先根据海岸线上的数据点构建约束 Delaunay 三角网，提取位于海部区域的三角形；然后借鉴文献（艾廷华等，2001b）所提三角形分类方法（三角形所邻近三角形的数目）将三角形分为Ⅰ类、Ⅱ类、Ⅲ类三角形，并依据三角形之间的邻近关系（将两邻近三角形的公共边称为邻近边）将三角形之间的骨架线进行连接，Ⅰ类三角形连接邻近边相对的顶点与三角形外心以及邻近三角形外心，Ⅱ类三角形以及Ⅲ类三角形连接该三角形外心与邻近三角形的外心（图 5-9）；最后，按照文献（高朝，2016）所述方法构建骨架线二叉树（图 5-10）。

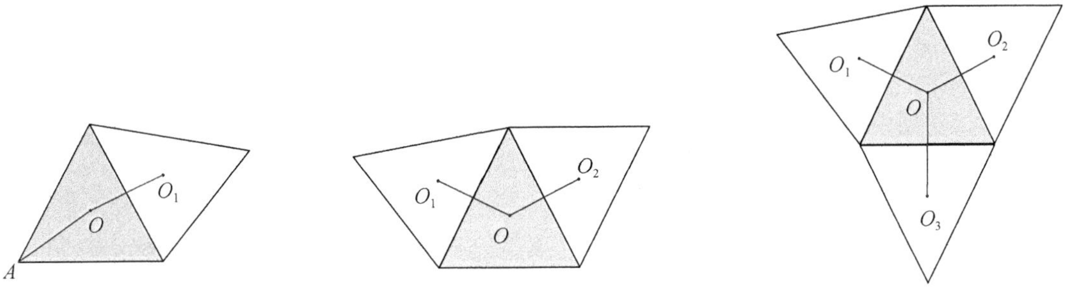

(a) Ⅰ类三角形　(b) Ⅱ类三角形　(c) Ⅲ类三角形

图5-9　三类三角形骨架线的连接

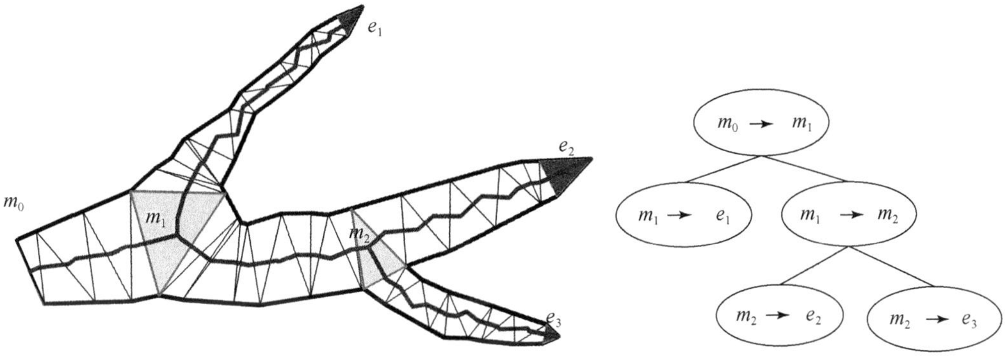

(a)骨架线构建　(b)骨架线二叉树

图5-10　海岸线骨架线二叉树模型

3）“溯源”算法提取“桥接”骨架线

在骨架线二叉树构建完毕以后，接下来就需要对骨架线与各内外环进行匹配，并提取“桥接”骨架线，结合图5-11，将“桥接”骨架线提取方法描述如下。

步骤一：内环与二叉树节点匹配。根据前文所述方法构建骨架线二叉树，并遍历该二叉树节点，判断节点所含骨架线部分与内环是否相交，记录下与本节点骨架线相交的所有内环编号［例如图5-11（a）中的节点$m_2 \rightarrow m_5$，该节点的骨架线与编号为1、2的内环多边形相交，因此将该内环编号记录在该节点中，如图5-11（b）所示］。

步骤二：顺序选取末端节点，由该末端节点［这类节点不存在子节点，如图5-11（a）中的节点$m_2 \rightarrow e_1$］开始向上回溯，若全体末端节点均被标记，则“桥接”骨架线提取完毕，将其提取结果进行输出，否则根据步骤一中所记录的相交内环编号以及节点所含骨架线提取“桥接”骨架线。首先由末端节点向上层父节点开始回溯，直到找到节点存在与其骨架线相交的内环为止，分以下几种情形进行讨论。

（1）若未能寻找到与之相交的内环。

这种情形表明，该骨架线二叉树流路上不存在需要“桥接”部分，无需操作（例如节点$m_0 \to e_0$），将该末端节点进行标记，转步骤二。

（2）若存在一个或多个内环。

记录下所有内环编号，并将该节点骨架线存储于变量L_{skeleton}中，将该末端节点进行标记，转步骤三。

步骤三：继续向上层父节点进行回溯，若存在与之相交的内环，则将其内环编号进行记录，并将该父节点骨架线并入变量L_{skeleton}中，不断重复步骤三，直到达到根节点，转步骤四。

步骤四：提取变量L_{skeleton}骨架线（以下简称变量骨架线）中的“桥接”部分。结合图5-11，将求取过程描述如下。首先将该变量骨架线与外环（外缓冲区边界）多边形求“交”运算，求得外环内部的部分骨架线，然后利用该外环内部骨架线与内环多边形作“差”运算，得到骨架线片段［以变量L_{skeleton}骨架线$e_7 m_5 m_2 m_1 m_0$为例，将其与外环多边形求“交”，并与编号为1、2、3的内环多边形作“差”运算，则可得到骨架线片段AB、CD、EF、GH，如图5-11（c）所示］，随后判断这些骨架线片段与上述内环以及外环边界是否相邻，提取出其中相邻数目为2的骨架线片段，即为“桥接”骨架线［例如图5-11（c）中的骨架线片段AB仅与编号为3的内环相邻，因此不予提取］，之后转步骤二［最终所求“桥接”骨架线如图5-11（d）所示］。

4）原始结果线与局部细节的“桥接”

前文主要对“桥接”骨架线的提取进行了较为详细的描述，在提取“桥接”骨架线以后，接下来就需要利用该“桥接”骨架线对海岸线的化简结果线以及局部细节部分进行桥接，结合图5-12，其具体步骤描述如下。

步骤一：对外缓冲区边界以及各内环作内缓冲区变换，得到原始化简结果线以及局部细节［图5-12（a）］，转步骤二；

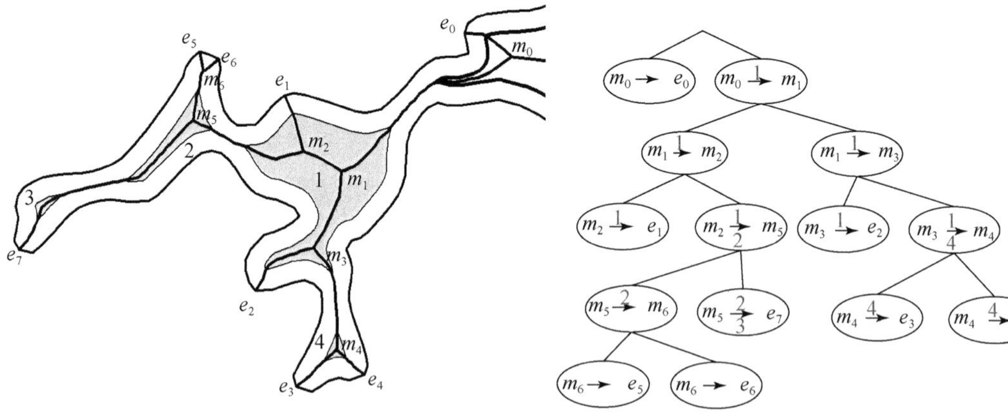

(a)骨架线二叉树与内环多边形　　(b)匹配后的骨架线二叉树

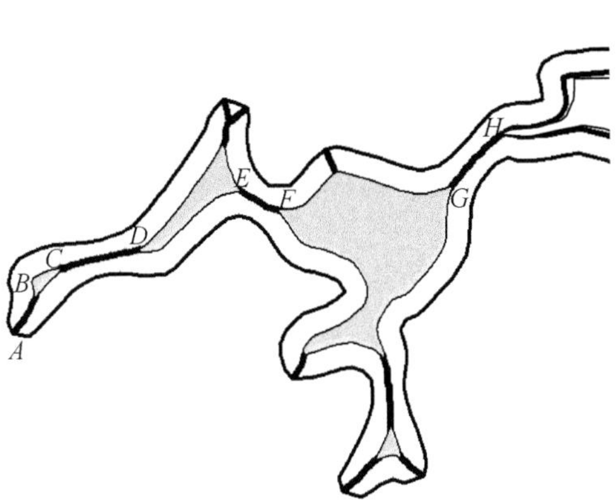

(c)骨架线“桥接”部分求取过程图

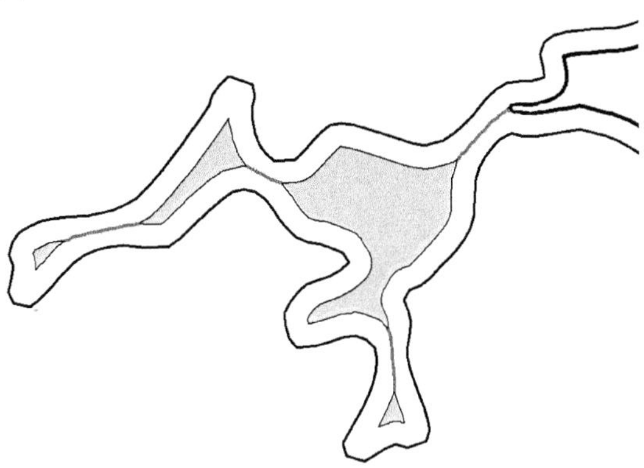

(d)所求“桥接”骨架线

图 5-11　“桥接”骨架线提取示意图

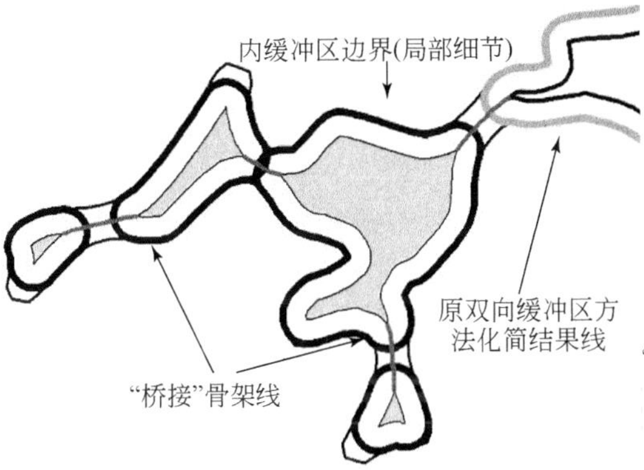

(a)内缓冲区变换

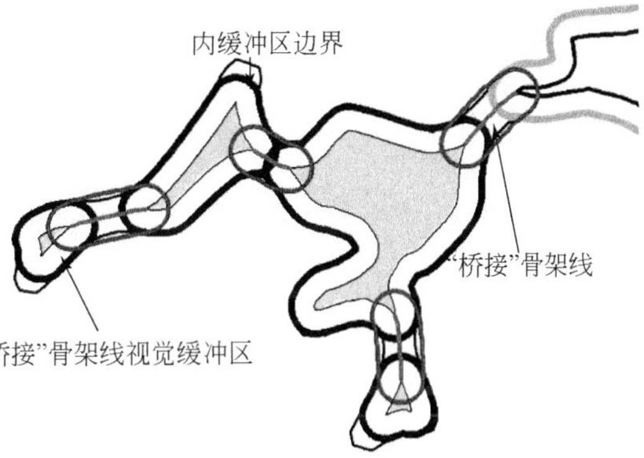

(b)“桥接”骨架线视觉缓冲区

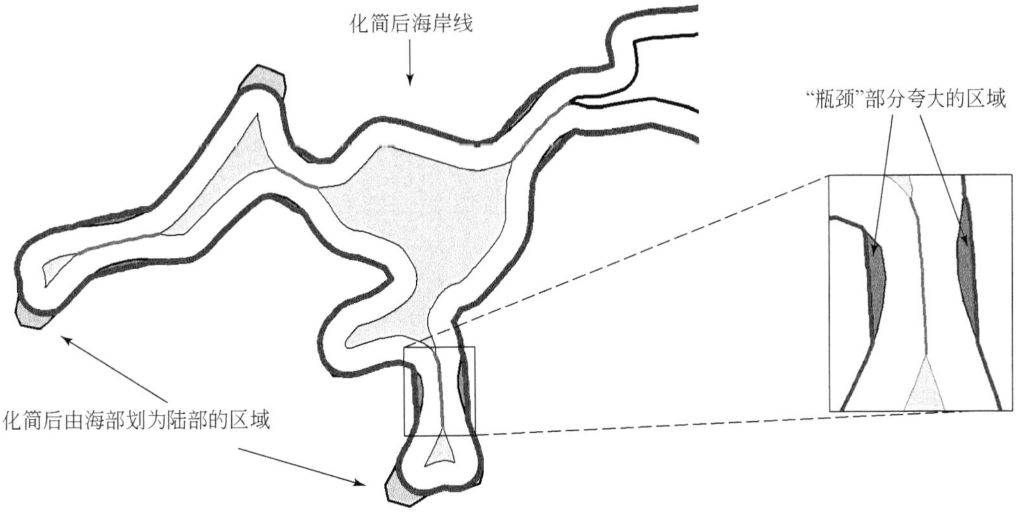

(c)“桥接”后的结果图

图 5-12　“桥接”过程示意图

步骤二：根据3）中所提取的“桥接”骨架线，以1）中所求得的缓冲距为半径，作“桥接”骨架线视觉缓冲区［图5-12（b）］，转步骤三；

步骤三：将原始化简结果线多边形与“桥接”骨架线视觉缓冲区以及局部细节内环多边形作“差”运算，得到经“桥接”后的化简结果海岸线，输出化简结果［图5-12（c）］。

5.2.3 实验与分析

1. 方法有效性评估

为对上述方法的有效性及适用性进行验证，选取潟湖海岸、河口海岸以及复杂海岸三种典型海岸线进行实验，将海岸线宽度 v 设置为0.01cm，人眼最小识别距离 $svo=0.02$cm，根据缓冲距设置公式，将缓冲区变换宽度以及“桥接”骨架线视觉缓冲区宽度设置为0.015cm，基于GDAL/OGR库的缓冲区函数，并利用C++编程实现以下实验。为了对化简结果进行更好的展示，将化简前后的海岸线同时在图中绘出，其中线条（▭）为化简过后的海岸线，而线条（▭）则为原始海岸线。

从以上化简结果可以看出，海岸线化简尺度随着比例尺的缩小而逐渐增大，符合渐进性化简原则，且化简结果较为平滑，化简质量较好。由图5-13来看，本书方法基本保持了该区域海岸线的基本形态，对于其中的入海口（图中圆圈1所示）始终进行了保留，且在比例尺缩小以后，对该入海口以及局部狭窄区域（图中圆圈2和3所示）进行了适当地自适应夸大。对于图5-14所示的潟湖区域海岸线，其最为主要的特征在于其潟湖沙嘴（图中圆圈1所示）是否予以保留。从图中来看，该区域的潟湖沙嘴始终进行了保留，并对沙嘴以及局部狭窄区域（图中圆圈2和3所示）进行了自适应夸大。而对于图5-15所示海区，其海岸线分布相对较为复杂，包含了众多瓶颈狭窄区域以及狭长弯曲，可对方法

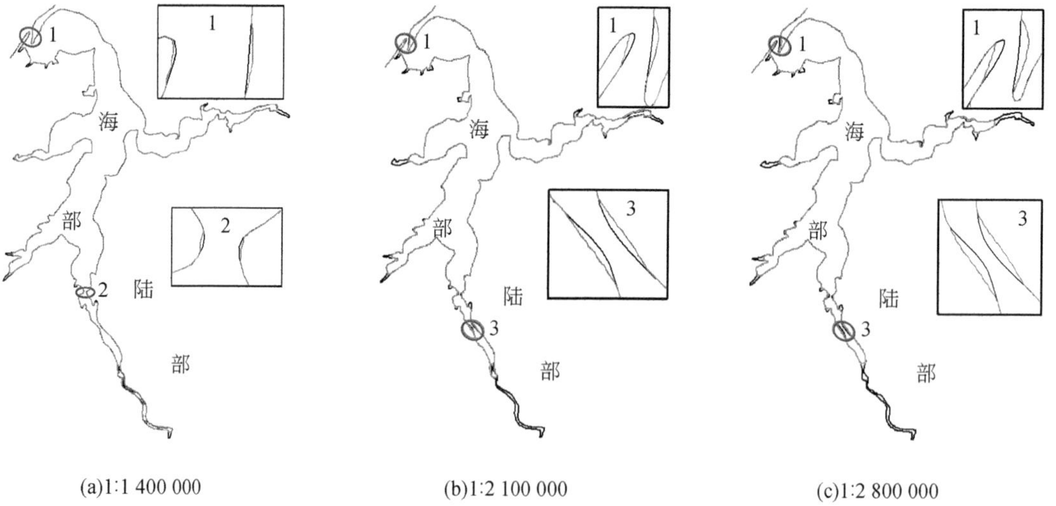

图5-13 利用岸线骨架“桥接”双向缓冲区法化简河谷海岸线结果图

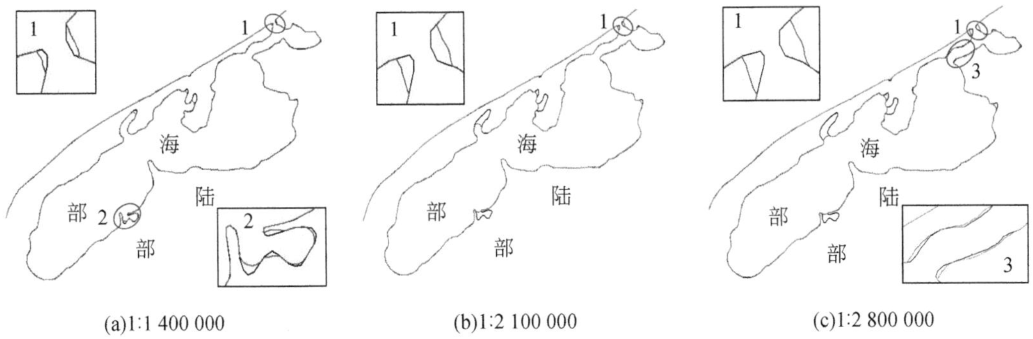

图 5-14　利用岸线骨架“桥接”双向缓冲区法化简潟湖海岸线结果图

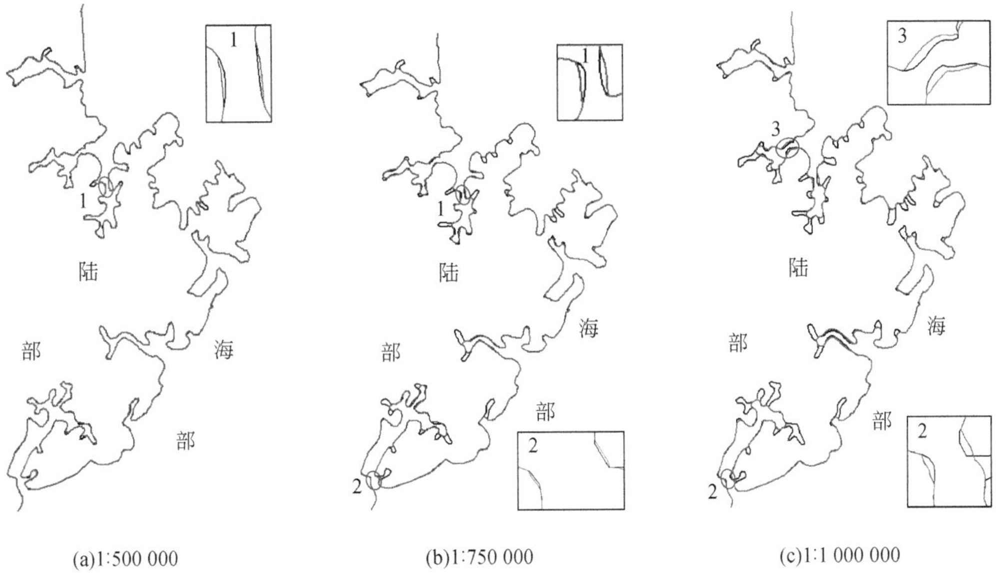

图 5-15　利用岸线骨架“桥接”双向缓冲区法化简复杂海区海岸线结果图

的有效性及适用性进行较好的评估。从方法的化简结果来看，本书方法顾及到了“扩陆缩海”的安全性原则，对海岸线进行单侧化简；比例尺缩小以后，对其中的局部狭窄区域进行了适当地自适应夸大。

由此可以看出，对于河口海岸线、潟湖海岸线以及复杂区域海岸线，本书方法都能得到较好的化简结果，满足各种化简原则要求。

2. 方法对比分析评估

1）定性评估

为进一步对本书方法的优越性进行评估，选取 Douglas-Peucker 方法、原始双向缓冲区方法以及约束 Delaunay 三角网方法作为比对方法。Douglas-Peucker 方法的阈值设置为

0.016cm，原始双向缓冲区方法的缓冲距与本书设置相同，对约束 Delaunay 三角网方法阈值进行合理设置。各类方法的化简结果分别如图 5-16～图 5-19 所示。

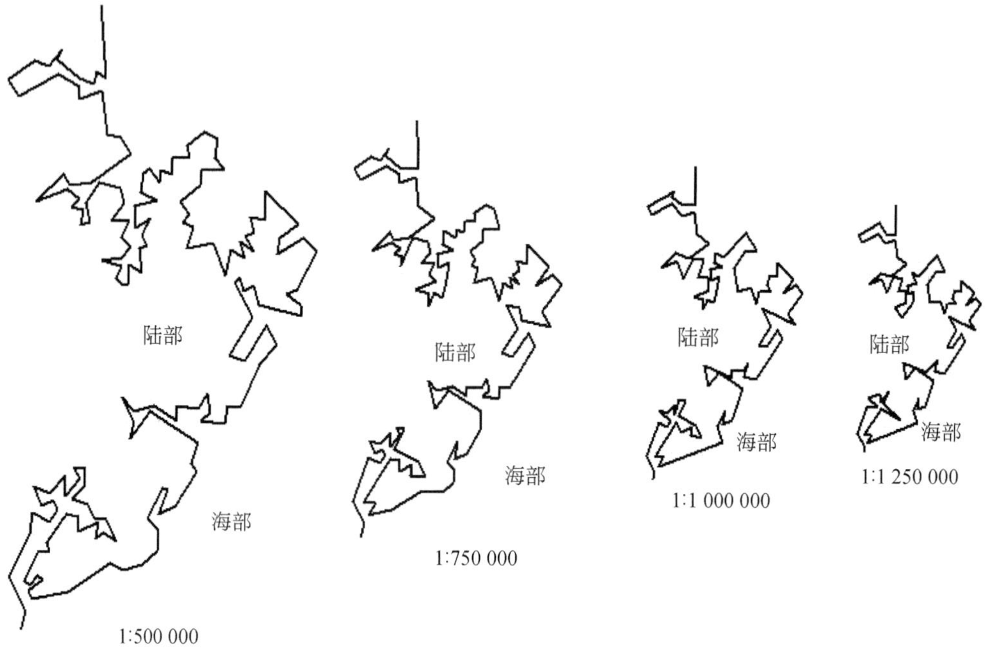

图 5-16　Douglas-Peucker 方法化简结果图

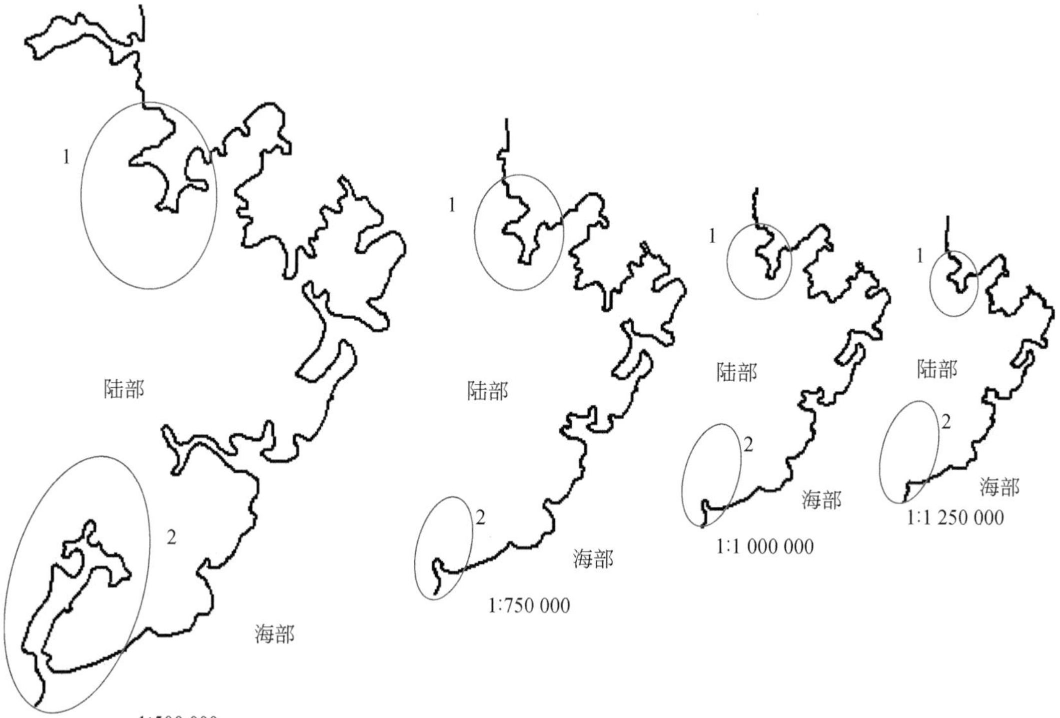

图 5-17　双向缓冲区方法化简结果图

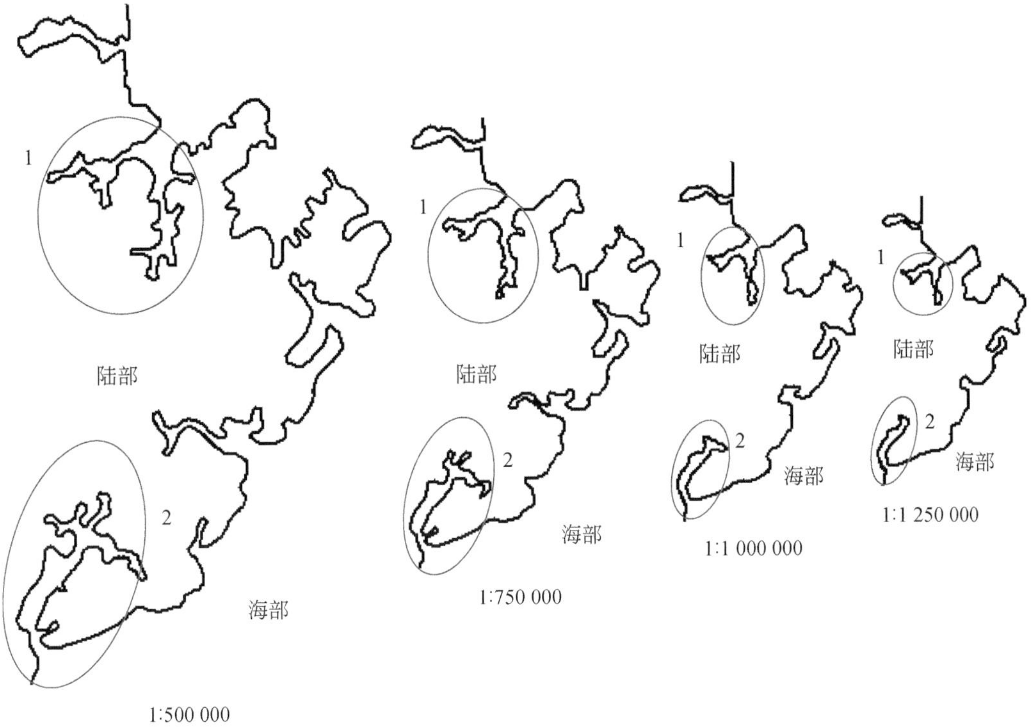

图 5-18　约束 Delaunay 三角网方法化简结果图

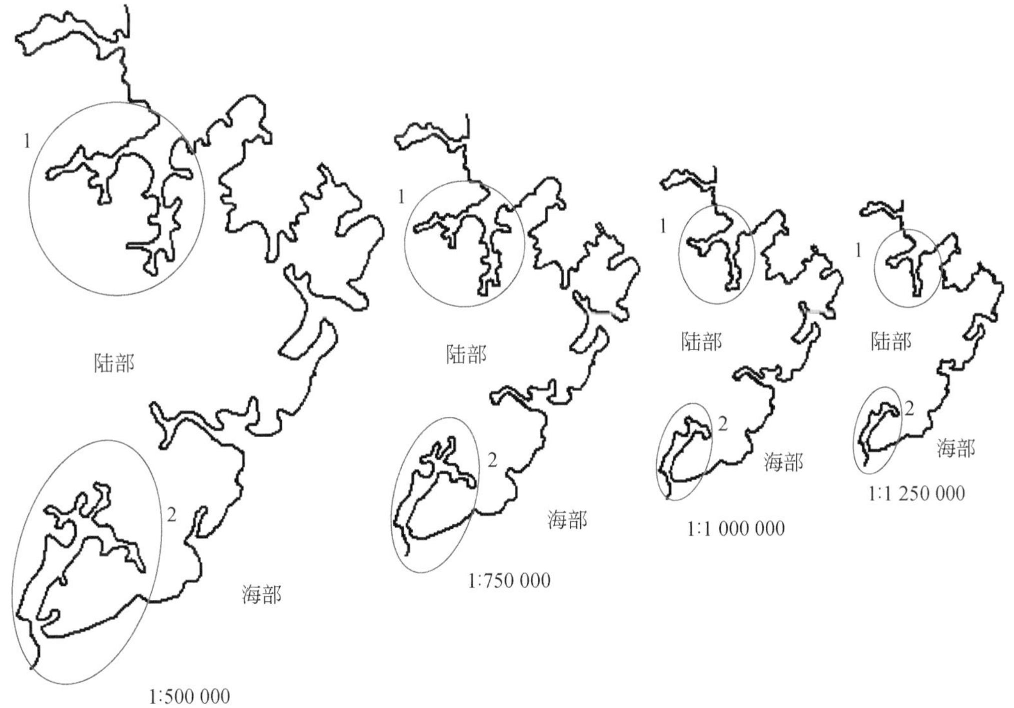

图 5-19　岸线骨架“桥接”双向缓冲区法化简结果图

从上述化简结果来看，Douglas-Peucker 算法化简结果形态较为尖锐，与原始海岸线相比，其形态变化较大，且存在自相交等问题，因而该方法不适用于该复杂区域海岸线化简。双向缓冲区方法化简结果较为平滑，但正如本书前文所述，该方法在化简过程中容易出现“瓶颈”区域封死现象，从而导致了大片峡湾被删除（图中圆圈 1、2 所示区域较为明显），造成重要地理要素的缺失，化简质量不佳。相比之下，约束 Delaunay 三角网方法与本书方法的化简结果较好，不存在自相交以及重要地理要素缺失的现象，但从图上来看，约束 Delaunay 三角网方法的化简尺度较岸线骨架“桥接”双向缓冲区法要稍大，岸线骨架“桥接”双向缓冲区法保留了部分细节弯曲，从整体上来看，岸线骨架“桥接”双向缓冲区法与约束 Delaunay 三角网方法化简质量基本持平。

2）定量评估

为了进一步对上述几种方法进行对比评估，本书从位置精度对以上 4 种方法进行比对分析，其中位置精度的评估主要采用平均位移量（武芳和朱鲲鹏，2008）进行表征，包含正向偏移和负向偏移量，其中正向偏移量表示化简后的海岸线向海部一侧偏移的平均距离，负向偏移量主要表示化简后的海岸线向陆部一侧偏移的平均距离，实验数据选自海图编号 16700，钦州港西侧附近海岸线（图 5-15 所示海岸线）。各方法化简结果的位置精度如表 5-1 所示。

表 5-1　位置偏移量比对

化简方法	1：500 000		1：750 000		1：1 000 000		1：1 250 000	
	正向	负向	正向	负向	正向	负向	正向	负向
Douglas-Peucker 算法	1624. 62	2102. 67	1723. 29	3702. 88	1857. 67	4962. 91	2022. 38	5365. 98
双向缓冲区方法	1937. 69	0. 0	5222. 12	0. 0	5766. 89	0. 0	6439. 2	0. 0
三角网方法	690. 48	77. 54	2315. 01	163. 20	4180. 96	164. 87	5222. 37	428. 33
本书方法	168. 09	30. 74	957. 40	201. 45	2221. 93	244. 39	3248. 87	359. 99

从上表中可以看出，Douglas-Peucker 算法的正负向偏移量都比较大；双向缓冲区方法较于其他方法，其正向位置偏移量较大，负向偏移为 0，这主要是由于该方法封死了大量存在的“瓶颈”区域（图 5-17、图 5-18、图 5-19 中圆圈 1、2 所示区域），导致大片海域化为陆地，另外，由于该方法没有针对“瓶颈”区域的处理机制，因而该负向偏移为 0；三角网方法较 Douglas-Peucker 算法以及双向缓冲区方法，其正向偏移量较小，位置精度较高。岸线骨架“桥接”双向缓冲区法较于其他三种方法，负向偏移与三角网方法基本持平，其正向偏移量最小，最大限度地贴近了原始海岸线，位置精度高。

经理论推导及实验比对分析，得结论如下。

（1）原有的双向缓冲区方法在处理瓶颈区域时容易出现化简尺度过大的现象，缺乏对瓶颈区域的处理机制，本书方法通过提取“桥接”骨架线，构建“桥接”骨架线视觉缓冲区，“桥接”原始双向缓冲区化简结果线与局部细节等步骤实现了海岸线自适应化简，且可对其中的局部狭窄区域进行自适应夸大表示，其化简质量与约束 Delaunay 三角网方法结果基本持平。

（2）与现有方法相比，本书方法的化简精度较高，可最大限度地贴近原始海岸线，且化简过后的海岸线不存在不可视细节部分，满足《规范》的相关要求。

当然，任何方法都有其适用范围，本书方法主要适用于相对较为平滑的海岸线多尺度化简，例如潟湖海岸、河谷海岸等，但对其他需要表现海岸线切割破裂、多棱角特征的海岸线类型（如岛礁海岸、峡湾海岸等）以及人工海岸等区域的海岸线多尺度化简没有涉及，这些问题还有待于进一步进行更为系统的研究。

§5.3 基于层次化三角网分区的多条海岸线协同化简方法

上一节根据双向缓冲区方法的特点，结合骨架线，对双向缓冲区方法进行了改进，提升了其处理“瓶颈”区域的能力，同时根据海岸线缓冲区识别出其海岸线距离较近的区域，对该区域进行了适当地夸大表示，实现了多海岸线的协同化简。但该方法的协同化简主要体现在不同海岸线狭窄区域的识别及夸大方面，在对海岸线自身弯曲进行化简过程中，并未对不同海岸线之间的空间邻近关系进行考虑，因此该方法化简的协同程度不高。

为此，本节从当前基于 Delaunay 三角网的海岸线化简方法的缺陷出发，分析方法图理性错误出现的原因，探索利用 Delaunay 三角网进行海岸线协同化简的潜力，以期对上述问题进行有效解决，提高化简质量。

5.3.1 基本思想

现有方法的缺陷主要是不能有效顾及化简海岸线与周围海岸线之间的空间邻近关系。Delaunay 三角网作为空间分析的重要工具，已被证明具有探测要素间空间邻近关系的潜能（艾廷华等，2001b），且已有文献将 Delaunay 三角网用于海岸线化简，但这些方法均只对某单一海岸线单独构网并对其进行化简，并未顾及海岸线之间的空间邻近关系，这样易出现海岸线相交的图理性错误。如图 5-20（a）所示，对海岸线 L_1 上的数据点构建约束 Delaunay 三角网，取其海部三角形，并将其中的多边形 w_1 所包含的海岸线弧段视为弯曲，根据三角形可视判别条件［根据三角形是否位于视觉缓冲区内（杜佳威等，2018b）或该三角形区域宽度是否大于阈值（高朝，2016）］将其中虚线段所示区域的三角形进行删除，在这一过程中并未对海岸线 L_1 与 L_2 的邻近关系进行考虑和处理，从而导致了海岸线相交［图 5-20（b）所示］的图理性错误。为了有效处理好海岸线之间的空间邻近关系，本书将多条海岸线上的点同时参与构网，并将可能产生图理性错误的区域自动识别出来。如图 5-20（c）所示，根据三角形所邻近的海岸线数目，可将其分为单一海岸线三角形（如三角形 T_1，该三角形的顶点 A、B、C 均为海岸线 L_1 上的点）、非单一海岸线三角形（如三角形 T_2，该三角形的顶点 D 为海岸线 L_1 上的点，顶点 E、F 为海岸线 L_2 上的点），并将非单一海岸线三角形均设置为不可删除的三角形，那么当再次利用视觉约束条件对海岸线进行化简时，则只会对图中的单一海岸线三角形［图 5-20（c）中阴影区域所示三角形］进行化简，不会出现图 5-20（b）所示的海岸线相交的错误。

为了将这一思想应用于多海岸线的协同化简，首先需要构建层次关系模型，然后基于层次关系模型对岸线化简。

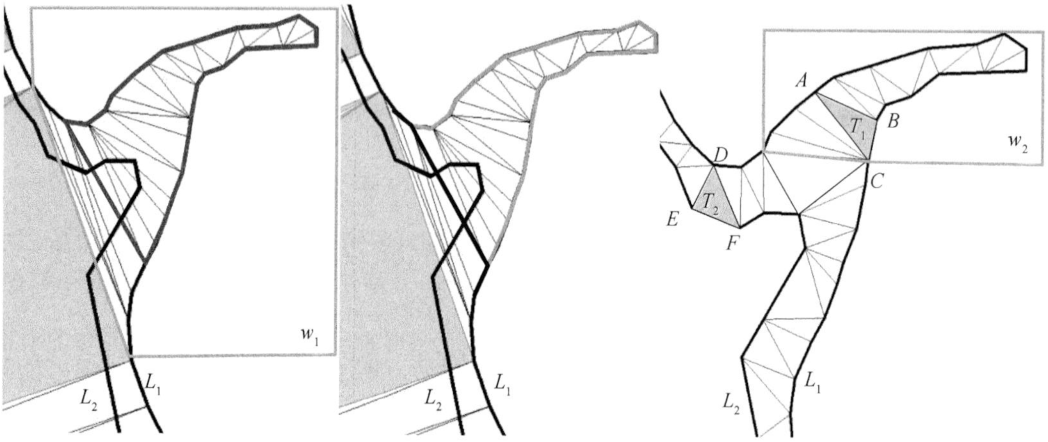

(a)现有方法化简过程图　(b)现有方法化简结果　(c)多余海岸线协同化简的层次化三角网区分法化简过程图

图 5-20　多条海岸线协同化简的层次化三角网区分法与现有方法过程比对

5. 3. 2　层次关系模型构建

1. 约束 Delaunay 三角网构建

本书首先采用文献（艾廷华等，2001a）所述方法对海岸线的数据点进行加密处理，之后构建约束 Delaunay 三角网，并根据重心点坐标提取位于海部的三角形。对于一种相对较为特殊的情形，如图 5-21 所示，根据前面所述的三角形划分方法，可将这一区域的三角形分为单一海岸线三角形（图中多边形 *A*、*B* 所含三角形，多边形 *D* 所含三角形，多边形 *E* 所含三角形）和非单一海岸线三角形（图中多边形 *C* 所含三角形）。根据之前的分析，只针对单一海岸线三角形区域进行化简，但对于如图 5-21 所示区域而言，若对单一海岸线三角形区域 *D*、*E* 删除，而对其中的非单一海岸线三角形区域 *C* 进行保留，则会出现不合理的内陆湖现象。所以在上述区域中，真正可化简的区域仅有 *A*、*B*。通过上述分析，可以知道，对于相对较为复杂的区域而言，真正可化简的区域为弯曲支路上不含岛屿的弯曲（即在该弯曲支路上不存在岛屿，如图中区域 *B*）和支路末端的单一海岸线三角形区域（如图中区域 *A*）。为对这一区域进行有效识别并进行化简操作，就必须对这些三角形所组成的各区域进行系统组织，并有序建立各区域之间的层次关系。

借鉴文献（艾廷华等，2001a）所述三角形分类方法，再将其分为Ⅰ类、Ⅱ类、Ⅲ类、Ⅳ类四类三角形，以用于层次模型的构建。如图 5-21 所示，其中Ⅰ类三角形主要分布在峡湾末端，也称为源头三角形；Ⅲ类三角形主要分布在岔路口；Ⅳ类三角形主要分布在岸线的边界处，称为边界三角形；而Ⅱ类三角形则主要是对上述这些三角形进行连接。

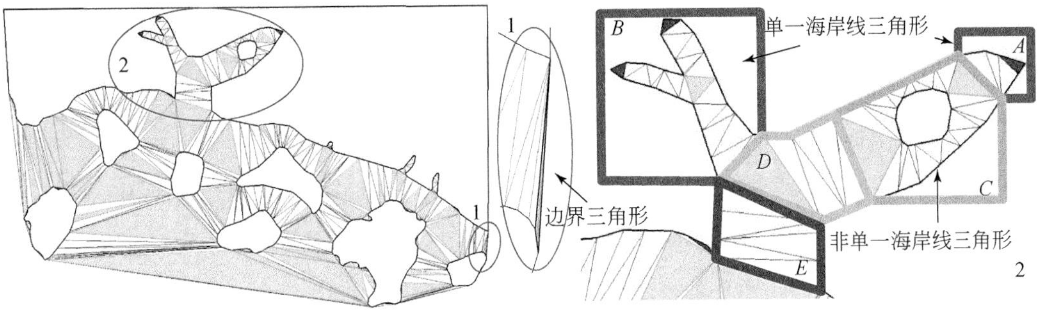

图 5-21　多海岸线约束 Delaunay 三角网示意图

需要说明的是，为便于之后化简，本书将未闭合的单一海岸线，与海图图廓一起形成闭合的陆地多边形。为了便于后续处理过程中对岸线自身弯曲以及多海岸线之间关系的表达，对三角形建立如下数据结构。

```
struct TRIANGLE
{
int ID;                  //三角形序号
int Type;                //三角形类型
int NumberVertex[3];     //三角形顶点序号
int belong_to[3];        //三角形顶点所属海岸线编号
int neighbor[3];         //三角形的邻近三角形编号
point Gpt;               //三角形重心点坐标
bool Mark;               //标记,用于构建结构化层次关系模型,初始值为"假"
}
```

2. 带悬挂节点的层次关系模型建立

通过前面的分析，约束 Delaunay 三角网可对其不可化简区域进行识别，但对一些复杂区域（图 5-21），其单一海岸线三角形区域与非单一海岸线三角形区域相间、交错分布，其可化简区域不易自动识别。因此，本书采用二叉树模型对这些区域进行系统组织，利用节点与节点之间的父子和兄弟关系表达区域之间邻近关系，以对其中的可化简区域进行识别。需要说明的是，在构建过程中，始终以左子节点为“主子节点”，即在两子节点产生冲突时，优先顾及左子节点。本书所述层次关系模型构建步骤如下。

步骤 1：获取标记为“假”的边界三角形作为二叉树的根三角形，将其放入当前根节点进行存储，并将该三角形标记设置为“真”，转步骤 2，若所有的边界三角形均标记为“真”，则模型构建完毕。

步骤 2：由当前节点的当前三角形出发，根据三角形之间的邻近关系搜索附近的三角形，若该邻近三角形为Ⅱ类三角形，则将该Ⅱ类三角形放入当前节点进行存储，并将其标记为“真”。之后继续寻找附近的三角形，直到该邻近三角形为Ⅰ类三角形、获取已标记为“真”的三角形或Ⅲ类三角形时停止，若为Ⅰ类三角形、已标记为“真”的三角形时，则转步骤 3，若为Ⅲ类三角形，则转步骤 4。

步骤 3：由该当前节点向上层节点回溯遍历，寻找是否存在未设置的节点。首先寻找当前节点的兄弟节点是否设置完毕，若未设置则将该节点设为当前节点转步骤 2，若设置完毕，则向上继续判断父节点的兄弟节点，逐渐向上层追溯，直到该二叉树的所有节点均设置完成后，转步骤 1。

步骤 4：为当前节点设置子节点，并将步骤 2 中搜索到的Ⅲ类三角形放入当前节点和两子节点进行存储，将其中的左子节点设置为当前节点，转步骤 2。

需要说明的是，在步骤 2 中，若寻找到边界三角形时，将该边界三角形视为Ⅲ类三角形进行处理。图 5-22（a）为约束 Delaunay 三角网构建示意图，利用上述步骤构建的二叉树如图 5-22（b）所示。其中值得注意的是，当前节点为 $m_2 \rightarrow m_3$（这一符号表示该节点存储了从三角形 m_2 到三角形 m_3 的全部三角形）时，此时创建子节点，首先由左子节点进行扩展，扩展到 m_4 后，为节点 $m_3 \rightarrow m_4$ 创建子节点 $m_4 \rightarrow b_3$ 以及 $m_4 \rightarrow m_3$，此时节点 $m_3 \rightarrow m_4$ 的所有子节点均设置完毕。准备判断其兄弟节点，但其兄弟节点的起始三角形 m_3 的邻近三角形均已被标记为“真”，此时无法继续向其中添加新的三角形，因此该节点仅有一个三角形 m_3，本书将这种仅含有一个三角形的节点称为悬挂节点。图 5-23 为两种特殊类型层次关系模型构建过程图，对于峡湾内存在岛屿的情形，其层次模型构建时，仍以左子节点为主子节点，优先扩充左侧节点 $m_1 \xrightarrow{左} m_2$，扩展至Ⅲ类三角形 m_2 后，创建子节点向回扩展，从而产生悬挂节点 m_1，同理，对于环状类型的层次模型构建过程中，也将产生悬挂节点（m_2）。这种悬挂节点主要分布在环状区域，仅用于构建层次模型，表达其兄弟节点与该兄弟节点之间的邻近关系，不参与化简操作。

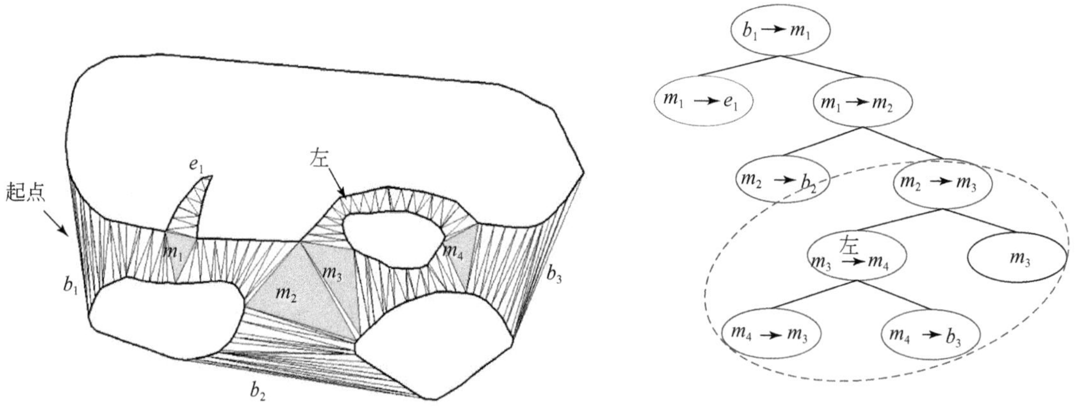

(a)约束Delaunay三角网构建　　(b)层次二叉树

图 5-22　多海岸线层次二叉树模型构建

基于上述模型，可将多条海岸线分区域分层次系统存储，每一节点均为某一待处理的区域。对于上述二叉树模型，具有以下特点。

（1）除悬挂节点外，层次二叉树中的每一节点均代表了图中某一待处理区域，且节点

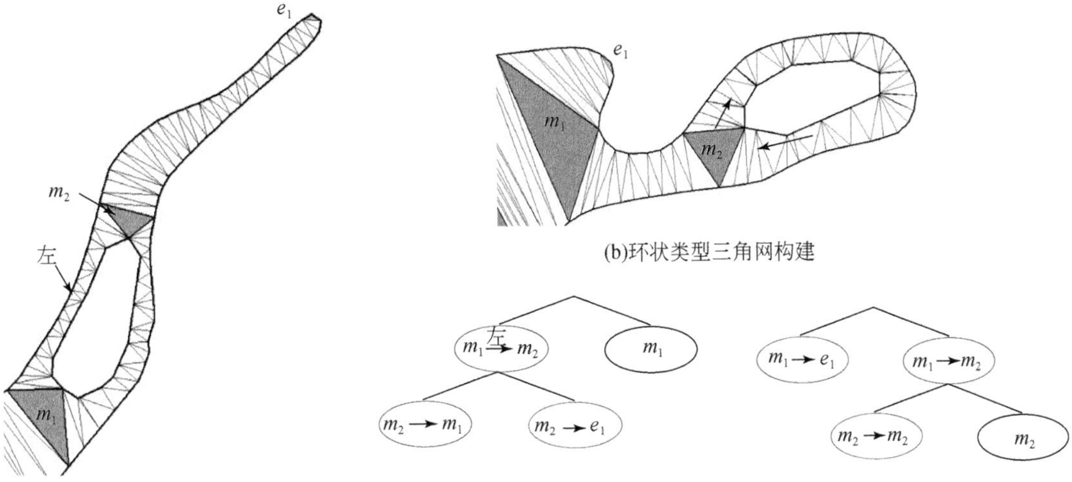

(a)峡湾类型三角网构建　(b)环状类型三角网构建　(c)峡湾类型层次二叉树　(d)环状类型层次二叉树

图 5-23　两种特殊类型的层次二叉树模型构建

与区域一一对应，这些节点所表示的区域，相互独立，互不影响；

(2) 对于表达可化简区域的节点，其存储的最后一个三角形为 I 类三角形，且该节点不存在子节点。

5.3.3　基于层次关系模型的岸线化简

1. 基本过程步骤

通过前文所述的层次二叉树模型的特点，可以知道，在层次关系模型中，节点与待处理区域一一对应，而可进行化简的区域则主要集中于层次树模型的末端海岸线的自身弯曲部分，且这些节点的最后一个三角形为 I 类三角形。本书首先利用这一特性将表达可化简区域节点进行识别并化简，之后对图中全体较为狭窄区域进行自适应夸大。其具体步骤如下。

步骤 1：输入海岸线数据，并根据前面所述方法构建结构化层次关系模型，获取集合 Δ_{end}，其获取公式如下

$\Delta_{\text{end}} = \{ onde \mid (Type_{\text{onde\_endtri}} = 1)(belong\_to_{\text{onde\_endtri}}[0] = belong\_to_{\text{onde\_endtri}}[1] = belong\_to_{\text{onde\_endtri}}[2]) \}$（其中 $Type_{\text{onde\_endtri}}$ 表示节点的末端三角形类型，$belong\_to_{\text{onde\_endtri}}$ 表示节点末端三角形顶点所属海岸线编号，Δ_{end} 描述的是所有末端三角形为 I 类三角形且该三角形顶点属于同一海岸线的节点的集合）。

步骤 2：遍历集合 Δ_{end}，根据式（5-3）计算节点的面积

$$S = \sum_{i=2}^{n} S_{\Delta i} \tag{5-3}$$

其中 $S_{\Delta i}$ 标识节点中第 i 个三角形的面积，n 表示该节点中三角形的数目。由于末端节点是从Ⅲ类三角形开始，到Ⅰ类三角形结束，但该Ⅲ类三角形不属于海岸线自身弯曲的一部分，因此该求和公式从第 2 个三角形开始，但若该节点的第一个三角形为其他类型的三角形，那么上述求和公式从 1 开始。若弯曲面积 $S<S_d$，则认为其为锯齿状小弯曲，将该节点区域的所有三角形集合标记为“待删除”，反之则需考虑“部分删除”（下文中进行描述），将其中需要删除的三角形标记为“待删除”。

步骤 3：遍历集合 Δ_{end} 中所有节点三角形，判断是否存在标记为“待删除”的三角形，若有，将其中所有标记为“待删除”的三角形区域进行填充删除，更新海岸线数据，转步骤 1，反之，转步骤 4。

步骤 4：遍历模型中全体节点，对其进行局部自适应夸大操作。

2. 可化简弯曲部分删除

对于那些面积相对较大，不足删除条件的节点，需要考虑部分删除操作，其具体过程为：首先从节点的源头三角形（该节点的末端三角形）向上进行回溯，逐一获取其宽度 L_{tri}，并进行判断 $L_{tri}<L_d$，若是，则将该三角形标记为“待删除”，之后继续判断下一三角形，反之，部分删除结束。

本书将三角形的宽度作如下定义：如图 5-24 所示，对于Ⅰ类三角形，将其与邻接三角形的公共边（p_0p_1）长度作为三角形的宽度，将Ⅱ类三角形中与海岸线重合的边和其相对顶点之间的最短距离作为该三角形的宽度［$\Delta p_3p_4p_5$ 为支路节点上的Ⅱ类三角形，其中边 p_4p_5 为海岸线上的线段，将点 p_3 到线段 p_4p_5 的最短距离（李宁等，2010）定义为该三角形的宽度］，Ⅲ类三角形不予求取三角形宽度。L_d 为宽度阈值。

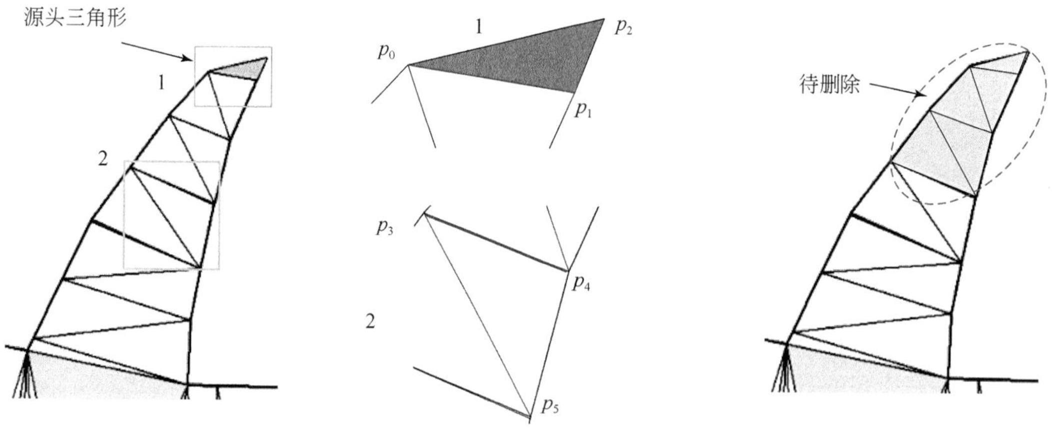

图 5-24　部分删除操作示意图

3. 顾及空间关系的局部自适应夸大

为了对各节点区域中的部分较为狭窄区域进行夸大，针对单一节点，采用如下操作进行处理。

步骤 1：由节点数据提取节点三角形如图 5-25（b）所示，遍历节点中的三角形，根据前文所述方法获取各三角形宽度 L_{tri}，并判断其中是否存在三角形满足 $L_{tri}<L_d$，若是，则将其中满足条件的三角形［图 5-25（b）中的绿色三角形］，沿其最短距离线的方向向两侧拓宽（L_d-L_{tri}）/2［以其中的三角形 T 为例，若其最短距离线为 p_1p_2，将点 p_1 沿 p_2p_1 方向移动（L_d-L_{tri}）/2，同时将点 p_2 和 p_3 沿 p_1p_2 方向移动（L_d-L_{tri}）/2，得到夸大后的结果三角形 T'］，转步骤 2，若不存在，则表明该节点不存在需要夸大区域，退出局部夸大操作。

步骤 2：将上述节点三角形进行“合并”，得到节点多边形［如图 5-25（c）多边形 ply_{deal}所示］，将海岸线上较为狭窄的部分采用节点多边形边界进行替代［图 5-25（d）］，即得到最终夸大以后的海岸线。在这一过程，为防止夸大操作使得原有海岸线形态发生较大变化，作以下判断，若经夸大以后陆地变化区域［图 5-25（d）中的 Δ_1 和 Δ_2］面积占原有陆地面积的比值大于 1/4，则放弃这一节点的夸大操作。

需要说明的是，本书虽主要针对海岸线要素进行化简，但若海岸线周围存在点状岛屿，也可将其视为一类特殊的海岸线进行存储，同样参与构网并建立层次关系模型。这样做的优势在于，在之后的化简过程中，不会出现“点岛上岸”的错误，同时在局部夸大时，若该点状岛屿与海岸线距离较近，此时只夸大海岸线一侧，对点状岛屿不作处理。

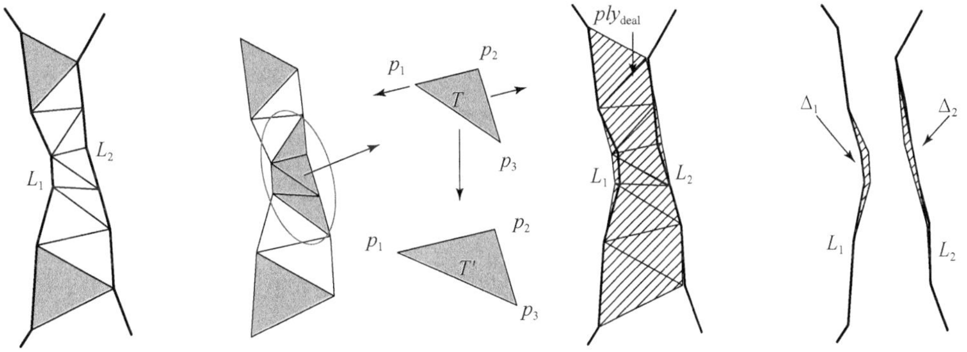

(a)原始岸线三角网　(b)节点三角形夸大　(c)海岸线夸大　(d)夸大结果示意

图 5 25　局部自适应夸大过程示意图

5.3.4　实验与分析

1. 方法有效性及适用性验证

为对所提方法的有效性及适用性进行评估，本书设置面积阈值 S_d 为 0.0032cm^2，设置曲线宽度为 0.01cm，视觉缓冲区宽度 L_{tri} 设为 0.03cm。利用 C++以及 GDAL 库编程实现，并利用 ArcGIS 进行结果显示，以完成本书实验。在图中，为方便对化简方法的化简效果进行展示，本书将化简前后的海岸线同时绘出，（▭）色线条为化简过后的海岸线，而

(▭) 色线条则为原始海岸线。

选取海图 35015 作为本节实验海区，原图比例尺 1 : 500 000，分别将其化简至 1 : 750 000、1 : 1 500 000，对综合后的结果，截取三个特征区域进行展示，分别对其中的峡湾海岸、河谷海岸、岛礁海岸的综合效果图展示如图 5-26、图 5-27、图 5-28 所示，并对其中的部分局部细节进行放大显示。需要说明的是，根据海图制图综合的一般原则，一般应当先选取，之后再进行岸线的化简，但由于本节的研究重点在于岸线的化简，岛屿要素的选取方法并非研究重点。因此考虑到实际应用，在本节的所有实验中，按分界尺度进行岛屿选取，对于面积小于 0.5mm^2 的岛屿直接进行删除，对剩余的岛屿岸线进行化简。

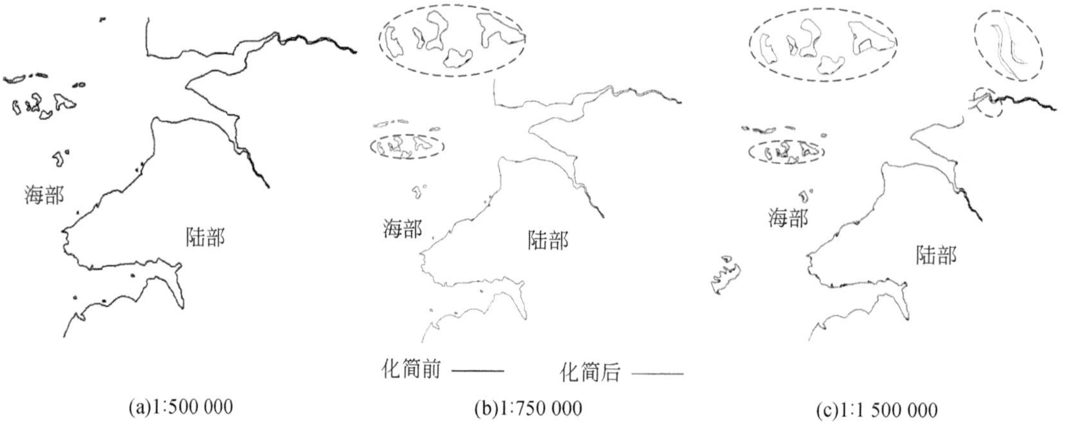

图 5-26　峡湾海岸综合效果图

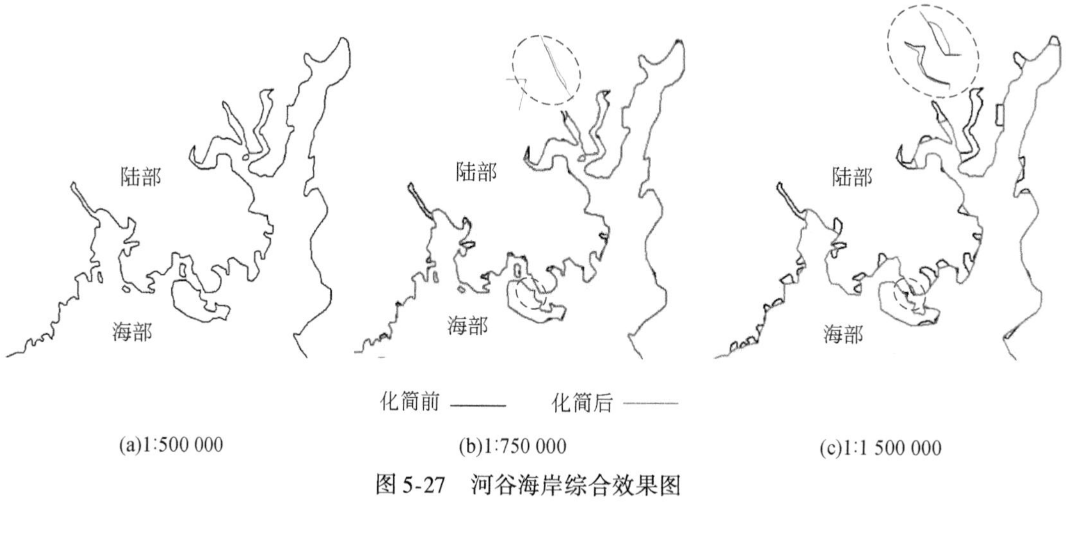

图 5-27　河谷海岸综合效果图

通过上述综合结果，可以看出，本书方法实现了多岛屿线要素条件下各要素之间的配合化简，且顾及了海岸线“扩陆缩海（单侧化简）”的原则要求。对于其中的锯齿状细小弯曲进行了完全删除，而对其中的其他弯曲则进行了部分删除操作，同时对其中的同一岛屿弯曲以及不同岛屿之间的狭窄区域进行了夸大操作，以保证不产生视觉错误，且对于不同的海岸线类型，均取得了较好的综合效果。

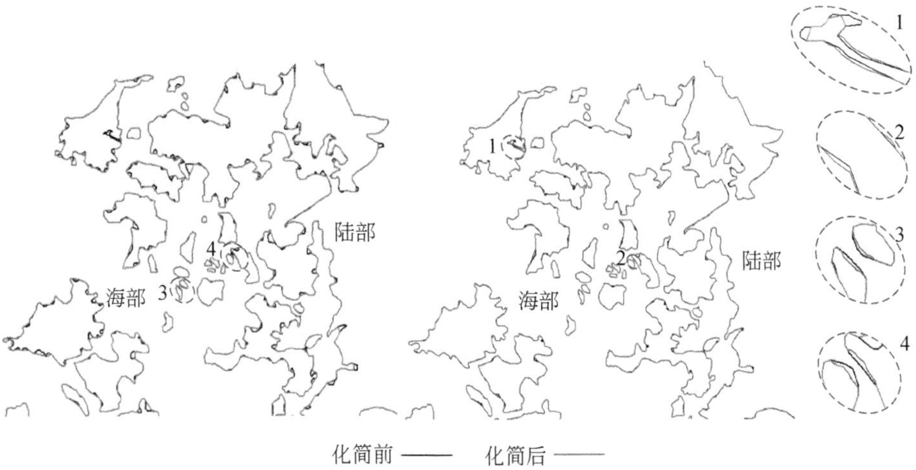

(a)1∶750 000　(b)1∶1 500 000　(c)局部细节

图 5-28　岛礁海岸综合效果图

2. 方法优越性评估

为对本书综合方法的优越性进行评估，本书将双向缓冲区方法以及文献（杜佳威等，2018a）所提河口湾综合方法作为比对算法。以上两种方法均能满足海岸线“扩陆缩海”单侧化简的需求，且对于单一线要素条件下，不容易出现自相交等图理性错误，因而选取上述两种方法作为本书比对方法。

对于综合结果的评估包括定性以及定量两方面，实验海区包括潟湖海岸线和河口湾海岸线，其中潟湖海岸线取自海图 16100，河口湾海岸线取自海图 16700，原始比例尺为 1∶250 000。双向缓冲区的宽度阈值设置为 0. 015cm，河口湾方法与所提方法参数设置相同。以上方法基于 C++以及 GDAL2. 2. 0 编程实现，并利用 ArcGIS 进行结果显示。

1）定性评估

分别将实验海图化简至 1∶500 000、1∶750 000、1∶1 000 000、1∶1 250 000，潟湖海岸线在双向缓冲区、河口湾化简方法、本书方法的综合效果图分别如图 5-29、图 5-30、图 5-31 所示，并对其中的局部细节部分进行放大显示。河口湾海岸线在上述三种方法下的综合效果图分别如图 5-32、图 5-33、图 5-34 所示，并对局部细节进行放大显示，以下图像由于文章篇幅限制，均未按实际比例尺绘制。

实验 1　潟湖区域

在本实验海区而言，其最为主要的特征是潟湖海岸，对于这一区域的评估主要包括以下几个方面。

A：潟湖壶嘴是否予以保留，若不易识别时，是否予以适当夸大；

B：对于潟湖中相对较为尖锐且不可视的弯曲是否予以删除，其曲线是否平滑；

C：对于其中不可合并的岛屿，当其距离较近时，是否予以适当夸大；

D：是否出现自相交、岸线相交等图理性错误。

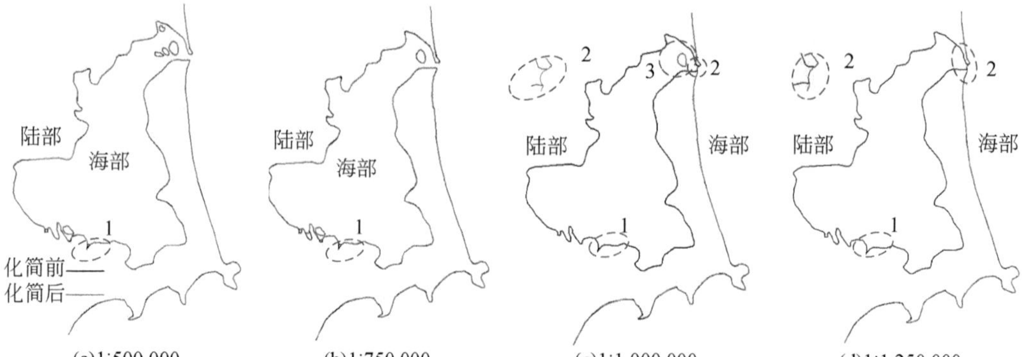

(a)1∶500 000　(b)1∶750 000　(c)1∶1 000 000　(d)1∶1 250 000

图 5-29　潟湖区域双向缓冲区综合效果图

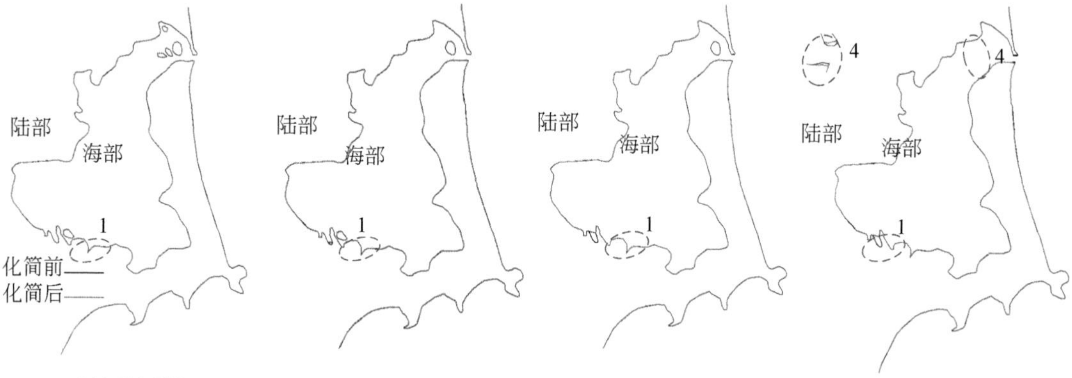

(a)1∶500 000　(b)1∶750 000　(c)1∶1 000 000　(d)1∶1 250 000

图 5-30　潟湖区域综合方法综合效果图

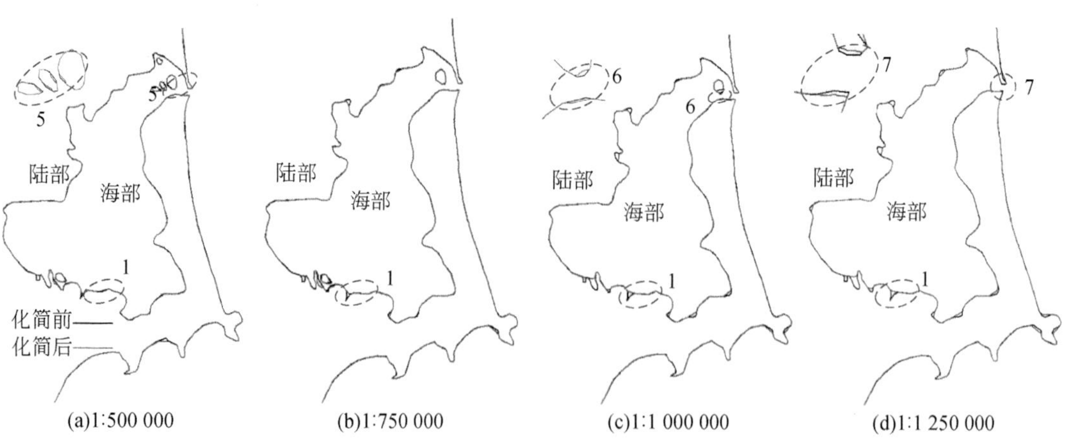

(a)1∶500 000　(b)1∶750 000　(c)1∶1 000 000　(d)1∶1 250 000

图 5-31　潟湖区域多条海岸线协同化简的层次化三角网分区法综合效果图

对于上述第三条需要指出的是，根据《规范》要求，对于真正的潟湖海域，其海岸附近的易变群集小岛，可以合并；在实际综合时，需要考虑其需要合并时的岛屿岸线自身属性，以判断是否可以合并。但对于海岸线的研究还没有达到要考虑其岸线属性的高度，且本书没有针对合并的内容，因此在这里仅将其中的岛屿视为普通岛屿，不可合并。

对上述四个方面的综合效果情况统计如表 5-2 所示。

表 5-2　潟湖区域综合效果统计表

化简方法	A	B	C	D
双向缓冲区方法	比例尺小于 1 000 000 后，出现将壶嘴“堵住”的错误现象	对于其中不可视的弯曲进行了适当删除，且曲线平滑性较好	无夸大	在比例尺为 1 ∶ 1 000 000 时，出现了“岛屿上岸”的错误，但无相交的错误
潟湖区域综合方法	保留，且在距离较近时，予以适当夸大	对于部分特殊弯曲（图 5-30 中圆圈 1 所示弯曲）未能进行有效综合，且曲线平滑性较差	无夸大	无图理性错误
多条海岸线协同化简的层次化三角网分区法	保留，且在距离较近时，予以适当夸大	对其中不可视的弯曲进行了适当删除，曲线平滑性好	夸大处理	无图理性错误

需要说明的是，在图中圆圈 1 所示区域的尖锐弯曲，文献（杜佳威等，2018a）所述河口湾相关方法，在对弯曲进行识别时需要其骨架线长度大于其平均宽度的 2 倍，才被认为是狭长弯曲，以进行部分删除操作。而上述弯曲明显不能达到上述条件，被认为是普通弯曲，其弯曲的面积达不到删除的阈值，因而始终进行了保留。本书则是对全体面积大于阈值的弯曲进行了部分删除操作，因而对其也进行了化简。

实验 2　河口湾区域

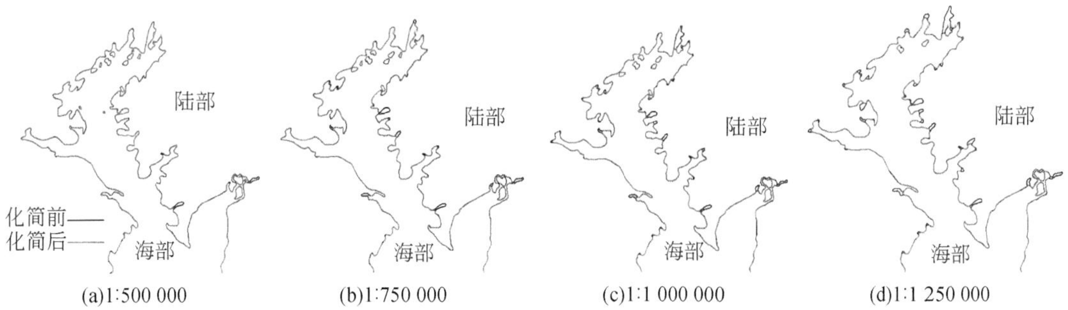

图 5-32　河口湾双向缓冲区综合效果图

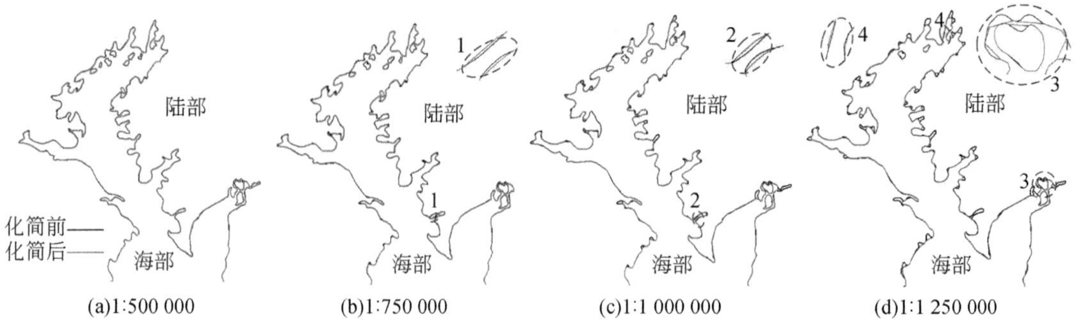

图 5-33　河口湾综合方法综合效果图

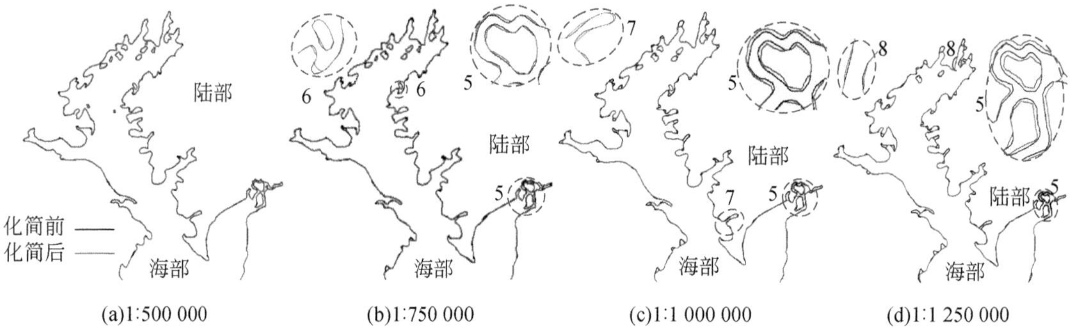

图 5-34　河口湾多条海岸线协同化简的层次化三角网分区法综合效果图

本区域为较为典型的河口湾海岸，对于这一区域的评估主要包含以下方面内容：

A：图中较为尖锐且不可视的弯曲是否进行删除；

B：对于相对较为狭长的河流支路，其相对较为狭窄的区域是否予以适当夸大拓宽；

C：对于当出现不同岛屿以及岸线距离相近时，是否予以适当的夸大拓宽；

D：是否出现自相交或不同岛屿岸线自相交的现象。

对于上述几个方面的评估情况统计如表 5-3 所示。

表 5-3　河口湾区域综合效果统计表

化简方法	A	B	C	D
双向缓冲区方法	适当删除	无夸大操作	无夸大	无图理性错误
河口湾综合方法	适当删除	适当夸大拓宽	无夸大	在比例尺缩小以后，出现了岸线相交的现象（图 5-33d 中的圆圈 3 所示区域）
多条海岸线协同化简的层次化三角网分区法	适当删除	适当夸大拓宽	适当夸大拓宽	无图理性错误

综上所述，双向缓冲区方法可以得到较为平滑的曲线，但由于其自身算法原理的限制，使得其在综合部分类似潟湖区域，以及出现狭长弯曲的河谷区域时，容易出现综合尺度过大的问题；而河口湾综合方法，主要用于解决单一河口湾海岸线的化简问题，在河口湾的综合效果较好，但对于部分不为条带状的弯曲，难以进行有效综合，其综合的曲线平滑性不够。综合来看，本书所提方法则取得较好的综合效果。

2）位置精度评估

为了对各算法的综合效果进行更加科学性的定量评估，将1）定性评估中所述不同方法综合结果的平均位置偏移量进行统计，其统计数据如表5-4、表5-5所示。由于位置偏移的数值一般十分微小，因此，在这里将其统一换算到实地距离（单位为cm），以方便比对。

表5-4　各方法效果位置精度统计表（潟湖区域）

比例尺	双向缓冲区（cm）		河口湾方法（cm）		本书方法（cm）	
	正向	负向	正向	负向	正向	负向
1∶500 000	44.793	0.023	0.0	0.0	187.944	51.496
1∶750 000	159.157	0.037	18.069	0.0	210.3533	93.574
1∶1 000 000	44470.228	0.044	113.694	1.980	476.675	4.208
1∶1 250 000	44480.438	0.056	113.694	14.087	610.071	10.758

表5-5　各方法效果位置精度统计表（河口湾区域）

比例尺	双向缓冲区（cm）		河口湾方法（cm）		本书方法（cm）	
	正向	负向	正向	负向	正向	负向
1∶500 000	447.747	0.011	61.928	29.871	220.273	11.760
1∶750 000	1623.742	0.021	284.025	49.791	916.836	75.490
1∶1 000 000	2299.872	0.034	934.568	91.900	1232.109	130.238
1∶1 250 000	2839.793	0.048	2172.785	34.432	2578.581	214.726

由上述两表可以看出，双向缓冲区方法的正向位置偏移量较大，特别是在表5-4中，在比例尺小于1∶1 000 000后，其位置偏移量超出其他两种方法两个数量级；本书方法与河口湾化简方法相比，其正向和负向偏移量都大于河口湾化简方法。

单独从表5-4、表5-5来看，本书方法相比于河口湾化简方法，其位置偏移量较大，出现这一现象的主要原因在于：一方面，正向的位置精度主要体现在化简后海岸线在原始海岸线的基础上向海部方向的偏移量，在本书方法中，对全体弯曲的不可视部分进行了适当的部分删除操作，但在河口湾方法则只针对其中的“条带状弯曲”进行了部分删除操作。正如上述分析的那样，这一做法对于那些“非条带状弯曲”而言并不可取，但由于河口湾化简方法对这些非条带状弯曲并未进行部分删除，从而显得本书方法的正向偏移较大；另一方面，本书所提出的负向偏移量主要体现在夸大方面，对于一些“瓶颈”区域或者海岸线相距较近区域，一般需要制图员对其进行适当地夸大，从而防止出现视觉性错误。但在河口湾方法中，由于其为能有效顾及不同海岸线之间的空间位置关系，因此对于不同海岸线相距较近的区域未进行任何的处理，而本书方法则对这一部分进行了夸大操作，因而使得在精度评估时，本书方法负向偏移量较大。但本书方法的目的是使得化简结果更加贴近实际作业，提高化简质量，减少化简过程中出现图理性错误。还需要说明的是，表中所示的数据为换算到实地距离上的偏移量，若换算到图上距离，其偏移量十分微小，远远小于编绘《规范》所规定的标准偏移距离，其差距并不明显。

通过分析、计算及实验比对，得结论如下。

（1）相比于双向缓冲区方法，本书方法在化简精度上有较大提高，且有效克服了双向缓冲区方法在瓶颈区域化简尺度过大的问题；相比于河口湾化简方法，对于一些面积较大且宽度变化较大的非条带状弯曲，本书方法化简效果更好。

（2）双向缓冲区算法、河口湾化简方法未考虑多海岸线条件下的协调处理问题，均在不同程度上出现了图理性错误，相较于以上两种海岸线化简方法，本书方法充分顾及了多海岸线条件下的不同海岸线之间的空间邻近关系，有效解决了上述图理性问题，海岸线的化简质量有了明显的提高。

第 6 章 岛屿的自动选取

岛屿作为海图上的一类重要地理要素，对舰船航行、作战等海上活动具有重要影响。岛屿的自动制图综合，也是海图自动制图综合需重点关注的内容之一。

§ 6.1 岛屿综合的基础理论

岛屿的制图综合包括以下几个方面：岛屿的选取、岛屿的合并和岛屿岸线的化简（张立华等，2017）。但除河口、潟湖区域外，一般不进行岛屿的合并操作，因此对于一般岛屿的制图综合主要分为岛屿选取以及海岸线化简两方面，由于海岸线的化简在前面已有专门的介绍，以下将重点对岛屿选取的基本准则以及方法进行介绍。

6.1.1 海图岛屿的概念及表示

1. 岛屿的概念

海图上所说的岛屿，是指四周环水、面积小于大陆、顶部在高潮时露出水面的一块陆地。它们有的位于江河中（又称沙洲），但大多位于海洋中，其面积相差很大。人们往往把较大的岛屿称为岛，而把特别小的岛屿叫做“屿”“洲”“坨子”等。岛屿的高低、形态也是多种多样的，根据海岛的成因、分布情况和地貌特点，通常将其分为堆积岛、冲蚀岛、构造岛、火山岛、珊瑚岛和人造岛等。海图对岛屿的定义，主要是根据其对航海活动的影响而规定的，与地理学和国际法中对岛屿的定义有较大的不同。

2. 海图上岛屿的表示方法

在海图上，对于面积较大的岛屿，一般采用闭合曲线组成的多边形表示，且应当尽量详细地表达其海岸的基本特征；对于面积较小的岛屿，一般不表示海岸性质，采用一般曲线表示；当面积过小时，不再表示其形状特征，采用点状岛屿形式表示（图 6-1）。

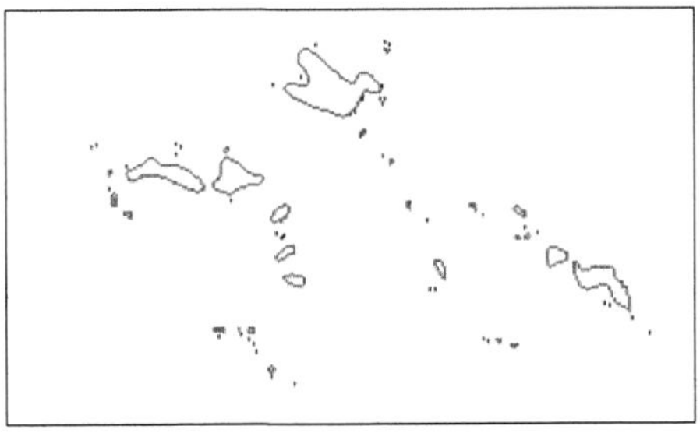

图 6-1 海图上的岛屿与礁石示意图

6.1.2　岛屿选取的基本准则及步骤

1. 基本准则

岛屿的制图综合，主要内容是岛屿的选取。一般情况下，凡是能在图上表示的岛屿都应尽量表示出来，群集或离岸很近的小岛在图幅比例尺缩小后可适当舍去。根据相关文献（陈子澎和郑义东，2005）和《规范》，可将岛屿选取的一般原则归纳如下。

1）按分界尺度进行选取

通常规定，岛屿半径小于0.4mm（或面积小于0.5mm^2）时可以舍去。但重要岛屿不得舍去，可放大绘出或改为点状符号表示。

2）按照重要性进行选取

岛屿的重要性除了取决于岛屿面积的大小外，更主要的是由岛屿的地理位置及其他特征所决定的。有些岛屿虽然很小，但地理位置重要，必须夸大表示出来。例如，我国的钓鱼岛、南沙群岛等岛屿，标志着我国的领土主权范围，在任何比例尺图上都必须表示出来。一般的岛屿，近岸时其位置重要性较小，可以适当舍去；外海的孤立小岛位置重要性大，即使较小亦应夸大（至最小尺寸，直径0.6mm）表示。

3）按照岛屿的分布特征选取

在岛屿群集地区，应按照岛屿的分布特征选取岛屿。在选取时，需要将该群集岛屿当成一个整体来看待。综合时应当注意反映出群岛的分布方向、分布范围以及群集岛屿内部岛屿分布密度对比，同时应当保留其中重要的海上通道。

2. 一般选取步骤

在具体实施岛屿选取时，通常采用以下步骤（图6-2）。

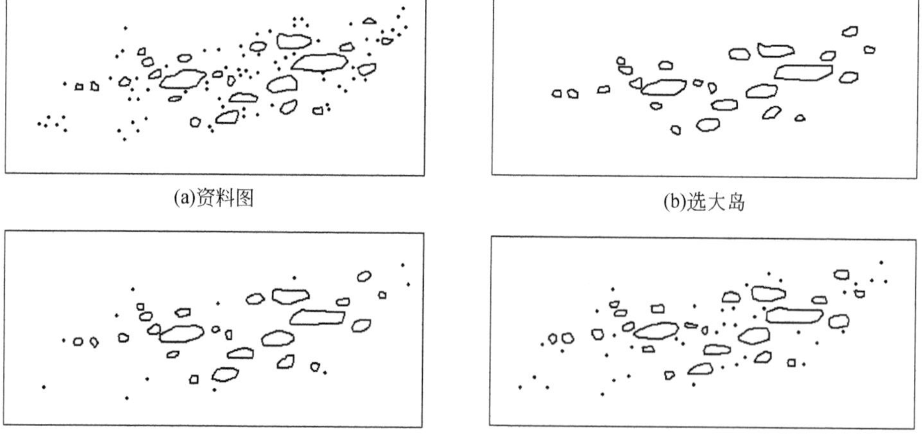

(a)资料图　(b)选大岛　(c)选外围小岛　(d)选反映密度的小岛

图6-2　岛屿选取过程

（1）按分界尺度选取，即选取面积在 0.5mm^2以上或直径在 0.6mm 以上的较大岛屿；

（2）在其他不足分界尺度的小岛中，按次要地物（二级）的方根规律公式计算图上应当选取的小岛数量；

（3）选取群岛外围能反映群岛分布范围和延伸方向的小岛；

（4）最后选取群岛内部有助于反映各区域密度对比以及排列结构的小岛，直至达到规定的数量指标为止。

§6.2　基于影响域竞争的岛屿自动选取方法

长期以来，岛屿选取通常由制图作业人员根据《规范》要求并结合自身经验，采用手工方式来完成的（张立华等，2017）。一方面，这种手工作业方式效率相对低下，特别是对于某些复杂的岛礁区（如我国舟山海域、西沙群岛海域等），岛屿选取的作业效率明显降低；另一方面，手工选取的效果在很大程度上取决于制图人员的业务水平和工作态度，难以保证选取质量的稳定。近年来，随着计算机制图技术的不断发展，有学者开始探索岛屿的自动综合算法（朱建良和陆毅，2004；高王军等，2008；黄亚锋，2011），并取得一定突破，但仍与实际生产的需求有一定差距。为此，本章针对以上问题，以影响域模型为基础，着重考虑岛屿的影响域与其自身属性之间的关系，尝试建立岛屿的影响域与岛屿自身属性之间的关系，顾及岛屿选取的基本原则，设计相应的自动选取算法，以期提高岛屿自动选取质量。

6.2.1　基本思想

1. Voronoi 图表达空间要素影响范围的缺陷

为表达空间中的群点要素［图 6-3（a）］的密集程度，不少学者采用 Voronoi 图的方式［图 6-3（b）］，这是由于 Voronoi 图中多边形元恰好表达了其所包含点的生成空间（黄亚锋，2011），其中任意一点 p_i 的密度定义为

$$\rho=\frac{1}{A(V(p_i))} \tag{6-1}$$

式中，$A(V(p_i))$ 为点 p_i 所对应的 Voronoi 多边形元的面积（黄亚锋，2011）。

根据制图综合的一般原则，在比例尺缩小后，应当优先对其中的较为密集的点进行综合，即应当优先删除图 6-3（a）中的 p_1、p_2、p_3 三点中的两个。但若采用上述定义对要素的密度进行定义时，则由图 6-3（b）可以看出，p_1、p_2、p_3 三点的密度与点 a_0 相比更小。当采用优先删除密度较大点的原则进行综合时，会优先删除 a_0 而保留 p_1、p_2、p_3，这与实际的制图综合原则相违背。

2. 影响域模型表达空间要素影响范围

为了对上述 Voronoi 图表达空间数据的影响范围的缺陷问题进行有效解决，可对空间

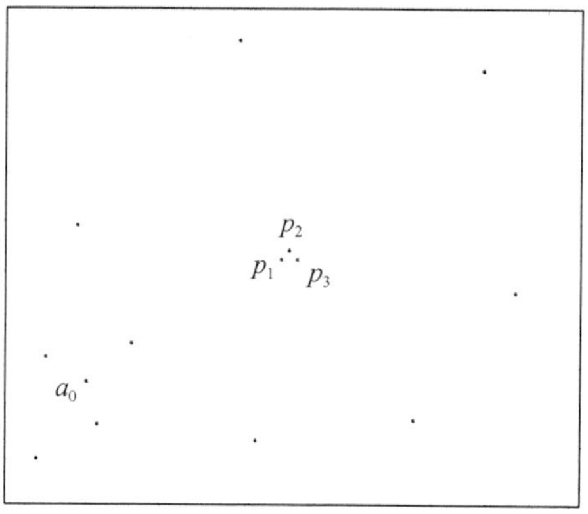

(a)空间点要素

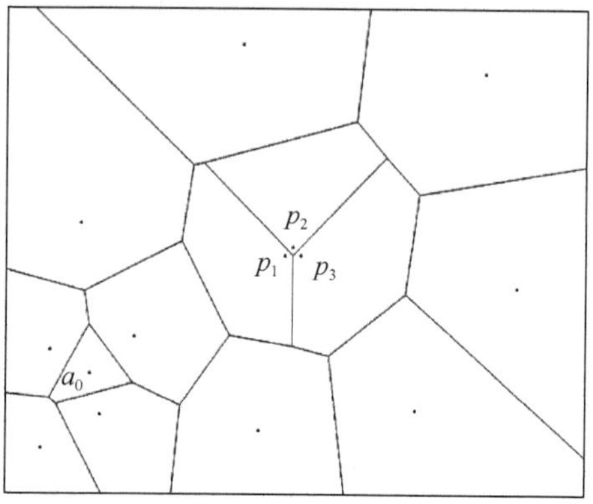

(b)Voronoi图表达空间数据影响范围

图 6-3　Voronoi 图表达空间数据的影响范围示意图

要素设置一定宽度的缓冲区（必须使缓冲区之间有重叠的部分，如图 6-4 所示），从图中可以看出，对于其中较为密集的区域（p_1、p_2、p_3），其缓冲区之间的重叠十分严重，对于其他较为稀疏的区域，其缓冲区的重叠则相对较少或基本没有重叠。本节将上述缓冲区称为要素的影响域，同时将这一模型称为影响域模型（Tang et al. , 2020）。对于空间中的面状要素，仍然可以采用这一模型识别密集区域。当然，当采用影响域模型对要素的密集程度进行描述时，对那些缓冲区与其他缓冲区没有相交区域的要素，其密集程度难以有效确定，但可以肯定的是，相比于重叠较多的区域，其密集程度必然更小。

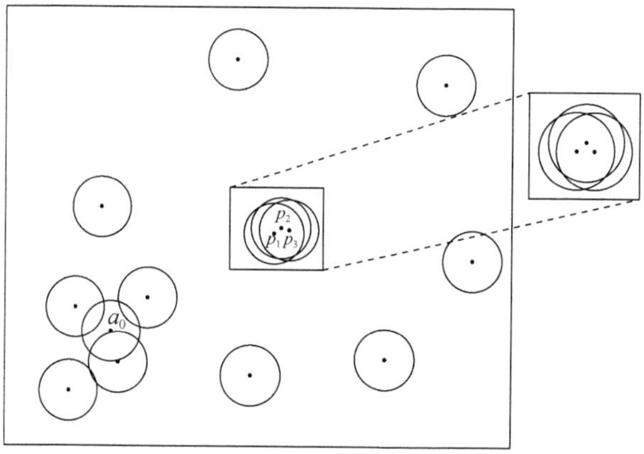

图 6-4　影响域模型表达空间数据影响范围

上述模型描述岛屿的影响范围时，具有以下几个特点。

（1）岛屿的面积越大，则在模型中其影响范围也就越大；

（2）岛屿越孤立，则其与其他岛屿缓冲区的重叠区域也就越小，反之，越密集，其影响范围与其他岛屿缓冲区的重叠程度也就越大。

这些特性与岛屿制图综合基本原则中优先选取保留面积较大、位置较为孤立岛屿的要求相吻合，能够对这些重要的、需要优先选取的岛屿进行有效识别，具有应用于岛屿综合的可能性。因此，本书提出一种基于影响域竞争的岛屿自动选取方法，即根据岛屿自身的属性（形状、面积、岛上设施等）设置影响域，之后优先选取影响域最大岛屿，在选取的同时，对一些影响域压盖较为严重的岛屿进行删除以达到综合的目的，最后选取多组实验资料图进行实验并统计实验参数，导出用于参数设置的经验公式，以用于指导岛屿的选取。该方法的基本流程如图6-5所示。

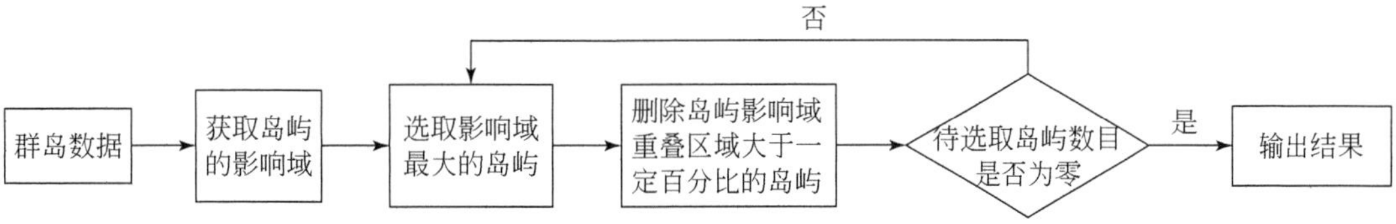

图6-5　基于影响域竞争的岛屿自动选取方法流程示意图

6.2.2　岛屿影响域获取方法与选取阈值

1. 基础影响域获取

岛屿作为一类重要的地理空间实体，其重要性程度一般从人文要素、地理位置要素、生态环境等方面考虑。从航海图的用途和需求出发，本书定义的岛屿影响域是指岛屿的视力可见范围。一般而言，岛屿的视力可见区域通常与高程、岛屿上的航标、岛屿的位置形状要素有关。本书借鉴海上视距模型的相关概念，用理论视距公式将岛屿 I_i 的可见距离 D_i 表示为

$$D_i = K\sqrt{2rh} \tag{6-2}$$

式中，K 表示权值系数，r 表示地球半径，h 表示人眼高度。以岛屿的可见距离 D_i 为半径，与岛屿 I_i 的距离小于 D_i 的区域即为岛屿 I_i 的影响域范围 v_i（I_i，D_i）：

$$v_i(I_i, D_i) = \{P \mid d(P, I_i) \leq D_i\} \tag{6-3}$$

式中，v_i（I_i，D_i）表示岛屿 I_i 的影响域，D_i 表示岛屿 I_i 的影响域半径。

2. 岛屿复合影响域

在岛屿选取的过程中，不仅需要考虑岛屿自身位置及面积，还要考虑到岛屿内部的属性。从航海角度考虑，岛屿上的高山、灯塔、灯桩等都能够用于辅助定位并指示航行。为了对岛屿上的这些属性进行综合考虑，本书将对岛屿自身属性进行加权。首先，对岛屿上能用于指示航行的物标进行标识，获取其视力可见范围，然后将这些物标的可见范围与岛屿自身的影响域范围求取并集，即为最终的岛屿复合影响域。

本书岛屿复合影响域主要分以下两类。

（1）岛屿上高程点的影响域。高山作为航海定位的物标之一，其高程越高，越有利于航海定位。获取高程点的影响域的主要步骤是，首先获得岛屿中高程点 E_j 的位置坐标、高程信息，利用这些信息计算该高程点的影响域半径 $R_{I_iE_j}$，最后获得该高程的影响域，其

中求取影响域半径 $R_{I_iE_j}$ 的公式为：

$$R_{I_iE_j}=K(\sqrt{2rh}+\sqrt{2rH_{E_j}}) \tag{6-4}$$

式中，K 为权值，$R_{I_iE_j}$ 表示岛屿 I_i 中的高程点 E_j 的影响域半径。r 表示地球半径，h 表示人眼高度，H_{E_j} 表示高程点 E_j 的高程。参照上述影响域的定义，那么高程点 E_j 的影响域范围 $v_i(I_i, R_{I_iE_j})$ 为

$$v_i(I_i, R_{I_iE_j})=\{P|d(P, I_i)\leq R_{I_i,E_j}\} \tag{6-5}$$

式中，$v_i(I_i, R_{I_iE_j})$ 表示岛屿 I_i 中高程点 E_j 的影响域范围。

（2）岛屿上灯塔或灯桩的影响域。灯塔或灯桩对于海上航行的作用十分重要，其影响范围在文献（李思鹏等，2015，2017）中有详细的描述，在这里不再赘述。为了简化计算，对于灯质、射程等要素不再考虑，认为所有的航标的射程均为地理射程，对于航标 H_j 的影响域半径 $R_{I_iH_j}$ 设置如下：

$$R_{I_iH_j}=K(\sqrt{2rh}+\sqrt{2rH_{H_j}}) \tag{6-6}$$

式中，K 为权值，H_{H_j} 表示航标 H_j 的灯高，$R_{I_iH_j}$ 表示岛屿 I_i 上的航标 H_j 的影响域半径。参照高程点的影响域范围的设置方式，可以等到航标的影响域 v_i（I_i，$R_{I_iH_j}$）。

综合考虑上述两方面对岛屿影响域的影响，可得到岛屿的实际影响域范围 v_i 为

$$v_i=v_i(I_i,D_i)\cup(v_i(I_i,R_{I_iE_0})\cup\cdots\cup v_i(I_i,R_{I_iE_n}))\cup(v_i(I_i,R_{I_iH_0})\cup\cdots\cup v_i(I_i,R_{I_iH_n})) \tag{6-7}$$

式中，$v_i(I_i, R_{I_iE_0})\cup\cdots\cup v_i(I_i, R_{I_iE_n})$ 表示岛屿 I_i 的所有高程点影响域的并集，同理 $v_i(I_i, R_{I_iH_0})\cup\cdots\cup v_i(I_i, R_{I_iH_n})$ 为岛屿 I_i 的所有航标的影响域并集。如图 6-6 所示，其中（●）表示灯塔或灯桩，（△）为高程点，（▭）为岛屿，（▨）表示岛屿及助航标志的影响域。

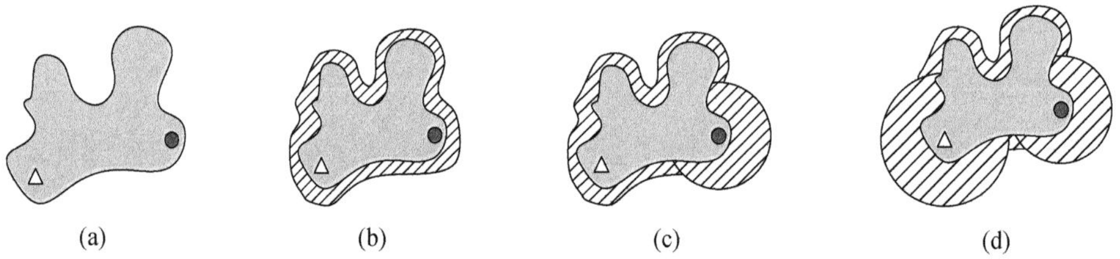

图 6-6　岛屿影响域加权示意图

3. 岛屿相互影响程度因子及选取阈值

1）岛屿间相互影响程度

对于空间中的两岛屿而言，其影响域的分布形式有相离、相交、重合或包含三种类型（图 6-7）。

相离表示两岛屿相互独立，互不影响且不相关。相交表示两岛屿之间存在一定的关联，有一定的相关性。重合或包含表示的相关性最强，也就是说，此时两岛屿相互影响程度最强。为了将上述岛屿影响域之间的相互影响程度进行描述，如图 6-8 所示，对两岛屿之间的影响程度作出定义。

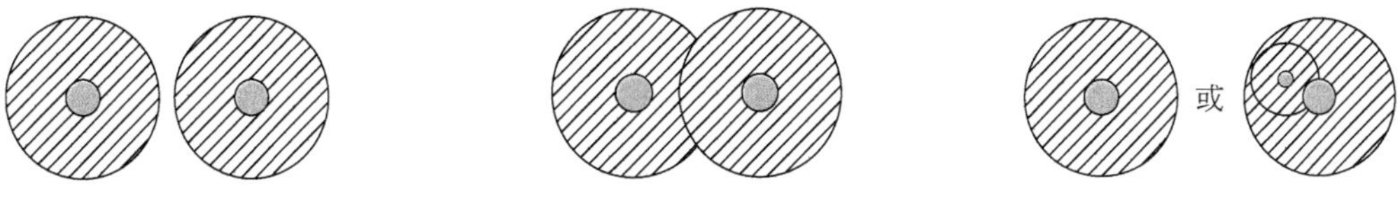

图 6-7　岛屿间影响域关系示意图

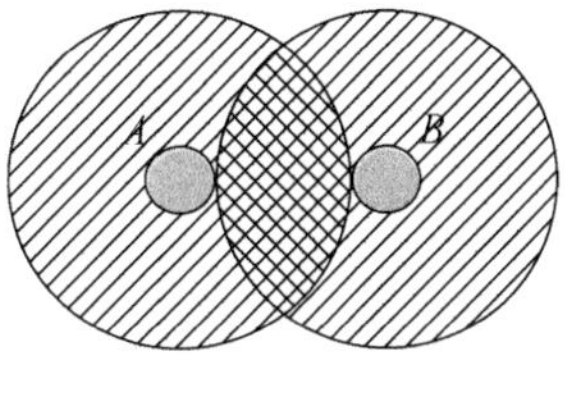

图 6-8　两岛屿之间的影响程度示意图

将岛屿 B 对岛屿 A 的影响程度定义为

$$\gamma_{B\to A}=\frac{S_{v(A)\cap v(B)}}{S_{v(A)}} \tag{6-8}$$

式中，$S_{v(A)\cap v(B)}$ 表示岛屿 A、B 影响域重合部分面积，$S_{v(A)}$ 表示岛屿 A 影响域的面积。

同理，将岛屿 A 对岛屿 B 的相关影响程度定义为

$$\gamma_{A\to B}=\frac{S_{v(A)\cap v(B)}}{S_{v(B)}} \tag{6-9}$$

式中，$S_{v(A)\cap v(B)}$ 表示岛屿 A、B 影响域重合部分面积，$S_{v(B)}$ 表示岛屿 B 影响域的面积。

2）岛屿选取阈值 γ_d

这里的选取阈值实际上为一定值，是在确定岛屿是否被保留的过程中设置的一个限制条件。其具体方法是求取已选取岛屿的影响域对该岛屿的影响程度 $\gamma_{V\to I}$，将 $\gamma_{V\to I}$与选取阈值 γ_d 进行比较，若大于，则将该岛屿从备选岛屿中删除，否则该岛屿参与正常选取。其中已选取岛屿对该岛屿的影响程度 $\gamma_{V\to I}$的计算公式如下：

$$\gamma_{V\to I}=\frac{S_{v(V)\cap v(I)}}{S_{v(I)}} \tag{6-10}$$

式中，$S_{v(V)\cap v(I)}$ 表示已选取岛屿的综合影响域与当前岛屿 I 影响域相交区域的面积，$S_{v(I)}$ 表示当前岛屿 I 影响域的面积。

6.2.3　基于影响域竞争的岛屿选取方法关键步骤

本书岛屿自动选取方法的基本思想就是优先选取影响域最大的岛屿，以最大限度地保证已选取岛屿的综合影响域最大。在选取的同时，删除那些与已选取岛屿影响域相交部分大于一定阈值的岛屿，以保证岛屿选取质量。

在本书选取方法中，将岛屿的影响域作为岛屿的“势力”范围，其范围越大，该岛屿

的生存空间越大，则其生存的可能性也就越大。而那些受其他岛屿影响过大的岛屿，则认为其生存空间受到压迫，需要进行淘汰。下文对选取的具体过程以图 6-9 为例进行介绍（图中，为岛屿，表示岛屿及其助航标志的影响域，表示已选取岛屿的综合影响域）。

步骤 1：求取待选取岛屿的影响域。根据 6.2.2 节所述方法，基于各岛屿属性，获取待选岛屿（I_1，I_2，I_3，I_4，I_5，I_6，I_7）的岛屿影响域（v_1，v_2，v_3，v_4，v_5，v_6，v_7）。

步骤 2：选取首个影响域最大的岛屿。将当前已选取岛屿的综合影响域 V 设置为空（ϕ），将所有的待选岛屿的影响域按面积大小进行排序（v_6，v_7，v_4，v_5，v_1，v_2，v_3），将岛屿影响域面积最大（v_6）的岛屿进行选取，将该岛屿标记为“已选取”，并将该岛屿影响域“并”入已选岛屿综合影响域 V（$V=V\cup v_6$）。

步骤 3：删除部分与已选取岛屿的综合影响域相交区域过大的岛屿。根据公式（6-10）求取其他所有待选取岛屿受已选取岛屿的影响程度 γ，并与选取阈值 γ_d 进行比较，若 $\gamma>\gamma_d$，则将其（I_1，I_2，I_3）淘汰，否则将这些待选岛屿（I_4，I_5，I_7）保留；

步骤 4：求取待选岛屿（I_4，I_5，I_7）的有效影响域（以岛屿 I_7 为例：$\varepsilon v_7=v_7-V\cap v_7$）面积并按大小进行排序（$\varepsilon v_7$，$\varepsilon v_4$，$\varepsilon v_5$）（在对岛屿的有效影响域进行排序的过程中，当岛屿的有效影响域面积大小相等时，则依据这些岛屿与其他已选取岛屿之间的距离和进行排序，距离和大的岛屿在排序时位置靠前），选取有效影响域面积最大的岛屿（I_7）标记为“已选取”，并将该岛屿影响域“并”入已选岛屿综合影响域 V（$V=V\cup v_7$）［图 6-9（c）］。

步骤 5：判断待选岛屿数目是否为 0，若是，则选取结束并输出选取结果，否则转步骤 3，继续对待选岛屿进行选取，直至待选岛屿数目为 0。

需特别说明的是，对于选取阈值，为了方便实际计算，在实际运用过程中，可使用有效影响域与岛屿自身影响域的比值替代影响程度 γ，其选取阈值也就变成了 R_d（$R_d=1-\gamma_d$），若 γ 小于 R_d，则将该岛屿进行删除，若大于，则继续进行选取。本书实验中所述的选取阈值均按照上述说明进行设置。

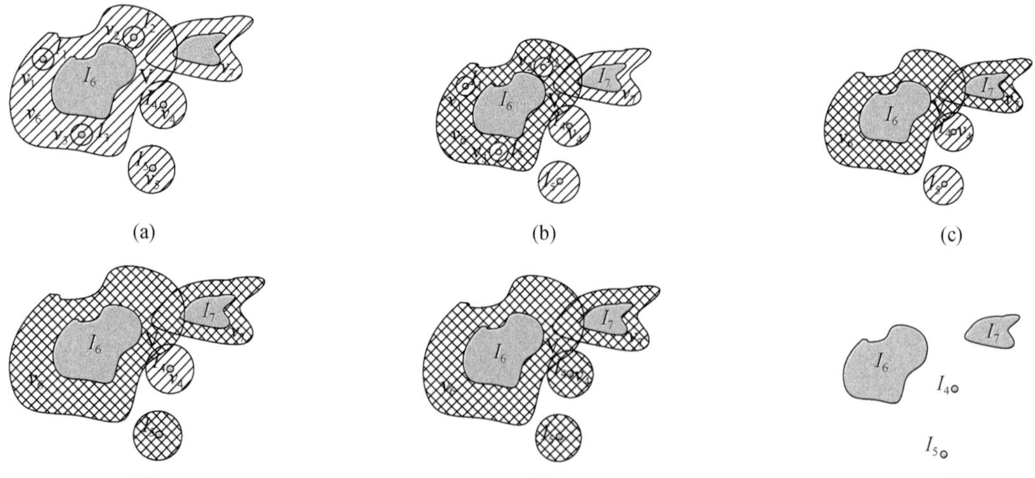

图 6-9　岛屿选取过程示意图

6.2.4　实验与分析

1. 可行性分析

为验证本书方法的有效性，分别选取海图 C13300 上衢山岛附近以及中街山列岛海区作为实验资料图，该海图比例尺为 1 : 250 000，实验中将地球半径 r 设置为地球平均半径（6371km），将人眼高度 h 设置为 5m，用于计算岛屿的空间影响域。

实验 1　衢山岛海域

将资料图按比例尺缩小到目标比例尺（1 : 500 000），其缩小后的图像如图 6-10（a）所示，在选取过程中，将权值 K 以及选取阈值 R_d 分别设置为 0. 05 和 0. 54。其化简后的综合结果图如图 6-10（b）所示。

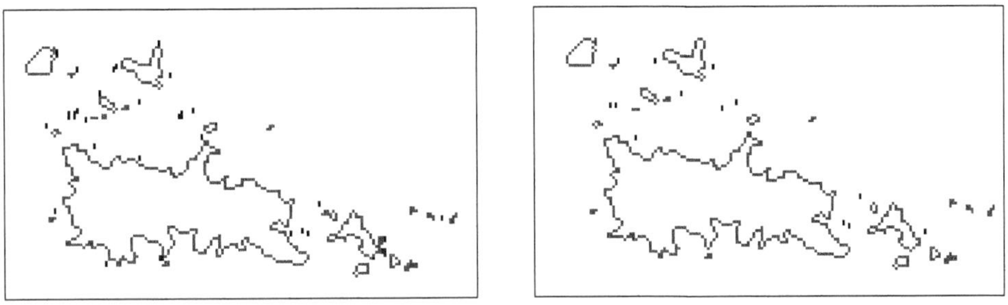

(a)缩小后的原图像　　(b)化简后的图像

图 6-10　衢山岛海域化简效果图

从图 6-10（b）可以看出，本书方法保持了该区域的基本分布特征，外围的小岛以及相对较为孤立的点状岛屿都得到了较好的保留。

实验 2　中街山列岛海域

选取这一区域的主要原因在于其岛屿分布较为特殊，条带状分布特征较为明显，且存在相对较为孤立的岛屿，能较为合理地评估本书方法的有效性。将资料图按比例缩小到目标比例尺（1 : 500 000），其缩小后的图像如图 6-11（a）所示。在选取的过程中，将权值 K 以及选取阈值 R_d 分别设置为 0. 05 和 0. 54。其选取过后的结果图如图 6- 11（b）所示。

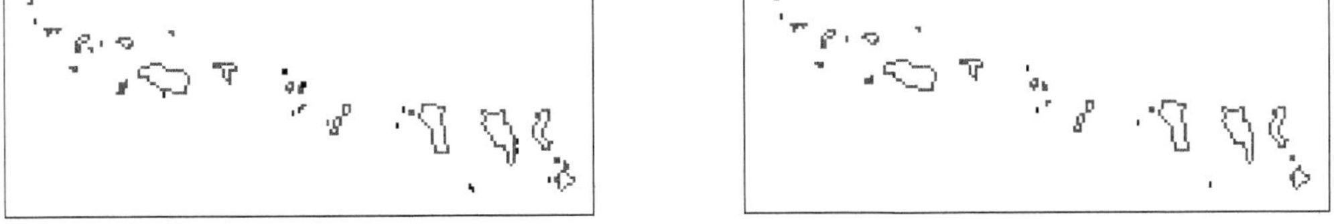

(a)缩小后的原图像　　(b)化简后的图像

图 6-11　中街山列岛化简效果图

从图 6-11（b）中可以看出，本书方法保持了区域的总体分布特征，较为重要的能够表达区域分布状态的外围以及孤立岛屿都得到了较好地保持。

经专业制图人员的评估，以上实验结果所得化简结果均符合《规范》要求，通过选取上述两组不同海区特征的资料图进行实验，可以看出当参数设置合适时，实验可以得到相对较为合理的选取结果图，从而证明了本书方法的有效性。

2. 经验值与经验公式

为了进一步探究本书所提的参数对于选取结果产生影响的规律从而在日后更好地指导该方法的实施，本书针对不同比例尺、不同海区的资料图，采用不同的权值和选取阈值的选取结果进行统计分析，并对符合要求的实验结果筛选并统计如下（部分展示，表 6-1 和表 6-2）。

表 6-1　不同比例尺下的最优结果参数统计表（衢山岛海域）

比例尺	30 万	35 万	40 万	45 万	50 万	55 万	60 万	65 万	70 万	75 万
K	0.03	0.04	0.04	0.05	0.05	0.05	0.06	0.07	0.07	0.07
R_d	0.45	0.45	0.45	0.56	0.53	0.56	0.60	0.46	0.48	0.46

表 6-2　不同比例尺下的最优结果参数统计表（中街山列岛海域）

比例尺	30 万	35 万	40 万	45 万	50 万	55 万	60 万	65 万	70 万	75 万
K	0.03	0.04	0.04	0.05	0.05	0.06	0.06	0.06	0.07	0.07
R_d	0.45	0.49	0.52	0.48	0.54	0.46	0.45	0.48	0.52	0.46

注：以上数据均由本书作者根据实验结果进行统计，在上述参数条件下，其综合结果最优。

通过对上述两表分析不难看出，选取阈值基本稳定在 0.5 左右，而权值则是随着比例尺变化而不断发生变化。经作者前期的探索研究发现，当采用本书所提出的基于生存竞争规则的方法进行岛屿选取时，其岛屿影响域的宽度会有一个固定图上距离，当影响域宽度取该图上距离时，其化简的效果最优。为了对这一现象进行有效描述，同时基于上述假设，设定以下方程：

$$D=K\frac{\sqrt{2rh}}{M} \tag{6-11}$$

其中，K 为权值，r 为地球平均半径（6371km），h 为人眼高度 5m，M 为目标比例尺分母，D 为图上距离下的一固定常量。将上述表 6-1、表 6-2 中的数据带入上式，得出以下经验公式。

$$\begin{cases} K=\dfrac{M}{10^7} \\ R_d=0.5 \end{cases} \tag{6-12}$$

式中，K 为化简时所用的权值，M 表示化简的目标海图比例尺分母，R_d 为选取阈值。

3. 经验公式的验证及比对实验

为了验证 2 中所得经验公式的有效性，同时显示本书方法的优越性，本书以基于

Voronoi 图的岛屿自动选取方法（陆毅等，2001）以及顾及线性阵列保持的岛屿选取方法（黄亚锋，2011）作为比对方法，采用海图 13300 中舟山海区的嵊泗列岛、马鞍列岛作为实验海区。在这一实验中，由于顾及线性阵列保持的岛屿选取方法难以确定模式识别算法的相关参数（空间距离、面积差异、角度阈值等阈值参数），因而仅与基于 Voronoi 图的岛屿自动选取方法进行比对。为了与顾及线性阵列保持的岛屿选取方法实验结果进行比对，将陆毅等（2001）中所示实验海区作为实验海区，采用本书方法进行选取后，与其实验结果进行比对。

实验 1　与基于 Voronoi 图的岛屿自动选取方法的比对实验

将目标比例尺设置为 1：500 000，将提取两次之后的结果作为基于 Voronoi 图的选取结果图，其化简结果如图 6-12（b）所示。对于本书方法，根据公式（6-12），将权值 K 设置为 0.05，将选取阈值 R_d 设置为 0.50，其实验结果如图 6-12（c）所示。将上述图中选取结果差异较大的区域用椭圆圈进行标识，并将这些区域的图像按序号依次进行放大展示如图 6-13、图 6-14、图 6-15 所示。

(a)资料图原图（原始比例尺）

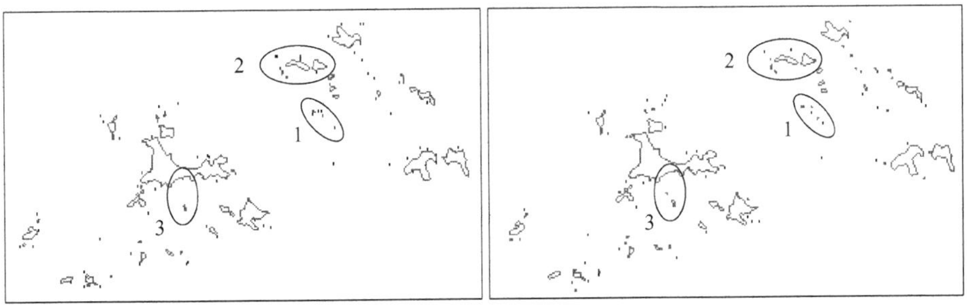

(b)Voronoi图方法化简图像　　(c)本书新提方法化简后的图像

图 6-12　嵊泗列岛与马鞍列岛海域化简效果图

由图 6-12 中可以看出，在该参数条件下，两种方法化简结果均基本保持了岛屿群的基本分布特征。为了更好地对两种方法的综合结果进行有效的比对，在图 6-12 中，已将需要着重注意的区域进行标识，并将各区域的实验原图和不同方法下的实验结果图按原图比例尺显示，分别如图 6-13、图 6-14、图 6-15 所示。

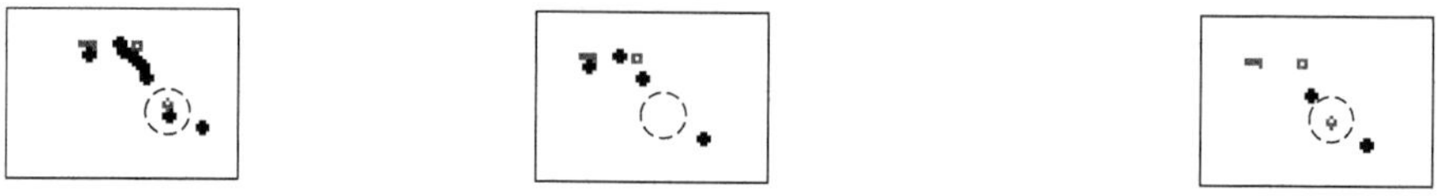

(a)资料图　(b)Voronoi图选取结果　(c)本书方法选取结果

图 6-13　区域 1 选取结果比对

区域 1 最为主要的特征是，群岛呈现明显的斜“7”形状，而 Voronoi 图的化简方法中，将图中圆圈所示岛屿进行了删除，从而使得其分布状态产生了一定的改变。相比之下，本书所提方法则显得更为合理。

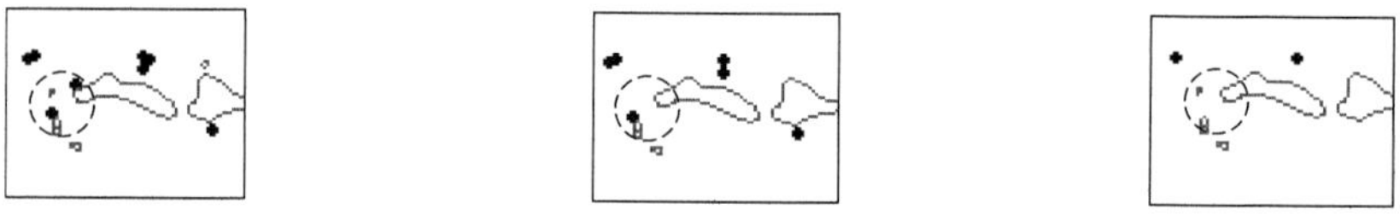

(a)资料图　(b)Voronoi图选取结果　(c)本书方法选取结果

图 6-14　区域 2 化简结果比对

在区域 2 中存在距离面状岛屿较近的点状岛屿，这些点状岛屿在比例尺缩小以后，一般应当予以适当删除。从图 6-14（b）来看，Voronoi 图选取结果对这一部分岛屿并未进行删除，反而将其中相对较远的面状岛屿进行了删除，造成了化简错误。反观本书方法选取结果图，其选取结果更为合理。

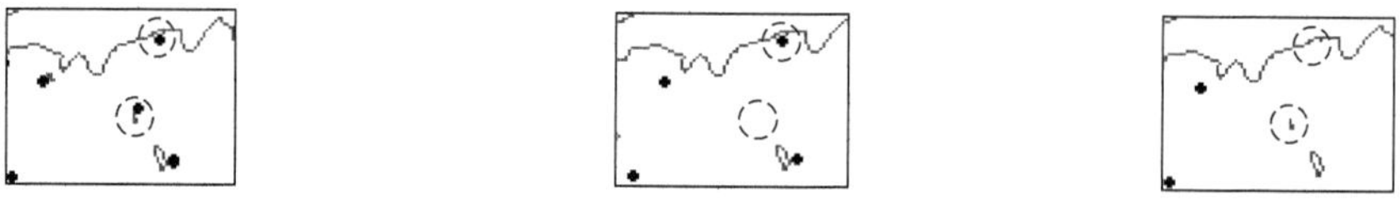

(a)资料图　(b)Voronoi图选取结果　(c)本书方法选取结果

图 6-15　区域 3 选取结果比对

在区域 3 中同时存在距离海岸相对较远的岛屿以及距离海岸较近的点状岛屿［如图 6-15（a）中圆圈区域所示］，在选取时，一般应当将其中相对较为孤立的岛屿进行保留，同时删除其中离岸较近的点状岛屿。但从图 6-15（b）来看，基于 Voronoi 图的选取方法并未对其中需要删除的点状岛屿进行删除，反而将其中的孤立岛屿进行了删除，造成了化简错误。相比之下，本书方法选取结果更为合理。

从以上选取结果中可以看到，基于 Voronoi 图的岛屿选取方法在综合过程中借鉴点群综合基本思想，利用 Voronoi 图衡量岛屿的密度，但忽略了岛屿的形状特征，导致在选取过程中压盖现象较为严重。由于需要达到选取指标，在选取过程中出现压盖的岛屿难以删除，反而将一些孤立的、表达岛屿分布的岛屿删除，使得选取结果质量不佳。相比之下，本书新提方法的综合结果较为合理。

实验 2　与顾及线性阵列保持的岛屿选取方法比对试验

为了对顾及线性阵列保持的岛屿选取方法（黄亚锋，2011）进行评估，现将黄亚锋（2011）中的实验资料图进行扫描数字化，根据公式（6-12）设置参数，对实验资料图进行选取化简，其资料图以及实验结果图如图 6-16 所示。

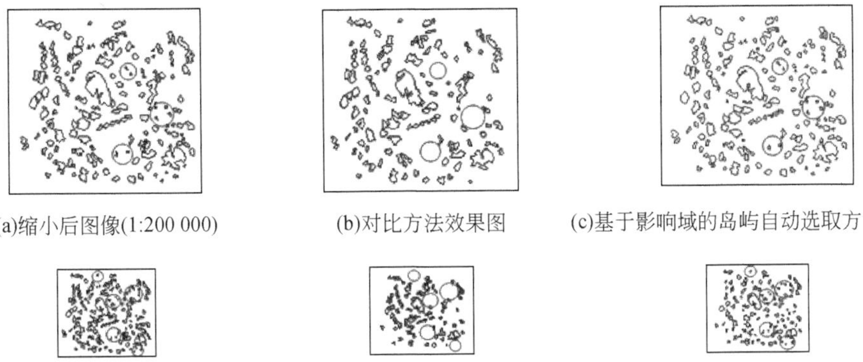

(a)缩小后图像(1:200 000)　(b)对比方法效果图　(c)基于影响域的岛屿自动选取方法效果图

(d)缩小后图像(1:500 000)　(e)对比方法效果图　(f)基于影响域的岛屿自动选取方法效果图

图 6-16　实验海区选取结果图

为了对该区域下两种方法的选取效果进行有效的比对，将图中的相对较为孤立的岛屿进行标识，从图 6-16 中可以看到，顾及线性阵列保持的岛屿选取方法（黄亚锋，2011）对于一些相对较为孤立的岛屿未能进行有效的保留，同时由于方法中对于骨架岛屿的强制保留，使得部分区域的压盖现象较为严重。从化简后的整体分布上来看，由于顾及线性阵列保持的岛屿选取方法对孤立岛屿的保持欠佳，使得在化简后出现的"空洞"区域较多，从而使得岛屿的整体分布发生改变。相比之下，本书新提方法的化简结果显得更为合理。

通过分析、计算及实验比对，得结论如下。

（1）本书基于影响域竞争规则的岛屿自动选取方法较好地解决了岛屿选取问题，对于不同比例尺、不同分布状态的海区资料图，可根据经验公式设置参数获取化简效果较好的综合结果图。

（2）与已有方法相比，本书方法在保留孤立岛屿方面的综合效果更为合理，其选取质量更优。

当然，岛屿选取具有其本身的复杂性，且本节方法中涉及了权值以及选取阈值参数的设置，选取效果受参数影响较大。因此，如何减少参数对选取效果的影响，从而使选取结果更加符合实际表达需求，还有待更为系统的分析和研究。

§6.3　基于缓冲区生长模型的岛屿自动选取方法

上一节所述方法能够在一定程度上提高岛屿选取的质量，但选取质量很大程度上取决于其权值 K 以及选取阈值 R_d 的设置是否合理。本书所得参数设置的公式是在大量实验统计的基础上得出的统计规律，对于某一特定海区，为得到最优的选取质量，还需要在经验公式所得经验值的基础上对参数进行适当调整。

为此，本节主要针对上述方法中选取结果受参数影响较大这一不足，提出一种基于缓冲区生长模型的岛屿自动选取方法（唐露露等，2019），该方法首先从原理上分析了 Voronoi 图表达空间数据密集程度的缺陷，设计了能克服此缺陷的缓冲区生长模型，并利用该模型对岛屿进行自动选取，以期对选取结果受参数影响较大的不足予以有效解决，从而提高选取质量。

6.3.1　基本思想

根据 6.2.1 节中的描述可知，采用 Voronoi 图对于空间数据的密度描述存在一定的缺陷，这使得该方法在实际选取时会出现选取错误。因此，为了对上述 Voronoi 图表达空间数据影响范围的缺陷进行有效解决，本节对空间要素设置缓冲区，并使缓冲区不断生长增大，直到其与其他要素的缓冲区相切时则停止生长，以此时的缓冲区大小表达空间要素的“影响”范围［图 6-17（c）］。

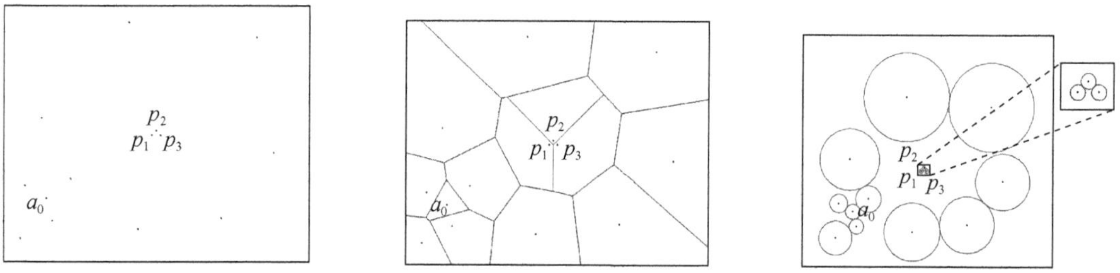

(a)空间点要素　　(b)Voronoi图　　(c)缓冲区生长模型

图 6-17　Voronoi 图和缓冲区生长模型表达空间数据的影响范围

从图 6-17 中可以看出，当采用这种方式对空间数据的影响范围进行表达时，点 p_1、p_2、p_3 三点相比于图 6-17（b）更容易识别，不会出现 6.2.1 节中所述的缺陷现象。本书将这种采用缓冲区生长来表达空间数据影响范围的方式定义为缓冲区生长模型。

同理，与点状要素相类似，对于空间中的面状要素，先设置初始缓冲区，并不断扩大缓冲区，直到该要素缓冲区与其他要素的缓冲区相切为止。

当采用这种模型对海图上岛屿的影响范围进行描述时，有以下几个特性。

（1）岛屿的面积越大，则在模型中其影响范围也就越大；

（2）岛屿越孤立，则在模型中影响范围相对越大，反之，岛屿越密集，其影响范围相对越小。

这些特性与岛屿制图综合基本原则中优先选取保留面积较大、位置较为孤立岛屿的要求相吻合，能够对这些重要的、需要优先选取的岛屿进行有效识别，具有应用于岛屿综合的可能性。因此，本书提出一种基于缓冲区生长模型的岛屿选取构想，在采用缓冲区生长模型对岛屿的影响范围进行评估的基础上，优先删除影响范围最小的岛屿，并对剩下的岛屿重新构建缓冲区生长模型，以达到对岛屿影响范围进行实时检测的目的。达到选取的指标前不断重复此过程，直到输出选取结果。基于这一构想，本书设计了缓冲区生长模型构建算法、模型更新方法以及岛屿自动选取机制，以对岛屿进行有效的综合。

6.3.2　缓冲区生长模型构建及更新方法

1. 缓冲区生长模型构建算法

根据缓冲区生长模型的定义及特点，构建缓冲区生长模型的关键点在于相切时各岛屿缓冲区宽度的求取。其构建过程大体如图 6-18 所示。

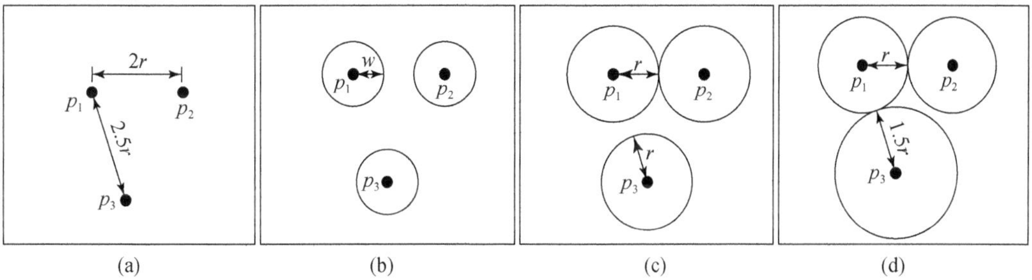

图 6-18　缓冲区生长模型构建过程示意图

对于图上的点状岛屿［图 6-18（a）］p_1、p_2、p_3（$|p_1p_2|=2r$，$|p_1p_3|=2.5r$），分别设置缓冲区［图 6-18（b）］，其缓冲区宽度为 w。使 w 逐渐增大，当缓冲区宽度 w 增大到 r 时［图 6-18（c）］，p_1、p_2 的缓冲区相切，此时需要将这两个岛屿的缓冲区固定，在此基础上，使 p_3 缓冲区宽度 w 继续增大，直到其缓冲区与 p_1 的缓冲区相切［图 6-18（d）］，至此，缓冲区生长模型构建完毕。

在上述模型构建的过程中，用到了各岛屿之间的距离、岛屿的缓冲区宽度以及该宽度的固定和相切、增长的缓冲区宽度 w 等概念，为了对这些概念进行有效的描述以及计算的方便，本书设计了距离矩阵、岛屿缓冲区标识、各岛屿缓冲区宽度矩阵、增长因子等，以下是这些概念的详细说明。

1）相关概念

（1）距离矩阵。

求取各岛屿与其他所有岛屿之间的最小距离，并将其放在距离矩阵 S 中。

$$S=\begin{bmatrix} s_{00} & \cdots & s_{0n} \\ \cdots & \ddots & \cdots \\ s_{n0} & \cdots & s_{nn} \end{bmatrix} \tag{6-13}$$

以元素 s_{ij} 为例，s_{ij} 表示岛屿 i 与岛屿 j 之间的最小距离。为了之后的计算方便，将距离矩阵 S 对角线上的元素值设置为 DBL_MAX（浮点型数值的最大值）。

（2）岛屿缓冲区标识。

对岛屿的缓冲区宽度以及宽度是否可以更改进行标识存储。

$$SYM=\begin{bmatrix} sym\_change_0 & \cdots & symchange_n \\ d_0 & \cdots & d_n \\ sym\_element_0 & \cdots & sym\_element_n \end{bmatrix} \tag{6-14}$$

其中 sym_change_i 用于标识第 i 个岛屿的缓冲区宽度是否可更改，其中 d_i 表示第 i 个岛屿的缓冲区宽度。在初始状态时，将宽度是否可更改标识全部设置为可更改，将全部岛屿的缓冲区宽度设置为 0，$sym\_element_i$ 表示第 i 个岛屿的属性，例如对面状岛屿、点状岛屿分别设置为 0 和 1。

（3）岛屿缓冲区宽度矩阵。

为了对相切判断的方便，设置两个宽度矩阵，分别为行主导矩阵，列主导矩阵：

$$D_{row}=\begin{bmatrix} d_0 & \cdots & d_0 \\ \cdots & \ddots & \cdots \\ d_n & \cdots & d_n \end{bmatrix} \tag{6-15}$$

$$D_{col}=\begin{bmatrix} d_0 & \cdots & d_0 \\ \cdots & \ddots & \cdots \\ d_0 & \cdots & d_n \end{bmatrix} \tag{6-16}$$

其中行主导矩阵 D_{row} 的任意一行的所有元素相同，以第 i 行为例，这一行的值均为 d_i，d_i 为 SYM 中第 i 个岛屿的缓冲区宽度。同理，对于列主导矩阵而言，其任意一列的所有元素均相同，其值为第 i 个岛屿的缓冲区宽度。

（4）缓冲区宽度增长因子。

由于在之前的设计中需要使岛屿的影响域宽度不断地增大，因此在这里设置一个增长因子 w，使 w 以一定的速率逐渐增大，w 的初始值设置为 0。

（5）拓扑关系表。

由于在之后的设计中需要对岛屿之间的相互关系进行描述，因此，在这里设计一个 n 维数组，对缓冲区生长模型中岛屿缓冲区相切的信息进行记录。

2）模型构建方法

求取相切时各岛屿的缓冲区宽度步骤如下。

第一步：为岛屿缓冲区标识 SYM、岛屿缓冲区宽度矩阵 D_{row}、D_{col} 赋值。首先使增长因子 w 增大，获取全部 SYM 中 sym_change 并设置为可更改的岛屿，将这些岛屿的缓冲区宽度 d 设置为 w；将宽度矩阵中的行主导矩阵 D_{row} 每一行的值都设置为 SYM 中的对应岛屿缓冲区宽度值，例如，取行主导矩阵 D_{row} 的第 i 行的全部元素，记为 D_{row}（i,　），令 D_{row}（i,　）=

d_i（其中 d_i 为 SYM 中第 i 个岛屿的缓冲区宽度），即将第 i 行的全部元素大小均设置为 d_i；对于列主导矩阵 D_{col} 赋值过程与行主导矩阵类似。

第二步：判断当前缓冲区宽度下，是否有岛屿的缓冲区相交。利用第一步设置好的 D_{row}、D_{col}，进行矩阵运算 $S-D_{row}-D_{col}$，其结果矩阵记为 S_{res}［在此结果矩阵中，任意一元素 $S_{res}(i, j)$ 表达了在当前 SYM 中所述的岛屿缓冲区宽度下，岛屿 i 与岛屿 i 缓冲区之间的最小距离］，遍历结果矩阵 S_{res}，获取其中最小的元素 $S_{res}(row, col)$，判断 $S_{res}(row, col)$ 是否大于0，若是，则表明在当前缓冲区宽度下，各岛屿的缓冲区没有相切或相交，返回第一步；若小于0，则表明在此缓冲区宽度下，岛屿 row 与岛屿 col 的缓冲区相交，此时将 row、col 进行记录，进入第三步；若等于0，则无法判断是否是已经完成宽度求取的两岛屿缓冲区，转入第一步。

第三步：为出现相交的岛屿缓冲区设置最终的宽度值，并对增长因子重新赋值。利用第二步获取的 row、col，获取这两个岛屿的相关信息，即第 row 个岛屿与第 col 个岛屿之间的最小距离 s_{rowcol}，岛屿缓冲区标识 SYM 中的 sym_change_{row}、sym_change_{col}、$sym\_element_{row}$、$sym\_element_{col}$；针对不同的 sym_change_{row}、sym_change_{col}，分以下3种情况对增长因子 w、SYM 中的岛屿缓冲区宽度 d 进行如下赋值。

（1）当 sym_change_{row}、sym_change_{col} 均标识为可更改时增长因子：

$$w=\frac{s_{rowcol}}{2} \tag{6-17}$$

岛屿缓冲区标识：

$$\begin{cases} d_{row}=w \\ d_{col}=w \end{cases} \tag{6-18}$$

并将 sym_change_{row}、sym_change_{col} 设置为不可更改。

（2）当 sym_change_{row} 识为可更改，sym_change_{col} 标识为不可更改时增长因子：

$$w=s_{rowcol}-d_{col} \tag{6-19}$$

岛屿缓冲区标识：

$$d_{row}=w \tag{6-20}$$

将 sym_change_{row} 设置为不可更改。

（3）当 sym_change_{row} 标识为不可更改，sym_change_{col} 标识为可更改时与（2）中所述类似，在这里不再赘述。

在赋值结束后，在拓扑表中将岛屿 row 与岛屿 col 的缓冲区相切的信息进行记录，之后转到第四步。

第四步：判断最终的岛屿缓冲区宽度是否设置完毕。遍历岛屿缓冲区标识 SYM，判断其中的 sym_change 是否均为不可更改，若是，则设置完毕，进入第五步；否则转到第一步。

第五步：构建缓冲区生长模型中各岛屿的缓冲区。利用前述步骤生成的 SYM 中的各岛屿缓冲区宽度，求取岛屿的缓冲区并输出结果，模型构建完成。

对某海域的岛屿进行上述操作，其结果图如图6-19所示。

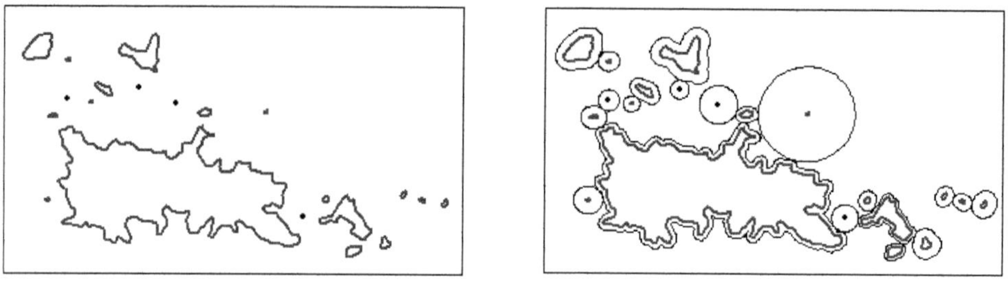

(a)资料原图　　(b)缓冲区生长模型图

图 6-19　缓冲区生长模型示意图

2. 缓冲区生长模型动态更新机制

在制图综合过程中，当对图中的某些次要岛屿进行删除后，需要对剩下的岛屿重新构建缓冲区生长模型。但如果再次利用第 1 小节中所述方法获取全部剩余岛屿的缓冲区，会使得运算量过大，出现计算冗余。事实上在剩余的岛屿中，大部分的岛屿缓冲区不需要更改，只需要对其中的一部分进行更改即可。为了实现这一设想，设计了模型动态更新方法。

（1）根据 1 中生成的拓扑关系表，将与删除岛屿缓冲区相切的要素均设置为待处理岛屿。

（2）对上述待处理岛屿逐一判断是否只与删除岛屿的缓冲区相切，若是，则将该待处理岛屿对应的缓冲区标识 *SYM* 中是否可更改标识设置为可更改，其余信息不做处理，否则对该岛屿不做处理。在上述操作完成以后，更新拓扑表。

（3）由 1 中所述模型构建方法求取新的岛屿缓冲区，并更新拓扑表。

6. 3. 3　缓冲区生长模型在岛屿自动选取中的应用

在海图制图综合中，选取的目的是解决海图的内容详细性与清晰易读性之间的矛盾，选取的原则是保留那些重要的、有用的、相互联系紧密的制图物体，舍去那些相对来说次要的、无用的物体（张立华等，2017）。为此，本书采用上述缓冲区生长模型对岛屿的影响范围进行评估，优先删除缓冲区面积最小的要素，并对模型进行实时更新维护，直到达到选取指标，输出选取结果。其流程图如图 6-20 所示。

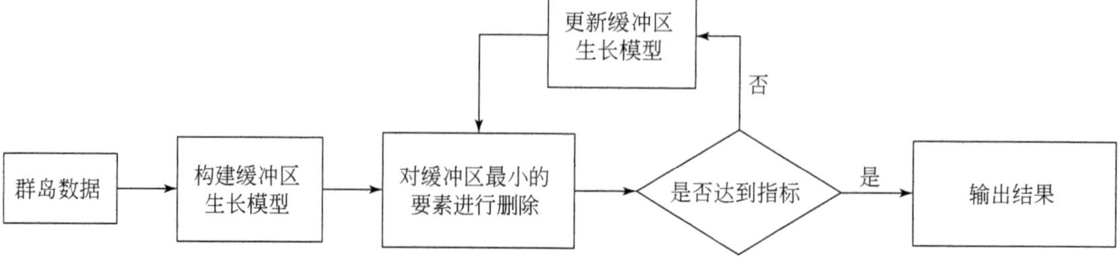

图 6-20　自动综合方法流程

其具体步骤如下。

（1）对输入的群岛数据按比例缩放到对应比例尺，对于缩小后不足表达尺度的面状岛屿，采用点状岛屿表示。

（2）采用 6. 3. 2 节所述缓冲区生长模型构建方法求取当前群岛数据的缓冲区多边形，并求出其面积最小者，将该岛屿进行删除，按照 6. 3. 2 节所述的方法对模型进行更新。

（3）不断重复步骤（2），直至删除的岛屿缓冲区面积大于阈值，完成选取。

需特别说明的是，在步骤（2）的选取中可能会出现很多缓冲区面积相同且最小的岛屿（如图 6-21 中的岛屿 I_3 与 I_4），在对这些岛屿进行取舍时，按以下步骤处理。

首先根据拓扑关系表，优先删除那些与其他岛屿缓冲区相切数目较多的要素。若其数目相同，则寻找以该岛屿为中心的一定范围的岛屿，优先删除该范围岛屿数目较多者，若数目相同，则计算该岛屿到该范围以内的全部岛屿的距离和，优先删除距离和较小者，从而保证所删除的岛屿周围的密集程度最大。

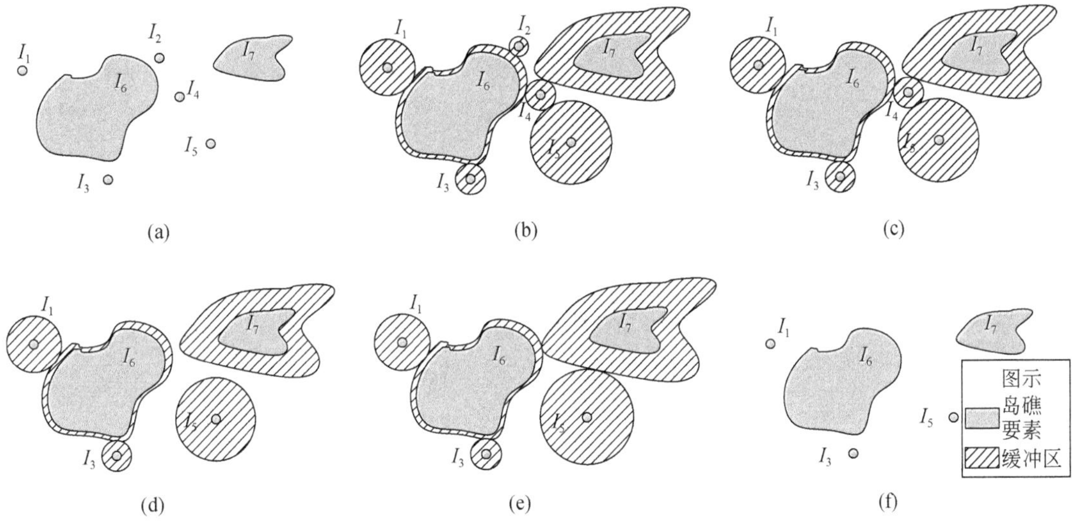

图 6-21　基于缓冲区生长模型的岛屿自动选取方法示意图

6. 3. 4　实验与分析

1. 方法有效性及适用性实验

为验证本书算法的有效性及适用性，选取衢山岛附近海域、崎岖列岛海域、中街山列岛海域、嵊泗列岛与马鞍列岛海域四个岛屿分布特征较为典型的海域为实验数据，以上四处区域分布样式不一，具有代表性。本书以基于 Voronoi 图的岛屿自动选取方法（陆毅等，2001）为比对算法，主要比对 4 处区域中不同区域特征的保持以及综合尺度情况。在比较过程中着重注意分布特征、分布密度等是否得到有效保持。以上四个海区的资料图取自海图 13300，比例尺为 1∶250 000。

实验 1　衢山岛附近海域

该海域的主要特点在于衢山岛作为该区域面积最大的岛屿，占据了图幅的绝大部分，其他岛屿零星分布在其周围，各具特点。将目标图比例尺设置为 1 : 500 000，其缩小后的原图结果如图 6-22（b）所示。在实验区域，其重点注意的特征区域已在图中标识，其中 *A* 区域的分布特征显示为左“√”右“一”，在综合过程中应注意保持；*B* 区为一较大岛屿附近有一点岛，且距离很近，在化简过程中需要将点岛删除，保留大岛；*C* 区为一群阻塞航道的点岛，在化简过程中应至少保留一个，表明该区域航道阻塞的特征。

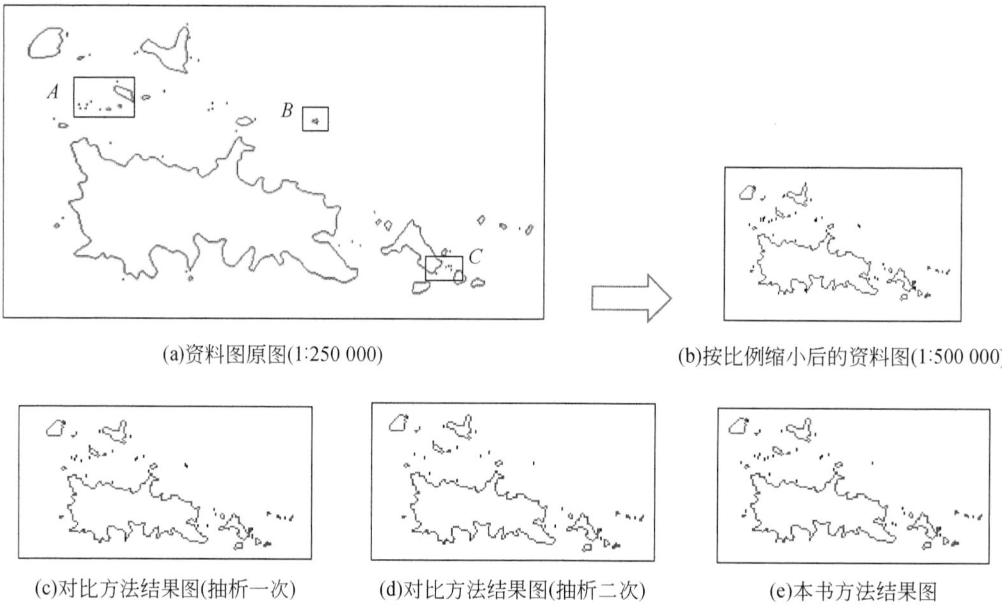

图 6-22　实验 1 海区化简图

总体上来说，这两种算法都能保持该区域的分布特征，对于重要的岛屿和特征岛屿都能有效保持。对于 *A* 区域，本书方法与文献方法抽析一次的效果相同，都保持了岛屿基本的分布特征，但对于 *B* 区而言，对比方法抽析一次的结果尺度显得有所不足，抽析第二次后效果较好，而对于 *A* 区而言，其抽析两次的结果又显得选取尺度过大。对于 *C* 区域，其选取结果都较好。

实验 2　崎岖列岛海域

选取这一区域的原因在于该岛屿的整体形状呈现两条射线状，并且存在离岸较远的孤立岛屿。区域内的面状岛屿较多，点岛则相对较少，对这一区域的选取着重考验算法对于面状岛屿的选取能力。图中 *A* 区为一环状岛屿群，在化简后需要保持；*B* 区为分布较为集中的点岛群；*C* 处则需要注意对主要岛屿的保持和对次要岛屿的删除。选取结果如图 6-23 所示。

对于这一区域而言，最为主要的特征是其分布状态呈现两条射线状，对于这一特征，

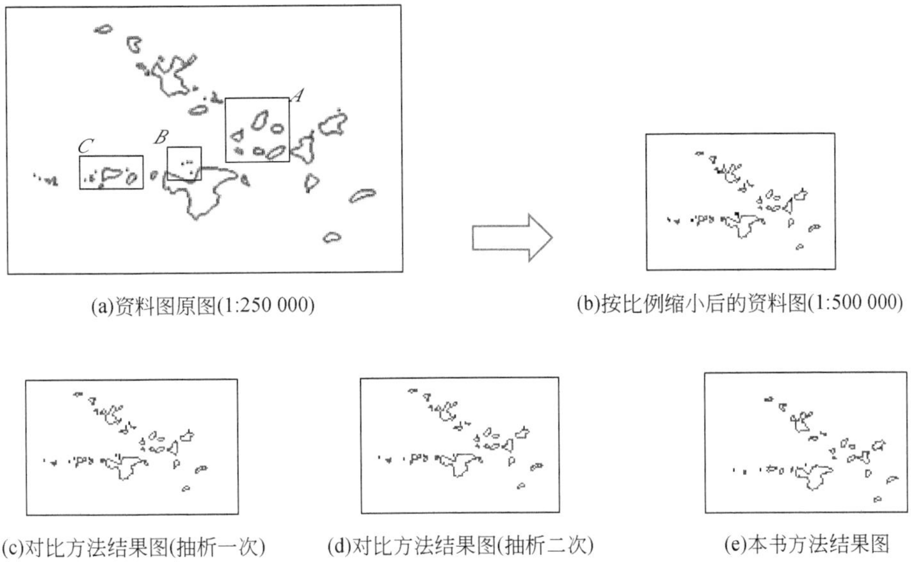

(a)资料图原图(1:250 000)　(b)按比例缩小后的资料图(1:500 000)

(c)对比方法结果图(抽析一次)　(d)对比方法结果图(抽析二次)　(e)本书方法结果图

图 6-23　实验 2 海区化简图

两种算法都能较好保持，对于细节部分，由于对比方法中对于面状岛屿选取时的不足，在 *A*、*C* 区域显得较为拥挤，对于点状岛屿较少的区域，其选取较为乏力，抽析一次，与抽析两次的图像差异不大。从本书方法的化简结果来看，其在特征岛屿的保持方面具有一定的优越性。

实验 3　中街山列岛海域

在这一区域，岛屿的分布呈现条带状，在选取过程中需要着重注意。图中 *A* 区、*B* 区、*C* 区为孤立岛屿较为明显的三处，在选取过程中需要着重保持，*D* 区中在两大岛之间存在岛屿阻塞航道，在选取中需要保持。选取结果如图 6-24 所示。

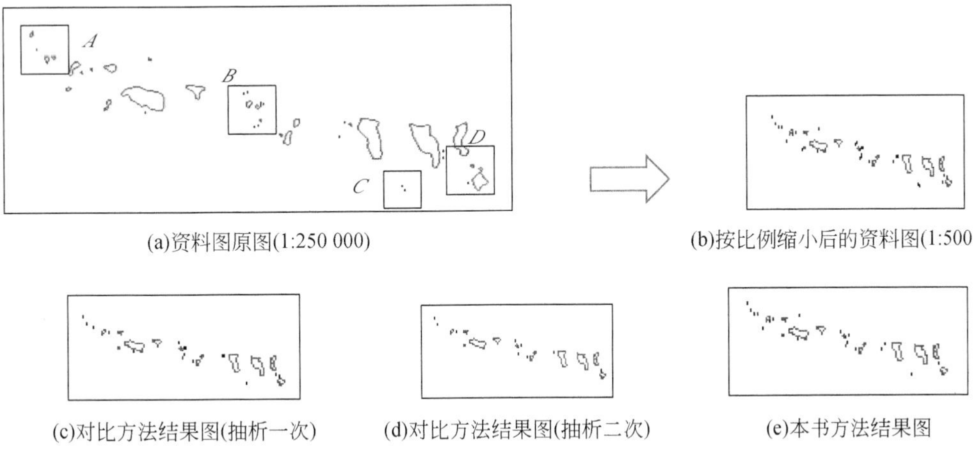

(a)资料图原图(1:250 000)　(b)按比例缩小后的资料图(1:500 000)

(c)对比方法结果图(抽析一次)　(d)对比方法结果图(抽析二次)　(e)本书方法结果图

图 6-24　实验 3 海区选取结果图

本区域岛屿分布呈现条带状，上述两种算法都能保持较好的效果，对于 *A*、*B* 区域中的孤立岛屿，在选取过程中必须保持，但对比方法中则对其进行了删除，对比方法抽析一次时对 *C* 处的孤立岛屿进行了保留，而 *D* 区域内的孤立岛屿，两种方法都能较好的保留。相比之下，本书方法显得更为合理。

实验 4　嵊泗列岛与马鞍列岛海域

这一区域岛屿较多，分布较复杂，能较为全面地检验算法的有效性。由于这一区域相对较大，为方便比对，在这里将图 6-25 中需要着重进行比对的区域进行标识（图中圆圈所示），并将这些区域进行放大显示（图 6-26、图 6-27、图 6-28）。

(a)资料图原图(1:250 000)

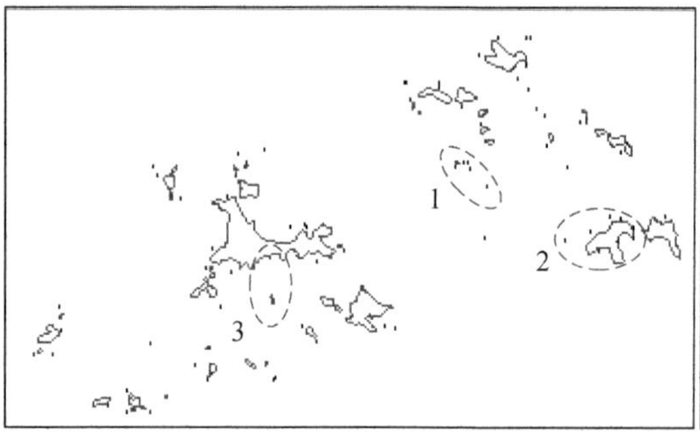

(b)对比方法选取结果(1:500 000)

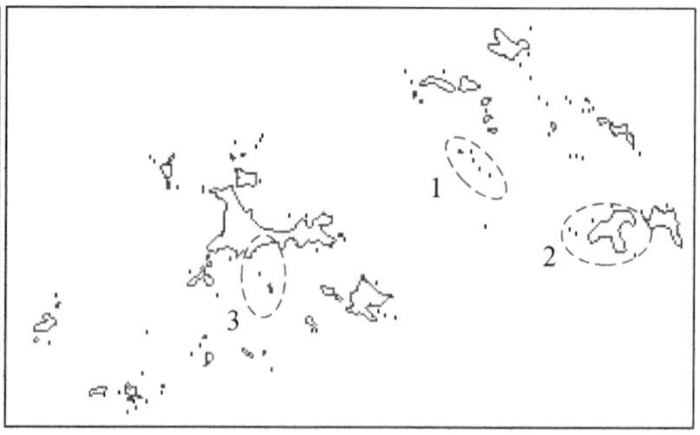

(c)本书方法选取结果(1:500 000)

图 6-25　实验 4 海区选取结果图

由图 6-26 中可以看出，两种方法化简结果均基本保持了岛屿群的基本分布特征，为了更好地对两种方法的综合结果进行有效的比对，在图 6-26 中，已将需要着重注意的区域进行标识，各区域的实验原图和不同方法下的实验结果图按原图比例尺显示，分别如

图 6-26、图 6-27、图 6-28 所示。

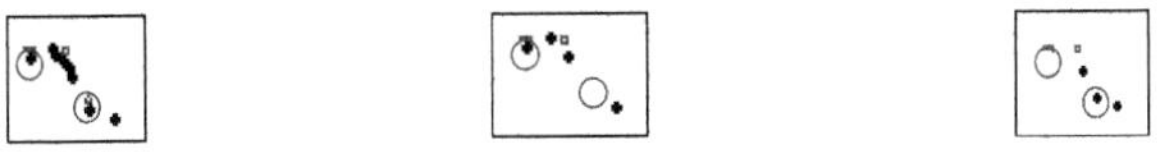

(a)资料图　(b)Voronoi图选取结果　(c)本书方法选取结果

图 6-26　区域 1 选取结果图

区域 1 最为主要的特征是群岛呈现明显的斜“7”形状，而 Voronoi 图的选取方法中，将图中右下圆圈所示岛屿进行了删除，使得其分布状态产生了一定的改变，而对其中左上角圆圈所示岛屿却未进行删除，相比之下，本书方法则显得更为合理。

区域 2 中存在大量的距离面状岛屿较近的点状岛屿，这些点岛在比例尺缩小以后，一般应当予以适当删除，从图 6-27（b）来看，Voronoi 图选取结果对这一部分岛屿并未进行删除，本书所提方法选取结果更为合理。

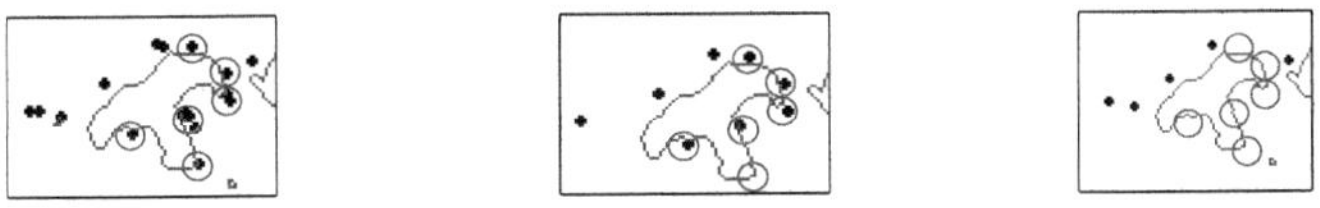

(a)资料图　(b)Voronoi图选取结果　(c)本书方法选取结果

图 6-27　区域 2 选取结果图

区域 3 中同时存在距离海岸相对较远的岛屿以及距离海岸较近的点状岛屿（如图中圆圈区域所示），在选取时，一般应当将其中相对较为孤立的岛屿进行保留，同时删除其中离岸较近的点状岛屿，但从图 6-28（b）来看，基于 Voronoi 图的选取方法并未对其中需要删除的点状岛屿进行删除，反而将其中的孤立岛屿进行了删除，造成了错误的产生，相比之下，本书方法选取结果更为合理。

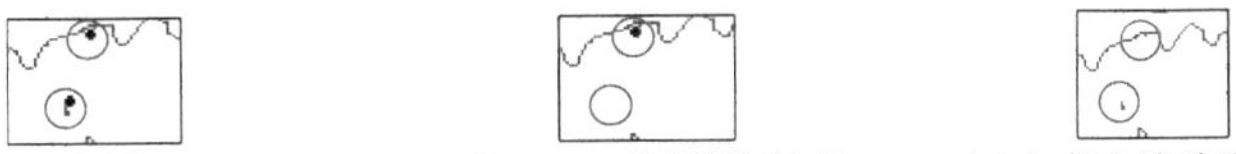

(a)资料图　(b)Voronoi图选取结果　(c)本书方法选取结果

图 6-28　区域 3 选取结果图

从以上区域可以看出对比方法保留了大量的距离面状岛屿较近的小点岛（图 6-27、图 6-28），同时出现了删除孤立岛屿的错误（图 6-28）。这是由于对比方法采用了 Voronoi 图对岛屿的密度进行量化评估，但由于本书 6.3.1 所述的 Voronoi 图表达岛屿影响范围的缺陷性使得在选取过程中，对于孤立岛屿以及密集岛屿难以有效识别，从而导致岛屿选取结果不佳。相比之下，本书方法取得了较好的效果。

2. 与顾及线性阵列保持的岛屿选取方法比对试验

为了与顾及线性列阵保持的岛屿选取方法（黄亚锋，2011）进行比较评估，现将该方法（黄亚锋，2011）的实验资料图［图 6-29（a）］，选取结果图［图 6-29（b）、(e)］进行扫描数字化，并将该资料图采用本书方法进行化简，其资料图、两种方法的实验结果图分别按比例显示如图 6-29 所示。

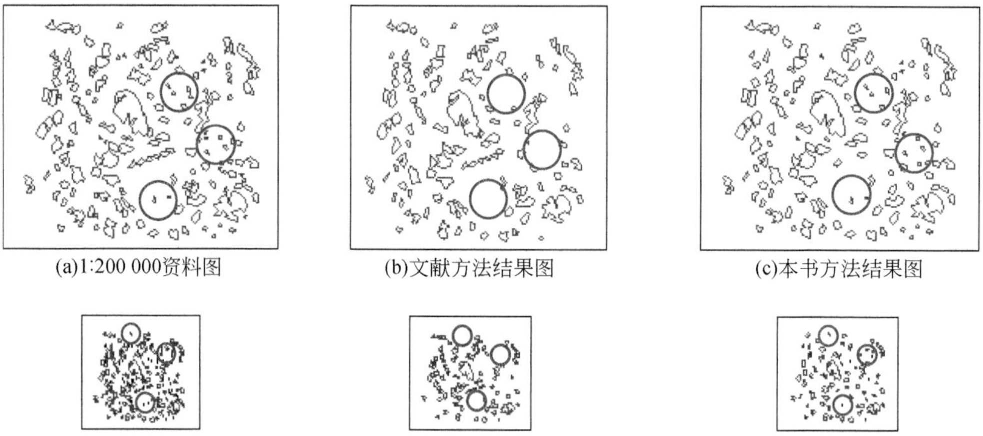

(a)1:200 000资料图　(b)文献方法结果图　(c)本书方法结果图

(d)1:500 000资料图　(e)文献方法结果图　(f)本书方法结果图

图 6-29　实验海区选取结果图

从图 6-29 中可以发现，一方面，顾及线性列阵保持的岛屿选取方法对资料图所示区域中圆圈所标识的孤立岛屿均未能进行有效的保留，这与岛屿制图综合的原则不符。造成这一现象的主要原因在于，该方法采用岛屿群空间等剖分结构（类似于多边形的 Voronoi 图）对“密度”较大的岛屿进行识别，但由于本书 6.2.1 节所述 Voronoi 图描述岛屿密度的局限性，大量的孤立岛屿未能保留下来，反而对一些压盖的岛屿进行了选取保留。相比之下，本书选取方法的综合效果则显得更为合理。

通过分析、计算及实验比对，得结论如下。

（1）采用 Voronoi 图对空间数据的密度进行评估存在缺陷，本节设计的缓冲区生长模型较好的解决了该问题。

（2）相较于其他基于 Voronoi 图的岛屿自动综合算法，本节所提基于缓冲区动态生长的岛屿自动选取方法综合效果更好，明显提高了选取质量，且适用于更多的复杂海区。

（3）相比于 6.2 节所提基于影响域竞争的岛屿自动选取方法，本节方法参数设置少，减少了人工干预，且化简质量基本持平。

第7章 航标的自动选取

助航设备也称助航标志，通常简称为航标。它是供舰船在海上航行时确定船位、识别航道、引导航向、避让航行障碍物或测定各种航行要素用的专门的人工助航标志。航标的自动制图综合同样是海图自动制图综合所需关注的重点内容。

§7.1 航标选取的基础理论

7.1.1 航标的基本概念

航标（Aids to navigation），即助航标志（设备），是帮助船舶安全、经济和便利地航行而设置的有信息服务作用的设施，是保障海上运输主要通道和港口畅通的重要手段，对发展水上交通、支持海洋开发及渔业捕捞、国防建设和维护国家主权均起到重要作用（王英志和杨守仁，1997；Clearman，1970）。

航标，在海图上通常表示为点状要素，一般具有确定船舶所在位置、表示航道中的危险物或碍航物、确认船舶相对航标的距离和方位、指示船舶遵循某些交通规则等功能（王英志和杨守仁，1997；Clearman，1970；IALA，2001；张继军，2004）。

航标有多种分类方法，最常用的分类方法是按航标工作原理进行分类，可分为视觉航标、音响航标和无线电航标。

1）视觉航标

视觉航标是可直接目视观测的固定或浮动的助航标志，具有易辨认的形状和颜色，可装灯器及其他附属设备，具有极大的可用性和可靠性。视觉航标是最基本、最主要、数量最多的助航标志，按其设置的方式又分为固定航标和浮动航标。

（1）固定航标。

固定航标的位置固定，航海人员可以用它来作为测定船位的可靠目标。固定航标主要有灯塔、灯桩、立标等。

（2）浮动航标。

浮动航标是相对于固定航标而言的，是指设置在水中或漂浮于水面的一类助航设备，可以直接指示出航行障碍物和航道并引导舰船航行或锚泊，具体包括灯船、灯浮标、浮标等。

2）音响航标

音响航标通常称雾号，是指依靠产生的音响信号传递信息以引起航行人员注意其概位的助航标志。它能在能见度不良的天气或水中，发出具有一定识别特征的音响信号，使船舶获取其概略方位，起到警告危险作用。海图上是用三个45°的紫色同心弧来表示雾号的，具体参见《中国海图图式》。

3）无线电航标

无线电航标是指供舰船测向用的无线电发射台，包括无线电导航台、无线电指向标以及为配合雷达定位和导航用的雷达航标等。

虽然，音响航标和无线电航标能够克服不良气象条件的影响，但是，视觉航标直接标示了航线、转向点和沉船、浅滩、暗礁等助碍航信息，航海人员能直观地按视觉航标所标示的信息几乎同步地立即指挥船舶航行，尤其在船舶来往频繁、水文地理情况复杂等需要灵活应变航行方式的港口、航道等水域，视觉航标的这种直观、同步的助航作用更是音响航标和无线电航标所不能替代的（Nicholson et al., 2010；Yousefi, 2007）。本书所述的航标均指视觉航标。

7.1.2 航标的选取

1. 航标选取的基本要求和方法

1）航标选取的基本要求

随着海图比例尺的缩小，图上物体分布会变得过分密集，符号相互拥挤。由于海图图幅载负量的限制，不可能全部详细而完整地表示所有物体，为了保持海图的清晰易读，就需要从大量的、多种多样的制图物体中合理地选取一部分并舍去另一部分。航标作为海图上的一种重要要素，同样需要根据海图比例尺的变化进行合理的选取，并依据其重要性的差别，清晰有效地反映在不同比例尺海图上，为船舶导航服务。

在海图上表示助航设备时，一般应满足以下要求。

（1）要正确表示出助航设备的布设特点，以满足舰船航行定位的需要；

（2）要准确表示出助航设备的位置，以供舰船在海上航行定位使用；

（3）要合理表示出助航设备的各种说明，如灯质、颜色、各种附属设备的说明等，以利于航海者正确判断和识别；

（4）要明显、突出而清晰地表示助航设备的符号，以便于航海者发现。

2）航标选取的数量

选取作为制图综合最基本、最重要的方法，其实质是通过解决海图内容的构成以及制图物体数量问题，从而简化区域整体的图形特征。常用的选取数量模型有回归分析模型和方根模型（王厚祥和李进杰，1999；王家耀，1993），在第2章有详细介绍，在此不再重复。

3）航标选取的方法

当前，对于海图航标选取的研究主要有定性选取法和综合评判选取法。

（1）定性选取法。

在选用不同比例尺的海图时，舰船航行时对各类航标的依赖程度不同，也就是说不同类型的航标在不同比例尺海图上具有明显不同的重要性。因此，定性选取法的主要思想就是根据海图的比例尺和航标类型对航标进行选取，航标选取与海图比例尺的关系如下。

比例尺大于 1∶100 000 的图上应详细表示各种助航标志。当图幅范围内有更大比例尺的港湾图时，港内助航标志可作较多取舍。

1∶100 000～1∶190 000 的图上可舍去只供港湾内使用的助航标志，其他助航标志一般都应表示。

1∶200 000～1∶490 000 的图上应详细表示雷达站及无线电导航标志、灯塔和射程较远的灯桩、主要的灯船、有雷达反射或雷达应答器的航标、进港的一号灯浮及指示航行障碍物的浮标等。雾号及其他助航标志一般不表示。

1∶500 000～1∶990 000 的图上应表示雷达站及无线电导航标志，如设在港外的主要灯塔、灯桩、灯船及浮标以及位于外海有雷达反射、雷达应答器的航标。

1∶1 000 000～1∶2 990 000 图上只表示主要的雷达及无线电导航标志，如特别重要的灯塔、灯桩、灯船和浮标。

1∶3 000 000 及更小比例尺图上，仅表示特别重要的无线电指向标和灯塔，其他航标不表示。

该方法根据航标的不同重要程度，从整体上给出了不同海图比例尺下需要选取的航标类型范围，但是对于具体选哪一个航标或者怎么选，没有给出具体的方法。

（2）综合评判选取法。

该方法的主要思想是：在全面分析航标选取影响因素的基础上，对航标的重要程度从各个方面加以综合评判，得到航标重要程度大小的等级序列，再根据重要程度大小进行先后选取（王厚祥和李进杰，1999）。在第 2 章基本方法的基础上，结合具体的航标，通过确定评价因素、确定单因素重要程度和综合评判航标的重要程度等步骤，就可以得到每一个航标总的重要程度值。然后按重要程度由大到小的顺序进行先后选取，最终选取出一组与数量指标相等数量的航标。

该方法虽然给出了评判航标重要程度的模型，看似具有一定的可行性，但是对类似航标类型这种评判因素仍然需要用人工定性分析的方法将其分为若干等级，对每一等级赋予重要程度数值。同样地，评判因素权值的确定一般采用专家咨询的方法，仍具有较大主观性。

2. 当前海图生产中航标的选取

长期以来，海图编绘生产中航标的选取是通过作业员手工选取来实施的。如图 7-1 所示，首先由制图作业员根据新编海图的比例尺，采用定性分析的方法确定需要选取的航标的类型。然后，根据作业规范的基本准则，依靠个人经验，在纸质资料海图上，对可以取舍的几个航标的类型、射程、灯高、位置等属性分别进行比较，综合评判航标的重要性，按重要性的高低顺序选取出一组数量适宜、分布合理的航标，并与其他海图主要要素的制图综合结果一同标注于资料海图（通常称为“制图综合样”）上。最后，对“制图综合样”进行扫描，在计算机环境下将“制图综合样”上已选取的航标进行数字化录入。这种手工作业方式主要存在以下不足。

（1）选取方法主要依靠手工选取，作业效率较低。当前选取航标的主要工作是在纸质海图上通过手工方式进行的，选取航标的大部分分析工作依靠人脑来完成，需要经过纸质海图→栅格数字海图→矢量数字海图多个流程，中间过程较繁琐，作业效率低。

（2）手工选取结果的质量受制于制图员的知识、经验、工作态度等人为的主观因素。在手工选取航标的过程中，人的知识与经验起着重要的作用，但是由于每个制图员所具有的知识与经验不可能完全相同（或者同一个制图员的工作态度不同），选取结果可能不一致，甚至出现明显失误。因此，手工选取结果的质量在很大程度上受限于制图员的业务水平和工作态度。

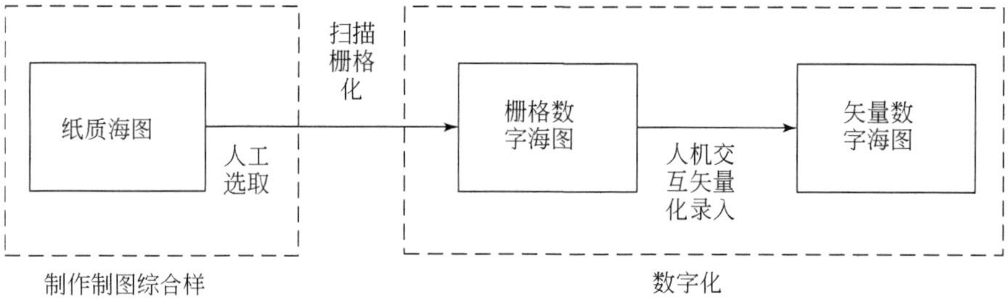

图 7-1　当前海图生产中航标选取流程图

随着计算机制图技术的发展，地图自动综合的研究越来越受到重视，并在某些技术方法上取得了一些突破。但总的来说，自动综合是一个具有不良定义性（ill-defined）的复杂过程，仍是当前地图学与 GIS 领域的一个重大难题（王家耀等，2011）。相比地图自动综合而言，由于海图具有保障航海安全性等特殊要求，其自动综合具有更大的复杂性。海图自动综合研究的起步相对较晚，无论是理论上还是方法上，都还处在探索阶段，尚未有完整的、实用化的系统出台。同样地，航标自动选取作为海图自动综合的一个重要组成部分，也未有切实可行的自动选取方法。王厚祥（1987）在统计分析航标的选取概率与航标类型、射程、密度、地理位置、海图比例尺等因素关系的基础上，利用模糊综合评判方法，探索了可为航标自动选取所用的模糊综合评判模型；郑义东等（2011）在数据库技术的基础上，通过对航标位置、灯高、射程等属性特征逐一比较来确定航标选取的先后顺序，对航标的自动选取问题进行了探讨。这些研究方法在航标选取的过程中虽然考虑到了航标的众多空间属性，但都是将这些空间属性独立来分析的，没有充分分析这些空间属性之间的内在联系，也未能将这些空间属性进行有机的整合并运用到航标的选取中，选取的过程仍是定性化的分析，缺少定量化的控制（李思鹏，2015）。因此，探索航标的自动选取在提高海图生产作业效率、避免人为选取航标可能出现的明显失误等方面具有一定的现实意义。

3. 航标选取的计算机实现

对于航标属性中的“灯质”项，一般包括发光方式（闪光次数）、光色、周期、灯高和射程（郑义东等，2011），如“闪（3）白红绿 15s 90m 16 ~ 12M”。灯质以字符串的格式存储在 anvgptp. dbf 的 dBase 表中。可以看出，灯质项中含有航标众多重要的属性信息，对它们以灯质来表述，不便于计算机对其某一项属性（如灯高、射程）进行单独分析，为此，本书将航标的各项属性相互分开，数据结构设计如下。

```
struct  Aid
{
long fc; //属性编码
double x; //横坐标
double y; //纵坐标
double angle; //有向点的二维角
long id; //ID 号
string  name; //名称
string  number; //编号
string  color; //标身颜色
string  texture; //灯质
string  ray; //有/无_雷性质
long  radar; //雷达反射器
string fog; //雾号性质
string label; //标注
int  flashTimes;    //闪光次数
double  cyc; //周期
string  lightColor;    //光色
double  range; //射程
double  lightHigh; //灯高
double  bodyHigh; //标身高
bool bSel; //是否选取
};
```

由于航标的灯高、射程等数据在数字海图数据中是灯质项的一部分，无法从灯质数据中直接提取，而航标的标身高等数据在数字海图数据中没有记录，所以需要通过附加航标属性数据库（如 Access 数据库）对这些数据进行分离或补充，为航标自动选取的计算机实现做好数据准备。

如图 7-2 示，计算机环境下航标自动选取的主要流程设计如下：首先，在海图编辑系

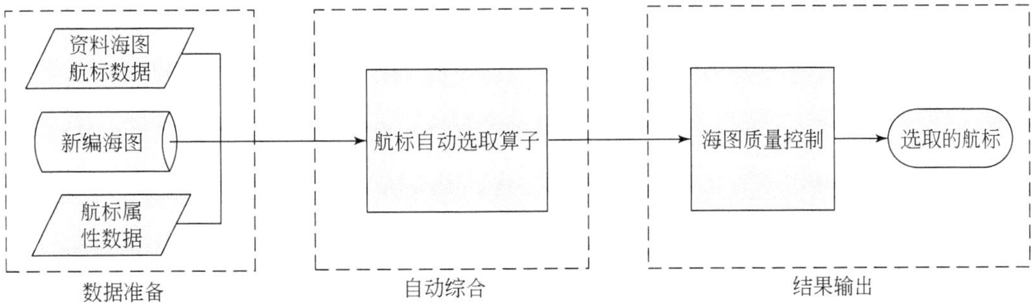

图 7-2　航标选取的计算机实现主流程图

统中打开新编海图，读入资料海图航标数据以及航标属性数据库中的数据；然后，将航标相关数据导入自动综合模块的航标自动选取算子，通过自动选取算子计算选取航标的数量并逐个选取航标；下一步，将航标自动选取算子的选取结果导入海图质量控制模块进行检查；最后，输出航标自动选取的结果。

§7.2 航标空间影响域模型的构建方法

由 7.1.2 节可知，当前海图生产选取航标时，航标重要性的评判主要是通过作业员经验性地对航标的属性作比较进行的。比如类型相同的航标 H_1、H_2，如果航标 H_1 的灯高、射程等空间属性值都比航标 H_2 的大，那么优先选取航标 H_1。如果航标 H_1 的灯高大于航标 H_2 的灯高，而航标 H_1 的射程小于航标 H_2 的射程，对于这种情形，航标 H_1、H_2 的选取与否主要由制图员根据个人的制图经验进行评判。由于不同制图员的制图经验可能存在差异，并且同一作业员在不同时间里的工作状态也可能会不同，因而选取的结果也可能会有差异。由此可知，传统的手工选取方式在根据多个空间属性来评判航标的选取与否时，由于缺少统一的指标对各种空间属性进行评判，可能会导致选取的结果不一，甚至出现明显不合理的地方。为此，本节通过深入分析航标空间属性之间的内在关系，对航标的空间属性进行系统有机地整合，使之成为一个整体。

7.2.1 航标空间影响域的定义

航标作为地理空间实体，在白天通过航标标身的可见性（在夜间通过航标灯光的可见性）来向周围区域辐射自身的空间影响作用。本书定义，航标的空间影响域就是指航标的有效影响范围，即航标的可见区域，也就是指在不考虑观察者眼睛高度的情形下，观察者眼睛能清晰分辨航标的区域范围。航标的可见性通常与航标的灯高、标身高度、灯光发光强度、射程等属性特征有关。本书用人眼观察航标的视角 α 和航标灯光在人眼中的照度 β 两个因子来描述航标的可见性。一般来说，在气象条件一定的情况下，视角 α、照度 β 越大，航标的可见性越高，航标越清晰。

7.2.2 航标空间影响域模型的构建

1. 航标在白天的可见距离

1）航标在白天的视角与视距

视角是观察者眼睛的光心向被观测物体两端所引的两直线的夹角，如图 7-3 所示，α 为观察者在位置 P 处观测物体 AB 的视角。一般情况下，在白天，航标的可见性高低用观察者眼睛观测航标的视角描述。在气象条件一定的情况下，视角增大，观察得就越清楚，可见性就越高；视角减小，观察得就越模糊，可见性就越低。当视角很小（比如十几分左右）时，观察者观测航标的视角可用下式计算：

$$\alpha = K_D \frac{l_{H_i}}{L_{H_iP}} \tag{7-1}$$

式中，α 表示观察者在位置 P 观察航标 H_i 的视角；K_D 为常系数；l_{H_i}表示航标 H_i 的大小尺度，通常用航标的高度；L_{H_iP}表示位置 P 到航标 H_i 的距离。

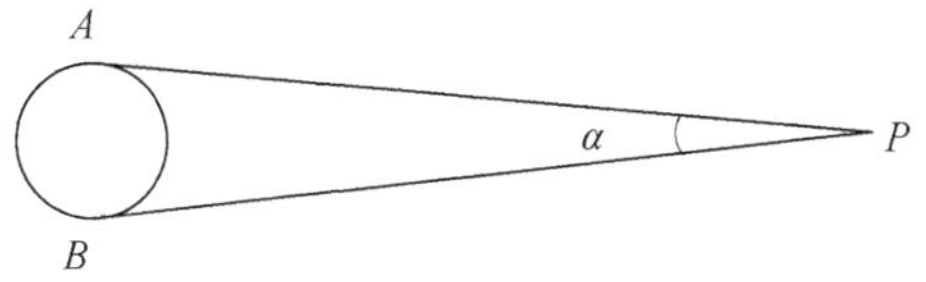

图 7-3　视角示意图

由式（7-1）知，视角随观察点到航标距离的增大而变小（图 7-4），那么，当视角减小到观察者眼睛恰好能够分辨航标形状的阈值 α'时，观察者位置 P 到航标 H_i 的距离就是航标的视距 S，用式（7-2）计算。

$$S = K_D \frac{l_{H_i}}{\alpha'} \tag{7-2}$$

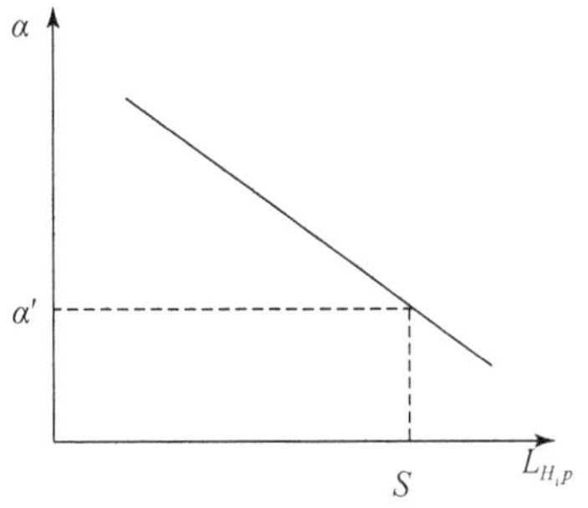

图 7-4　视角的变化示意图

2）航标的地理作用距离

（1）航标的理论地理作用距离。

将地球看成球体，它的表面是弯曲的，因此，无论航标的大小尺度有多大，其在白天的可见性最后都可能会因为地球球体的遮挡而受到影响。假设航标的大小尺度足够大，航标在白天的视距足够远，那么，当观察者（不计眼睛所处的高度）恰好因地球表面弯曲的遮挡而看不见航标时，航标与观察者之间的距离就是航标的理论地理作用距离。换言之，假设观察者眼睛从航标顶端处向远处观察，那么当观察者的视线恰好与地球表面相切时，切点到航标的距离即为航标的理论地理作用距离。

如图 7-5 所示，设地球半径为 r，航标顶端离水面的高度为 h，过航标顶端 A 的直线与地球相切于 C 点时，弧长 BC 即为航标的理论地理作用距离。

由于航标离水面的高度 h 与地球半径 r 之比很小，点 A 与点 B 可以近似看成一点，所以弧$\overset{\frown}{BC} \approx AC$。在直角三角形 ΔAOC 中：

$$AC^2 = AO^2 - OC^2 = (r+h)^2 - r^2 = 2rh + h^2 = 2rh\left(1+\frac{h}{2r}\right) \tag{7-3}$$

由于 $h/2r$ 的值很小，忽略不计，则 $AC=\sqrt{2rh}$。所以，航标的理论地理作用距离：

$$D_0=\sqrt{2rh} \tag{7-4}$$

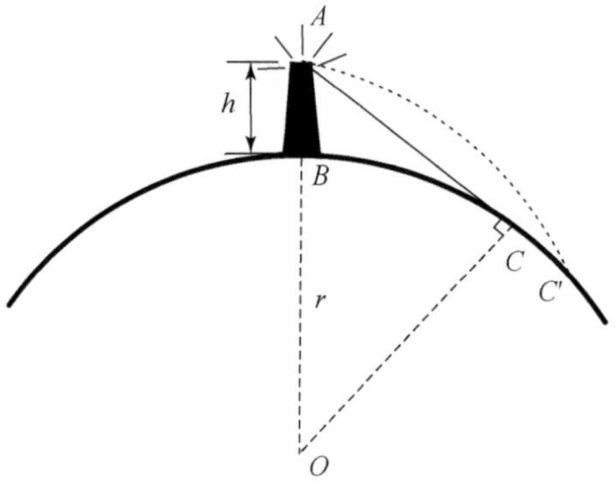

图 7-5　航标的地理作用距离示意图

（2）航标的实际地理作用距离。

事实上，在航海中往往需考虑地面蒙气（折光）差对地理作用距离的影响（陈宏和汤国杰，2007）。地球表面被一层密度不等的大气包围着，并且高度越高，大气的密度越小。此时，当光线穿过不同密度的大气层时，由于折射作用，其传播路径会发生弯曲，如图 7-5 中“……”所示，这种弯曲会使得航标的地理作用距离变远，也就是说航标的实际地理作用距离是弧 BC' 的长度，一般比相对保守的理论地理作用距离增大 8%。在式（7-4）的基础上可得航标的实际地理作用距离为

$$D=1.08\sqrt{2rh}=2.09\sqrt{h}\,(\text{海里}) \tag{7-5}$$

需要说明的是，在计算航标的地理作用距离时，航标顶端距离水面的高度 h 常用航标的灯高（即航标灯光中心到平均大潮高潮面的距离）来近似计算。

根据前面的介绍可知，如果航标的大小尺度比较大，航标的视距 S 大于其实际地理作用距离 D（即 $S>D$），由于地球的遮挡作用，此时航标在白天的可见距离 R_{iD} 是航标的实际地理作用距离 D。

如果航标的大小尺度较小，航标的视距 S 小于其实际地理作用距离 D（即 $S<D$），在其视距范围内地球球体的弯曲不会对其产生遮挡，此时航标在白天的可见距离 R_{iD} 就是航标的视距 S。

综合以上分析，航标在白天的可见距离 R_{iD} 为航标视距 S 与航标实际地理作用距离 D 的较小者，即

$$R_{iD}=\min\{S,D\} \tag{7-6}$$

2. 航标在夜间的可见距离

1）航标灯光的照度与光力射程

在夜间，航标主要通过其灯光的可见性向舰船提供服务，航标灯光可见性高低主要与人眼感受到的灯光强弱（也就是航标灯光在人眼中的照度）有关。航标灯光在人眼中的照度越大，其在夜间的可见性就越高，反之可见性就越低。由于大气的衰减作用，航标灯光在到达人眼的传播过程中其强度会逐渐变弱，光在大气中的衰减用式（7-7）表示：

$$\beta = \frac{I}{L_{H_iP}^2} T \tag{7-7}$$

式中，β 表示航标 H_i 的灯光在位于 P 处的观察者眼中的照度；I 表示航标灯光的发光强度；L_{H_iP} 表示观察者的位置 P 到航标 H_i 的距离；T 表示大气透射率，在气象条件一定时为一个常数。

由式（7-9）知，在气象条件一定的情况下，观察者到航标的距离越大，航标灯光在观察者眼中的照度越小（图 7-6）。那么，当照度 β 达到观察者眼睛恰好能够产生感光的阈值 β' 时，观察者位置 P 到航标 H_i 的距离就是航标的光力射程 R_g（IALA，2001），用式（7-8）计算。显然，光力射程的大小取决于航标灯光的发光强度 I。

$$R_g = K_N \sqrt{\frac{I}{\beta'}} \tag{7-8}$$

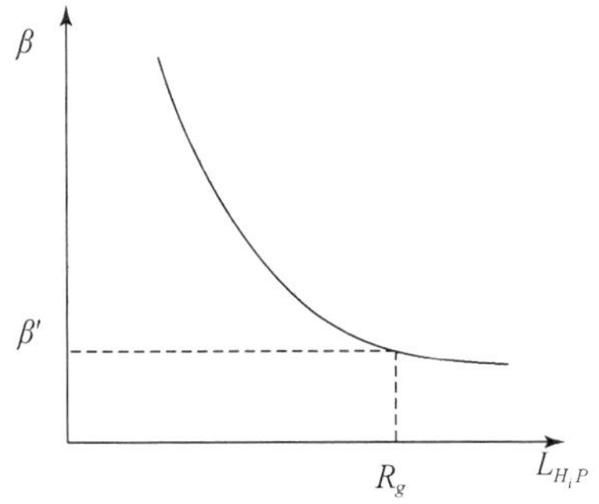

图 7-6　照度的变化示意图

2）中版海图上航标的射程

我国对灯光射程的定义为：在晴天黑夜条件下，航海者的眼高在海面上 5 米处所能见到航标灯光的距离（GB12319—1998）。由于该定义使用了 5 米作为观察者眼高，特别地，对该定义作如下分析。

如果航标灯光的发光强度 I 很强，光力射程 R_g 较远，那么此时，航标的射程就是当观察者看航标灯光的视线恰好被地球球体的弯曲遮挡时（也就是观察者看航标灯光的视线与地球表面相切时，如图 7-7 所示）航海者与航标之间的距离，称为地理射程 R_d（陈宏和汤国杰，2007）。

如果航标灯光的发光强度 I 较弱，航标的光力射程 R_g 小于其地理射程 R_d，此时航标的射程就是其光力射程 R_g。由以上分析可知，中版海图上航标的射程 R 实际上为其光力射程与地理射程中的较小者。即

$$R=\min\{R_g,R_d\} \tag{7-9}$$

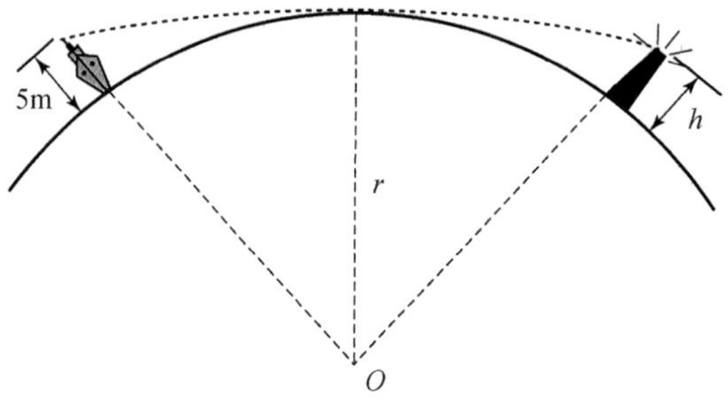

图 7-7　航标的地理射程示意图

同样地，由于地球球体的弯曲，如果海图上表示的航标射程 R 大于航标的实际地理作用距离 D（$R>D$），那么在不考虑观察者眼睛高度的情况下，航标的灯光就会受到地球弯曲的遮挡。所以，航标在夜间的可见距离 R_{iN} 为海图上航标射程 R 与航标实际地理作用距离 D 的较小者，即

$$R_{iN}=\min\{R,D\} \tag{7-10}$$

3. 航标的空间影响域模型

综合 1 和 2，本章采用加权的方法，对航标在白天、夜间的影响作用分别取权重 λ_D、λ_N（$\lambda_D+\lambda_N=1$），则航标 H_i 的可见距离 R_i 表示为

$$R_i=\lambda_D R_{iD}+\lambda_N R_{iN} \tag{7-11}$$

那么，以航标可见距离 R_i 为半径，与航标 H_i 的距离小于 R_i 的区域即为航标 H_i 的空间影响域 v_i（H_i，R_i）（图 7-8），即

$$v_i(H_i,R_i)=\{P\mid d(P,H_i)\leqslant R_i\} \tag{7-12}$$

式中，$v_i(H_i, R_i)$ 表示航标 H_i 的空间影响域；R_i 为航标 H_i 的空间影响域半径。

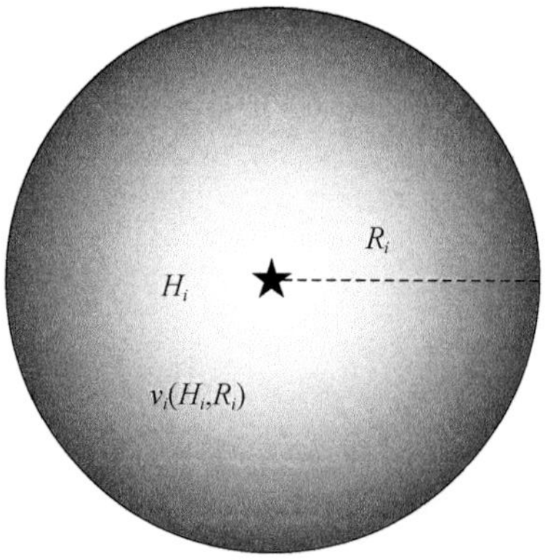

图 7-8　航标的空间影响域示意图

7.2.3　航标加权空间影响域模型的构建

1. 航标位置对选取的影响

在 7.2.2 节中，通过空间影响域将航标的多个属性系统地组织统一到了一个指标上。然而，根据《规范》要求，选取航标时，不只是要考虑航标的自身属性，还要考虑航标位置的影响，比如布设在危险水深附近及海区中标识孤立危险物的航标，当多个待选航标的自身属性值基本相同即它们的空间影响域大致相同时，这些对于舰船航行安全而言更为重要位置上的航标应优先被选取。因此，为了评估航标位置在航标选取中的重要性，本节提出航标加权空间影响域模型的构建方法。

2. 航标的加权空间影响域模型

考虑到位置对航标选取的影响，航标的空间影响域可表示为：

$$v_i' = F(p_i, v_i) \tag{7-13}$$

式中，v_i'表示考虑位置影响后航标 H_i 的空间影响域；p_i 表示航标 H_i 的位置信息；v_i 表示航标 H_i 未考虑位置影响的空间影响域。

本书采用加权计算的方法，首先对某些位置附近起重要警示作用、特殊标识作用的航标的空间影响域半径 R_i 进行加权计算，然后根据式（7-11）计算加权后的空间影响域。

空间影响域的加权计算主要包括以下两个问题。

一是特定位置上航标空间影响域的加权。特定位置上的航标主要是指海图上某些对于保证航标安全具有重要警示意义的航标，可概括为海图上某些点（如沉船）、线（如渔栅）、面状（如军事训练区）要素位置上的航标。对这些特定位置上航标的空间影响域进行加权的主要设计思路是：首先根据海图空间、属性数据对特定要素进行识别，以某一距离 r 为缓冲半径，生成特定要素的点、线、面缓冲区，遍历所有的航标，判断航标是否位于特定要素缓冲区内；然后，对特定要素缓冲区内的航标 H_i 的空间影响域半径 R_i 进行加权计算。

$$R_i' = \lambda_1 R_i = \lambda_1(\lambda_D R_{iD} + \lambda_N R_{iN}) \tag{7-14}$$

得到加权后的空间影响域半径 R_i'，进而得到加权后的空间影响域 $v_i'(H_i,\ R_i')$。

二是航道航标空间影响域的加权。航道航标主要是指航道上引导船舶进出港池的航标（以浮标为主），一般沿航道两侧的航道区边线均匀规则成对分布［如图 7-9（a）］，具有标示航道宽度和走向的功能。当航标数量减少时，为了保证所表示的航标仍能正确标示航道的宽度和走向，一般按一定间隔交替选取表示航道两侧的航标。如图 7-9（a）所示，当用比例尺 1∶10 000 的资料图编绘 1∶40 000 的海图时，一般应选取 1、4、7、10 号航标。为了保证在选取过程中能够从航道航标中优先选取这些航标，要对这些航标的空间影响域进行加权计算。主要设计思路是：首先，以进港的 1 号航标（即航道航标中位于舰船入港方向左侧的第一个航标）为起始航标 H_1，计算航道上其余各航标 H_i 到起点 H_1 的距离 d_{i1}，按 d_{i1}从小到大的顺序对航标进行排序［如图 7-9（b）］；然后，按一定间隔数量 m

（如选 1、4、7、10 号航标时，$m=3$），对序号为$i=jm+1$ （$j=0$，1，2，3，…）的航标的空间影响域半径 R_i 采用式（7-15）进行加权计算。

$$R_i'=\lambda_2 R_i=\lambda_2(\lambda_D R_{iD}+\lambda_N R_{iN}) \tag{7-15}$$

进而得到加权后的空间影响域 $v_i'(H_i, R_i')$。

其中，对于前面所提的间隔数量 m，综合考虑航标选取的开方根规律和标示航道宽度及走向的要求，本书用式（7-16）计算 m 的取值。

$$m=2\mathrm{Int}\left(\sqrt{\frac{M_1}{M_2}}\right)-1 \tag{7-16}$$

式中，Int 表示取整，M_1 为新编图比例尺分母，M_2 为资料图比例尺分母。

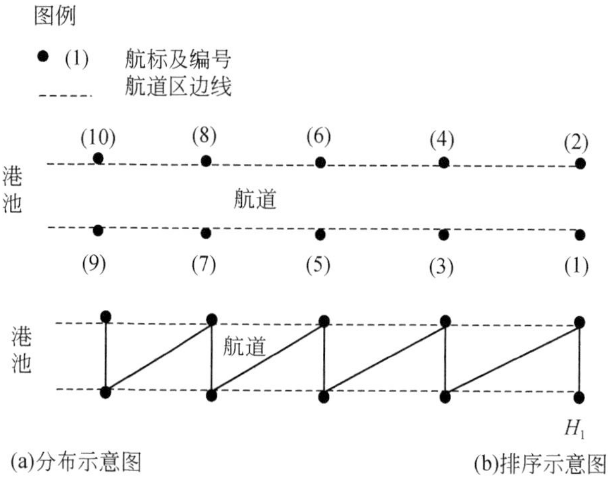

图 7-9　航道航标示意图

综合式（7-15）、（7-16），航标 H_i 的加权空间影响域半径 R_i'为

$$R_i'=\lambda_{p_i}(\lambda_D R_{iD}+\lambda_N R_{iN}) \tag{7-17}$$

其中，λ_{p_i}是在特定位置和航道航标上取 $\lambda_{p_i}>1$ 的某个数值，其他位置 $\lambda_{p_i}=1$。航标 H_i 的加权空间影响域为

$$v_i'(H_i,R_i')=\{P\mid d(P,H_i)\leqslant R_i'\} \tag{7-18}$$

式中，$v_i'(H_i, R_i')$表示航标 H_i 的加权空间影响域，R_i'为航标 H_i 的加权空间影响域半径。

7.2.4　实验与分析

1. 空间影响域模型分析

选取某一海区作为实验区域，该区域内的航标如图 7-10 所示。该区域内航标的标身高度、射程数据采自海司航保部发行的《航标表》。需要说明的是，左侧标和右侧标均是浮标的一种，《航标表》中对各浮标标身高度、射程的具体取值未做详细描述，根据王英志等（1997）中的相关统计数据，浮标的标身高度统一取 2.5m，射程统一取 4.5 海里

[1 海里（nmile）= 1852m]。在根据式（7-13）计算航标的空间影响域半径 R 时，对航标在白天、夜间的影响作用分别取权重 $\lambda_D=\lambda_N=0.5$，航标在白天的可见距离 R_D 用眼睛能够分辨航标形状的视角阈值 $\alpha'=3$ 分计算，在夜间的可见距离 R_N 用眼睛能够感光的照度阈值 $\beta'=0.2$ 计算时测得的射程表示。实验结果如表 7-1 所示。

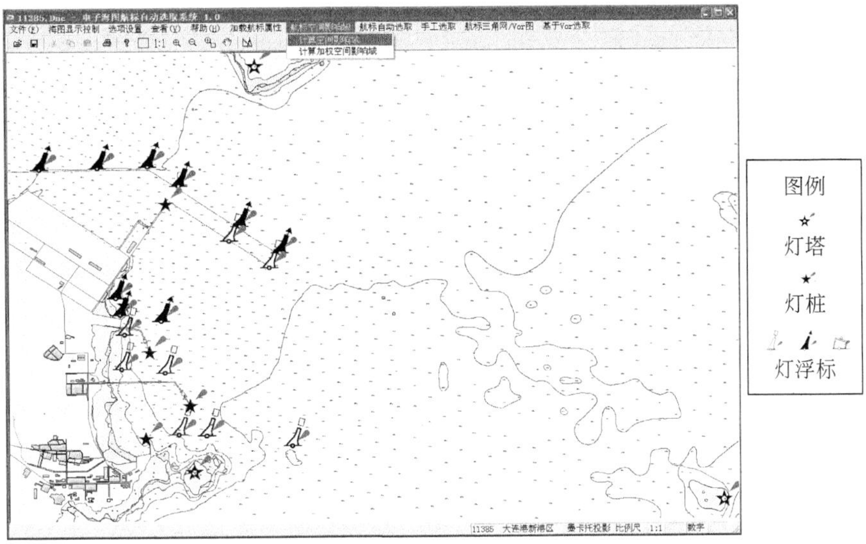

图 7-10　空间影响域模型分析实验海区的航标示意图

表 7-1　空间影响域模型分析实验海区资料图上航标的信息表

航标序号	航标类型	标身高度（m）	灯高（m）	射程（nmile）	空间影响域半径 R（nmile）
1	灯　塔	37.0	37.2	12.0	12.6
2	右侧标	2.5	2.5	4.5	2.4
3	右侧标	2.5	2.5	4.5	2.4
4	左侧标	2.5	2.5	4.5	2.4
5	灯　塔	21.8	57.2	20.0	14.6
6	左侧标	2.5	2.5	4.5	2.4
7	灯　桩	12.0	12.0	12.0	7.2
8	右侧标	2.5	2.5	4.5	2.4
9	右侧标	2.5	2.5	4.5	2.4
10	灯　桩	21.9	26.6	12.0	10.8
11	左侧标	2.5	2.5	4.5	2.4
12	灯　桩	16.0	16.0	2.5	5.4
13	左侧标	2.5	2.5	4.5	2.4
14	灯　塔	16.0	25.7	15.0	10.2
15	灯　桩	3.0	3.0	0.0	0.9

续表

航标序号	航标类型	标身高度（m）	灯高（m）	射程（nmile）	空间影响域半径 R（nmile）
16	右侧标	2.5	2.5	4.5	2.4
17	右侧标	2.5	2.5	4.5	2.4
18	右侧标	2.5	2.5	4.5	2.4
19	右侧标	2.5	2.5	4.5	2.4
20	左侧标	2.5	2.5	4.5	2.4
21	左侧标	2.5	2.5	4.5	2.4
22	左侧标	2.5	2.5	4.5	2.4
23	左侧标	2.5	2.5	4.5	2.4
24	灯　桩	10.0	10.7	8.0	6.5
25	右侧标	2.5	2.5	4.5	2.4

从表 7-1 可以看出，根据航标的灯高、标身高度、发光强度、射程等空间属性值，利用本书所提航标空间影响域模型计算得到了航标的空间影响域半径值，从而可以通过航标空间影响域这一个指标将航标选取时所关注的各属性特征关联成为一个整体，并对其实现定量评估。

2. 加权空间影响域模型分析

以实验海区的航标为实验数据，不妨设新编图的比例尺为 1 : 40 000，根据前面所提特殊位置航标的搜索方法进行搜索，搜索到的一些特殊位置上的航标如图 7-11 中辅助线□所标示。然后对搜索到的航标的空间影响域进行加权计算实验。在根据式（7-18）计算航标的加权空间影响域半径 R'时，对航道区等特定位置的权值取 $\lambda_{P_i}=1.5$。实验结果如表 7-2 所示。

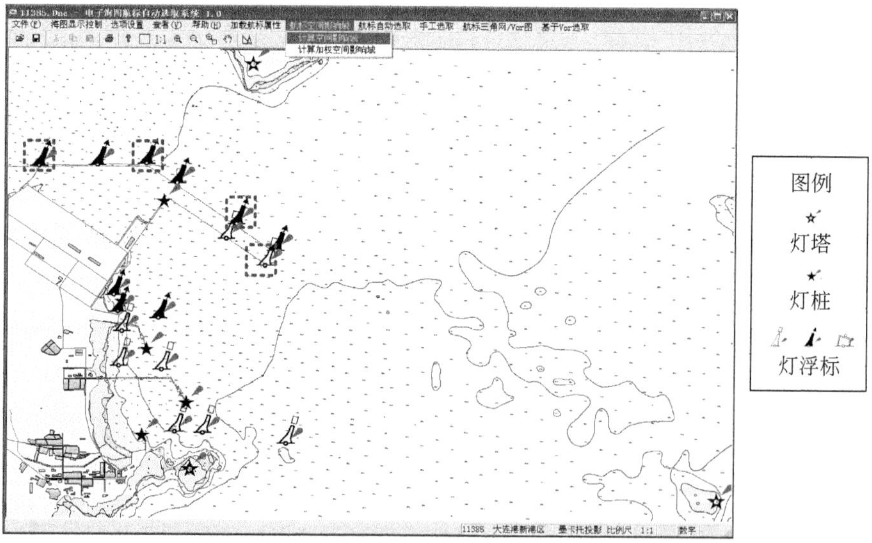

图 7-11　加权空间影响域模型分析实验海区的航标示意图

表 7-2　加权空间影响域模型分析实验海区资料图上航标的信息表

航标序号	1	2	3	4	5	6	7	8	9	10	11	12	13
空间影响域半径 R（海里）	12.6	2.4	2.4	2.4	14.6	2.4	7.2	2.4	2.4	10.8	2.4	5.4	2.4
加权空间影响域半径 R'（海里）	12.6	3.6	2.4	2.4	14.6	2.4	7.2	2.4	2.4	10.8	3.6	5.4	2.4
航标序号	14	15	16	17	18	19	20	21	22	23	24	25	—
空间影响域半径 R（海里）	10.2	0.9	2.4	2.4	2.4	2.4	2.4	2.4	2.4	2.4	6.5	2.4	—
加权空间影响域半径 R'（海里）	10.2	0.9	3.6	2.4	2.4	2.4	2.4	2.4	2.4	2.4	6.5	3.6	—

注：“3.6”字体表示的数字为位置权值 $\lambda=1.5$ 的加权空间影响域半径。

从表 7-2 可以看出，本书所提搜索加权方法可以有效地实现航标空间影响域半径的加权计算，得到航标的加权空间影响域半径，从而可以实现对特殊位置上航标影响作用的加权评估。

§7.3　基于 Voronoi 图的航标自动选取方法

在上一节中，通过加权空间影响域将航标选取时通常关注的航标各空间属性系统地关联成了一个能定量评估的指标。那么如何将这一指标应用于航标的选取，本章将利用航标的加权空间影响域结合现有的与航标相类似的点群的自动选取算法对航标的自动选取进行分析研究。对于类似航标的点群的自动选取，国内外许多学者进行了研究，其中具有较强代表性和较高普遍适用性的一种模型就是基于 Voronoi 图的点群自动化简（选取）算法（王家耀等，2011；闫浩文和王家耀，2009），该算法主要是利用点的 Voronoi 多边形的面积和点的重要性程度值（通常采用点的某一专题信息）两个基本参数对点群进行选取。那么这种典型的点群自动化简算法能否可以照搬用来选取航标，用于航标选取的效果如何，本章将就以上问题进行分析探讨。

7.3.1　基于 Voronoi 图点群化简算法在航标自动选取中的适用性分析

1. Voronoi 图的基本理论

1）Voronoi 图的基本概念

Voronoi 图是一种关于平面或空间区域划分的基础数据结构，通过目标点与其邻近点之间的拓扑关系来表达空间中点集距离关系（Aurenhammer，1991；闫浩文和王家耀，2009），如图 7-12 所示，假设 $S=\{p_1, p_2, \cdots, p_n\}$（$n\geqslant 3$）是平面上 n 个点的点集 S，并且这些点不共线，任意的四点不共圆，用 $d(p_i, p_j)$ 表示点 p_i 与 p_j 的距离。设 x 为平面上的任意一点，则区域 $V(p_i)=\{x\in E^2 \mid d(x, p_i)\leqslant d(x, p_j); j=1, 2, \cdots, n; j\neq i\}$ 称为点 p_i 的 Voronoi 多边形（或 Voronoi 区域），所有点的 Voronoi 区域构成了点集的 Voronoi 图。

在 Voronoi 图中，连接所有具有公共边的相邻 Voronoi 多边形的生长目标点所得到的三角网即为 Delaunay 三角网。因此，称 Voronoi 图与 Delaunay 三角网互为对偶。

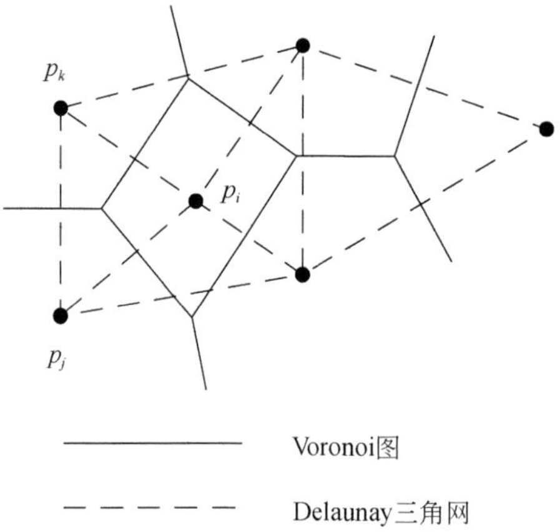

图 7-12　Voronoi 图及 Delaunay 三角网的对偶图

2）Voronoi 图的生成算法

构建 Voronoi 图的典型算法有很多（俞亚磊，2013），大致可分为两类：一类是直接法，即直接由点集生成 Voronoi 图；另一类是间接法，即利用 Voronoi 图和 Delaunay 三角网的对偶关系，先对点集进行 Delaunay 三角剖分生成 Delaunay 三角网，然后在 Delaunay 三角网的基础上生成 Voronoi 图。直接法构建 Voronoi 图的效率比间接法要高，但对 Voronoi 图的数据结构不易描述。间接法生成 Voronoi 图时容易得到每个点的 Voronoi 多边形结构，并且在应用中常常同时需要 Voronoi 图和 Delaunay 三角网的数据结构。因此，本章重点介绍间接法生成 Voronoi 图的过程。

间接法生成 Voronoi 图的基本思想是：首先，生成离散点集的 Delaunay 三角网；然后，对于点集中的任意一点，搜索以该点为顶点的三角形（称为目标三角形），并对该点的所有目标三角形按空间位置顺时针或逆时针排序，通过连接每个点排序后的目标三角形（有序目标三角形）的外接圆圆心生成 Voronoi 图。

构建 Delaunay 三角网的算法有很多，具体过程可参考文献（张立华等，2019），这里不予赘述。由 Delaunay 三角网构造 Voronoi 图的关键是寻找每个点的有序目标三角形，寻找有序目标三角形定位的常规方法是通过对所有的三角形遍历的方法进行搜索。然而，在实际应用中除了得到点的 Voronoi 多边形外，通常也需要快速搜索到点的 Voronoi 一阶邻居点。因此，为了快速搜索点的有序目标三角形及一阶邻居点，本书在现有的搜索有序目标三角形算法的基础上做了一定的改进，对三角形间的拓扑关系做如下规定：如图 7-13 所示，三角形的顶点和相邻三角形都按逆时针方向记录，对任意三角形 *T*，三个顶点分别为 V［0］、V［1］、V［2］，A［0］、A［1］、A［2］分别为三角形 *T* 的三个相邻三角形的编号。与边 V［0］V［1］共边的相邻三角形号对应 A［0］。同理，与边 V［1］V［2］共边的相邻三角形号对应 A［1］，与边 V［2］V［0］共边的相邻三角形号对应 A［2］。

根据上述规定，对于图 7-14 中的三角网，三角形间的拓扑关系有表 7-3 所示的关系。

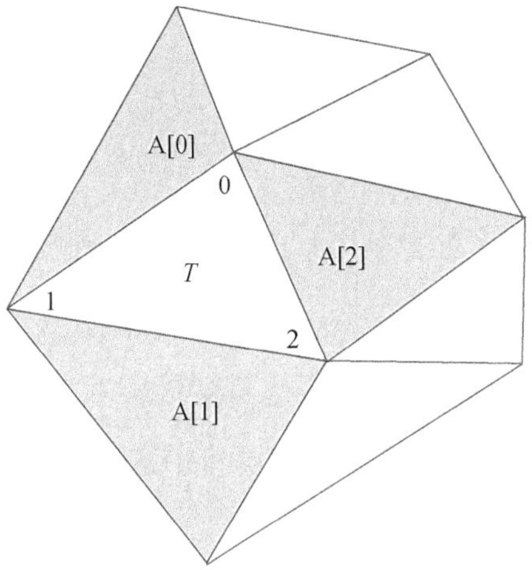

图 7-13　边——三角形拓扑关系

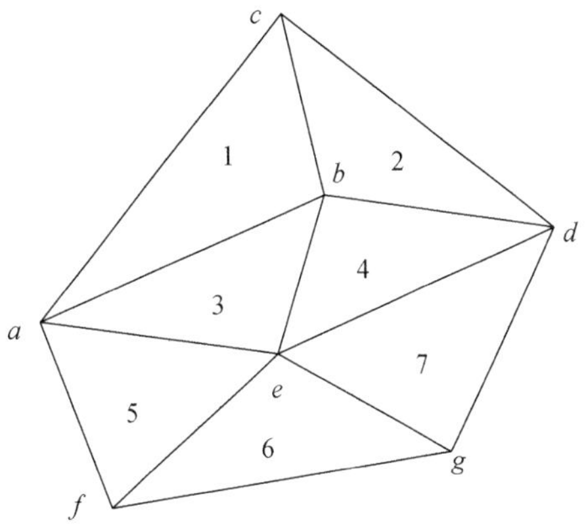

图 7-14　三角形点号与编号

表 7-3　三角形间的拓扑关系

三角形号	顶点			拓扑关系		
	V［0］	V［1］	V［2］	A［0］	A［1］	A［2］
1	*a*	*b*	*c*	2	−1	3
2	*b*	*d*	*c*	−1	1	4
3	*a*	*e*	*b*	4	1	5
4	*b*	*e*	*d*	7	2	3
5	*a*	*f*	*e*	6	3	−1
6	*e*	*f*	*g*	−1	7	5
7	*d*	*e*	*g*	6	−1	4

若已知以某一点为顶点的任意一个三角形的编号，根据以上规定的拓扑关系就可以很快找到以该点为顶点且位于当前三角形顺时针或逆时针方向的下一个三角形，反复利用这一规定就可以快速找到该点的有序目标三角形。例如，在图 7-14 中，不失一般性地设点 *b* 的任一目标三角形为 1 号三角形。根据表 7-3 中所示的拓扑关系，1 号三角形的顶点 V[1] 是点 *b*。那么以点 *b* 为顶点且位于 1 号三角形顺时针方向的邻接三角形（即与 1 号三角形

以边 V[1]V[2] 为邻边的三角形）是 2 号三角形。依此类推，就可以快速找到点 b 的有序目标三角形。依次连接点 b 的有序目标三角形的外接圆圆心就得到点 b 的 Voronoi 多边形。然后，根据三角形顶点的排列顺序，依次取有序目标三角形的顶点记录中相对点 b 上一个记录（或下一个记录）中的顶点即为点 b 的 Voronoi 一阶邻居点。

2. 基于 Voronoi 图点群化简算法的关键步骤

为方便下文叙述，明确以下概念。

待选点：制图综合区域参与选取的点。

自由点：未被作任何标记的待选点。

预删除点：可被标记为永久删除点和自由点，不能被标记为固定点。

固定点：不能被标记为预删除点或永久删除点，可被标记为自由点。

永久删除点：不能被标记为其他形式的点。

基于 Voronoi 图点群自动化简（选取）算法的思想是：从总点群中去掉被删除的点，剩下的点作为算法自动选取的结果。

算法的基本思路如图 7-15 所示（艾廷华和刘耀林，2002；陆毅等，2001；Yan and Weibel, 2008）：首先，根据制图综合区域确定待选点；然后，构建待选点群的 Voronoi 图并根据各点的 Voronoi 多边形面积和点的重要性程度值计算各待选点的选取概率；最后，根据选取条件，对不符合条件的点删除，剩下的点作为选取结果。

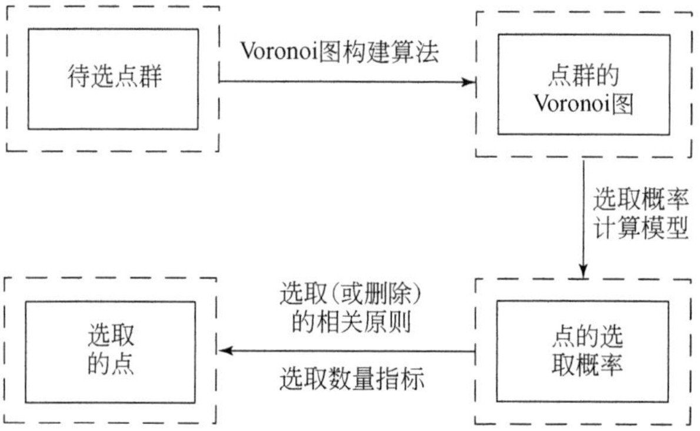

图 7-15　基于 Voronoi 图点群自动化简（选取）的基本思路

如图 7-16 所示，关键步骤是：①构建待选点群的 Voronoi 图。②根据点的 Voronoi 多边形的面积和点的重要性程度值，计算待选点的选取概率。③找出一个选取概率最小，且没有被固定的待选点 H_1，将其标记为预删除点，然后将预删除点 H_1 的 Voronoi 一阶邻居点（点 H_2、H_3、H_4、H_5、H_6、H_7）进行固定。重复该步骤，直至没有待选点可被标记为预删除点。④根据选取点的数量与预定选取数量指标的关系，判断是否需要新一次的迭代。如果是，则将固定的点释放为自由点，从步骤①开始新一次的迭代；否则，将预删除点永久删除，算法停止。

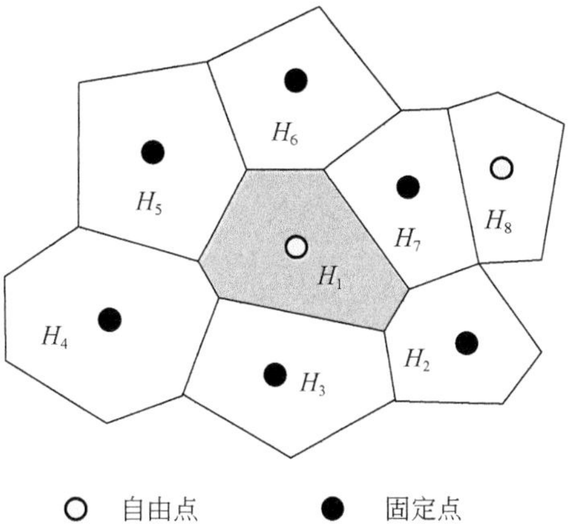

图 7-16　基于 Voronoi 图点群自动化简（选取）算法示意图

3. 适用性分析

1）实验

为了验证现有的基于 Voronoi 图的点群自动化简（选取）算法（下文简称现有算法）在航标选取中的适用性，选取某一海区采用现有算法进行航标选取实验。根据 7.3.1 节航标空间影响域是关于航标对舰船影响能力的一种表示、其大小也就是航标重要程度的一种描述的结论，实验中航标的重要性程度值用航标的加权空间影响域半径表示。

用此区域有 27 个航标、比例尺为 1∶25 000 的海图作为资料图，该实验区域相对较开阔，航标的分布相对较分散（图 7-17）。为方便阅读，实验中海图均未严格按比例尺绘制。实验海区资料图上航标的标身高度、射程数据采自海司航保部发行的《航标表》。需要说明的是，左侧标和右侧标均是浮标的一种，《航标表》中对各浮标标身高度、射程的具体取值未做详细描述，根据王英志和杨守仁（1997）中的相关统计数据，浮标的标身高度统一取 2.5m，射程统一取 4.5nmile。在根据 7.2 中式（7-20）计算航标的加权空间影响域半径 R' 时，对航标在白天、夜间的影响作用分别取权重 $\lambda_D = \lambda_N = 0.5$，特定位置、航道区的权值取 $\lambda_{p_i} = 1.5$，航标在白天的可见距离 R_D 用眼睛能够分辨航标形状的视角阈值 $\alpha' = 3$ 分计算，在夜间的可见距离 R_N 用眼睛能够感光的照度阈值 $\beta' = 0.2$ 计算时（王英志等，1997）测得的灯光射程表示。航标的具体信息如表 7-4 所示。目标图比例尺为 1∶100 000，实验选取航标的数量可根据 2.2.1 节中的方根模型进行计算。但是，为了使实验结果更具比对性，选取数量指标采用包含该实验区域的已公开出版发行的比例尺为 1∶100 000 海图上的航标数量 7 个，采用现有算法进行自动选取。结果如图 7-18 所示。

图 7-17　1∶25 000 资料图上的航标

表 7-4　适用性分析实验海区资料图上航标的信息表

航标序号	航标类型	标身高度（m）	灯高（m）	射程（nmile）	空间影响域半径 R（nmile）	加权空间影响域半径 R'（nmile）
1	左侧标	2.5	2.5	4.5	2.4	2.4
2	右侧标	2.5	2.5	4.5	2.4	2.4
3	专用标志	2.5	2.5	4.5	2.4	2.4
4	左侧标	2.5	2.5	4.5	2.4	2.4
5	灯　桩	12.3	14.0	7.0	7.3	7.3
6	右侧标	2.5	2.5	4.5	2.4	2.4
7	右侧标	2.5	2.5	4.5	2.4	2.4
8	右侧标	2.5	2.5	4.5	2.4	2.4
9	左侧标	2.5	2.5	4.5	2.4	2.4
10	灯　桩	13.2	13.2	8.0	7.6	7.6
11	右侧标	2.5	2.5	4.5	2.4	2.4
12	右侧标	2.5	2.5	4.5	2.4	2.4
13	右侧标	2.5	2.5	4.5	2.4	2.4
14	右侧标	2.5	2.5	4.5	2.4	2.4
15	左侧标	2.5	2.5	4.5	2.4	2.4
16	专用标志	2.5	2.5	4.5	2.4	2.4

续表

航标序号	航标类型	标身高度（m）	灯高（m）	射程（nmile）	空间影响域半径 R（nmile）	加权空间影响域半径 R'（nmile）
17	灯　桩	9.8	39.0	7.0	6.5	6.5
18	右 侧 标	2.5	2.5	4.5	2.4	2.4
19	专用标志	2.5	2.5	4.5	2.4	2.4
20	左 侧 标	2.5	2.5	4.5	2.4	2.4
21	灯　桩	9.8	66.0	7.0	6.5	6.5
22	右 侧 标	2.5	2.5	4.5	2.4	2.4
23	灯　桩	7.6	15.0	7.0	5.9	5.9
24	灯　桩	8.2	70.0	7.0	6.0	6.0
25	安全水域标	2.5	2.5	4.5	2.4	2.4
26	左 侧 标	2.5	2.5	4.5	2.4	2.4
27	灯　桩	10.2	10.2	—	3.2	3.2

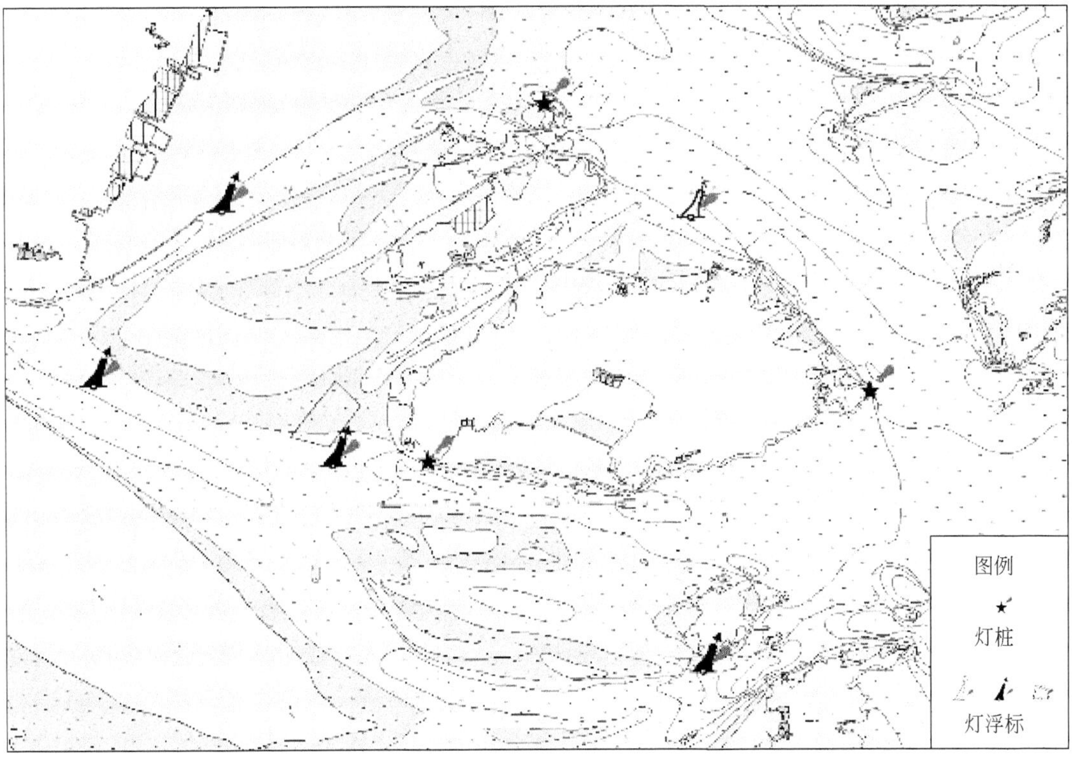

图 7-18　现有算法的选取结果

从图 7-18 可以看出，现有算法选取了 8 个航标，数量与预定的选取数量指标存在一定差异，并且漏选了一些重要性较高（加权空间影响域较大）的灯桩。

将现有算法的选取结果（图 7-18）与该实验区域已公开出版发行的比例尺为

1：100 000海图中的航标（图7-19）进行比较。需要说明的是，已公开出版发行的海图上的航标是经过“三级验收”的手工选取结果，具有一定的权威性。

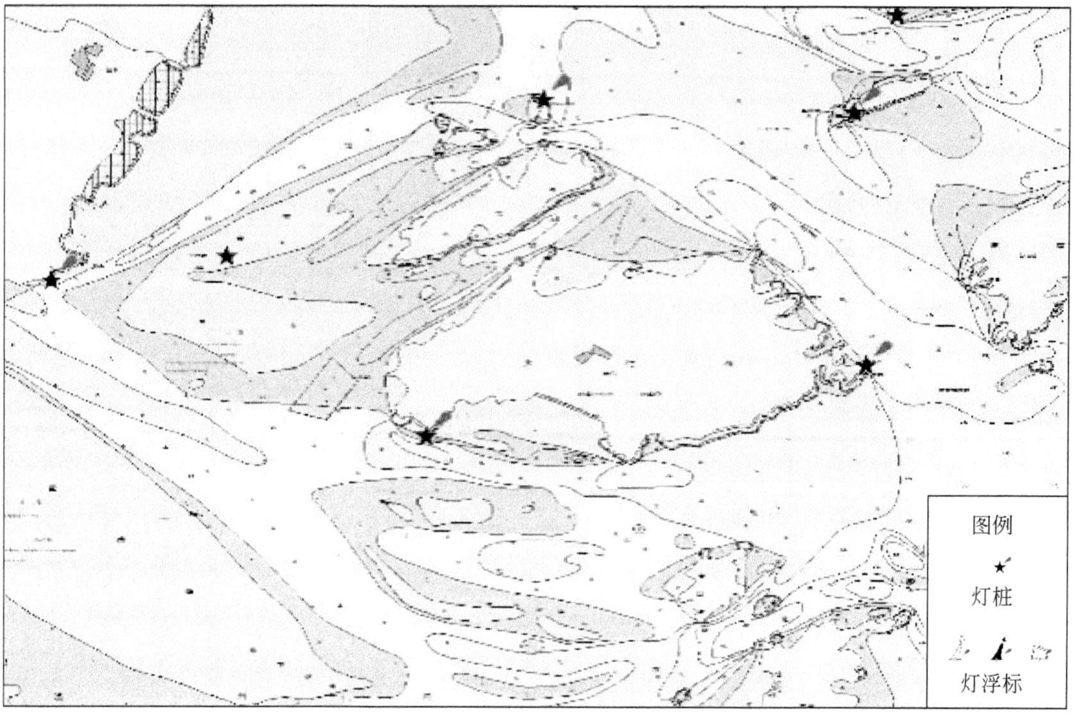

图7-19　已公开出版发行海图上的航标

从图7-18和图7-19的比对可以直观地看出，现有算法的选取结果与已公开出版发行海图上的航标差异较大，现有算法选取了重要性较低的灯浮标而没有选取重要性较高的灯桩，结果明显不合理。

2）问题分析

对现有算法应用于航标选取出现的不合理情形进行深入分析后发现，现有算法存在以下问题。

（1）选取结果点的数量可能与选取数量指标相差较大。

由于每完成一次迭代删除过程，剩余点的数量就会减少，那么总会存在某一次迭代过程，假设为第 k 次，使得在第 k 次迭代删除完成后，剩余点的数量 N_k 与预定的选取数量指标 N 有关系 $N_k \leqslant N \leqslant N_{k-1}$（其中 N_{k-1} 是第 $k-1$ 次迭代删除完成时，剩余点的数量）。此时，如果第 k 次迭代删除完成后剩余点的数量满足 $|N_k-N|<|N_{k-1}-N|$，即 N_k 更接近选取数量指标 N，则现有算法会以第 k 次迭代删除完成后剩余的点作为最终的选取结果；反之，则说明 N_{k-1} 更接近选取数量指标 N，现有算法会以第 $k-1$ 次迭代删除完成后剩余的点作为最终的选取结果。上述判断条件，主要是判断剩余点的数量与选取数量指标相接近的先后2次迭代中，哪一次迭代完成后剩余点的数量更接近选取数量指标。这种定性的判断条件可能会导致实际选取数量与预定选取数量指标相差较大。例如，在下图7-20中，根

据基本选取法则（Topfer and Pillewizer，1966）计算得到的选取数量指标为 20 个，算法在第 n-1 次迭代删除完成后还剩 29 个点，在第 n 次迭代删除完成后还剩 12 个点，由于 $|12-20|<|29-20|$，所以算法最终会在剩余点的数量距选取指标最近的第 n 次迭代完成后停止，最终结果会选取 12 个点。这一结果虽然满足实际选取数量与选取数量指标最接近这一条件，而事实上，实际选取数量已经和预定的选取数量指标差出了 40%。同时，这种最接近选取数量指标的判断条件也会因接近程度（偏差数量）的大小而可能导致最终选取结果出现分布过密［如图 7-20（b）］或过稀［如图 7-20（c）］的情形。

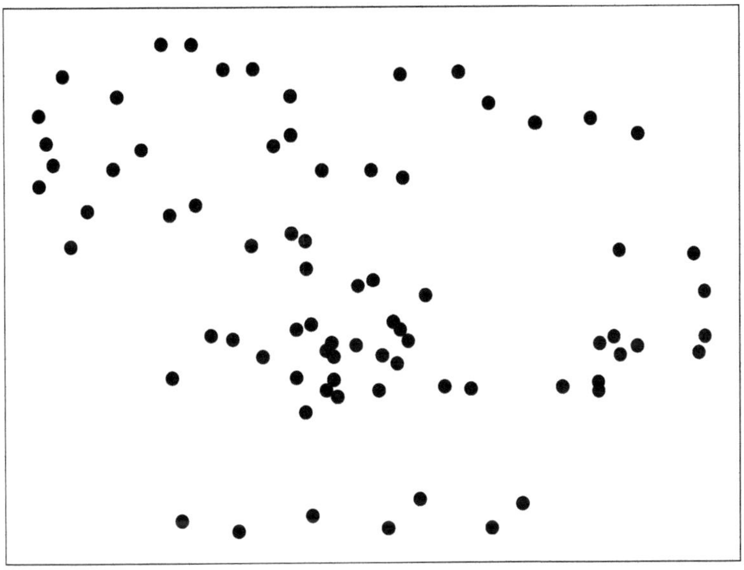

(a)资料图

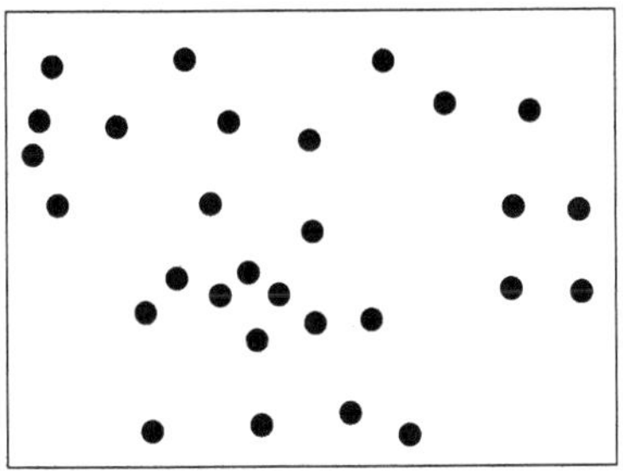

(b)29个点

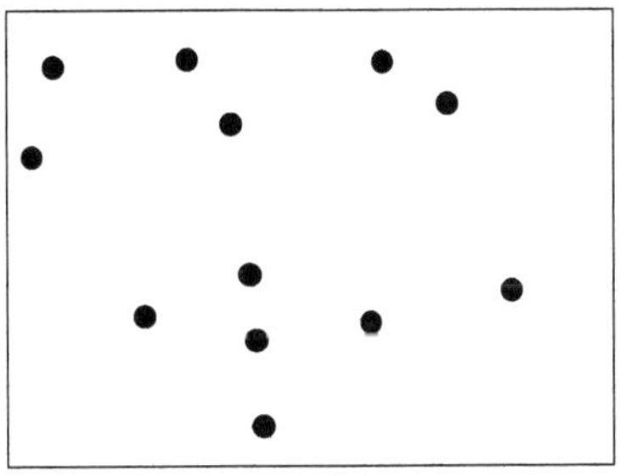

(c)12个点

图 7-20　选取数量存在差异示意图

（2）会误删重要性高的点。

现有算法中，计算点的选取概率的公式为（Yan and Weibel，2008；闫浩文和王家耀，2009）：

$$P_i = \frac{I_i}{A_i} \tag{7-19}$$

式（7-19）中，P_i 为待选点 H_i 的选取概率；I_i 为待选点 H_i 的重要性程度值；A_i 为待选点 H_i 的 Voronoi 多边形面积。在图 7-16 中，当点 H_1 被删除后，点 H_1 的 Voronoi 多边形区域

（图7-16中■所示区域）就会被点 H_1 的 Voronoi 一阶邻居（点 H_2、H_3、H_4、H_5、H_6、H_7）瓜分，那么点 H_2、H_3、H_4、H_5、H_6、H_7 的 Voronoi 多边形面积就会变大，根据式(7-21）概率计算公式，点 H_2、H_3、H_4、H_5、H_6、H_7 的 Voronoi 多边形面积越大，它们的选取概率就会越小。这说明某一个点随着其周围邻居点被删除后，其自身的选取概率也会变小，也就越可能被删除。但事实上，当某一个点周围的邻居点被删除后，该点所在的局部区域点分布会变得越来越稀疏，对分布稀疏区域的点应该保留而不是删除。

另外，在选取过程中简单地将预删除点的全部 Voronoi 一阶邻居点进行固定的方法(算法中被固定的点不能被标记为预删除点，从而也就不能被删除，除非其在算法的下一次迭代时被释放为自由点），可能会导致一些重要性相对低的点被强制保留而重要性高的点被误删除的问题。假设某一点的重要性程度值最低，如图7-16所示，将其标记为 H_1，根据现有算法，一旦点 H_1 被标记为预删除点，H_1 的 Voronoi 一阶邻居点 H_2、H_3、H_4、H_5、H_6、H_7 就会被固定，由于现有算法中固定点不能被标记为预删除点，那么随着算法的继续，重要性更高的点 H_8 反而可能被标记为预删除点。实际上，重要性较低的点 H_2 到预删除点 H_1 的距离与点 H_8 到点 H_1 的距离几乎相等，点 H_2 已经失去了一阶邻居点的意义。如果算法将类似的点进行了固定，一些未被固定的重要性更高的点则反而可能被删除。

7.3.2　基于 Voronoi 图点群化简改进的航标自动选取

1. 点群简化的改进思路

1）对选取数量差异问题的改进

根据7.3.1节中的分析可知，现有算法每完成一次迭代删除后，就会有若干个点被标记为预删除点，针对选取数量差异问题，改进的思路是：将现有算法完成一次迭代删除后才判断剩余点的数量是否最接近预定的选取数量指标改进为在迭代删除过程中，每有一个点被标记为预删除点后，就判断剩余点的数量是否等于预定的选取数量指标。如果是，算法停止迭代删除；否则，算法继续。

2）对误删重要点问题的改进

针对误删重要点问题，改进的主要思路是：首先，改进点的选取概率模型。对于分布疏密相同的点，点的重要性程度值越大，该点就应该先选取。对于重要性程度值都相同的点，如果某个点所在的局部区域点的分布密度越小（点分布的越稀疏或点的 Voronoi 多边形面积越大），那么该点就应该先被选取。因此，改进的主要思想是用点的重要性程度和点的 Voronoi 多边形大小共同组成概率计算公式的分子来计算点的选取概率，本书用乘积的方法来表达。同时，放大点的重要性对选取概率的影响程度，使点的选取概率与点的重要性基本保持正相关的关系，进而使算法更能够优先选取出重要性高的点。为此，本书用指数法来放大点的重要性，将现有算法中计算待选点 H_i 选取概率 P_i 的计算公式（7-19），改进为公式（7-20）。

$$P_i = \frac{e^{I_i} A_i}{\sum_{k=1}^{n} e^{I_k} A_k} \tag{7-20}$$

式（7-20）中，P_i 为待选点 H_i 的选取概率；I_i 为待选点 H_i 的重要性程度值；A_i 为待选点 H_i 的 Voronoi 多边形面积；n 为待选点的数量。通过式（7-20）对点的选取概率进行归一化处理，使点的选取概率在［0，1］范围且为无量纲值，便于比较。

然后，改进点固定的条件。根据 7.3.1 节中的分析可知，预删除点的全部 Voronoi 一阶邻居点被固定会使得参与选取的点数变少，而参与选取点数变少可能引起重要性高的点被误删除的问题。为此，改进的主要思想是减少固定点的数量，方法是将现有算法中对预删除点的全部 Voronoi 一阶邻居点都进行固定改进为只对预删除点某一距离 R 缓冲区内的一阶邻居点进行固定，其中，距离 R 为构成三角网的所有线段的平均长度，用公式（7-21）计算。

$$R = \frac{\sum_{k=1}^{N_T} C_k + C_R}{2(N_T + N_V - 2)} \tag{7-21}$$

式（7-21）中，R 为缓冲区半径；C_k 为三角网中第 k 个三角形的周长；N_T 为三角网中三角形的数量；C_R 为三角网边界多边形的周长；N_V 为生成三角网的点的数量。

2. 改进算法的主要步骤

根据改进的思路，算法改进后的主要步骤设计如图 7-21 所示。

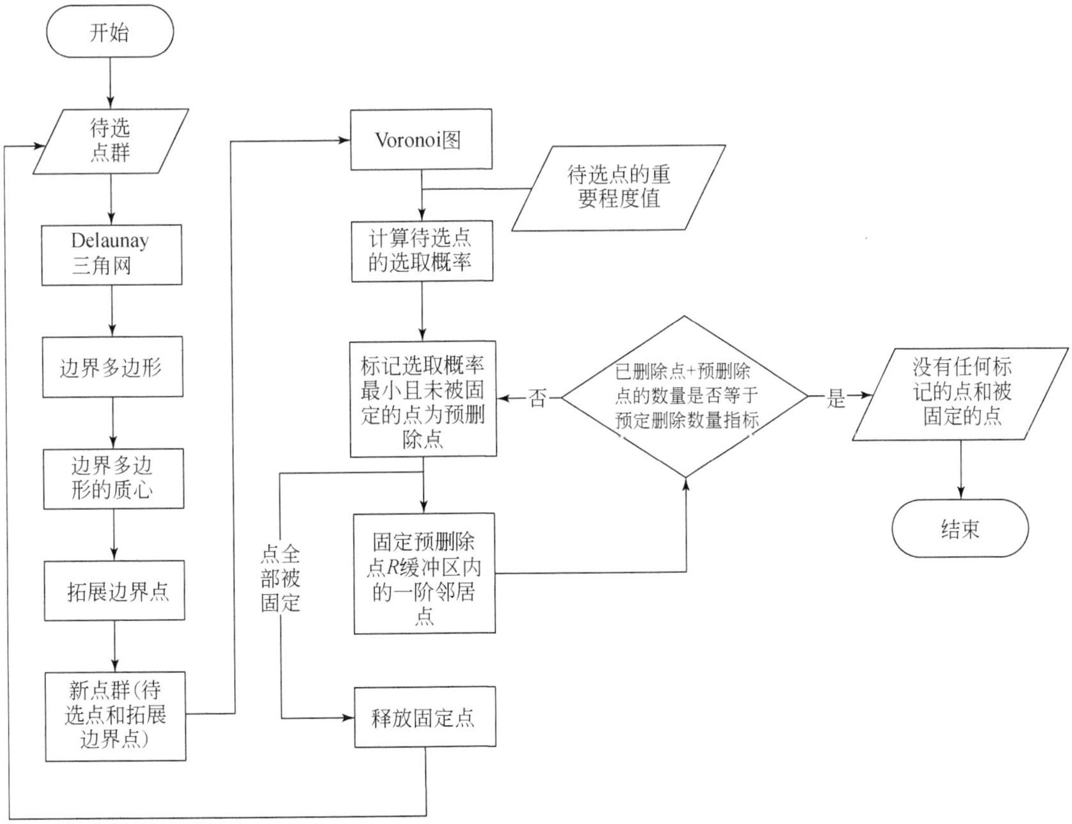

图 7-21　基于 Voronoi 图点群自动化简改进算法流程图

结合图 7-22，说明改进算法的主要实施步骤。

（1）根据选取数量指标 N 和点的总数量 N_{sum}，计算需要删除点的数量 $\overline{N}=N_{sum}-N$。

（2）构建待选点群（图 7-22 中○示）的 Delaunay 三角网，在此基础上搜索一个包含所有待选点的多边形（边界多边形），如图 7-22（a）。

（3）基于待选点的边界多边形，构建点群的拓展边界多边形，如图 7-22（c）中“——”所示［拓展边界多边形是在边界多边形的基础上生成的表示点群影响范围的虚拟多边形。拓展边界多边形上的顶点与边界多边形的顶点（边界点）一一对应，但它们不是待选点，不参与选取］。通过构建拓展边界多边形将所有的待选点都作为内部点用统一的方法进行选取。拓展边界多边形的构建主要是求边界多边形上的边界点对应的拓展边界点［例如图 7-22（b）中边界点 Q 对应的拓展边界点 T］。拓展边界点求取的关键是对拓展边界点相对边界点的延伸方向和拓展边界点距边界点的延伸距离这 2 个参数的求解，具体求解方法见下文。

（4）构建新点群的 Delaunay 三角网和 Voronoi 图，如图 7-22（d）。新点群是指待选点和拓展边界点共同组成的点群。

（5）根据公式（7-20）计算每个待选点 H_i 的选取概率 P_i，根据公式（7-21）计算新点群 Delaunay 三角网所有线段［图 7-22（d）中┈┈示］的平均长度 R。

（6）降序排列所有待选点的选取概率。将选取概率最小 $P_j=\min\{P_i\}$ $(i=1, 2, \cdots, n)$ 且未被固定的待选点 H_j 标记为预删除点。然后将预删除点 H_j 的半径为 R 缓冲区内（图 7-22（e）◌所示圆）的 Voronoi 一阶邻居点标记为固定点。固定点不能被标记成预删除点。在图 7-22（e）中，由于未被固定的待选点 H_1 的选取概率 P_1 最小，所以将待选点 H_1 标记为预删除点。H_1 的 Voronoi 一阶邻居为 H_2、H_3、H_4、H_5、H_6、H_7，由于 H_2、H_6 距 H_1 较远，不在 H_1 的 R 缓冲区内，H_7 是拓展边界点不是待选点，所以将待选点 H_3、H_4、H_5 固定。

（7）判断永久删除点的数量 N_{del} 与被标记为预删除点的数量 N_{predel} 之和是否等于步骤（1）中计算的需要删除数量 $\overline{N}$。如果是，将预删除点标记为永久删除点，转步骤（9）；反之，重复步骤（6）、（7），直至没有点可被标记为预删除点，转步骤（8），开始下一次的迭代删除过程。

（8）将预删除点标记为永久删除点，将固定点解除被固定状态，转步骤（2）。

（9）将未被标记为永久删除点的待选点输出作为选取结果。

上述步骤（3）中，拓展边界点相对边界点的延伸方向的求取关键为：求取边界多边形的质心 C［如图 7-22（b）中▲示］，假设边界多边形的 n 个顶点的坐标分别为 (x_i, y_i) $(i=1, 2, \cdots, n)$，则质心 C 的坐标为

$$\begin{cases} C_x = \sum_{i=1}^{n-1} (x_{i+1}y_i - x_iy_{i+1})(x_i + x_{i+1})/6A \\ C_y = \sum_{i=1}^{n-1} (x_{i+1}y_i - x_iy_{i+1})(y_i + y_{i+1})/6A \end{cases} \tag{7-22}$$

其中，A 表示边界多边形的面积，用公式（7-23）计算。

$$A = \frac{1}{2}\sum_{i=1}^{n-1}(x_{i+1} - x_i)(y_i + y_{i+1}) \tag{7-23}$$

那么，质心 C 与边界多边形上对应顶点 Q 连线的延长线方向即为所求的延伸方向，即拓展边界点 T 在 CQ 的延长线上。

拓展边界点相对边界点的延伸距离 d 是连接顶点 Q 且在边界多边形内部的三角形边长的平均值。其中，搜索位于边界多边形内部边的主要思想是：首先，搜索边界点的有序目标三角形；然后，根据有序目标三角形的排列顺序和三角形的拓扑关系就可以得到内部边是三角形的具体哪一条边；最后，根据三角形顶点逆时针排序这一拓扑关系，就可以搜索出内部边除该边界点外的另一个端点，从而就可以根据内部边的两个端点坐标计算内部边的长度。

以求解图 7-22（b）中边界点 Q 的拓展边界点 T 为例，连接顶点 Q 的三角形的边有 l_1、l_2、l_3、l_4 四条，在边界多边形内部的边为 l_2、l_3 两条，则延伸距离 $d=(|l_2|+|l_3|)/2$。

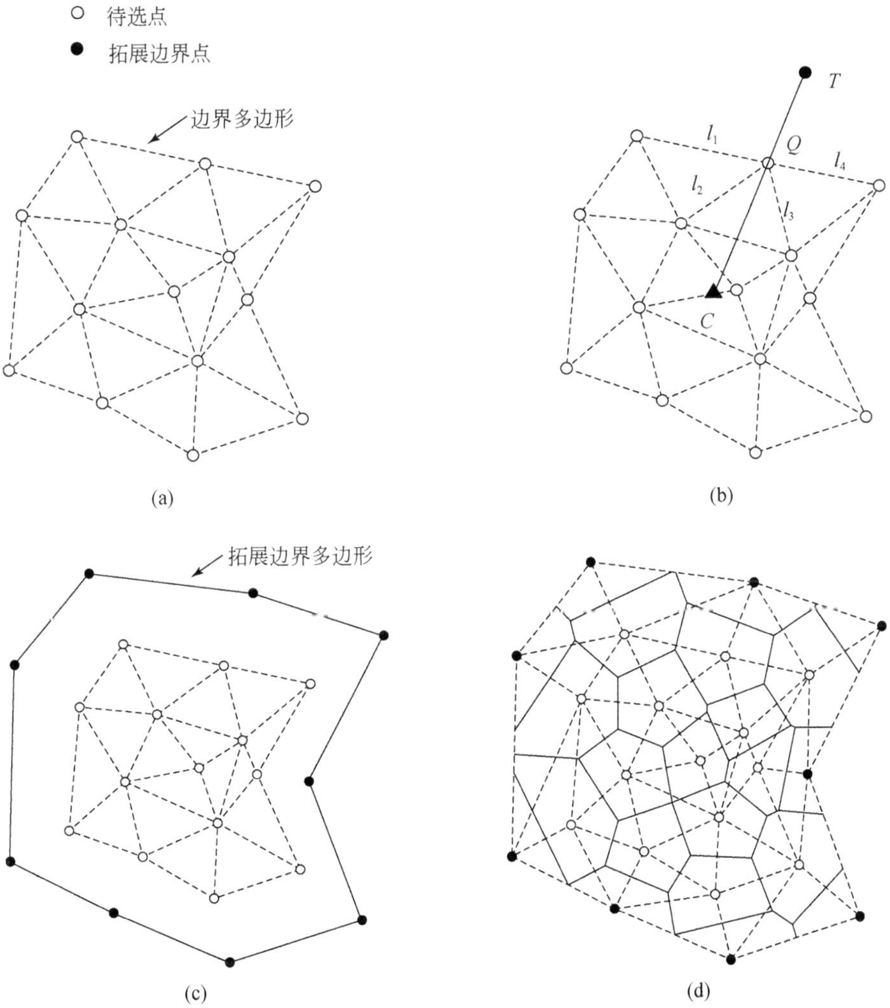

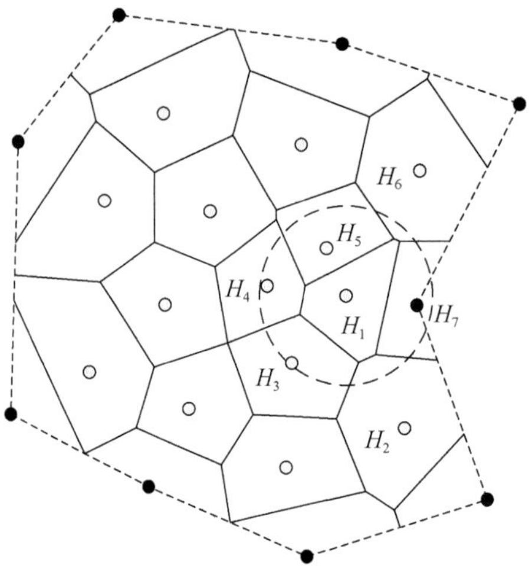

(e)

图 7-22　基于 Voronoi 图的点群自动化简改进算法示意图

拓展边界点 T 的坐标为

$$\begin{cases} x_T = x_Q + (x_Q - x_C)d/L \\ y_T = y_Q + (y_Q - y_C)d/L \end{cases} \tag{7-24}$$

其中，L 为线段 CQ 的长度，用公式（7-27）计算。

$$L = \sqrt{(x_Q - x_C)^2 + (y_Q - y_C)^2} \tag{7-25}$$

同样的方法可求得其他边界点对应的拓展边界点。

7.3.3　实验与分析

实验分 2 次进行（实验 1 和实验 2），实验中航标的重要性程度值用航标的加权空间影响域半径表示。

1）实验 1

为检验改进算法的效果，对 7.3.1 节中的实验海区的航标用改进算法进行自动选取，结果如图 7-23 所示。从图 7-23 可以直观地看出，改进算法选取了 7 个航标，数量与预定的选取数量指标相等，重要性较高（加权空间影响域半径较大）的航标全部被选取。将改进算法的选取结果与该实验区域已公开出版发行的比例尺为 1 ∶ 100 000 海图中的航标（图 7-23）进行比较，可以看出，改进算法的选取结果与已公开出版发行海图上的航标相同。由此可知，改进算法能够实现航标的自动选取。

将现有算法的选取结果和本实验中改进算法的选取结果进行统计，统计结果见表 7-5（表中“√”所标记的航标为选取的航标）。

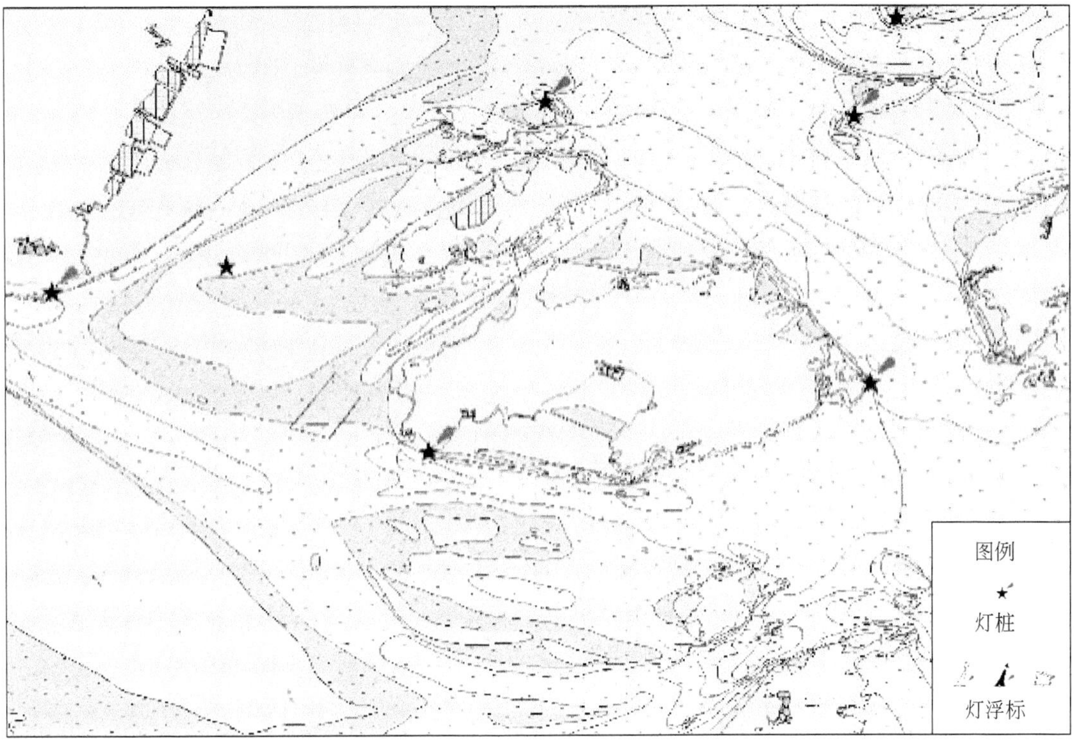

图 7-23　实验 1 改进算法的选取结果

从表 7-4 和表 7-5 可以看出，与现有算法相比，改进算法能够优先选取重要性高（加权空间影响域半径大）的航标，选取数量与预定选取数量指标相等不存在偏差。

表 7-5　选取航标的统计

航标序号	1	2	3	4	5	6	7	8	9	10	11	12	13	14
现有算法					√	√		√		√			√	
改进算法					√					√				
航标序号	15	16	17	18	19	20	21	22	23	24	25	26	27	—
现有算法		√		√				√						
改进算法			√				√		√	√			√	

2）实验 2

另选取 7.2.4 节实验中的海区为实验区域，与实验 1 中实验区域不同的是，该区域有航道等一些航标分布较特殊的位置，如图 7-11 所示。航标的具体信息如表 7-1 和表 7-2 所示。目标图的比例尺为 1∶40 000，实验中选取航标的数量根据方根模型进行计算。然后采用本章所提的改进算法进行自动选取。结果如图 7-24 所示。

从图 7-24 可以看出，改进算法选取了加权空间影响域较大的灯塔、灯桩，但在浮标分布相对较复杂的航道区域，存在不合理的情况。对于航道转折处的浮标和进港的 1 号航

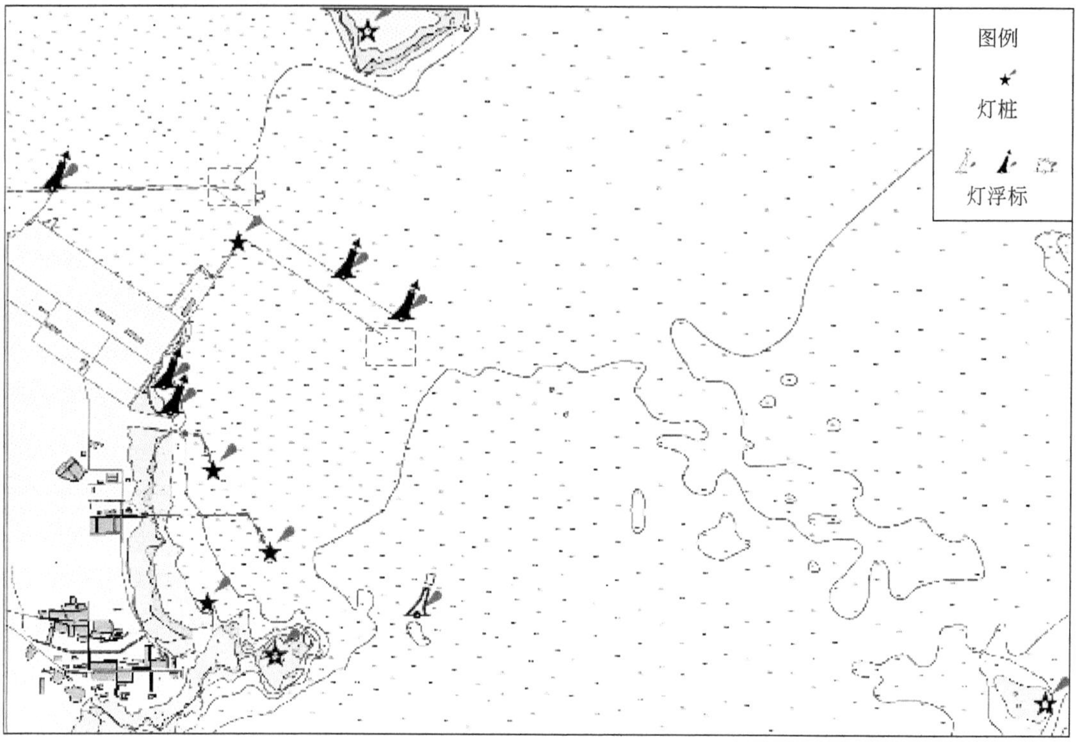

图 7-24　实验 2 改进算法的选取结果

标（如图中⬚所示，表 7-1 和表 7-2 中序号为 2、11 的航标），虽然这两处的航标的空间影响域经过了加权计算，但算法没有选取，选取结果不甚合理。

出现这种不合理情况的直接原因是航道转折处航标的 Voronoi 多边形的面积较小，导致计算得到的该航标的选取概率较小，该航标先被删除。更进一步的原因是 Voronoi 多边形所表达的航标的影响范围是相互之间的相对值，不是航标自身的固有属性值，随着 Voronoi 多边形的重构在不断变化。基于 Voronoi 点群化简的思想就是在 Voronoi 多边形的重构过程中，通过点与点之间空间的竞争来确定点的保留与否，是一种“适者生存”的竞争进化思想。而航标作为一种专门为航海设置的物标，其配置主要思想是根据各个航标自身的影响能力，顾及相互间的影响作用来确定最佳的为舰船导航定位服务的配置方式，是一种协同配合的思想。因此，尽管基于 Voronoi 图点群自动化简（选取）算法能够实现航标的自动选取，但是在航标分布相对较复杂的区域，算法的选取结果仍可能存有不合理的情形。

§7.4　基于空间影响域覆盖最大的航标自动选取方法

在 7.2 节中，通过构建航标的空间影响域模型，来表达航标的整体影响作用。在 7.3 节中，通过对现有的算法进行改进，并将航标的空间影响域大小作为一个表达其重要性程度的参数，参与到了航标的选取中，算法在航标分布相对较简单的海区能够实现航标的自动选取。但受算法思想所限，尽管对算法进行了一些改进，在航标分布相对较复杂的海区，算法的选取效果仍不甚理想。为此，本节根据舰船海上定位对航标的需求，突破传统思想，完全基于7.3节中所构建的航标空间影响域模型，提出一种全新的基于空间影响域覆盖最大的航标选取思想。

7.4.1　算法的基本思想

根据7.2节可知，航标是人工设置的一种参照物，用来为舰船提供指示、标识作用。在航海中，舰船进行陆标定位时通常采用单标定位、两标定位和三标定位法（陈宏和汤国杰，2007）。也就是说，为了在海图上能够正确标定出船的位置，通常至少需要有一个标识物可以作为参考来计算舰船的位置。为此，在进行航标选取时，应尽量保证舰船在海上至少能有一个航标能够观测。基于这一考虑，空间影响域覆盖最大的航标自动选取算法基本思想就是：选取一组数量上与事先根据方根模型计算的预定选取数量指标相等的航标，并使所选航标的空间影响域相互协同叠加后，总影响域的覆盖范围最大（李思鹏，2015）。

如图7-25所示，算法设计的基本思路是：首先，根据制图综合区域确定待选航标；然后，计算各待选航标的空间影响域；最后，分别计算各待选航标的影响域与已选航标的影响域叠加之后总的空间影响域，并选取使叠加后总的空间影响域最大的那一个航标（李思鹏，2015；Zhang Lihua et al.，2016）。

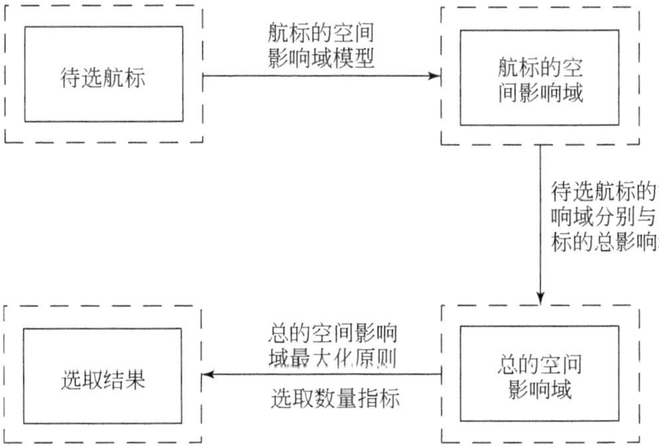

图7-25　空间影响域覆盖最大的航标自动选取思路图

7.4.2　算法的关键步骤

如图7-26所示，算法的关键步骤设计如下。

（1）读入航标待选取区域范围之内的资料图上所有航标的平面位置信息、射程、灯高和标身高度信息，作为待选航标。

（2）利用航标的射程、灯高、标身高度值计算航标的加权空间影响域半径，进而计算

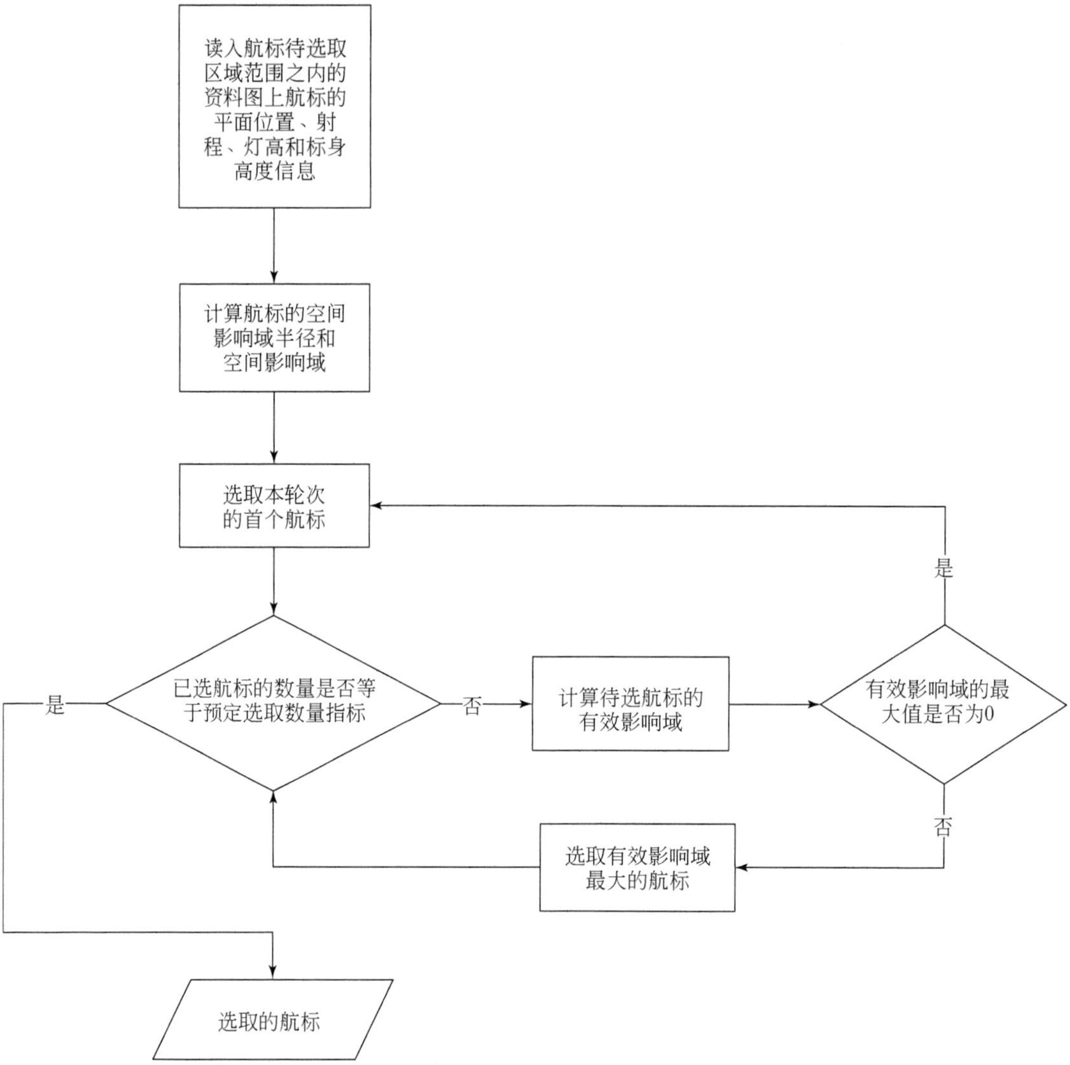

图 7-26　基于空间影响域覆盖最大算法流程图

航标的加权空间影响域。

(3) 开始一个轮次的选取。首先，将当前轮次已选航标的总影响域初始为“空”。然后，分析待选航标空间影响域的大小关系，选取空间影响域最大的航标为当前轮次的首个航标，并将所选航标的空间影响域“并”到当前轮次已选航标的总影响域中，动态更新当前轮次已选航标的总影响域。

(4) 判断已选取航标的数量是否等于预定的选取数量指标。如果已选取航标的数量小于预定的选取数量指标，进入步骤 (5)；否则，结束选取。

(5) 计算剩余待选航标的有效影响域。待选航标有效影响域的计算方法是用待选航标的空间影响域减去其自身与当前轮次已选航标总影响域重叠部分的区域，减完之后剩下的区域就是此待选航标的有效影响域。

（6）分析（5）中所计算的待选航标有效影响域的大小关系，并判断有效影响域的最大值是否为0。如果不为0，转步骤（7）；如果为0，转步骤（3）开始新一轮次的选取。

（7）选取有效影响域最大的航标，并将所选航标的空间影响域添加到当前轮次已选航标的总影响域集合中，动态更新当前轮次已选航标的总影响域集合。转步骤（4）。

（8）输出选取的航标的平面位置信息、射程和标身高度信息。

结合图7-27所示，说明算法的具体实施方式。

（1）读入航标待选取区域范围之内的资料图上所有航标的平面位置信息（X_i，Y_i）、射程 r_i（或发光强度 I_i）、灯高 h_i 和标身高度信息 l_i（$i=1$，2，…，n），作为待选航标。

（2）根据式（7-17），利用航标的射程 r_i（或发光强度 I_i）、标身高度值 l_i 计算航标的加权空间影响域半径 R_i'，进而计算生成航标的加权空间影响域 v_i'。由式（7-19）知，航标 H_i 的加权空间影响域是以航标 H_i 为中心，以航标 H_i 的加权空间影响域半径 R_i'为半径的圆区域。如图7-27（a）中所示，航标 H_1、H_2、H_3、H_4、H_5、H_6 的加权空间影响域分别是图7-27（a）中（■）所示的圆区域 v_1'、v_2'、v_3'、v_4'、v_5'、v_6'。

（3）设当前轮次已选航标的总影响域为 V，并初始为“空”即 $V=\phi$。遍历所有待选航标 H_i，按加权空间影响域 v_i'大小进行排序，选取加权空间影响域 v_i'最大 $v_j=\max\{v_i\}$ 的航标为当前轮次的首个航标，并将所选航标 H_j 的空间影响域 v_j“并”到总影响域 V 中（$V=V\cup v_j$），动态更新当前轮次已选航标的总影响域 V。在图7-27（a）中，由于 $v_1'>v_2'=v_3'>v_4'>v_5'=v_6'$，所以首先选取航标 H_1，并将航标 H_1 的加权空间影响域 v_1'添加到当前的总影响域 V 中。由于总影响域 $V=\phi$，所以选取首个航标后的总影响域 $V=V\cup v_1'=v_1'$，选取首个航标 H_1 后的结果如图7-27（b）所示。

（4）判断已选取航标数量 n 是否等于预定选取数量指标 N。如果 $n<N$，算法进入步骤（5）；否则，结束选取。

（5）计算待选航标的有效影响域 EV_i。如图7-27（c）中所示，待选航标 H_2、H_3、H_4、H_5、H_6 的有效影响域 EV_2、EV_3、EV_4、EV_5、EV_6 是航标加权空间影响域 v_2'、v_3'、v_4'、v_5'、v_6'分别减去各自与当前的总影响域 V 重叠部分后的区域，即 $EV_i=v_i-(v_i\cap V)$（$i=2$，3，4，5，6），如图7-27（c）中（■）所示区域。由于待选航标 H_4、H_5、H_6 的加权空间影响域包含于总影响域 V 中，所以 EV_4、EV_5、EV_6 为0。

（6）分析步骤（5）中所计算的待选航标有效影响域 EV_i 的大小关系，按有效影响域 EV_i 大小进行排序，判断有效影响域的最大值 $EV_j=\max\{EV_i\}$ 是否为0。如果不为0，进入步骤（7）；如果为0，转步骤（8）。

（7）选取有效影响域最大 $EV_j=\max\{EV_i\}$ 的航标 H_j，并将所选航标 H_j 的空间影响域“并”到总影响域 V 中，动态更新当前轮次已选航标的总影响域 V。如图7-26（c）所示，由于有效影响域 $EV_2>EV_3>0$，所以选取航标 H_2，并将航标 H_2 的加权空间影响域 v_2'并入到当前的总影响域 $V=V\cup v_2'$中，选取航标 H_2 后的结果如图7-26（d）所示。转步骤（4）。

（8）按步骤（7）中方法，选取航标 H_3 后的结果如图7-27（e）所示，此时，由于待选航标 H_4、H_5、H_6 的加权空间影响域包含于已选航标 H_1、H_2、H_3 的总影响域 V 中，所以待选航标 H_4、H_5、H_6 对当前已选航标总影响域的有效增大面积为0。当有效增大面积为0时，开始新一轮次的选取（本章称为“轮次法”），将总影响域再置为 $V=\phi$。按步骤（3）中方法选取新一轮次的首个航标，由于待选航标 H_4、H_5、H_6 的加权空间影响域 $v_4'>v_5'=v_6'$，所以在新一轮次的开始首先选取航标 H_4。选取新一轮次的首个航标后，总影响域 $V=V\cup v_4'=v_4'$。选取航标 H_4 后的结果如图 7-27（f）所示。如果在选取新一轮首个航标时，有 k（$k>1$）个航标的加权空间影响域相等且都为最大，则遍历这 k 个航标，计算每一个航标到所有已选航标的距离之和 S，选取 S 最大的航标为新一轮次的首个航标。转步骤（4）。

步骤（8）中，在选取新一轮首个航标时，若有多于一个待选航标的空间影响域相等且都为最大，则选取这几个待选航标中与所有已选航标距离之和最大的那一个为新一轮的首个航标，原因是：用待选航标到所有已选航标的距离之和来表达待选航标到已选航标分布中心（此处为算术平均值中心）的远近程度，选取距离之和最大的一个航标是为了尽量让航标分布的相对分散均匀。

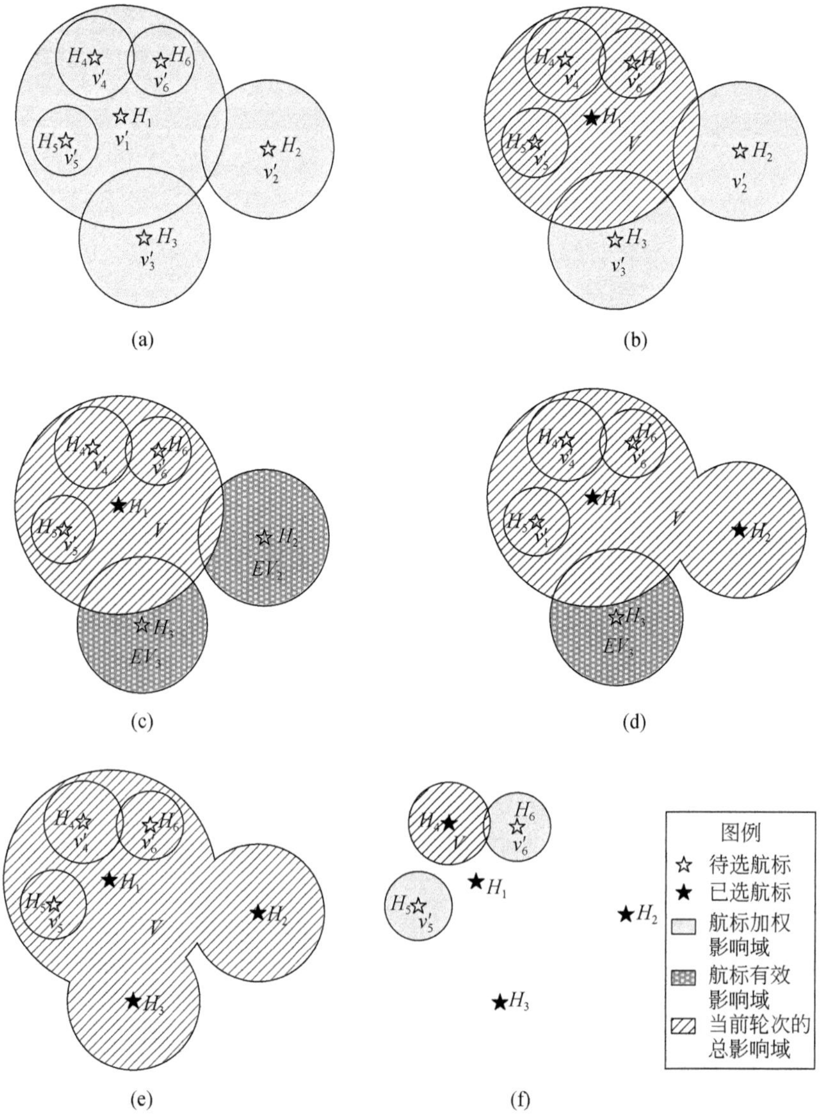

图 7-27　算法示意图

上述步骤（2）中，点目标缓冲区边界生成的关键是确定点目标为中心的圆周。为了便于进一步将多个点的缓冲区合并，通常采用步进拟合的思想，用均匀步长的直线逼近圆弧段，即圆弧拟合的方法。其主要思想是，将圆心角等分，用等长的弦代替圆弧，如图 7-28。显然，等分的圆心角越小，步长越小，圆弧拟合的误差就越小。

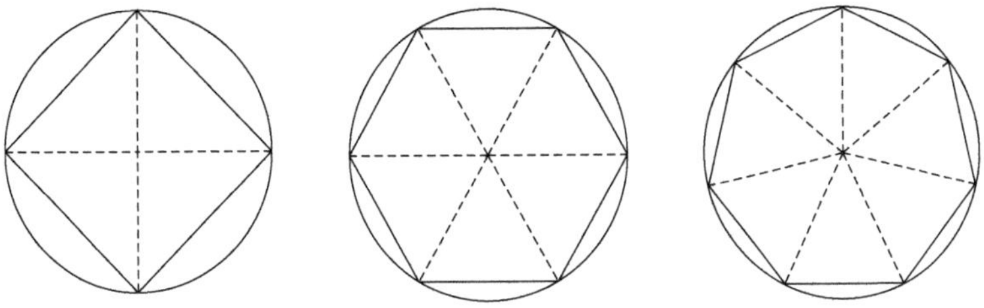

图 7-28　不同步长的圆弧拟合

圆弧拟合的关键是求各拟合点的坐标。如图 7-29，已知半径为 R 的圆弧上的两点 A、B，A 点坐标已知为（a_x，a_y），B 点坐标未知，OA、OB 的夹角为 α，求位于点 A 顺时针方向点 B 的坐标（b_x，b_y）。为不失一般性，不妨假设 OA 的方向角为 β，OB 的方向角为 γ，则 $\gamma=\beta-\alpha$。那么，可得点 B 的坐标为：

$$\begin{cases} b_x = R\cos\gamma = a_x\cos\alpha + a_y\sin\alpha \\ b_y = R\sin\gamma = -a_x\sin\alpha + a_y\cos\alpha \end{cases} \tag{7-26}$$

由式（7-26）可知，点 B 的坐标与点 A 的坐标和夹角 α 有关，其中夹角 α 与圆周上的拟合点数 n 有关系：

$$\alpha = \frac{360}{n} \tag{7-27}$$

根据式（7-27）和（7-28）知，只需知道圆弧上任意一点的坐标和拟合点数 n，即可依次求得各拟合点的坐标。所以，不妨令点 A 的坐标为（0，R），根据精度要求，给定拟合点数 n，就可对圆弧进行拟合得到点目标的缓冲区边界。

同样的方法，根据式（7-28）可求得逆时针方向拟合的缓冲区边界。

$$\begin{cases} b_x = R\cos\gamma = a_x\cos\alpha + a_y\sin\alpha \\ b_y = R\sin\gamma = -a\sin\alpha + \cos\alpha \end{cases} \tag{7-28}$$

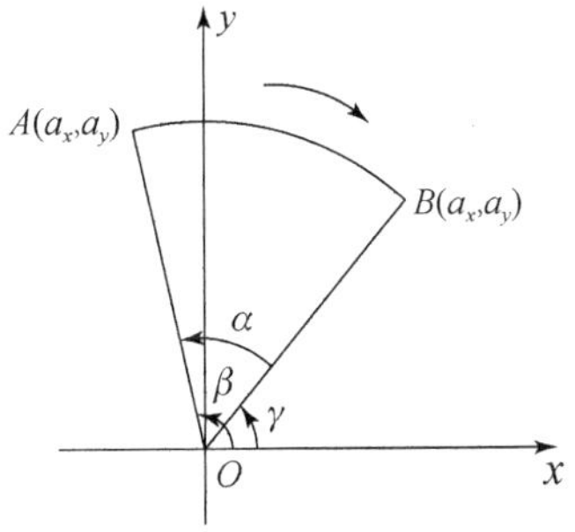

图 7-29　顺时针圆弧拟合

上述步骤（3）中，多边形求“并”的主要思路是：将第一个多边形区域的边界作为连续直线与第二个多边形区域相交，得到第一个多边形区域不在第二个多边形区域内的各个段；将第二个多边形区域的边界作为连续直线与第一个多边形区域相交，得到第二个多边形区域不在第一个多边形区域内的各个段；将得到的各个段交替连接成一个或多个闭合的多边形区域。当计算结果多于一个区域时，对这些区域按大小进行排序，最大的区域就是相并得到的结果多边形区域的边框，其他区域包含于最大区域中。

下面以图 7-30 为列，说明多边形求并计算的主要步骤。

多边形 O_1 的顶点序列为 Q_1、Q_2、Q_3、Q_4、Q_1，多边形 O_2 的顶点序列为 P_1、P_2、P_3、P_4、P_5、P_1。

① 将多边形 O_1 作为闭合的连续直线与多边形 O_2 相交，根据得到的相交关系进行相应的操作。

若多边形 O_1 在多边形 O_2 外时（即两多边形相离），并集为两个独立的多边形区域，结束；

若多边形 O_2 在多边形 O_1 内时（即两多边形相含），并集为多边形 O_1，结束；

若多边形 O_1 与多边形 O_2 相交时，转②。

在图 7-30 中，多边形 O_1 与多边形 O_2 相交，交点为 I_1、I_2、I_3、I_4、I_5、I_6，根据上述判断情况，算法转步骤②。

② 计算得到多边形 O_1 不在多边形 O_2 内的相交段 $I_1Q_4Q_1I_2$、$I_3Q_2Q_3I_6$、I_5I_4［图7-30（b）］。

③将多边形 O_2 作为闭合的连续直线与多边形 O_1 相交，得到多边形 O_2 不在多边形 O_1 内的相交段 $I_2P_1I_3$、$I_6P_4P_5I_1$、$I_4P_2I_5$［图 7-30（c）］。

④将②、③中计算得到的各个段交替连接成一个或多个闭合的多边形区域。对多边形 O_1 不在多边形 O_2 的各段进行循环，对循环得到的段，当其还没被连接时，由该段开始进行连接操作。为不失一般性，不妨假设为段 $I_1Q_4Q_1I_2$，根据该段的终点 I_2 的坐标去连接多边形 O_2 不在多边形 O_1 内的段 $I_2P_1I_3$；然后，再根据段 $I_2P_1I_3$ 的终点 I_3 的坐标去连接多边形 O_1 不在多边形 O_2 内的段 $I_3Q_2Q_3I_6$，如此在两个多边形间交替进行，直到连接成闭合段 $I_1Q_4Q_1I_2P_1I_3Q_2Q_3I_6P_4P_5I_1$ 为止。经过这个连接操作，将得到一个或多个闭合的多边形区域。

⑤当连接得到的闭合多边形区域多于一个时，计算得到最大的多边形区域，这个最大的区域就是相并得到的多边形区域的边界，并从这个区域中去掉其他的多边形区域。

按照上述步骤④的方法追踪，在图 7-30（d）中得到多边形的并集为多边形 O_3（I_1、Q_4、Q_1、I_2、P_1、I_3、Q_2、Q_3、I_6、P_4、P_5、I_1），但不包含多边形 O_4（I_4、P_2、I_5）。

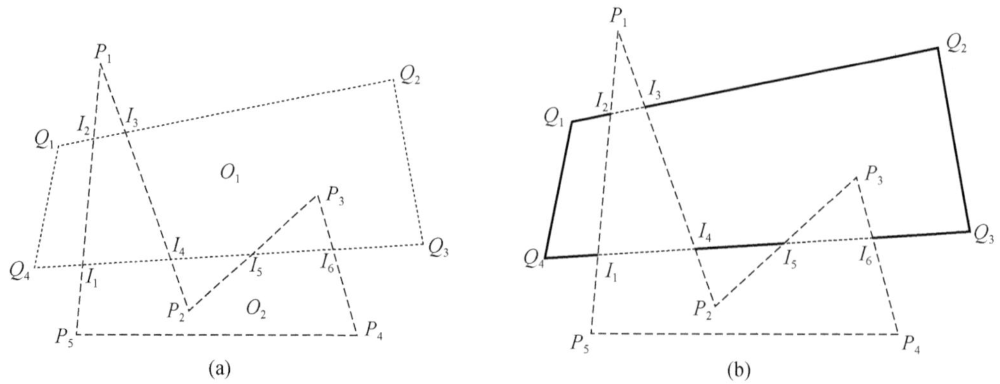

(a)　　(b)

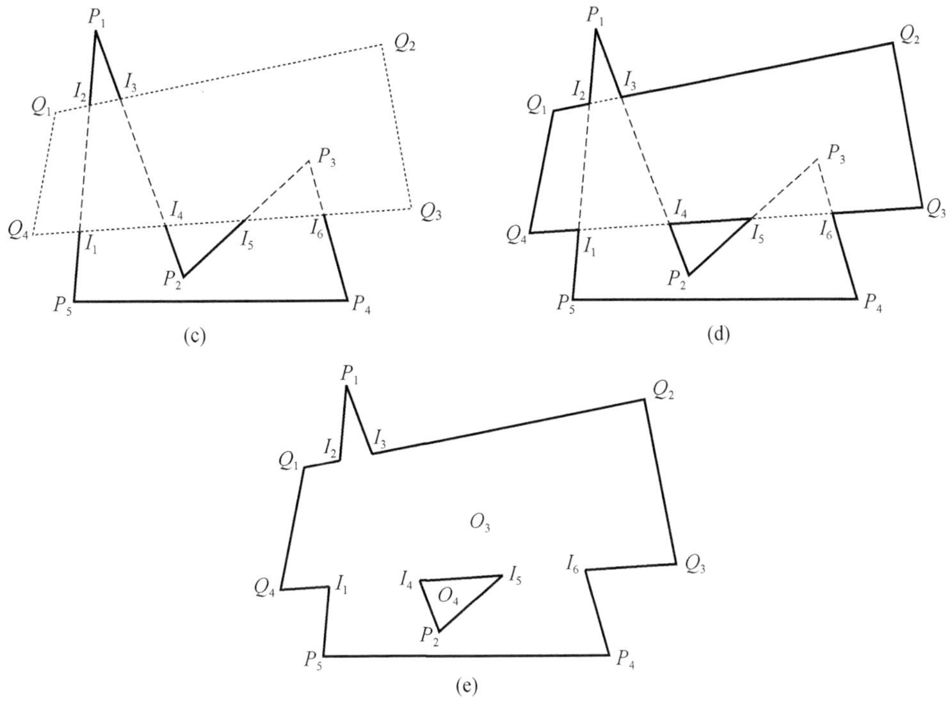

图 7-30　多边形合并示意图

上述步骤⑤中，多边形求“差”的主要思想就是多边形的裁剪。裁剪的基本原理是：由入点开始，沿被裁剪多边形追踪，当遇到出点时跳转至裁剪多边形继续追踪；如果再次遇到入点，则跳转回被裁剪多边形继续追踪。重复以上过程，直到回到起始入点，即完成一个多边形的追踪过程。这里入点和出点的定义为：假设点 I_{AB} 是被裁剪多边形 A 和裁剪多边形 B 的任一交点，如果多边形 A 沿其边界的方向（顺时针或逆时针），在 I_{AB} 点从多边形 B 的外部进入 B 的内部，则称 I_{AB} 为对于 B 的一个入点；反之，如果 A 在 I_{AB} 点从 B 的内部出到 B 的外部，则称 I_{AB} 为对于 B 的一个出点。

结合图 7-30，说明算法的主要步骤。

① 建立被裁剪多边形 A（图 7-30 中实线“——”表示的多边形）和裁剪多边形 B（图 7-30 中虚线“┈┈”表示的多边形）的有向顶点链表（多边形的顶点按顺时针排列），多边形 A 的顶点序列为 P_0、P_1、P_2、P_3、P_4、P_5、P_6、P_7、P_8、P_9、P_0，多边形 B 的顶点序列为 R_0、R_1、R_2、R_3、R_0。

②将被裁剪多边形 A 与裁剪多边形 B 求交，得到交点集列表 $I=\{I_0, I_1, I_2, I_3\}$，如图 7-31 中•示。其中，入点为 I_1、I_3，出点为 I_0、I_2。

③将交点按序加入被裁剪多边形 A、裁剪多边形 B，并重构当前的被裁剪多边形、裁剪多边形的顶点链表，重构后的被裁剪多边形 A 的顶点序列为 P_0、P_1、P_2、I_2、P_3、P_4、I_1、P_5、P_6、I_0、P_7、P_8、P_9、I_3、P_0，裁剪多边形 B 的顶点序列为 R_0、R_1、I_0、I_1、I_2、R_2、I_3、R_3、R_0。重构后两多边形中的相同交点间用双向指针相连，以便追踪时在两个多边形间进行跳转。

④对重构后的被裁剪多边形 B 执行如下两步操作：i）建立空的裁剪结果多边形的顶点链表。ii）从任一没有被跟踪过的出点为起点，在被裁剪多边形 A 中按顶点链表方向（顺时针方向）追踪，直到遇到下一个交点，将追踪所得到顶点加入到裁剪结果多边形；跳转至裁剪多边形 B 中的相应位置，按顶点链表的逆方向（即逆时针方向）追踪，直到遇到下一个交点，将追踪所得到的顶点加入到裁剪结果多边形中；再跳转至被裁剪多边形 A 相应位置，如此在两个多边形中交错追踪，直到回到起始交点处，完成一个多边形的追踪。

对图 7-31 中，以出点 I_0 为起点，追踪结果为 I_0、P_7、P_8、P_9、I_3、R_2、I_2、P_3、P_4、I_1、I_0。

⑤按顺序组合 ④中所得的裁剪结果顶点链表中的顶点，即为最终的多边形裁剪求"差"运算的结果多边形。

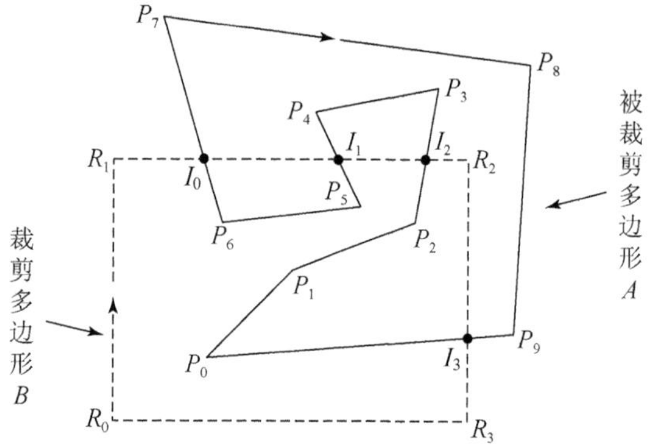

图 7-31　多边形裁剪示意图

7.4.3　实验与分析

1. 可行性分析

1）符合性分析

为了验证本章自动选取算法的可行性，选用 7.3.3 节中的 2 个实验海区的航标数据分别进行实验，实验分 2 次进行（实验 1 和实验 2），实验中选取航标的数量根据 2.2.2 节中的方根模型进行计算。需要说明的是，为方便阅读，实验中海图均未严格按比例尺绘制。

（1）实验 1。

实验 1 选用 7.3.3 节中比例尺为 1 : 25 000 的海图作为资料图，目标图的比例尺为 1 : 100 000，采用本章算法进行自动选取。选取结果如图 7-32 所示。

（2）实验 2。

实验 2 选用 7.3.3 节中比例尺为 1 : 10 000 的海图作为资料图。实验 2 按综合尺度的不同分 2 组进行，目标图的比例尺分别为 1 : 150 000 和 1 : 40 000，然后分别采用本章算法进行自动选取。选取结果如图 7-33、图 7-34 所示。

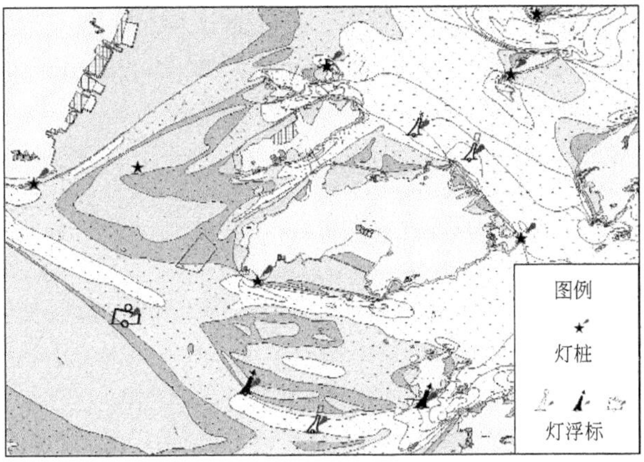

图 7-32　从 1：25 000 到 1：100 000 自动选取结果

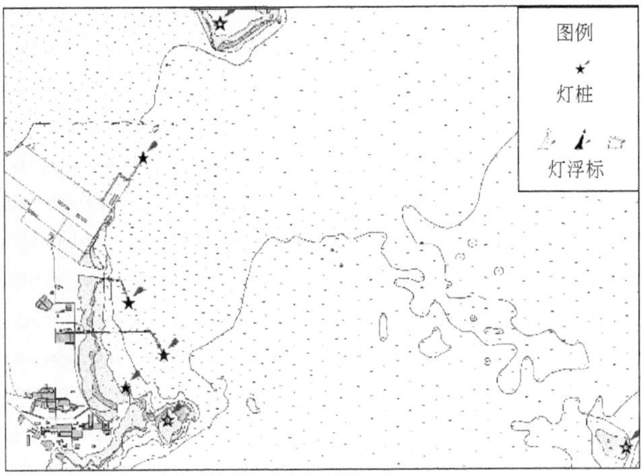

图 7-33　从 1：10 000 到 1：150 000 自动选取的结果

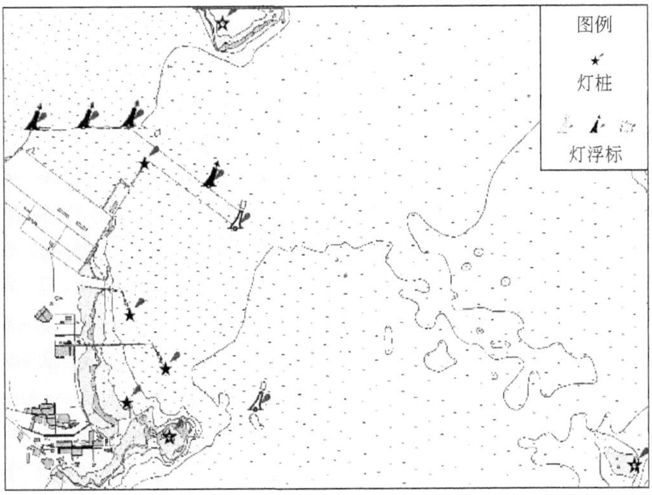

图 7-34　从 1：10 000 到 1：40 000 自动选取的结果

从图 7-32、图 7-33 和图 7-34 可以看出，本书算法能够实现航标的自动选取。经 3 名资深海图编辑评审后认为，对图 7-32、图 7-33 和图 7-34 自动选取的结果都能符合《规范》的要求，是能够被接受的。

2）与已出版海图上手工选取的航标的比对分析

为了进一步验证本章所提航标自动选取算法的可行性，将算法自动选取的结果与已出版的海图上手工选取的航标进行对比分析。为此，同样选用 7.3.3 节中的 2 个实验海区的航标数据分 2 次进行实验（实验 3 和实验 4）。为了使实验更具对比性，实验中自动选取航标的数量指标使用已出版海图上的航标的数量。

（1）实验 3。

在实验 3 中，选用包含该实验海区的航标由手工选取、且已公开出版发行的比例尺为 1∶100 000 的海图［7-35（a）］作为比对海图。自动选取航标的数量指标为比对海图上该实验海区范围内表示的航标数量（7 个）。采用本章算法进行自动选取，结果比对如图 7-35 所示。

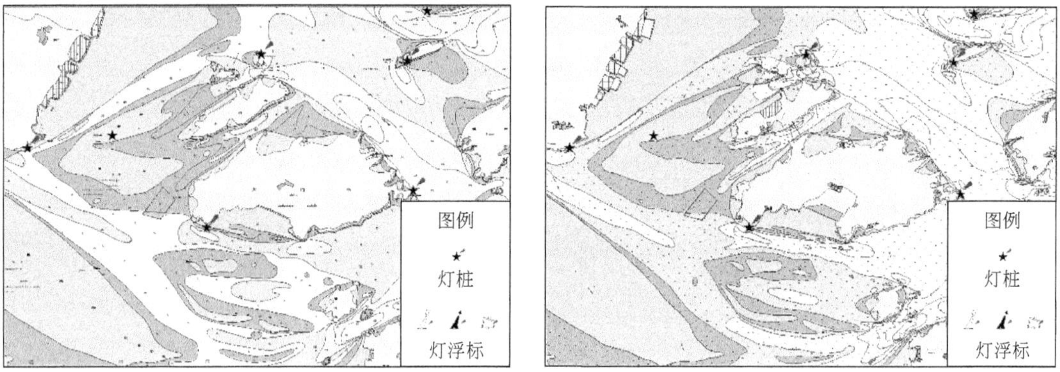

(a)已公开出版海图上手工选取的结果　　(b)自动选取的结果

图 7-35　从 1∶25 000 到 1∶100 000 海图选取 7 个航标的结果比对

从图 7-35（a）、（b）的对比可以看出，自动选取结果与比对海图中的航标相同。特别需要说明的是，已公开出版海图上手工选取的航标是经过“三级验收”的最终结果，是符合《规范》要求的，具有一定的权威性。

（2）实验 4。

在实验 4 中，选用包含该实验海区的航标由手工选取、且已公开出版发行的比例尺分别为 1∶150 000［图 7-36（a）］和 1∶40 000［图 7-37（a）］的海图作为比对海图。按实验海区比对海图比例尺的不同将实验分 2 组进行，2 组实验中自动选取航标的数量指标分别采用两个比对海图上在该实验海区范围内表示的航标数（4 个和 14 个），采用本章算法进行自动选取。

结果比对如图 7-36、图 7-37 和表 7-6 所示。

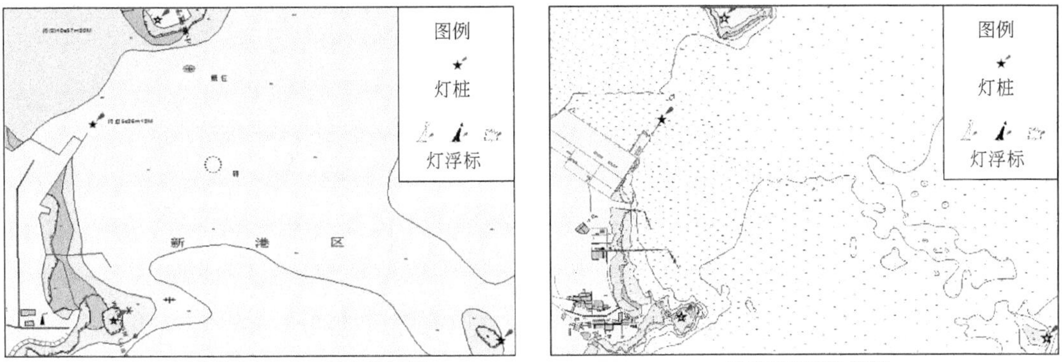

(a)已公开出版海图上手工选取的结果　　(b)自动选取的结果

图 7-36　从 1∶10 000 到 1∶150 000 海图选取 4 个航标的结果比对

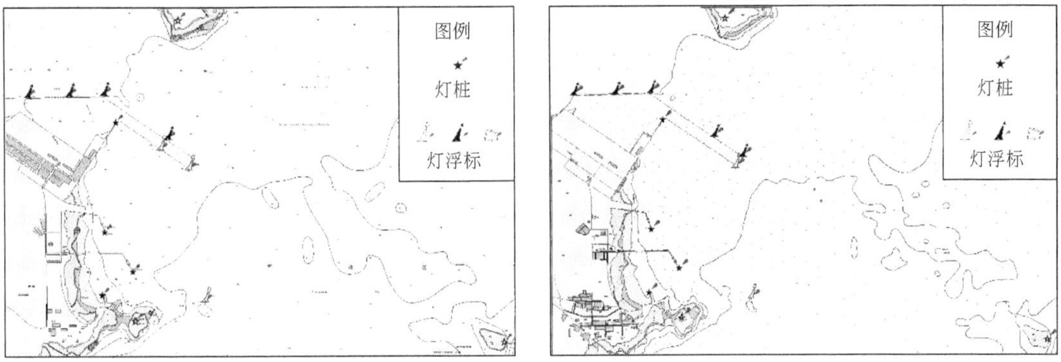

(a)已公开出版海图上手工选取的结果　　(b)自动选取的结果

图 7-37　从 1∶10 000 到 1∶40 000 海图选取 14 个航标的结果比对

表 7-6　实验 4 自动选取结果与已公开出版海图中航标的对照统计表

选取结果 / 航标情况	1∶150 000 海图上的航标个数			1∶40 000 海图上的航标个数		
	灯塔	灯桩	浮标	灯塔	灯桩	浮标
自动选取结果	3	1	0	3	4	7
公开出版的海图	3	1	0	3	4	7
自动选取结果与公开出版海图中相同的航标个数	3	1	0	3	4	6

从图 7-36 和表 7-6 可以看出，当目标图比例尺较小，选取航标数量较少、情形较为简单时，本书自动选取算法选取了加权空间影响域较大的灯塔、灯桩，与已公开出版海图的选取结果相同。

从图 7-37 和表 7-6 也可以看出，当目标图比例尺较大，选取航标的数量较多、情形较复杂时，空间影响域较大的灯塔、灯桩的自动选取的结果和已公开出版海图的手工选取结果完全相同，但空间影响域较小的浮标的自动选取结果与已公开出版海图尚存在个别不同。这种浮标选取的个别差异，经 3 名资深海图编辑评审后认为，自动选取结果和手工选取结果都具有各自的合理性，都被认为符合《规范》要求。

综合以上分析，相对于过去一直在航标自动选取上无法取得突破来说，通过创建空间影响域模型，将航标选取时通常关注的航标的灯高、射程、标身高度、发光强度、位置等空间属性有机组为了一体，并设计空间影响域覆盖最大的分轮次自动选取策略，有效地实现了航标自动选取这一目标，且自动选取结果符合《规范》要求。

3）选取结果的一致性分析

作业员人工选取航标可能因人为因素的影响而导致选取结果的差异，而计算机自动选取恰好能够避免这一差异，为了验证这一点，将4份实验2中的资料海图数据分别交给4名制图作业员进行手工选取实验。实验分2组进行（实验5和实验6），实验5的目标图比例尺为1∶150 000，实验6的目标图比例尺为1∶40 000。4名作业员手工选取的结果如图7-38和图7-39所示。

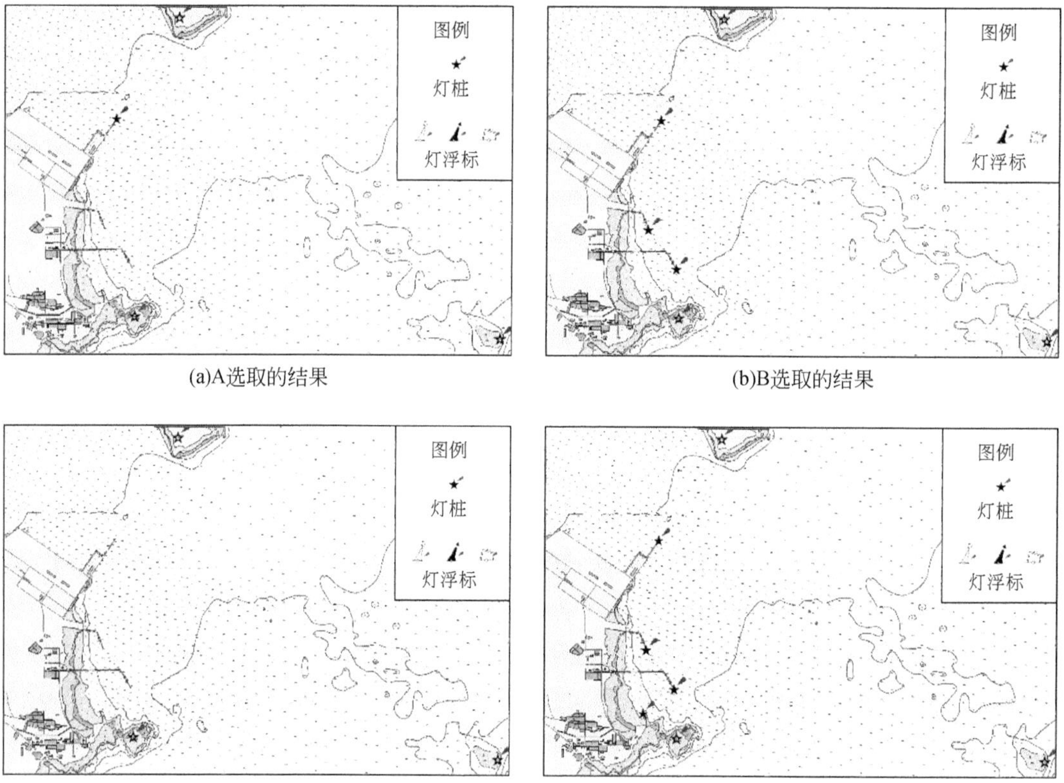

(a)A选取的结果　(b)B选取的结果

(c)C选取的结果　(d)D选取的结果

图7-38　实验5中4名制图作业员手工选取的结果

从图7-38可以直观地看出，4名作业员的选取结果各不相同。经三名资深海图编辑评审后认为，对该情形下4名制图作业员手工选取的结果，作业员C选取的航标数量过少，综合的尺度过大。作业员A、B、D的选取结果数量适宜、分布均匀、较为合理，能够满足《规范》要求。其中，计算机自动选取的结果与作业员D的选取结果相同。

从图7-39可以直观地看出，4名作业员的选取结果也互不相同。经三名资深海图编辑评审后认为，对该情形下4名制图作业员手工选取的结果，作业员C的选取结果中漏选了

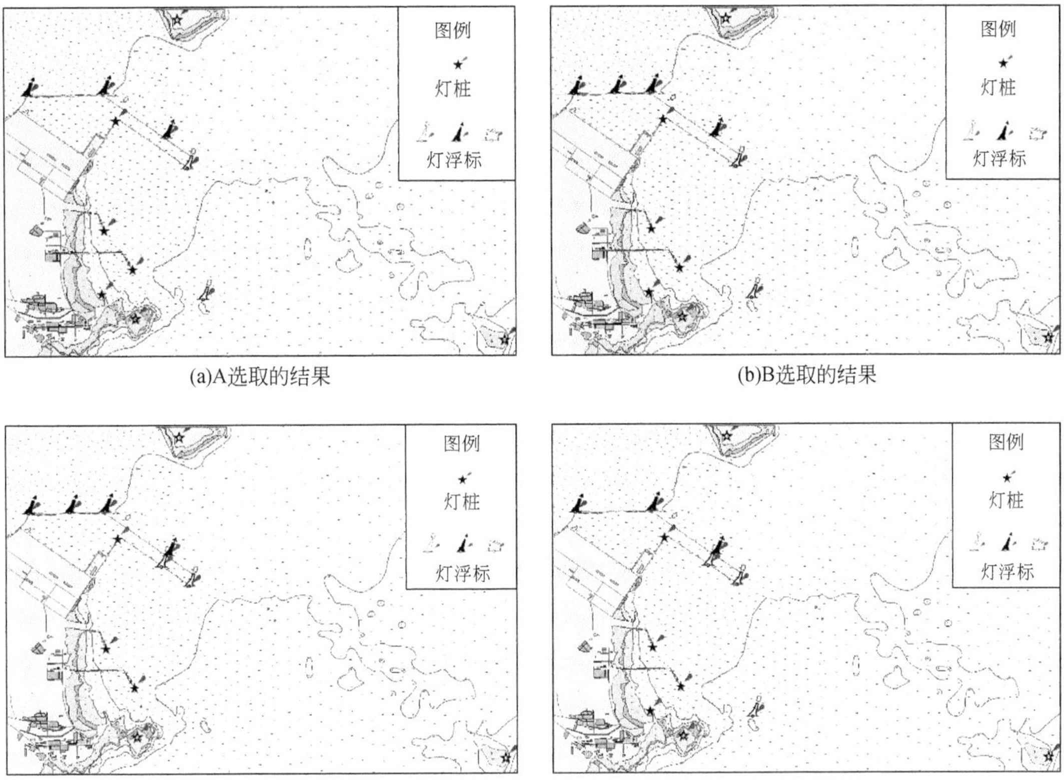

(a)A选取的结果　(b)B选取的结果

(c)C选取的结果　(d)D选取的结果

图 7-39 实验 6 中 4 名制图作业员手工选取的结果

一处突堤式码头上（图中⬚所示区域）较为重要的灯桩，结果不合理。其余 3 名作业员的选取结果都能被接受，能够满足《规范》要求。其中，计算机自动选取的结果与作业员 B 的选取结果相同。

由此可知，手工选取受限于作业员业务水平和工作态度，可能会出现明显不合理的误选情形，也可能会出现不同作业员（或同一作业员在不同时候）选取结果不一致的情形，而计算机自动选取的选取结果能够满足《规范》要求的同时可以克服这一不足。

4）自动选取算法的效率分析

为了进一步比对手工选取与计算自动选取的效率，将上文第 3）节中手工选取和计算机选取的耗时统计如表 7-7 所示（实验计算机的主频 2. 9GHz，内存 3G）。

表 7-7 手工选取与自动选取耗时统计表

作业对象	耗时（单位：分）	
	1：10 000 到 1：150 000	1：10 000 到 1：40 000
作业员 A	8. 0	20. 0
作业员 B	10. 0	22. 0

续表

作业对象	耗时（单位：分）	
	1 : 10 000 到 1 : 150 000	1 : 10 000 到 1 : 40 000
作业员 C	6. 0	12. 0
作业员 D	8. 0	18. 0
自动选取	0. 02	0. 02

通过表 7-7 可以看出，对于相同工作量的选取作业，作业员用时不一，而计算机自动选取的耗时远小于手工选取的耗时，作业效率明显高于手工选取。

2. 参数影响分析

根据算法的基本思想和算法的设计步骤可知，算法主要是通过航标加权空间影响域相互之间的空间逻辑运算来计算航标的有效影响域，再根据航标有效影响域的大小关系来选取航标。而航标有效影响域的大小与航标加权空间影响域的大小和航标的位置有关。对于任意一个航标，当其位置一定时，其加权空间影响域越大，该航标的有效影响域就越大，那么该航标被选取的可能性就越大。对于待选航标的加权空间影响域相等的情形，若待选航标的加权空间影响域与总影响域相交，那么位置距离已选航标的分布中心（总影响域质心）越远的航标，其有效影响域就越大，该航标就越可能被优先选取。所以根据以上分析可知，某个航标能否选取主要与其加权空间影响域和位置有关。而位置的地理坐标信息是航标的固有设计参数，反映的是航标分布的疏密特征，航标的疏密在选取过程中是由航标加权空间影响域之间的相互作用进行控制的。因此，在航标位置的地理坐标信息已知不变的情况下，航标的加权空间影响域主要影响着航标的选取结果。

由 7. 2 节可知，航标的加权空间影响域由其加权空间影响域半径决定，根据式（7-15）知，航标加权空间影响域半径与航标的位置加权值 λ_{p_i}、航标在白天和夜间的影响权重 λ_D 和 λ_N 以及航标在白天和夜间的可见距离有关。由式（7-4）、（7-7）～（7-12）知，航标在白天、夜间的可见距离根据航标的高度、标身高度、发光强度、射程等参数计算，但由于航标的高度、标身高度、发光强度、射程等参数属于航标固有的设计参数，所以航标在白天、夜间的影响权重 λ_D、λ_N 及航标的位置加权值 λ_{p_i} 的变化直接影响着航标加权空间影响域的变化，从而进一步影响算法的选取结果。

在前面的实验中，在计算航标的（加权）空间影响域半径时，航标在白天、夜间的影响权重 λ_D、λ_N 和航标的位置加权值 λ_{p_i} 是基于大多数作业员经验的取值，因此需探讨这些参数的不同取值对选取结果有何影响。

根据式（7-15）可知，若航标在特殊位置的加权值 λ_{p_i} 取值一定，那么在这些特殊位置上空间影响域越大的航标，其加权空间影响域也就越大。而航标在白天、夜间的影响权重 λ_D、λ_N 的取值与航标空间影响域的大小关系由式（7-13）并不能直接得出，需要通过统计分析研究其规律。

由式（7-15）可知，若航标在白天、夜间的影响权重 λ_D、λ_N 取值一定，那么航标的位置加权值 λ_{p_i} 越大，航标的加权空间影响域就越大，根据前面的分析可知，这些航标就越可能被优先选取。同时，根据 7.2 节可知，定义加权空间影响域的目的是为了使位于一些特殊位置附近的航标能够在各种空间属性都相类似（即空间影响域大致相等）的航标中能够被优先选取。如果航标的位置加权值 λ_{p_i} 取值过大，那么某些重要性较低、空间影响域较小的航标（比如浮标）的加权空间影响域就可能大于重要性较高、空间影响域较大的航标（比如灯塔）的加权空间影响域，从而可能会出现算法选取了重要性较低的航标（比如浮标）而没有选取重要性较高的航标（比如灯塔）的情形，使得算法的选取结果不能满足《规范》要求。所以，在一定的上限范围内，λ_{p_i} 取值越大，这些航标就越可能被优先选取。

1）算法中白天、夜间参数的实验分析

为了分析航标加权空间影响域模型中，航标在白天、夜间加权参数 λ_D、λ_N（$\lambda_D+\lambda_N=1$）的不同取值对航标选取结果的影响，采用某 3 个实验海区进行实验统计分析。实验通过 10 名作业人员审校，比较实验结果，确定出当航标在白天、夜间影响参数的取值范围分别为 $0.5\leqslant\lambda_D<1$、$0<\lambda_N\leqslant0.5$ 时，算法自动选取的结果较好，具体统计结果如表 7-8 所示。

表 7-8　白天加权参数不同取值统计分析结果

区域 \ 认为合理的人数 \ 白天权值	0.1	0.2	0.3	0.4	0.5	0.6	0.7	0.8	0.9
1	1	1	4	4	7	9	9	9	9
2	2	2	3	3	8	8	8	8	8
3	1	1	3	4	7	9	9	9	9

为不失一般性，从 3 个实验海区中选取一组典型实验进行更直观详细的阐述，如图 7-40 所示的海区（该海区为 7.3.1 节实验中所用区域，海区航标的具体信息参见表 7-4），对航标在白天的影响参数设定不同的值，采用本章算法进行实验，具体结果如图 7-40 各图所示。

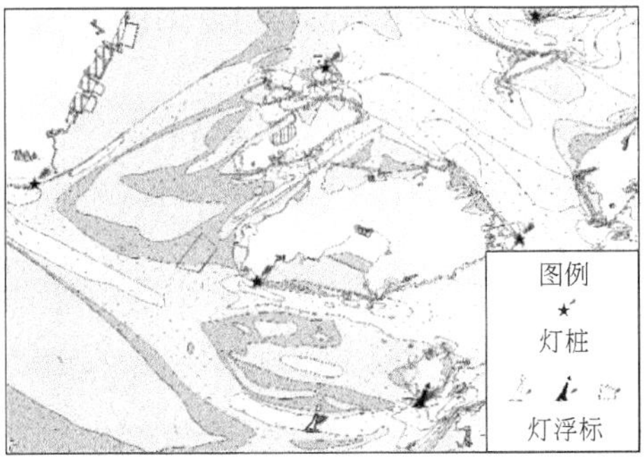

(a)λ_D=0.1、0.2

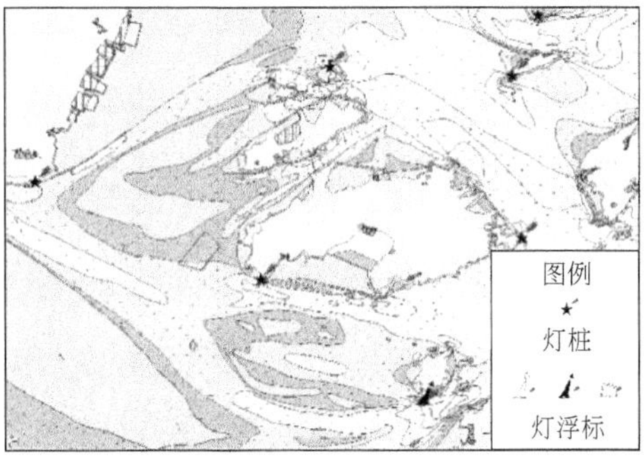

(b)λ_D=0.3

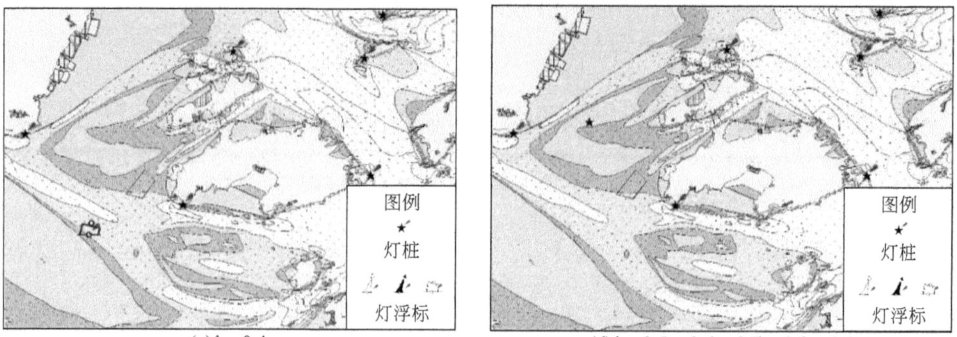

(c)λ_D=0.4　　(d)λ_D=0.5、0.6、0.7、0.8、0.9

图 7-40　不同白天加权参数的实验结果

从图 7-40 可以看出，当航标在白天的影响作用权值参数取大于或等于 0.5（小于 1）的某个数值时，算法自动选取的结果较稳定且合理。而当白天的影响作用权值参数取值较小（如 0.1 或 0.2）时，算法会漏选某个（某些）射程不是很远，但位置较高且较醒目（灯高较大）的灯桩（塔）。因此，本书确定航标空间影响域模型中航标在白天、夜间的作用权值的合理取值范围分别为 $0.5 \leqslant \lambda_D < 1$、$0 < \lambda_N \leqslant 0.5$。

2）算法中位置加权参数的实验分析

为了进一步分析航标加权空间影响域模型中，航标的位置加权参数的不同取值对航标选取结果的影响，采用 3 个实验海区进行实验统计分析。结合作业员的经验，实验中航标加权空间影响域模型中航标在白天的影响作用权值不妨取 $\lambda_D = 0.5$。实验通过 10 名作业人员审校，比较实验结果，确定出当航标的位置加权参数取 $\lambda_{p_i} \geqslant 1.4$ 时，算法自动选取的结果较好，具体统计结果如表 7-9 所示。

表 7-9　位置权重参数统计分析结果

区域 \ 认为合理的人数 \ 位置权值	1.1	1.2	1.3	1.4	1.5	1.6	1.7	1.8	1.9	2.0	3.0	4.0	5.0
1	0	1	1	7	8	8	9	9	9	9	9	9	9
2	0	0	1	8	8	8	8	8	8	8	8	8	8
3	0	1	1	7	9	9	9	9	9	9	9	9	9

为不失一般性，从中选取一组典型实验进行更直观详细的阐述，如图 7-41 所示的海区（该海区为 7.2.2 节实验中所用区域，海区航标的具体信息参见表 7-1、表 7-2），对航标的位置加权参数设定不同的值，采用本章算法进行实验，具体结果如图 7-41 中各图所示。

从图 7-41 可以看出，当航标在特殊位置的作用权值取大于 1.4 时，算法自动选取的结果较稳定合理，能够符合《规范》要求。而当航标位置的作用权值取值较小（如 λ_{p_i} =

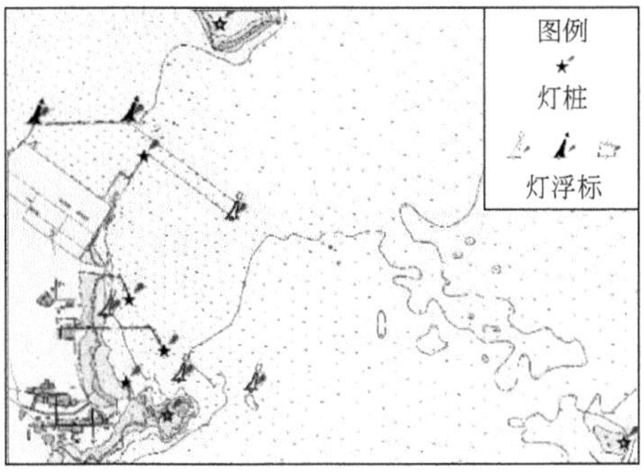

(a)λ_{p_i}=1.1

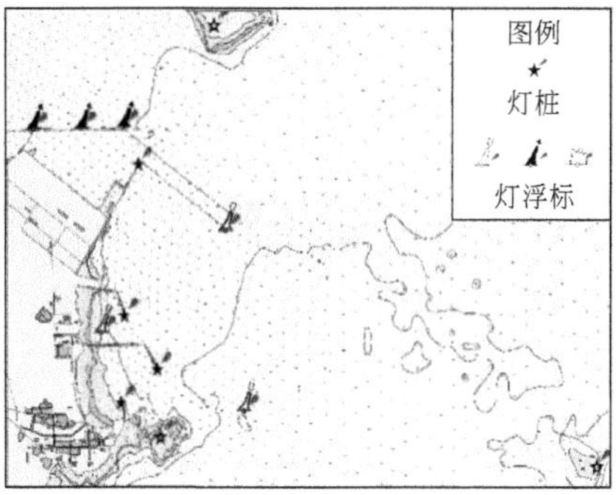

(b)λ_{p_i}=1.2、1.3

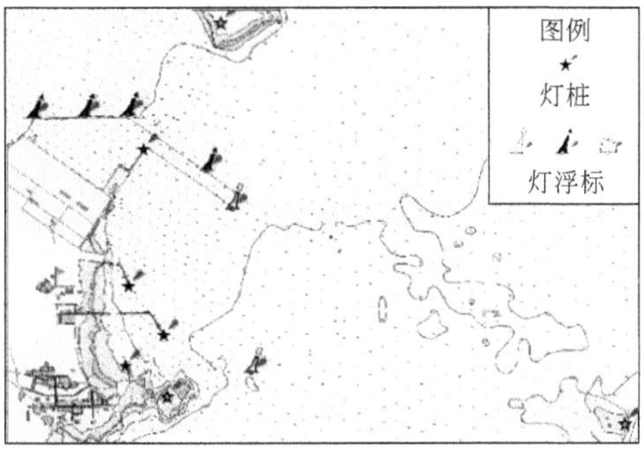

(c)$\lambda_{p_i}\geqslant$1.4

图 7-41 不同位置加权参数的实验结果

1.1、1.2）时，某些特殊位置附近的航标因其加权后的空间影响域与同类型的其他航标相差太小而被漏选。因此，当 λ_D 取经验值 0.5 时，本书确定 $\lambda_{p_i}\geqslant 1.4$ 作为航标空间影响域模型中航标在特殊位置作用权值的合理取值范围。

参考文献

艾廷华，郭仁忠，刘耀林．2001a. 曲线弯曲深度层次结构的二叉树表达．测绘学报，30（4)：343-348.

艾廷华，郭仁忠，陈晓东．2001b. Delaunay 三角网支持下的多边形化简与合并．中国图象图形学报，6（7)：703-709.

艾廷华，刘耀林．2002. 保持空间分布特征的群点化简方法．测绘学报，31（2)：75-181.

车森，肖计划，孙群．2015. S-57 国际标准海图向我国数字海图的转换研究．测绘工程，(1)：13-16.

陈高兴，郑义东，田震．2004. 数字海图的自动综合方法研究. 海洋测绘，24（6)：45-48.

陈宏，汤国杰．2007．航海学．大连：大连海事大学出版社.

陈惠荣，彭认灿，郑义东，等．2011. 以弯曲骨架线为化简指标的海岸线综合方法. 武汉大学学报（信息科学版)，36（12)：1418-1423.

陈子澎，郑义东．2005. 海图上岛屿自动选取的一种模型. 海洋测绘，25（1)：23-25.

董箭，彭认灿，张立华，等. 2012. 滚动球变换的数字水深模型多尺度表达. 地球信息科学学报，14（6)：704-711.

董箭，彭认灿，张立华，等．2017. 顾及“保真性”原则的双向滚动球变换 DDM 多尺度表达算法．测绘学报，46（6)：789-801.

杜佳威，武芳，李靖涵，等．2018a. 一种河口湾海岸线渐进化简方法．测绘学报，47（4)：547-556.

杜佳威，武芳，李靖涵，等．2018b. 一种面向化简的海岸线弯曲识别与结构化表达方法．测绘科学技术学报，35（1)：70-76.

高朝．2016. 顾及地理特征的复杂形态湖泊地图综合研究．南京：南京师范大学.

高王军，彭认灿，陈轶，等．2009. 双向缓冲区算法及其在海图线状要素综合中的应用研究．测绘科学，34（2).

高王军，彭认灿，郭立新，等．2008. 利用双向缓冲区算法综合海图岛屿．测绘科学技术学报，25（5)：383-386.

郭庆胜，黄远林，郑春燕，等．2007. 空间推理与渐进式地图综合．武汉：武汉大学出版社.

何桂敏，顾锦华，林林．2014. 基于曲线特征的等深线自动综合方法研究. 海洋测绘，24（1)：17-19.

黄亚锋．2010. 一种组合优化的岛弧识别算法．武汉大学学报（信息科学版)，35（12)：1482-1485.

黄亚锋．2011. 海岛（礁）要素地图综合数据模型与方法研究．武汉：武汉大学.

黄亚锋，艾廷华，刘耀林，等．2013. 顾及地理特征保持的溺谷海岸线化简算法．测绘学报，42（4)：595-601.

贾俊涛，孟婵媛，宋海英，等．2007. 基于 NetCDF 的海底地形网格数据模型创建与调度．海洋测绘，27（5)：22-25.

贾帅东，张立华，董箭等．2019. 利用拟构模型面调控水深模型点选取的航海 DDM 构建．武汉大学学报信息科学版，44（11)：1715-1722.

贾帅东，张立华，彭认灿，等．2015. 确保水深模型航海安全性的深度保证率控制方法．交通运输工程学报，15（5)：102-109.

贾帅东，张立华，宋国大，等．2012. 基于区域平均垂直不确定度的自适应网格水深建模方法．测绘学报，41（2)：454-460.

李宏利．2005. 电子海图技术国际标准研究．北京：海潮出版社.
李靖涵，武芳，杜佳威，等．2019. Delaunay 三角网支持下的海图等深线化简．武汉大学学报信息科学版，44（5）：778-783.
李民录．2014. GDAL 源码剖析与开发指南．北京：人民邮电出版社.
李宁，彭认灿，张俊杰．2010. 矢量海图上线状要素间最短距离求解与应用．测绘科学，35（S1）：75-76+194.
李思鹏，张立华，贾帅东，等．2015a. 航标空间影响域模型的构建及自动选取应用. 海洋测绘，35（5）：20-23.
李思鹏，张立华，温连发，等. 2015b. 基于 Voronoi 图点群选取改进算法及航标选取应用．海洋测绘，35（6）：50-54.
李志林，朱庆．2012. 数字高程模型（第二版）．武汉：武汉大学出版社.
刘欢，谢三德，王芳. 2010. 海岸线自动综合方法综述. 测绘科学技术学报，27（3）：225-228.
刘鹏程，罗静，艾廷华，等．2012. 基于线要素综合的形状相似性评价模型．武汉大学学报（信息科学版），37（1）：114-117.
刘颖，翟京生．2005. 海岸线形态的表达与自动综合．测绘与空间地理信息，28（4）：78-81.
刘颖，翟京生，陆毅，等. 2005. 数字海图水深注记的自动综合研究. 测绘学报，34（2）：179-184.
陆毅．2001. 数字海图自动综合理论研究与实践．大连：海军大连舰艇学院.
陆毅，翟京生，杜景海．2000. 海底地形的识别与水深的综合. 测绘学院学报，17（4）：296-300.
陆毅，翟京生，杜景海. 2001. 数字海图点群状特征的识别、量测与综合. 武汉大学学报（信息科学版），26（2）：133-139.
孟婵媛，翟京生，陆毅，等．2004. Shape 格式海图数据向 S-57 格式的转换．海洋测绘，24（5）：54-57.
汤国安，龚健雅，陈正江，等．2001. 数字高程模型地形描述精度量化模拟研究．测绘学报，30（4）：361-365.
汤国安，刘学军，闾国年．2005. 数字高程模型及地学分析的原理与方法．北京：科学出版社.
汤勤．1987. 航海图海底地形自动综合的探讨．测绘学报，16（4）：314-320.
唐露露，张立华，贾帅东，等．2019a. 基于滚动圆模型的线要素综合方法．海洋测绘，39（3）：36-40.
唐露露，张立华，贾帅东，等．2019b. 利用缓冲区动态生长模型进行岛屿自动选取．武汉大学学报（信息科学版），44（12）：1874-1882.
王恩德．2006. ADO 访问 Excel 数据的技术分析与实现．计算机教育，（1）：30-32.
王鹤荀，郭洪驹．船舶安全富余水深的确定. 2004. 上海海事大学学报，25（4）：19-21.
王厚祥．1987. 航海图上航标选取的模糊数学模型．海洋测绘，（4）：1-7.
王厚祥，李进杰．1999. 海图制图综合．北京：测绘出版社.
王家耀．1993. 普通地图制图综合原理．北京：测绘出版社.
王家耀. 2008. 空间数据自动综合研究进展及趋势分析. 测绘学院学报，25（1）：1-7.
王家耀. 2011. 地图制图学与地理信息工程学科进展与成就．北京：科学出版社.
王家耀，成毅. 2008. 空间数据的多尺度特征与自动综合. 海洋测绘，24（4）：1-3.
王家耀，李志林，武芳. 2011. 数字地图综合进展．北京：科学出版社.
王家耀，田震．1999. 海图水深综合的人工神经元网络方法. 测绘学报，28（4）：335-339.
王家耀，武芳．1998. 数字地图自动综合原理与方法．北京：解放军出版社.
王亮，吴艳兰，汤军，等．2015. 改进的双向缓冲海岸线综合方法研究．测绘科学，（1）：13，18-21.
王沫，田震．2014. 一种基于数据层次性分析的水深综合研究. 海洋测绘，34（5）：34-37.
王英志，杨守仁．1997. 航标学．大连：大连海事大学出版社.

王昭，张辉．2017. 海图自动综合研究进展．海洋测绘，24（1）：51-54，59.
温连发．2016. 航海图等深线化简质量的定量评估与调控研究．大连：海军大连舰艇学院.
毋河海．2003. 数字曲线拐点的自动确定．武汉大学学报（信息科学版），28（3）：330-335.
吴超，殷晓冬，张立华，等．2009. 基于不确定度的多波束测深数据质量评估方法．海洋测绘，29（3）：11-15.
武芳，邓红艳，钱海忠，等．2009. 面向地图自动综合的空间信息智能处理．北京：科学出版社.
武芳，朱鲲鹏．2008. 线要素化简算法几何精度评估．武汉大学学报（信息科学版），33（6）：600-603.
许海涛．1997. 海图数字水深注记自动综合研究．海洋测绘，（1）：19-23.
许恺．1996. 三种曲线拟合方法的精度分析．上海铁道大学学报，17（3）：26-30.
闫浩文，王家耀．2009. 地图群目标描述与自动综合．北京：科学出版社.
杨祖桥，李洪省，张青．2013. 地理特征约束的等高线群渐进式简化方法．武汉大学学报信息科学版，38（4）：480-483.
叶宝莹，沈利霞，郭芳芳，等．2009. ArcGIS 与 Surfer 图形文件的转换方法实现．测绘科学，34（5）：212-213.
俞亚磊．2013. GIS 中 Delaunay 三角网与 Voronoi 图的相关问题研究．安徽：安徽师范大学.
翟京生，陆毅．2000. 数字海图线性特征的识别、量测与综合．测绘学报，29（3）：273-279.
翟仁建，武芳，朱丽，等．2009. 利用地理特征约束进行曲线化简．武汉大学学报（信息科学版），34（9）：1021-1024，1089.
张继军．2004. 航标效能定量评价的研究．大连：大连海事大学.
张立华．2011. 基于电子海图的航线自动生成理论与方法．北京：科学出版社.
张立华，贾帅东，董箭，等．2019. 数字水深模型构建理论与方法．北京：测绘出版社.
张立华，贾帅东，王涛，等．2015. 深度保证率和表达度指标的定义及评估方法．武汉大学学报（信息科学版），40（5）：695-700.
张立华，贾帅东，王涛，等．2016. 一种不漏浅点的海图水深自动选取方法．ZL 2014101841907.
张立华，贾帅东，元建胜，等．2012. 一种基于不确定度的水深控浅方法．测绘学报，41（2）：184-190.
张立华，李改肖，郑义东，贾帅东．2017. 海图制图综合．北京：国防工业出版社.
张立华，唐露露，贾帅东，等．2019. 多条海岸线协同化简的层次化三角网分区法．测绘学报，48（4）：547-556.
张荣国，刘焜，蔡江辉，等．2012. 变形曲线曲面主动轮廓模型方法．北京：国防工业出版社.
郑义东，李宁，田震，等．2011. 数字海图中助航设备的自动综合探讨．海洋测绘，31（4）：32-34.
郑义东，彭认灿，李树军，陈惠荣．2009. 海图设计学．天津：中国航海图书出版社.
周庆冲．2011. 基于航行需求的海图制图综合．测绘通报，（9）：56-58.
朱建良，陆毅．2014. 岛屿制图综合方法研究．海洋测绘，34（5）：34-37.
朱鲲鹏，武芳．2007a. 线要素化简算法的传递误差模型．武汉大学学报（信息科学版），32（10）：932-935.
朱鲲鹏，武芳，王辉连，等．2007b. Li-Openshaw 算法的改进与评价．测绘学报，36（4）：450-456.
朱强，武芳，钱海忠，等．2014. 一种顾及认知规律的曲线弯曲识别方法．辽宁工程技术大学学报（自然科学版），33（4）：521-526.
朱颖，陆毅，蒋红燕等．2008. 数字海图水深的自动综合探讨．海洋测绘，28（2）：48-51，63.
朱颖，陆毅，李志炜，等．2011. 海图自动综合中二维平面图形知识的获取．海洋测绘，31（5）：75-78.
Ai T H, Zhou Q, Zhang X, et al. 2014. A Simplification of Ria Coastline with Geomorphologic Characteristics

Preserved. Marine Geodesy, 37 (2): 167-186.

Aurenhammer F. 1991. Voronoi diagrams: A survey of a Fundamental Geometric Data Structure. ACM Computing Surveys, 23 (3): 345-405.

Calder B, Ayer L. 2002. On the Effect of Random Errors in Gridded Bathymetric Compilations. Journal of Geophysical Reseach, 107 (12): 1-11.

Clearman B. 1970. International Marine Aids to Navigation. International Association of Lighthouse Authorities.

Douglas D H, Poucker T K. 1973. Algorithms for the reduction of the number of points required to represent a digitized line or its caricature. The Canadian Cartograhher, 10 (2): 112-122.

GB12319—1998. 1999. 中国海图图式. 北京: 中国标准出版社.

GB12320—1998. 1998. 中国航海图编绘规范. 北京: 中国标准出版社.

GB12327—28.

Guilbert E. 2015. Feature - driven generalization of isobaths on nautical charts: a multi-agent system approach, Transactions in Gis, 20 (1): 126-143.

Guilbert E, Lin H. 2005. B-spline Curve Smoothing for Isobathymetric Line Generalisation. Geographic Information Sciences, 11 (2): 78-86.

Guilbert E, Lin H. 2007. Isobathymetric Line Simplification with Conflict Removal Based on a B-spline Snake Model. Marine Geodesy, 30 (6): 169-195.

Guilbert E, Saux E. 2008. Cartographic Generalisation of Lines Based on a B-spline Snake Model. International Journal of Geographical Information Science , 22 (8): 847-870.

IALA. 2001. Aids to Navigation Guide (4th edition).

International Hydrographic Organization. 2008. IHO Standards for Hydrographic Surveys, S-44, 5th Edition. Monaco: International Hydrographic Bureau.

Li J H, Wu F, Gong X Y, et al. 2018. Depth contour smoothing based on the fitting of multi-segment Bezier curves, Marine Geodesy, 41 (4): 382-404.

Li Z L, Openshaw. 1991. Algorithoms for automated line generalization based on a natural principle of objective generalization. International Journal of Geographical Information Systems, 6 (5): 373-389.

Mc Master R. 1989. The integration of simplification and smoothing in line generalization. Cartographica, 26 (1): 101-121.

Miao D D. 2014. Gradual Generalization of Nautical Chart Contours with a B-Spline Snake Method. The University of New Hampshire.

Miao D D, Calder B. 2013. Gradual generalization of nautical chart contours with a cubic B-spline snake model. Oceans-san Diego, 58 (2): 1-7.

Nicholson M, Tutt I, Ward N. 2010. E-Navigation the Role of Visual Aids to Navigation. In Draft report 17th IALA Conference Aids to Navigation, 34-35.

Peters R. 2012. A Voronoi- and Surface-based Approach for the Automatic Generation of Depth-contours for Hydrographic Charts. Delft: Delft University of Technology.

Russ R, Glenn D. 2005. NetCDF C Interface Guide. University Corporation for Atmospheric Research.

Smith S. 2003. The Navigational Surface: A Multipurpose Bathymetric Database. Durham: University of New Hamspire.

Smith S, Alexander M, Armstrong A. 2002. The Navigation Surface: A New Database Approach to Creating Multiple Products from High-Density Surveys. International Hydro Review, 3 (2): 12-26.

Tang L L, Zhang L H, Xu W M, et al. 2020. A Composite Influence Domain Model for Automatically Selecting

Islands in Nautical Charts. Marine Geodesy, 43 (2): 189-212.

Topfer F, Pillewizer W. 1966. The Principles of Selection. The Cartographic Journal, 3 (1): 10-16.

Yan H W, Weibel R. 2008. An Algorithm for Pint Cluster Generalization Based on the Voronoi Diagram. Computers & GeoSciences, 34 (8): 939-954.

Yan J Y, Guilbert E, Saux E. 2013. An Ontology for Submarine Feature Representation on Charts. The Cartographic Journal, 52 (1): 58-66.

Yan J Y, Guilbert E, Saux E. 2014. An Ontology for the Generalization of the Bathymetry on Nautical Charts. ISPRS Annals of the Photogrammetry, Remote Sensing and Spatial Information Sciences, 2 (2): 87-96.

Yan J Y, Guilbert E, Saux E. 2016. An ontology-driven multi-agent system for nautical charts chart generalization. Cartography and Geographic Information Science, 43: 1-15.

Yousefi H. 2007. The Role of Navigational Aids Such as Radar/ARPA, ECDIS, AIS, Autopilot, on Safe Navigation at Sea. International Journal on Marine Navigation and Safety of Sea Transportation, 1 (2): 177-179.

Zhang L H, Jia S D, Peng R C, et al. 2013. A Quantitative Method to Control and Adjust the Accuracy of Adaptive Grid Depth Modeling Marine Geodesy, 36 (4): 408-427.

Zhang L H, Jia S D, Wang T, et al. 2015. Estimating Quality Indices of a Digital Depth Model for Navigational Safety. Fuzhou: ICSDM, 129-134.

Zhang L H, Li N, Jia S D. 2015. A Method for DEM Construction Considering the Features in Intertidal Zones, Marine Geodesy, 38 (2): 163-175.

Zhang L H, Li S P, Jia S D. 2016. A Method for Automatically Selecting Aids to Navigation Based on their Spatial Influence Domains Marine Geodesy, 39 (4): 256-270.

Zhang L H, Tang L L, Jia S D, et al. 2020. A Collaborative Simplification Method for Multiple Coastlines Based on the Hierarchical Triangulation Network Partition. Journal of geodesy and Geoinformation Science, 3 (2): 93-104.

Zhang X and Guilbert E. 2011. A multi-agent system approach for feature driven generalization of isobathymetric line. Advances in Cartography and GIScience, 1: 477-495.

Zhu C Q, Shi W Z, Cheung T. 2005. Estimation of Average DEM Accuracy under Linear Interpolation Considering Random Error at the Nodes of TIN Model. International Journal of Remote Sensing, 26 (24): 5509-5523.

Zoraster S, Bayer S. 1992. Automated Cartographic Sounding Selection. International Hydrographic Review, Monaco, (3) : 103-116.